高陽短拳

韩占坡 著

河北大学出版社
·保定·

封面题字：王　茂
封底题字：杨大群

出 版 人：朱文富
策划编辑：邓一鸣
责任编辑：张　磊
装帧设计：杨艳霞
责任校对：刘景坤
责任印制：常　凯

GAOYANG DUANQUAN

图书在版编目（CIP）数据

高阳短拳 / 韩占坡著. -- 保定 : 河北大学出版社，2023.6
ISBN 978-7-5666-2138-2

Ⅰ. ①高… Ⅱ. ①韩… Ⅲ. ①短拳－介绍－高阳县 Ⅳ. ①G852.19

中国国家版本馆 CIP 数据核字 (2023) 第 105534 号

出版发行：河北大学出版社
地址：河北省保定市七一东路 2666 号　邮编：071000
电话：0312-5073019　0312-5073029
邮箱：hbdxcbs818@163.com　网址：www.hbdxcbs.com
经　　销：全国新华书店
印　　刷：保定市文昌印刷有限公司
幅面尺寸：170 mm × 240 mm
印　　张：19.5
字　　数：100 千字
版　　次：2023 年 6 月第 1 版
印　　次：2023 年 6 月第 1 次印刷
书　　号：ISBN 978-7-5666-2138-2
定　　价：88.00 元

编 委 会

凡　　例

一、原拳谱中的动作名称均为繁体字，为了便于识读，已全部替换为简化字。

二、原拳谱动作名称中的“擮”字和“蹝”字没有收录在《康熙字典》和《辞海》中，书中按“杂”字和“疾”字的字意进行解释。原拳谱中有两种情况出现过“蹚”字，一种情况表示套路名称的顺序，一种情况用于动作名称。“蹚”字在表示套路名称的顺序时读“tàng”，如“壹蹚”“贰蹚”；在表示动作名称时读“dāng”，如“方蹚坐捶”。“踼”字在动作名称中也有出现，读“tǎng”，如“回踼拉弓”；读“táng”，如“后踼摘打”。

三、套路动作名称原则上采用原拳谱中的名称。为了便于学练和理解，书中对一些动作进行了细化，导致动作名称较原谱有所增加。

四、套路动作采用传统练习和习惯练习相结合的方式编排。传统练习是指按照原拳谱中的动作顺序进行练习，习惯练习是指20世纪20年代以后按照约定俗成的套路进行练习。例如原拳谱中的第一趟套路绵沙掌，里面没有“旋风脚”这个动作，李书翰拳师要求练习者带着“旋风脚”这个动作进行练习；又如“回身挑”“反背捶”这两个动作在原拳谱中是没有的，如今已经增加到套路动作中。

五、本书的套路及器械演示图中所画的箭头分直线和曲线，带有或内旋或外旋的方向，图中的脚形分实脚、虚脚、前虚后实脚、前实后虚脚等。

六、本书的内容仅适合初学者，对深入练习者只能起到抛砖引玉的作用。

序　　言

高阳人自古任侠尚义，质相劲勇，代有习武之风。在本县的众多优秀文化遗存中，武术文化传承悠久，名播遐迩。而其中的短拳，更是传统武术的瑰宝，是高阳县传统文化中一张充满活力的名片。编纂《高阳短拳》是县内武术界和文化界一件具有历史意义和现实价值的大事，必将有力推动短拳在高阳的繁荣发展，向世人展现其独特魅力和强大生命力。短拳，自清乾隆十五年（1750年）传入高阳，至今已有270余年，具有悠久的历史传承和广泛的民间基础。如实记述其传承、播迁、拳理、借鉴、交流、人物、影响等方面的史实，并在此基础上去伪拂疑、求实存真，对促进高阳县武术事业的发展具有积极的指导和借鉴作用。韩占坡先生历经数度春秋，字斟句酌，归纳整理，终成宏篇。

古人云："治天下者以史为鉴，治郡国者以志为鉴。"我们正处在实现中华民族伟大复兴的新时代，高阳的崛起离不开文化的繁荣，经济的发展更需要优秀传统文化的继往开来。我们有理由相信，有着悠久历史的高阳短拳，经过传承者的发扬光大，一定会焕发出新的蓬勃生机。希望《高阳短拳》的出版能够发挥其存史、教化等独特作用，鼓舞、激励域内武术人奋发有为，敢于争先，为谱写新时代的绚丽篇章贡献力量。

韩占坡先生，县城北关人，与我等交谊甚笃。欣读其著，聊赘数语，权作序。

韩增荣　吴桂良

杨大群　宋进良

2022年6月

前　　言

子曰："君子欲讷于言而敏于行。"这句话一语道破了为人处世的准则，即少说空话多做实事。我虽然不是个文化人，但始终把古人的教诲铭记于心。

我的家乡在河北省高阳县，这里习武成风，我的祖父和父亲都习练短拳，我便潜移默化地对短拳产生了兴趣。我的父亲曾跟随邻居王连仓（字汉奎）学习短拳，王连仓临终前将我的父亲和其他徒弟托付给了县城西街村的孙淼老师。1981年，父亲把我送到孙淼老师的儿子孙眼那里学习电气焊，我也借机跟随孙淼老师学习短拳。孙淼老师懂中医，古文基础也很好，他让我阅读"四书"，并指导我学习了很多的传统思想文化。

1985年，遵照河北省体委的指示，高阳县体委组织编写了"河北省武术丛书"。高阳县体委主任许群增指定孙淼老师组建《短拳》这本书的编写小组，我也参与其中。1989年，《短拳》一书出版。孙淼老师曾说："当时好多东西没有写进书里去，看着书学学不好，但也毁不了人。"他对这本书不够完美的遗憾之情，溢于言表。

1995年，孙淼老师过世。2007年，孙眼开始指导我和李鑫永学习短拳，这时的我才豁然开朗，终于明白了短拳的深邃内涵，有幸得以登堂入室。2009年，我联系短拳各分支的习练者成立了短拳协会。协会虽然成立了，但成员间在认识上并不统一，于是我开始搜集、整理短拳拳谱。我曾到过相传是短拳发祥地的江苏，在那里，我走访了江苏省体委、江苏省武协和江都市体委、句容市体委、镇江市体委，此外，还走访过浙江省的绍兴市体委、江西省的新建县等。即使去了很多地方，可我得到的信息并不是很多。

2010年，我萌生了对之前的《短拳》一书进行拳术文化充实和拳术动作细化的想法，之后便开始了准备工作。在研读拳谱时，我发现短拳的动作名称极少使用形容词和抽象词汇，基本上一看动作名称就能知道是什么意思，脑海中马上能够浮现出招数。用字上，与手有关的动作多带有“扌”偏旁，与脚有关的动作多带有“⻊”偏旁。读音上，有的字是一字多音，用在不同的架势上，名称、含义便各有不同，例如“劈”字，在“掾劈阴阳”中读阴平，在“后劈双拦”中则读上声。拳谱中的文字多是繁体字，我在整理时已按照国家的出版规定换成了规范用字，但在理解上还需要参照繁体字的解释，例如“蹚”与“裆”的读音相同，含义却不相同。拳谱中还有些字并没有收录进《现代汉语词典》，例如“雜”字，最终是用“杂”字替换，又如“蹶”字，最终是用“疾”字替换。在对几份拳谱进行比对的过程中，我发现了同音不同字，并且字的含义与拳的动作不相符的情况，这些内容最终未予采纳。

本书由两部分组成：第一部分是高阳短拳文化，第二部分是十二趟套路和器械演示。由于十二时辰点穴功法和水中对抗技能没有传承下来，所以没能编写到本书中，很是遗憾，目前只存有人体画像的十二穴位图和名称。

在学练短拳的过程中，我发现动作手法有许多以讹传讹的错误，如果不及时纠正，这些错误就会一直延续下去；还有许多偏颇的观念，如果不搞清楚，练拳时难免产生困惑，从而无法取得进步，所以我进行了示范和讲解，以帮助练拳者走上正确的道路。

闭门练拳的观念是不可取的，想要学好短拳，就必须追随一位明理的老师，当然自身也要有好的品德和悟性，心法更是学好短拳的关键。拳的关键点用文字和语言是表达不出来的，需要心领神会才行。

我本意是将内涵精深的高阳短拳文化完完全全地呈现在读者面前，奈何能力有限，虽已绞尽脑汁、尽心尽力，但书中难免会有疏漏和不准确的地方，恳请各方家及诸位拳友不吝赐教，批评指正。

作者

2019年12月

目　　录

上篇

高阳短拳文化

第一章　概述

第一节　源流简述

清乾隆十五年（1750年），江苏武举苏风进京赶考，途中患病，行至高阳县西柳村，问得此村设有拳坊，忧虑渐消，经村民指引来到拳坊。拳师见状，问明情况，心生同情，马上安排食宿，寻医治病。在拳师等人的悉心照料下，苏风的病情日渐好转。某日，拳师正在练拳，苏风上前问道："此拳可实用?"拳师说："你可以试一试。"说罢，二人搭手。拳师先进招发力，却被打倒在地。随即起身，二话不说又扑了上去，脚未落稳又被打倒在地。拳师起身，定定心神，再次上步出手。苏风起双手刁住拳师的胳膊，拳师顿感酸麻，身不能动。二人收手，坐在八仙桌旁，拳师心里不是滋味。他倒了一碗热水放在苏风面前，问道："你这是哪门拳？用的什么招呀？"苏风端起碗，略显犹豫地说："盘门短拳，用的是挑打切劈、跨腿撑打、刁摞手。"拳师既惊讶又佩服，表示欲学此拳。苏风心有所思，放下碗。拳师见状，接着说道："如有难处……"苏风急忙说："没有难处，想学拳当然好，那就先学站裆吧，待我应试之后，回来再教你们拳术。"

多日之后，苏风感觉病已痊愈，便急忙辞谢了拳师。来到京城，苏风才知道考期已过，无奈之下只得在京城游玩消遣。一日，苏风闲暇无聊，突然想起许诺教拳之事，便回到西柳村。来到拳坊，苏风见拳师等人还在坚持站裆，顿感众人学拳心诚，便开始教拳。教了一段时间后，苏风因仍心向仕途，便有了辞别之意，遂对拳师言明，拳师及众人一再挽留，苏风说："我家叔父比我强百倍，待我回家后，叫我叔父再来传授。"几天后，苏风拜别，踏上了回家之路。

苏风果不食言，不久，他的叔父便来到高阳教授短拳。教了很长时间后，苏风的叔父也要离开了，临走对他说："所传拳术，走遍天下已够用。此拳是我家传，从未外传，念拳师等人对我侄儿有恩情，留下真传一脉。"

村中有一富户名叫乔老端，倚仗家业习练短拳，宾朋满座，仗义疏财，后来家道日渐衰落，难以为继，举家迁居县城以西的西河屯村落户。清咸丰年间，他开始在本村设拳坊教拳，本村及三乡五里的村民、富户子弟学拳者众多，其中有佼佼者四人，分别是禹老云（西河屯村人）、解老云（西河屯村人）、翟道世（尖窝村人）、夏老存（北街村人）。其中，禹老云人称"江湖小辣椒"，夏老存在县城的十字街北路以西开设了"物华银楼"。此后的绝大部分学拳者各归四位先师中的一支，另有西柳村的一支今已无继承。总归盘门短拳，如今仅存高阳一脉传承。

高阳短拳的第五至第十二趟套路是王连仓从外地学回来的。王连仓又名王汉奎，北关村人，师承夏永发。年轻时，王连仓与本村的张姓村民打架，把张家的老三给打了，张家兄弟八个不依不饶，王连仓只得跑到南方，在冯玉祥的部队当兵，后来又跟随张作霖去了东北，任独立营一连连长。在一次晚会上，有士兵大喊："我们连长会打拳。"王连仓随即打了四套拳。正要离开时，营长伸出五根手指，说："再打五趟。"王连仓回答说："我不会了。"营长哈哈一笑，说："我就知道你不会了，晚上到我这里来，我教给你。"

后来，王连仓跟着营长学了几次拳，但他有些拘谨，没敢细问，只是在学的时候听营长说过，他是在行军途中学的。再后来，王连仓等人被日军打散了，迫不得已当了一段时间的土匪。没过多久，王连仓觉得当土匪不是个正经事，便回到家中务农。就这样，高阳短拳有了十二趟套路，并一直传承至今。

拳谱是每个练拳者梦寐以求的。有时为了得到拳谱，练拳者会使尽浑身解数，甚至抛弃仁、义、礼、智、信的信条。短拳的拳谱早期只是分散存在于拳师们的脑海中——师父不会完整地将拳谱教给一个徒弟，而是让徒弟们分别掌握一部分，这样就可以让徒弟们多联系、多走动，和谐相处，尽量避免看不起对方。师父的儿子或师父喜欢的徒弟会知道得多些，其中自然有些是高深莫测的东西。1900年前后，李书翰（清朝同治帝的老师李鸿藻的本家）凭着自身的威望，对短拳的口传内容和部分文字进行了整理，并且将第一趟套路绵沙掌的全部动作拍照留存。照片中的人个头儿偏高，光头，上身穿白色无袖单衣，下身穿黑色灯笼裤，脚穿靸鞋，显得稳重、内敛且精神，动作非常规范。后来，拳谱、照片及器械都到了李书翰的师弟史书严的手里。史书严在石家庄的铁路上找了一份工作，但他不想把这些东西带去，便想放在徒弟姚德欣（西街村人）那里，可是一直没有找到他，只得又去找与姚德欣同村的徒弟孙淼。不料孙淼去了河南南阳，给汇康号外庄当记账，史书严只好找到北关村的王连仓，并跟他说："这些东西先放在你这里，等见到了孙淼就给他。"过了两三年，王连仓在大街上见到孙淼，赶忙对他说了这件事。随后，王连仓把用油布包裹的拳谱、照片，以及一对小护手双钩、双手大剑送到孙淼家里，说道："有把单刀给丢了，我把白蜡杆当了锨把。"孙淼问道："你没看看吗？"王连仓说："看了，净看不懂的。我找本村的王明抄了一些。""文化大革命"期间，胆小谨慎的孙淼拿出那些照片，放在灶火膛里一把火烧了，在一旁的儿子孙眼说："留下几张吧。"孙淼说："看着这个学不了拳。"

第二节　拳名释义

名称很大程度上是对客观事物的真实性和本质的反映，是人们表达思想的工具。凡名必须副实，只有这样才是确切的名。公孙龙说："夫名，实谓也。"墨家也提出过"以名举实"的思想，通俗来说就是名副其实。短拳一名未能囊括其全部内涵和拳理，因此衍生出了西极拳、磨盘拳、（内）八卦拳、太清拳、哑拳等五个称谓。

一、短拳

短拳是俗称，为与其他区域相同的拳名进行区别，今称高阳短拳。

高阳短拳的特点包括：

1. 架势短小，动作幅度小，向内收敛。

2. 每趟套路动作数量少。

3. 清楚自身和做动作时的弱点、短处所在。

4. 三寸不接，七寸不打，可见之短。

5.《国技概论》载："长短拳分析之研究，编拳谱与作文同，长拳炼章法，短拳炼应用"，"短拳之意义，为单炼一种手眼身法步，左右习炼成联珠贯串为应用手法，所谓短拳是也"。

二、酉极拳

酉，象形字，金文字形，像酒坛形。《白虎通·五行》载："酉者，老也。"《释名》载："秀也，秀者，物皆成也。"徐曰："卯为春门，万物已出；酉为秋门，万物已入。"也指时间，约是下午5点到7点。

极，至、到达。《说文解字》载："栋也。"本义是房屋的正梁。

喻义：身体架势如同酒坛，外圆带有张力且有层硬皮，内空代表着深远、容纳，有回旋的余地。

三、磨盘拳

磨，《正字通》载："俗谓硙，曰磨。以硙合两石，中琢纵横齿，能旋转碎物成屑也。"

盘，《正字通》载："盛物器。"

喻义：用两种器具来喻义，以石磨和盘的功能诠释拳之理。磨分磨杆、磨扇、磨眼、磨齿、磨轴、磨腿和磨盘，身体就是一盘磨，与磨的结构都有所对应，如磨杆对应胳膊、磨腿对应腿脚等。高阳短拳含有四盘磨，即推磨、拉磨、水磨、拐磨。练习动作时，身体要一一对应。

四、（内）八卦拳

内，指走小圈，表达的是围绕一个中心位的旋、转、绕，如以左（右）

脚为中心轴，右（左）脚围绕转左（右）脚进行运动。

八卦，指八个方位，含义是智慧、真实，且富于变化。

喻义：立身有八方之威，阴阳转换，虚实进退，皆由身体的内部变化。《短拳谱》载："有徒弟二人，一人名绵，一人名掌，此拳门叫作盘，乃是八卦盘分，乾、坎、艮、震、巽、离、坤、兑。"

五、太清拳

太清，道家谓天道，亦谓天空。《抱朴子·回应》载："上升四十里名为太清，太清之中其气甚刚，能胜人也。"相传是道教三清老子居住的地方。

喻义：套路动作劲力暴脆，刚柔纯粹，气势宏大，惊人魂魄。

六、哑拳

在习练、交手等任何时候口都不能发出声音，就像哑巴一样。按短拳的拳理解释，发声视为泄气，是有负面影响的。

第三节　套路名称释义

套路是短拳文化的内涵之一，也是练习的方法之一，有着承上启下的作用与表演功能。套路的名称代表着各自的核心意义和特点，同时蕴含着前人的智慧，为众多练拳者带来了无限的乐趣与遐想。短拳的套路是对一横一竖的诠释，是对劲力的释放，也是对动作与动作的衔接和变化的感悟。

一、第一趟——绵沙掌

绵，意为连续不断、延续。沙，意为细小的颗粒。掌，意为手的里面，《说文解字》载："手中也。"把它们联系起来组成一个动作词语，突出其重点和特征，着重加以练习，是以彰显出套路的基础和风格。圈内有着学会了第一趟套路的功力身法，便可以了解其他套路的层次的说法。绵沙掌主要通过手的五指弯曲相叠的过程来表现，由小指开始逐一弯曲，形似海螺，也称扦手（拳）。第一趟套路以隐性动态的形式存在，表现出五个手指的灵活性和每个手指的劲力。

二、第二趟——随手

随，《广韵》载："从也，顺也。"《易·咸卦》载："咸其股，执其随，往吝。"随谓趾也，腓动则足随之，故谓足为随。手，意为人体上肢前端拿东西的部分，《说文解字》载："拳也。"把它们联系起来组成一个动作词语，突出其重点和特征，着重加以练习，是以彰显足和手的相从、相顺、相合。圈内有着达到了第二趟套路的气势，便能与人交手的说法。第二趟套路表现出手、足相合，或者上、下相合。

三、第三趟——劈心掌

劈，《说文解字》载："破也。"《广韵》载："割也。"当介词用时意为正对着、冲着。心，意为中心、中央的位置。掌，意为手的里面。把它们联系起来组成一个动作词语，突出其重点和特征，着重加以练习，是以彰显裆功与掌在翻摔、劈等动作中的变化配合。第三趟套路虽说腾空动作多，但不失整体力量，同时又不失中正和灵活。

四、第四趟——玉环步

玉，意为温润而有光泽的美石，这里代表紧密。环，意为围绕、旋转。步，意为行走时两脚之间的距离。把它们联系起来组成一个动作词语，突出其重点和特征，着重加以练习，是以彰显身、步似环状的运动。第四趟套路动作紧密，自身感觉在纵向走曲线，而外在看来身体好似在纵向走直线，内在则绕、曲、转。

五、第五趟——里外练

里，意为里面，与"外"相对。外，意为外面，与"内""里"相对。

练，意为反复、多次。把它们联系起来组成一个动作词语，突出其重点和特征，着重加以练习，是以彰显两个胳膊形成立剪式的向里或向外的合力，表现双手的配合，并连带脚的灵活抽拔及身式内在的变换。

六、第六趟——含揉鸳鸯掌

含，意为包含、包容。揉，意为来回擦或搓。鸳鸯，动物名，雌雄偶居不离。掌，意为手的里面。把它们联系起来组成一个动作词语，突出其重点和特征，着重加以练习，是以彰显左、右手掌纵向前后翻转，拘拿擦搓。

七、第七趟——铁砂掌

铁，比喻坚硬。砂，意为岩石碎屑，呈松散状。掌，意为手的里面。把它们联系起来组成一个动作词语，突出其重点和特征，着重加以练习，是以彰显手掌的劈、戳等动作，用来形容掌心、掌背的坚硬和力道。

八、第八趟——贴靠

贴，意为紧靠、紧挨。靠，意为倚着、挨着。把它们联系起来组成一个动作词语，突出其重点和特征，着重加以习练，是以彰显身体的前立面（胸、腹）和后立面（背、臀）的劲力，向前为贴，向后为靠。

九、第九趟——柳叶定心掌

柳叶，意为柳树的叶子。定，意为固定、不动。心，意为中心、中央的位置。掌，意为手的里面。把它们联系起来组成一个动作词语，突出其重点和特征，着重加以练习，是以彰显手掌的定、止、封、闭。

十、第十趟——踪跳抱捶

踪，意为脚印，《玉篇》载："曰迹也。"跳，《说文解字》载："蹶也，一曰跃也。"《博雅》载："上也，并足起也，跃也。"抱，《正韵》载："怀也。"《广韵》载："持也。"《增韵》载："挟也。"捶，《说文解字》载："以杖击之。”把它们联系起来组成一个动作词语，突出其重点和特征，着重加以练习，是以彰显腿脚步法的疾速与胳膊的整体配合。

十一、第十一趟——风砂荷叶掌

风，意为空气流动的现象，《正韵》载：“风以动万物也。”《元命包》载：“阴阳怒而为风。”砂，意为岩石碎屑，呈松散状。荷叶，意为多年生水生植物的营养器官之一，呈片状。掌，意为手的里面。把它们联系起来组成一个动作词语，突出其重点和特征，着重加以练习，是以彰显双掌呈面翻裹、身体飞动的大气势。

十二、第十二趟——摔拿绕身

摔，《字汇》载：“弃于地。”拿，《说文解字》载：“牵引也，持也。”绕，《说文解字》载：“缠也。”身，意为物体的中部或主要部分，《说文解字》载：“躯也。”总括百骸曰身。把它们联系起来组成一个动作词语，突出其重点和特征，着重加以练习，是以彰显身体与四肢的配合、走向动极必反的态势。

第四节　主要特征与要点

高阳短拳是以中国传统文化为指导思想，以道德修养为根本，以顶头劲提肛为纲纪，以精气神为习练方向，以六合三节为定位，以缓解身心累乏、启迪智慧、强身健体、延年益寿、应敌制胜为功能，以一横一竖为总体概括，以追求一体二身至胎形为本真，具有综合性、系统性、独特性、实用性、简单性、思想性、包容性等特点的一门拳术。

高阳短拳由身体百骸、内外、思想、意识、传统文化等融合而成，练习时先由简入繁，再至简，讲究循序渐进。高阳短拳体现了矛盾的统一和自然的回归，展现出一种气势、风骨、力量、变化、节奏和意蕴，给人以震撼、犀利的冲击。中国传统文化的融入对高阳短拳的认识、练习、层次、境界等方面的提高产生了深远的影响，并且奠定了它的综合性。

高阳短拳立足以人为本，围绕人们在生产生活中积累的争斗对抗、化解矛盾、解决困难的实践经验，结合站裆、单练手、套路、演手等，最终形成了它的系统性。

高阳短拳以逆向思维模式来验证动作手法，以相反的练习来验证优点和不足，再加以纠正和弥补，最终形成了它的独特性。

高阳短拳讲智，其机至灵，其动甚捷，风吹草动，有触即应，一横一竖的劲力形成了它的实用性。

高阳短拳的每个单手法都具有攻防兼备的功能，同时易于掌握和练习，且组合灵活，如剪、掤、撑、扇可以组合成剪撑、撑掤、剪扇、扇撑，这样就形成了它的简单性。

高阳短拳以内在的抽象和外在的形象，彰显着精以意使、气以象表、神以形立的精、气、神与意、象、形的紧密联系，体现了它的思想性。

高阳短拳融合了内家拳的内涵和外家拳的外展，既有南拳的迅猛、北腿的灵活、少林的博大、武当的飘逸、峨眉的神秘，也有《易经》的精微、《内经》的理论，上应天，下合地，充分体现了它的包容性。

一、主要特征

1. 从名称到动作都有具体表明。

2. 按八卦方位连续演示八趟套路，每趟套路对应一个方位。

3. 直趟（直线）运动方式的练习。

4. 练习时赤裸上身，口不发声。

5. 起腿不过腰，出手不过脚，上步掩裆，手居心窝，肘居肋。出手如舌舐，回手刁拘代，动作规整清楚，似直而内走圆，动转如推磨。

6. 架势以方裆、斜裆为主。身正裆圆，式式带裆，踪跳不散裆。架势短小，动作紧凑，小裆，小步，低姿势，戳上身，短小现大气势。

7. 劲整力暴，圆浑中显舒展，舒展中彰沉雄。暴脆劲通透，含揉劲健拔。

二、主要功能

高阳短拳的主要功能有强身健体、克敌制胜、善练延年、启人心智、观者悦情、览者惊色、内实精神、外可养形、涵道映理、以意运法、头绕神华、手中氤氲、脚底烟霞、拙趣巧韵、繁简之道、细灵粗寒等。最直接和明显的效果是化解身心累乏，比如当身心过于劳累时，练上几趟第一趟拳，劳累会有所缓解。

三、练习要求

1. 顶头劲提肛。四肢相应，膀与胯相应，人与拳相应，意与身相应，心与力相应，丹田与四肢相应，合上下，合前后，合左右。

2. 动作内敛，力发足底。刚而不滞，柔而不散，迟而不断，疾而不浮。

3. 动作连贯，手法清楚。式式有轴，紧凑严实。

4. 心静，意先，骨定，筋绷，劲透，节活，肉翻，皮感，睛转，式顺，气助，神清，精聚。

5. 胸腹要空，脊背后撑，开胸开尾，胯剪膀坐，坠劲入地，返劲如簧。

6. 横竖（斜）裆端正，横竖劲清晰，转换自然。

7. 虚实得宜，拙中带巧，小空如坛，大空如渊，心在拳先，式式首尾相搭。

8. 用劲与不用劲、快与慢交替练习，上、中、下三盘循序渐进地进行练习。

四、使用原则

1. 动似闪电，静若盘簧，避其锋芒，栽绕施术，宛若风箱，进退皆应。

2. 三寸不接，七寸不打，刁拿戳穴脉，激捽打魂魄，见横则竖，见竖则横。

3. 虚则补之，实则激之，假实引入，入空使招，能撑不靠，能拍不抓，抬腿钻，落腿翻，顺其势，击其根，后接招，卸其劲。

4. 正练乱使，快而稳，疾而准，战战兢兢，如履薄冰。

5. 远、中、近三盘，变换由裆，化妙在脊。

五、注意事项

1. 一年四季赤裸上身练拳，温度低时可热身后再脱去上衣。

2. 要求在房屋内练拳，场所清洁。

3. 起身休息时要来回走动，不许坐卧、滞立、打闹、说话、喝水、吃东西。

4. 不许在雷电等坏天气时练拳。

5. 分单双数套路习练，练单不练双，练双不练单。

6. 练习及使用时口不发声。

六、高阳短拳的精、气、神、法、意、象、形、势

1. 精，指通过练习短拳动作而积累到丹田、脊柱、脚上的一种能量，然后充盈身体，也指短拳内容的精微、精细、精明。

2. 气，指沉气、提气、贯气、呼吸。沉气，气（力量）下到脚底为沉气。提气，气（力量）由脚底提到手、头顶为提气。贯气，气（力量）在全身上下游走。呼吸，指口吸鼻出气或自然呼吸。

3. 神，指通过练习短拳动作而使眼睛散发出的一种寒光。

4. 法，指身法、手法、步法、腿法、脚法、劲法、力法、肘法、方法、练法。身法：斜身，横身，栽身，绕身，翻身，还身，换身，回身，飞身，反身，出身，收身，扔身。手法：摘，摞，拘，翻，拯，坎，劈，剪，摔，抄，挑，撑，掤，拦，捭，扇，抱，练，代，贴，靠，背，搂，拿，切，拐，卷，定。步法：上步，蹬半步，后踢步，绕步，丁字步，疾踪步，换（步）裆，摔（步）裆。腿法：跐腿，栽腿，平腿，扇腿，挂腿，剪腿，七寸腿，抽拔腿，跳踢腿，单站腿。脚法：勾脚，挂脚，震脚。劲法：横劲，竖劲，拙劲，努劲，鞭子劲，大刀劲，顺劲，小戗劲，整劲，局部劲，合劲，开劲。力法：鼎力。肘法：提，滚，盘，捎，坐，搅。方法，指解决练习中出现的问题与迷惑，以及对思路和意念进行纠偏，要因人施教。练法：正练（向左），反练（向右），原地练（换步），倒向练（由收式开始，向起式倒练）。

5. 意，用脑（意念）去完成短拳的动作，主要有两个功能，即引领和控

制。脑分左脑和右脑，各引领一个部位来完成动作，有时甚至需要动用大脑和小脑等共同完成一个动作。控制是用脑（意念）来控制动作的方位、劲力等，使其达到动作的要求。

6. 象，指动作所表现出来的一种势，通过这种势来断定是否练出了东西，如果没有练出东西，说明功夫不到或练习的方法不正确。观象是个眼力活儿，需要明理的老师指点和自身知识、经验的积累。

7. 形，指身形、手形、步形、腿形。身形：戳身（直上身），阴阳身。手形，空心拳，阴阳拳，扦手，三指刁手，柳叶掌（牛舌掌），捶。步形：正裆，方裆，斜裆，弓步，丁字步，卧云，盘云，叠云。腿形：上盘，中盘，下盘，虚腿，实腿。

8. 势，指通过练习短拳动作，身体四肢显露出来的冲击力。《孙子兵法·势篇》载："故善战人之势，如转圆石，于千仞之山者，势也。"

七、主要特点

高阳短拳的主要特点一是短小绵暴巧，提顶敛刁裁；二是一招分三式，一式分九手，一手又八手。

第五节　部分术语释义

"六书"是东汉许慎在《说文解字》中对汉字构成规则的概括和归纳，即象形、指事、形声、会意、转注、假借。在运用方面许慎曾说："象形者，画成其物，随体诘诎，日月是也；指事者，视而可识，察而见意，上下是也；形声者，以事为名，取譬相成，江河是也；会意者，比类合谊，以见指挥，武信是也；转注者，建类一首，同意相受，考老是也；假借者，本无其字，依声托事，今长是也。"其显著特点是字形和字义的联系非常密切。所以把短拳动作名称所用的汉字做一个深入的剖析，对理解、练习、研究高阳短拳大有裨益。

短拳动作的名称是前人在长期实践活动中积累而成的，最终选用恰当的汉字来记录、保存、传播。短拳以实用、简单、易学为主要特点，在选用汉字准确表达动作手法的含义时，多使用带有偏旁部首“扌”“⻊”的汉字，增加了直观性和表意性。汉字的读音、含义和字形随着时代的变迁有所演变，为了保证动作手法的准确性，从而还原早期的思想用意，本书对动作手法进行了摘录，并采用了《康熙字典》和《辞海》的注释。

掾，形声字，动词，意为古代割去男性生殖器的酷刑。《正韵》载：“击也，推也。”

劈（pī），形声字，动词，意为正对着、冲着。《玉篇》载：“破裂也。”《广韵》载：“割也。”

劈（pǐ），形声字，动词。《集韵》载：“分也。”

抄，形声字，动词，意为抓取、拿。

卷，形声字，动词。《集韵》载：“与卷通，敛也。”

背（bēi），形声字，动词，意为负担、承担。

背（bèi），形声字，名词，意为脊背、后面。

提（tí），形声字，动词，意为使事物由下往上移。《说文解字》载：“悬挂也，举也。”

提（dī），形声字，动词，意为掷击。

摔，形声字，动词，意为用力往下扔、摔打。《字汇》载：“弃于地也。”

捶，形声字，动词，通“椎”，意为用拳头或棒槌敲打。《说文解字》载：“以杖击也。”

剪，形声字，动词，意为用剪刀等使东西断开。《玉篇》载：“勒也，齐断也。”《广韵》载：“杀也。”

抱，形声字，动词。《正韵》载：“怀也，持也。”

摘，形声字，动词。《集韵》载：“手取也。”《广韵》载：“挑也。”

打，形声字，动词，意为击、撞、敲，与名词结合表示各种动作，形成具体意义的动词。

方，象形字，名词。《说文》载：“并船也。”

裆，拳谱写作“蹚”。《篇海》同“踼”，《说文解字》载：“跌，踼也。过度也。一曰，跄也。”

杂，形声字，形容词，拳谱写作“擹”，意为掺杂、混合。《广韵》载：“集也。”

切（qiē），会意兼形声字，动词。《广韵》载：“割也，刻也。”

切（qiè），形声字，动词，意为贴近、亲近。

捎（shào），形声字，动词。《集韵》载：“击也。”

捎（shāo），形声字。《增韵》载：“掠也。”《广韵》载：“芟也。”

勾，形声字，动词，意为弯曲。《说文解字》载：“曲也。”

挂，形声字，动词。《与篇》载：“悬也。”

掤，形声字，动词，意为箭筒的盖子。《说文解字》载：“所以覆矢也。”

捭，形声字，动词。《说文解字》载：“两手横击也。”

搂，形声字，动词，意为拢着提起来。

摞，形声字，动词，意为把东西重叠地往上放。《集韵》载：“理也。”

坎，形声字，名词，意为坑穴。

拘，形声字，动词。《正韵》载：“拥也。”

拱，形声字，动词，《尔雅释诂》载：“执也。”

练，形声字，动词，意为反复、多次。

栽，形声字，动词，意为插上。

靠，形声字，动词。《说文解字》载：“相违也。”《正字通》载：“依附。”

绕，形声字，动词。《说文解字》载：“缠也。”

踪，形声字，名词，拳谱写作“蹤”。《玉篇》载：“迹也。”

跐，形声字，动词。《集韵》载：“蹈也。”《博雅》载：“履也，蹋也。”

踼，（táng）形声字，动词。《广韵》载：“顿伏貌。”

踼，（tǎng）形象字，动词。《集韵》载：“申足伏卧。”

疾，会意字，形容词，拳谱写作“蹳”，意为快、迅速、猛烈。

第六节 高阳短拳的思维

思维方式是短拳文化的核心，思维方式决定着短拳习练的方向和方式，并直接影响着短拳的风格特征，同时也为化解在习练过程中出现的疑惑和问题找到了立足点和着眼点。依据中国传统文化的思维，高阳短拳的思维主要包括整体思维、辩证思维、逆向思维和中正思维。

一、整体思维

整体思维是一种把短拳的站裆、单练手、套路、演手等作为一个有机的系统，并用普遍联系、相生及制约的观点来看待的思维方式。整体思维不仅要把整个套路看作一个有机的整体，还要把套路的阴阳属性（单数套路为阳性，双数套路为阴性）分别看作一个有机的整体，每一套拳都是一个有机的整体——套路中的每一个动作也是一个有机的整体。可以把它们称作大、中、小有机整体，其内部、外部都有着普遍的联系，是一个相互联系的系统和整体。认清这些整体的说法能够帮助我们正确认识和理解短拳文化，有助于练习短拳。

于高阳短拳而言，整体思维具有纵向性原则、横向性原则、立体性原则。所谓纵向性原则就是从时间和本拳内容的层面，通过探讨、交流心得体会，以及正确的练习而得出的认同。所谓横向性原则就是从空间、人文和其他拳种的长处层面，通过交流学习，弥补不足，从而达到完善的目的，但一定要立足本拳。所谓立体性原则就是将纵向、横向与实践结合起来，最终通过容纳、消化、吸收，使形体和思想得到升华。

练拳者在整体思维的基础上，通过练习动作可以达到“拳人合一”的境界。人禀受自然灵气而生，拳承载文化而存，拳和人的融通、整一，对人文精神、形体动作等方面的提升会有极大的帮助，有利于加强对人、拳、意念三者整体而一的认识。

短拳的习练过程包括站裆、套路、单练手、演手，四位一体，这就需要用整体思维来解读，这样才能达到应用和强身的目的。四个习练过程分开来看，各自有长处和不足，这就需要优势互补，紧密联系，不可偏爱，否则难成拳家。

只有系统练习才会对整体思维有深刻、正确、全面的认识，正确的认识来源于辩证，辩证依据的是中国传统文化和拳理。站裆、套路、单练手、演手这四个小的整体组成一个大的整体，四个小整体各自有深度和内涵，如果只侧重其中的某个或某几个部分进行练习，效率是很有限的。

八趟短拳是一个小整体，应把八卦的含义和方位作为立论基础，应以先天八卦为体、后天八卦为用来指导练习。《短拳谱》载："此拳门叫作盘，乃是八卦盘分，乾、坎、艮、震、巽、离、坤、兑，练习分成八字数，乾三连，坤六断，离中虚，坎中满，震仰盂，艮覆碗，兑上缺，巽下断。把拳阴阳分清，步走八方，八字是哪一套拳，是哪一字，名称八卦拳极妙。直趟学成按入门，练习如走直趟者，不为八卦拳所学者，不能一气打下，按直趟学择练。"这表明从第一趟套路到第八趟套路为一个整体，内涵丰富，包含广大，关联密切，练拳者只需孜孜不倦地习练，静下心来揣摩，便能得到身心的体验。

十二趟短拳是一个大整体，它源自《易经》的六十四卦，以消息卦作为立论基础，息为生长，消为消退。从大的方面来看，短拳在套路的编排上有着动作越来越放开、放长的特征，类似于蹿蹦跳跃。

二、辩证思维

辩证思维是以整体思维为基础，运用归纳演绎、分析综合、抽象具体等方法，指明理论方向，从而起到统帅作用、突破作用、提升作用。

于习练短拳而言，以动作与意念之间、内与外之间的互相影响、互相联系作为对象，采取多方面、多角度来感受动作之间的关系及习练过程，并发现问题和矛盾点，进而运用归纳演绎、分析综合、抽象具体等方法来解决。练拳者有时察觉不到问题和矛盾点，是因为脱离了练习短拳的正确方向，并且对辩证思维的统帅作用、突破作用没有足够的认识。要想提高短拳的水平，离不开明理的老师的指导，更离不开辩证思维。

辩证思维揭示了短拳动作多方位的发展，并总结出“一手分八手”的论断，展示了短拳无穷无尽的源泉，充实、滋养着短拳的招式和文化。

所谓统帅，指的是阴阳概念对短拳动作和意念的支配，一拳分阴阳，一脚有阴阳，一个意念包含阴阳互补。《易经·系辞》载：“一阴一阳之谓道。”意思是阴阳对立转化就叫道，练习短拳需要遵循道来理解运用肢体动作。例如出捶（捶指小臂），捶的外侧为阳、内侧为阴，演绎出一分为二的两面，即手法的撑和剪——出捶以阳（撑），入捶以阴（剪），合二为一，归纳出剪撑、撑剪的转换变化招数。

所谓突破，就是对动作情形的深度和广度做进一步的剖析、精化，从而得到发展。例如“撑”可以化为“掤”，“剪”可以化为“扇”。为什么能化？因为去的是同一个方位。那么还能变手法吗？答案是可以，“掤”可以化成“代”，“扇”可以化成“抱”。再例如“豚”，手出向任何方向都可视为“豚”。《易经·系辞》载：“阴阳不测之谓神。”意思是变化莫测，可以把“神”理解为无常。综合起来就是运用一横一竖的原理改变方向，使对方难以摸到死点。

所谓提升，就是用好辩证思维，在习练和实践中得到新的认识，用多角度的观察与体悟来推断认识的正误，把抽象的东西比喻出来，把具体的东西展示出来。短拳又称磨盘拳，是把具体器物的原理和部件转化到拳理和动作上来，以点带面地进行引导练习。例如上步提肘这个动作，身体的各个部位对应磨杆、磨轴、磨眼、磨齿、磨扇、磨盘、磨腿，这便是用以形显象、以象喻理、以理达意的辩证方法来提升拳术。

三、逆向思维

逆向思维是一种对司空见惯的观点、定论进行反面思考的思维方式，通过向对立面发展来树立新的思维方式。这种思维能够克服思维定式，破除因经验和习惯造成的思维僵化。

短拳的动作和意念虽需要以逆向思维做基础来实现目的，但一定要在合理的范围内进行。例如靠力出捶，虽然目的是向前出捶，但一定要通过身体向后、背部向下发力来达到出捶的目的。再例如七寸腿，抽右（左）腿平出向前，一定要由左（右）腿发力传输到右（左）腿。

逆向思维在练习方面也有所体现，例如反练和翻练。反练就是通过向右方向的练习，来改变向左方向练习的习惯，是为了保证动作发力的均衡，同时纠正一些不良的动作习惯。翻练是以套路的收式作为开始，以起式作为收式的一种练习，这样的练习对心脑有很大的益处，也能够增加动作的韧劲。

对于长时间无法改正过来的错误动作，可以先停止一段时间，然后再恢复练习，这样可以收到不错的效果。

胎形是指婴儿在母体内转动时的自由状态，短拳有往回修炼到“胎形”的说法，是一种高深的境界。想要达到这种境界，需要具备天赋、聪慧、文化、环境、刻苦练习、坚韧品质等因素，以及丰富的人生阅历。习拳时要有向回修炼的意识，而不能在广度上追求多样和数量，那样就会成为“拳包袱”，是一般拳师所为。

逆向思维自然是一个练习短拳的好手段，但是如果把握不当或利用过度，就会造成错误和不妥。例如站裆，师父说的“撅屁股，塌腰眼儿，腆胸叠肚”真正的意思是：一撅屁股，小腿会戳直；塌腰眼儿，上身就会直立起来；腆胸叠肚，重心自然向后移。再例如弓步，师父说的“后腿绷直，头向前顶劲”真正的意思是：后脚一蹬劲儿，腿就撑上劲儿了；不是头向前，而是头向上顶。练拳者如果没有明白师父的真正意思，而带着错误的理解终日练习，最终只会出现错误。这只能说是师父不严谨，徒弟急功。

四、中正思维

“中”与“正”在不同的方面有着不同的解释和含义。在中国传统文化里，十分强调“中”“正”思想。《逸周书·武顺》载：“人道尚中。”《礼记·中庸》载：“中也者，天下之大本也。”《周易折中·义例》载：“唯中与正，则无有不善者，然正尤不如中之善，故程子曰：‘正未必中，中则无不正也。’六爻当位者未必吉。”

于高阳短拳而言，“中”有中间、过程、位置、重心的含义，“正”有端正、主体、位置、重心的含义。例如身体横向分割为左、中、右（纵向分割为前、中、后），这三个点都可称为正位，但左、右两个点不能看成中位。三个点的转换变位是练习短拳的内涵之一，初级水平不存在，低级水平在外，中级水平归内，高级水平无形。例如站裆，两脚横开略比肩宽，重心在两只脚上可称为“中”，也可称为“正”；重心在左脚或右脚上都可称为“正”，但不能称为“中”。架势中有斜裆和斜身的姿势时，要按“正”来理解，不能因为有个“斜”字就看成非“中”或非“正”。短拳有“战战兢兢，如履薄冰”的说法，所表达的含义就是“中”与“正”的转换，只不过表达的是动态的“中”与“正”，于是短拳讲的“中”与“正”便有了动态和静态两种存在方式。当然，静态里有动态，这种动态是内动，外静内动，是隐秘的动。动态又有大动和小动之分。大动幅度大，例如疾踪、踪跳、摔裆等；小动幅度小，例如刁摞、掤打、勾挂等。可无论是动还是静，都含有“中”与“正”。

第二章　高阳短拳与传统文化

第一节　高阳短拳与《易经》

《易经》是中国的古老文献，被儒家尊为“五经”之一。短拳的思维和练习的方式方法都汲取了《易经》中的智慧，《易经》赋予了短拳顽强的生命力。为了理解好、练好短拳，就需要对《易经》有一个初步的了解。为此，我从以下几个方面做一概述。所谓概述，不过是把先哲和近代大家的解释作为基础，来求证短拳是个思想拳、文化拳、智慧拳，也是先师们对短拳的深入理解和经验的延续。武林谚云：“拳起于易，理成于医。”

《易经》是讲思想、讲哲学的书，以阴、阳两种元素的对立统一去描述世间万物的变化及过程。简单来讲，易学包含理、象、数等三种学问。理是以哲学的方式解释宇宙中的万事万理，以及变与不变的原理；象是从现实世界的万有现象中，寻求其变化的原则；数是由现象演绎推详它在变化过程中产生的无穷支脉。历史上对《易经》的研究可分为两个阶段，或者说是两个学派，一个是汉易，另一个是宋易。汉易偏重象、数，属科学性，代表人物有西汉的京房、宋代的邵雍；宋易讲求的是理，属哲学性，代表人物有魏晋的王弼、宋代的程颐。

短拳在《易经》的影响下，演化出意、形、法的实际操作。理、象、数衍生出上、中、下三盘，远、中、近三盘，肢体的梢节、中节、根节，上丹田、中丹田、下丹田，上身、下身、六合，最终形成了以易理为本、象数为用的核心。《短拳谱》载：“一手分八手，共变一千四百五十六手。”因此产生了短拳的精、气、神、法、意、象、形、势的思想准则和实际要求。

《易经》有三个要点，即变易、不易、简易。变易，天地间的万物没有不变的，这个“变”是渐变，而不是突变，即便出现了突变，那也是内部渐变了很久才发生的。学《易经》先要知变，同样，练习短拳也要知变，不但要知变，还要适应这个“变”，只有这样才能做个明理的拳师。当然，“变”要在拳法、拳理和特征的范围内进行，如反练习、翻练习、换裆练习等。不易，在一切都在变之中，有一个不变的东西存在，那个变出万象的东西是不变的。宗教叫它“上帝”“神”“佛”“菩萨”，哲学家叫它“本体”，科学家叫它“功能”，这个能变万物的东西是不变的，如顶头劲、提肛等。简易，这是一种归纳法，在明白了《易经》中复杂的道理、原理和原则后，就变得简单直接了，如里外乱肘搅、三捶七寸等。

《易传》是理解《易经》的一把钥匙，不读《易传》便看不出《易经》的哲学性。《易传》有十个部分，又称“十翼”，即上经的彖辞、下经的彖辞、上经的象词、下经的象词、系辞上传、系辞下转、文言、说卦传、序卦转、杂卦传。这是由汉儒郑玄提出来的，《易传》是一部推动易学发扬光大的著作。

彖，就是断，判断卦的意义；象，解释一卦之象者称大象，解释一爻象者称小象；文言，只有“乾”“坤”两卦有文言，是用来释发“乾”“坤”这两卦的；系辞，溯易起源，讲易作用释卦辞之义；说卦，说明各卦之所象；序卦，说明各卦的次序；杂卦，说明各卦的杂义。

于高阳短拳而言，从《易传》的思想智慧、四时运行、辩证法、唯物论切入，有利于进一步理解和认识短拳。“十翼”反映在短拳上：彖，练习短拳的意义；象，短拳的总体特征称为大象，每套拳的特征称为中象，动作、手法称为小象；文言，说明重点在第一趟绵沙掌和第二趟随手；系辞，短拳文化；说卦，短拳每个动作的深刻含义和发展；序卦，短拳其他名称的裙带关系，如西极拳、磨盘拳、（内）八卦拳、太清拳、哑拳，套路顺序的发展和奇数、偶数的意义，动作与动作之间环环相扣；杂卦，解释所用字词的含义等。

绵沙掌为短拳套路之首，合八卦乾，应乾之四德。元亨利贞，对应绵沙掌的身、捶、步、裆，以合四德。身，身式戳直、中正，动作以身为轴展开运动，身控制动作，不失法度，避害占位。《系辞》载：“继之者，善也。”虞彼注曰："继，统也。"捶，小臂为捶，出捶能克制对方，入捶能守住门户，捶头为刁手，另一头为肘。《于夏传》载："亨，通也。"步，定步有向八方的态势，动步显示轴圆的气势。《说文解字》载："利，铦也，从刀。"盖"利"从刀，故主分。裆，有方裆、斜裆、摔裆，都含有内掩撑外、调稳重心、助力动作，"贞"者事之干也。《韩诗章句》载："干，正也。"

重叠为六爻，喻六龙，即潜龙、现龙、惕龙、跃龙、飞龙、亢龙，相对人之头、膀、手、胯、膝、足。六龙喻身体六轮，即头轮、膀轮、手轮、胯轮、膝轮、足轮。头轮包括头顶、面皮、眼、耳、鼻、舌、口等。膀轮包括扇骨、锁骨、肩、肘、肋等。手轮包括小臂、腕、掌、拳头、五指等。胯轮包括髋骨、尾骨、股骨头、脊椎、大腿皮肉等。膝轮包括膝关节、小腿、高中低三盘等。足轮包括小腿、踝关节、脚后跟、脚掌、脚趾等。

四德为绵沙掌立基，六龙为绵沙掌立形。德形交合，阴阳弘济，化育不息，有度可寻，各得其宜，以成其首。

绵沙掌作为手法（形），以起承转合的隐秘动态形式出现，起于掌，承于舐，转于刁，止于扦，全都分布在第一趟套路的动作中。

第一趟套路的要点、难点最多。在动静转换的时候，要始终保持顶头劲提肛；摘打拉弓、上步提肘这两个动作的内涵最为丰富，要连起来练习；劲达手指、脚趾及各样的劲力；震脚、三捶（展开进打、弓步切打、回捶捎打）是最难练出名堂的。

评判短拳套路的程度时，观看第一趟的身式、手法、功力就基本就能判断出后面套路练习的程度。

绵沙掌统领阳数套路，彰显阳刚之美，沉稳之气，内敛之势，身健中正，纯粹不杂，济于拳之动作，动作则展现"君德，君德利道，道济其情，济其义，合其阴阳以通坤"。

随手是第二趟套路，合八卦坤，象征地、阴柔，顺从乾，至柔而动也刚。第二趟套路的要点在于动转圆张、顺舒灵活，如勾挂反身、风拍荷叶、单飞合拿、疾踪上步、回身三捶等。练习的重点在抄捭跐腿这个动作上。

随手统领阴数套路，彰显阴柔之美，提贯之气，向外旋扬之势，体健洒脱，包容承载，顺随上达。随手合八卦坤，应坤之德行。顺承乾之性情，相互推动、滋润、牵制，使其化繁为简，以疾显其近快，以显其巧妙。达乾之刚健，才能够交手御敌，也就是说练到第一趟套路的气势，才能与人对抗。

第二节　高阳短拳与八卦

短拳又叫（内）八卦拳，与易经八卦有着密不可分的联系，内涵步步相应八卦图义理，外在处处相应八卦象形。《短拳谱》载："此拳门叫作盘，乃是八卦盘分，乾、坎、艮、震、巽、离、坤、兑……步走八方，八字是哪一套拳，是哪一字，名称八卦拳极妙。"当按照正确的拳法练习到一定程度时，双胯的运动会呈现S形轨迹，与先天八卦的数序相吻合，与后天八卦的阴阳图相应。八卦的论说丰富了短拳的内容，产生了以八卦文化为主的拳学。通过练习，身体能够得到感应，疑惑得以解释，行动有了方向。八卦主要是乾、坤，其他的都是乾、坤的发展。所以说，练习短拳首先要在理论方面对八卦及八卦图有个简略的认识和理解，练习时以第一趟套路绵沙掌和第二趟套路随手为主。

八卦的重叠生出六十四卦，通过阴阳消长排列出息卦、消卦，乾、夬、大壮、泰、临、复为息卦，坤、剥、观、否、遁、姤为消卦。于是在八趟拳的基础上又衍生出四趟拳，顺延在后，成为十二趟拳，以应十二消息卦，生成了短拳的完整体系和风格特征。

《说卦传》载："天地定位，山泽通气，雷风相薄，水火不相射。八卦相错，数往者顺，知来者逆。"为此，高阳短拳的套路对应八卦为：第一趟绵沙掌对应乾，第二趟随手对应坤，第三趟劈心掌对应坎，第四趟玉环步对应离，第五趟里外练对应震，第六趟含揉鸳鸯掌对应巽，第七趟铁砂掌对应艮，第八趟贴靠对应兑。这样的对应是按先天八卦的对峙确定的。"数往者顺，知来者逆"，第一、二、三、四趟为顺，第五、六、七、八趟为逆，即左旋为顺，右旋为逆，这个顺逆旋出了两个半圆的阴阳图。

后天八卦分阳四宫、阴四宫，乾、坎、艮、震为阳四宫，巽、离、坤、兑为阴四宫。按照《易经》的道理是“阳卦多阴，阴卦多阳。其故何也？阳卦奇，阴卦偶”，物以稀为贵。乾、坤各统领三卦：乾领坎、艮、震，坤领巽、离、兑。高阳短拳的奇数套路属阳，偶数套路属阴，因此后天八卦同样分出两个半圆的阴阳图。

按先天八卦的方位，乾、坤、坎、离为四正宫，即乾南——绵沙掌、坤北——随手、坎西——劈心掌、离东——玉环步。高阳短拳以这四趟拳的练习为基础。只有把基础练好了，才能把短拳的风格展现出来。

八卦代表着事物的八种性质，也就是卦德。《说卦传》载：“乾，健也；坤，顺也；震，动也；巽，入也；坎，陷也；离，丽也；艮，止也；兑，悦也。”这八种性质虽是抽象的，但它们的性质是不变的。例如乾，可以代表天，可以代表马，可以代表首等，但在“健”这一点上是绝对不变的。将八卦对应到每趟高阳短拳，短拳也就有了根本，有了灵魂。

第一趟绵沙掌，合乾卦，卦德为健。“乾，气之舒也。阴气之结，为形为魄，恒凝而有质。阳气之行，于形质之中外者，为气为神，恒舒而毕通。推荡乎阴，而善其变化，无大不居，无小不入，其用和煦而靡不胜，故‘健’也。”乾，主宰事物的肇始，在静止方面是圆的，在运动方面是直的。

表象：合则泰山压顶，开则山崩地裂。

风格：暴脆惊怵，周身圆整，纵横犀利，内变正位，开合有度，手法微妙，紧凑严实，挺拔小巧，骨肉停匀，绵密恣肆。

特征：摘打拉弓、上步提肘、三捶盘肘为代表动作。

突显：顶头劲，身正裆圆，动作规范。

诗曰：乾元肇始绵沙掌，头顶提肛是要点。

拉弓提肘藏真意，以点带面静修炼。

撑掤削代言三捶，外直内圆劲要透。

正确重复细揣摩，功到下盘自然成。

第二趟随手，合坤卦，卦德为顺。“陨然委顺之谓坤，阴柔之象也。柔静之至，故其德为坤。”坤极其柔顺，但动起来却显示出它的刚强，在静止方面是合的，在运动方面是张的。

表象：跟则使之气闭停息，退则使之坠入深渊。

风格：抽拔栽绕，激荡多变，燥润相生，身法多变，步法灵活，舒展不散，起而有根。

特征：抄捭打伞、跐腿掖捶为代表动作。

突显：手脚相合，身体活便。

诗曰：坤元载物资随手，顺展化僵节灵活。
抄捭跐腿上下合，风拍单飞左右拿。
手似长枪追蛟龙，提气自然不失根。
坤成乾势弓张满，交手随心箭离弦。

第三趟劈心掌，合坎卦，卦德为陷。《序卦》载：“物不可中过，故受之以‘坎’。‘坎’者，陷也。”也就是说事物发展到一定的程度就要发生变化。怎么变呢？就是坎，坎和过是相反的。程传讲：“阳居阴中则为陷。”陷有行险、中心、深入的含义。

表象：精足、气敛、神扬。

风格：燥烈动换，酣畅迅猛，清楚准确，峻拔刚断。

特征：摔裆劈坎、方裆下拷为代表动作。

突显：提放换转，身正裆整。

诗曰：水滴石穿劈心掌，天生地载逞霸威。
跳踪换式靠裆功，用时方知其中妙。
立摞劈坎惊魂魄，双脚落地有虚实。
鼎力相助人莫测，玄机在脚细揣摩。

第四趟玉环步，合离卦，卦德为丽。《序卦》载：“陷必受之以‘离’，‘离’者，丽也。”当人遇到坎坷、险难时，多附丽他人可以得到帮助。程传讲：“阴居阳中则为丽。”丽有附丽、明亮的含义。

表象：气行、精润、神含。

风格：蛰虫盘曲，舒朗端正，修饬紧密，俊利连贯，虚和宛阴。

特征：勾代卧云、劈摞绕身为代表动作。

突显：节活身顺，手法小巧、脚法独到。

诗曰：火取钻木玉环步，地生天浴是根宗。

绕栽叠卧臀忌摆，三捶七寸劲同出。

卦序顺逆捻捻转，玉环步法胯上求。

若要人前逞英豪，炉火纯青四正宫。

第五趟里外练，合震卦，卦德为动。《序卦》载：“主器者莫若长子，故受之以‘震’，‘震’者，动也。”震为天机之先动。

表象：精助、气运、神住。

风格：阴阳转换，脊锋冲天，错落得体，凝练清俊。

特征：抽拔内外练、罩站扇腿为代表动作。

突显：上下、左右的配合。

诗曰：震雷激荡里外练，前抽后拔腿脚忙。

抄挑扇腿齐舞动，左右翻转上下随。

盘云摞手虎缩身，身展劈砍似闪电。

在外得势早回家，循环往复应自然。

第六趟含揉鸳鸯掌，合巽卦，卦德为入。《序卦》载：“旅而无所容，故受之以‘巽’，‘巽’者，入也。”自身防护严密，对方入来找不到突破口。

表象：气定、精满、神闲。

风格：和缓飘逸，俊迈纵放，奇正相生，后势雄伟。

特征：拘掌撑捌、勾挂代手为代表动作。

突显：双手封、拿、拘、切。

诗曰：巽风含揉鸳鸯掌，一拘一撑合阴阳。

栽身跳踢鼎力助，鼎力不离足太阳。

剪摞转身劲莫还，牢记坐胯千斤坠。

回踢后踢分清楚，只信鸳鸯不信仙。

第七趟铁砂掌，合艮卦，卦德为止。《序卦》载：“震者，动也。故受之以‘艮’，‘艮’者，止也。”动静有度，随着架势、劲力适可而止。

表象：精溢、气壮、神凝。

风格：风驰电掣，进退裕如，浑穆峭健。

特征：后踪撑捶、铁掌劈坎为代表动作。

突显：手掌功力，势定劲透，气力相合。

诗曰：艮山仰止铁砂掌，长短磨杆要合和。

回踪单站虚实明，铁掌劈砍泰山崩。

后踪顾前出捶迎，飞身疾杂抢先机。

来往飞踪身合一，动转刚柔处处兵。

第八趟贴靠，合兑卦，卦德为悦。《序卦》载："入而后说之，故受之以'兑'，'兑'者，说也。"

表象：气通、精余、神悦。

风格：刚柔一体，方圆相参，锋颖四射，飞动英烈。

特征：连环靠打、飞疾开打为代表动作。

突显：上身立面，里外合用。

诗曰：兑泽润身化贴靠，阴阳合和现本性。

出身抽拔身腿活，回身斜身摞扇连。

还身横身背提贴，连环靠打短打用。

身分前后合阴阳，贴靠奥妙其中藏。

八趟短拳之后是第九趟柳叶定心掌、第十趟踪跳抱捶、第十一趟风砂荷叶掌、第十二趟摔拿绕身，共计十二趟，合《易经》的十二消息卦。十二消息卦被视为由"乾""坤"二卦各爻的"消""息"变化而来，用来说明十二趟短拳的沉提和向踢、跳、飞等大动作风格发展。

通过阴阳消长排列出六十四卦中的乾、姤、遁、否、观、剥、坤、复、临、泰、大壮、夬，称十二消息卦。之所以称作消息卦，是因为这十二个卦代表着循环周期的阴阳消长，息为生长，消为减退。

从"乾"至"剥"的六个卦为阴之息，阴爻从下往上增长，阳爻逐渐减少，即是阳退阴长的过程，所以称为息卦，也可称为阳卦。对应的套路为"乾"对绵沙掌、"姤"对劈心掌、"遁"对里外练、"否"对铁砂掌、"观"对柳叶定心掌、"剥"对风砂荷叶掌。

从“坤”至“夬”的六个卦为阳之息，阳爻从下往上增长，阴爻逐渐减少，即是阴阳消长的过程，所以称作消卦，也可称为阴卦，对应的套路为“坤”对随手、“复”对玉环步、“临”对含揉鸳鸯掌、“泰”对贴靠、“大壮”对踪跳抱捶、“夬”对摔拿绕身。

上乾下乾刚至极，刚极必反柔蓄势。乾统姤遁否观剥，阳减阴长刚渐柔。

上乾下巽天风姤，一阴始生柔入刚。天下有风动摇状，处危境摔裆劈坎。

上乾下艮天山遁，二阴壮柔进刚退。天下有山根基稳，反关节左绞右缠。

上乾下坤天地否，三阴强内阴外阳。天下有地提沉贯，步寻踪铁掌戳按。

上巽下坤风地观，四阴博柔刚贯达。地上有风动静明，柳叶掌定心腿踢。

上艮下坤山地剥，五阴浩柔盛持刚。地上有山实隐虚，捶剪身飞盘卧叠。

上坤下坤柔至极，柔极必反刚蓄势。坤统复临泰大壮夬，阴减阳长柔渐刚。

上坤下震地雷复，一阳生刚小柔大。地下有雷出入顺，巧灵活身直胯正。

上坤下兑地泽临，二阳长刚往柔来。地下有泽柔再柔，挂剪摞拘掌撑掤。

上坤下乾地天泰，三阳强阴阳和畅。地下有天沉提贯，贴靠横前后左右。

上震下乾雷天大壮，四阳盛上实下虚。天下有雷动中动，双提坎翻扬疾踪。

上兑下乾泽天夬，五阳广刚扬柔降。天下有泽柔乘刚，绕跃追蛇行献背。

第一、第二趟拳是魄魂；第一、第二、第三、第四趟拳是根本；第一、第二、第三、第四、第五、第六、第七、第八趟拳是立形、立位、立象；第九、第十、第十一、第十二趟拳为彰显，彰显第一至第八趟拳的功力、身法及手法动作的延展；第一至第十二趟拳代表着阴阳的消长和全部套路表象、风格的走向，体现短拳打长、长拳打短的辩证逻辑。

第三节　高阳短拳与阴阳、五行

阴阳五行学说是中国古代朴素的辩证唯物主义哲学思想，人们常用阴阳五行学说来解释人体的各种生理现象。例如人体组织就部位来说，上部为阳，下部为阴；体表为阳，体内为阴；背侧（后）属阳，腹侧（前）属阴；

四肢外侧为阳，内侧为阴。再例如以脏腑来分，五脏属里，藏精气而不泻，故为阴；六腑属表，传化物而不藏，故为阳。高阳短拳也融入了阴阳五行学说，从而帮助练拳者更好地理解高阳短拳，同时还可以帮助练习。

一、高阳短拳与阴阳学说

阴阳最初的意义是指日光的向背，向日为阳，背日为阴，这样就抽象出来了“阴”“阳”两个相对概念，但这两个概念又不是绝对的。明代医学家张景岳在解释《内经》的阴阳概念时指出：“道者，阴阳之理也，阴阳者，一分为二也。”高阳短拳以阴阳立根，通过练习能把身体抽象地一分为二，《短拳谱》载“有徒弟二人，一人名绵，一人名掌……”“绵掌二人套……阳出阴入清……”，这都是在表达阴阳这一概念，将其作用于拳、服务于身心地帮助修炼。

阴阳的基本内容可以用四个词来概括，即对立、互根、转换、消长。

阴阳对立，是指事物或现象都存在阴、阳两面，这两面相互协调、相互制约，以维持动态平衡。在短拳中以身体而论，即为左半边身体与右半边身体；以方位而论，即为上和下、前和后、提和放、内和外、浅和深、近和远等。

阴阳互根，是指事物或现象中对立着的两个方面相互依存、相互作用，任何一方都不能脱离另一方而单独存在，双方各为彼此存在的前提。在短拳中以动作而论，即为右进以左为根，左进以右为根，左右同进以脊柱为根。

阴阳转换，是指事物对立的两个方面在一定的条件下可以向对立面转化，即阴可以转化为阳，阳可以转化为阴。以短拳动作而论，主要指重心的变换，如栽身、换身、上步等。

阴阳消长，是指事物对立的两个方面不是处于绝对静止的状态，而是不断地在运动变化着，一直处于此消彼长或此长彼消的恒动之中。阴阳之间的消长关系在一定限度内保持着动态平衡，以维持事物的正常发展和变化。在短拳中以四肢配合而论，即为一上一下、一左一右、一远一近、一内一外等架势，如鸳鸯上下拐、踪跳抱捶、阳出阴入清、里外乱肘搅等。

阴阳包含的动静和刚柔，也是短拳的重要内容之一，周敦颐在《太极图说》中讲：“无极而太极，太极动而生阳，动极而静，静而生阴，静极复动，一动一静，互为其根。”动静阴阳之象，以短拳而论，动是变化、是过程、是先，静是就位、是内敛、是备。南怀瑾讲：“动静是讲物理世界的情形，到了物质世界就是刚柔。”在短拳中，刚指劲力，柔指顺化。在用法上，可单用，可并用，单用是横竖，并用是环，有“刚而不柔，脆也；柔而不刚，弱也；柔而刚，韧也”之说。“刚柔昼夜之象也”，昼夜明暗之分，明是指经过正确习练后小臂上出现的一层明显的硬肉皮（茧皴），是通过盘肘、提肘、切劈等动作拍打裸露的小臂后形成的；暗是指动态过程中的肢体移转，以及重心的内调，如提肘动作最终的刁拘坠、出拳时空心拳到最后一刻变为实心拳、脚内侧力换为脚外侧力等。

短拳的套路有阴阳之分，奇数套路为阳，偶数套路为阴。短拳的六掌中，劈心掌、铁砂掌、柳叶定心掌属阳，绵沙掌、含揉鸳鸯掌、风砂荷叶掌属阴。

依据相关理论，将阴阳学说融入拳术之中，再结合身体的阴阳，把短拳的功能和变化展示出来，并最终运用到练习和使用上，从而达到最好的效果。

二、高阳短拳与五行学说

“五行”一词最早见于《尚书·夏书·甘誓》：“有扈氏威侮五行，怠弃三正。”《尚书·洪范》载：“一曰水，二曰火，三曰木，四曰金，五曰土。水曰润下，火曰炎上，木曰曲直，金曰从革，土爰稼穑。润下作咸，炎上作苦，曲直作酸，从革作辛，稼穑作甘。”随着人们对五行的认识不断深化，进而发现了它们之间存在着相生相克的关系。如果失去协调，便会引起反常变化，从而出现相乘和相侮。《类经图翼》载：“盖造化之机，不可无生，亦不可无制。无生则发育无由，无制则亢而为害。生克循环，运行不息，而天地之道，而斯无穷已。”在不断的相生相克的运动中维持着动态平衡，五行所达到的平衡不是绝对的静止，而是建立在运动之上的平衡，强调了整体观念和自然界的循环法则。

相生，是指两类属性不同的事物之间存在相互帮助、相互促进的关系，其规律是木生火、火生土、土生金、金生水、水生木。

相克，是指两类属性不同的事物之间存在相互制约、相互克制的关系，其规律是木克土、土克水、水克火、火克金、金克木。

相乘，是指五行之间的过度制约或克制，如木乘土、土乘水、水乘火、火乘金、金乘木。

相侮，是指五行之间被克方强于克方，而反过来产生对克方的抑制，如正常情况是金克木，若金气不足或木器偏亢，木就会反过来侮金。

《内经》把阴阳五行学说应用于中医学，形成了我国中医学特有的理论体系，俗话说："拳起于易，理成于医。"这对认识和练好高阳短拳有着深刻的意义，而高阳短拳的手法便也有了各自的归属。五行属金，阳金包括劈、掾、剪、扇、跐、练，阴金包括杂、拍、拘、抱、贴、靠；五行属木，阳木包括捭、掤、拐、撑、摘、搂，阴木包括横、盘、绕、回、踪、踢；五行属水，阳水包括切、拿、坎、摔、捎、卷，阴水包括抄、栽、拦、代、坐、滚；五行属火，阳火包括提、架、拔、托、拥、开，阴火包括抽、背、掤、疾、跳、上；五行属土，阳土包括打、捶、勾、挂、摞、定，阴土包括身、裆、步、肘、卧、叠。

高阳短拳的十二趟拳也有了五行的归属。五行属金，阳金为绵沙掌，阴金为随手；五行属水，阳水为劈心掌，阴水为玉环步；五行属木，阳木为里外练，阴木为含揉鸳鸯掌；五行属火，阳火为铁砂掌，阴火为贴靠；五行属相火，阳火为柳叶定心掌，阴火为踪跳抱捶；五行属土，阳土为风砂荷叶掌，阴土为摔拿绕身。

五行生克的理念始终贯穿于高阳短拳之中，着眼于运动中有变化，动态时求平衡，直观上四肢相互配合，首尾相接。总之，要灵活运用，不可做生硬的理解，只有这样才能做到"运用之妙存于一心"，也就是拳论中所讲的"动静相生""刚柔互补""快慢相间""后发先至"等。换句话说，在应敌时动敌之将动，静敌之先静；在初习时以柔到刚，由刚达柔；初练时愈慢愈佳，由缓而急；在比较时神气贯通，灵活机动，身体敏捷，见横则竖，见竖则横，抬腿钻，落腿翻，实则激之，虚则拥之，空则添之，劲来断之，力来卸之。

阴阳是对立统一的学说，五行是系统论，两者都强调整体，都通过取象比类进行阐述，都旨在描述事物的运动形式和转化关系，这些都对短拳的练习和应用有着深远的影响和现实意义。

第四节　高阳短拳与经脉、经筋

“拳成于易，理成于医”，这个“易”指的是《易经》，“医”指的是《黄帝内经》，由此可以看出，短拳与经络有着密不可分的联系。于高阳短拳而言，十二经脉代表内、深、细；奇经八脉代表中正、衔接；十二经筋代表外、浅、粗。三者的关系是相互支持、协调、通利，以备不测，也可以用来判断拳法的练习程度。练习时应因人而异，循序渐进，两者兼顾，应是一个由浅入深、由内到外或由外到内、由收敛到放开或由放开到收敛、由粗练到细修的过程。

明代的张介宾曾说：“十二经脉之外而复有经筋者，何也？盖经脉营行表里，故出入脏腑，以次相传；经筋连缀百骸，故维络周身，各有定位。”十二经脉是按照气的盛衰来区分的，阴气最盛为太阴，阳气最盛为阳明，因此短拳以太阴、阳明为套路的开端，以此来明示内容的主次、顺序和规律。

奇经既不直属脏腑，又无表里配合关系，其循行别道奇行，故称奇经。奇经八脉包括任脉、督脉、冲脉、带脉、阴跷脉、阳跷脉、阴维脉、阳维脉，交错地循行分布于十二经脉之间，沟通十二经脉之间的联系，对十二经脉的气血有蓄积和渗灌的调节作用。

短拳的套路与奇经八脉有着一一对应的关系。

第一趟套路对应督脉，督脉与六阳经有联系，称为“阳脉之海”，具有调节全身阳经经气的作用。主身后之阳，代表动作有方裆、斜裆等，凡带有方裆的动作基本上内含督脉。

第二趟套路对应任脉，任脉与六阴经有联系，称为“阴脉之海”，具有调节全身阴经经气的作用。主身前之阴，代表动作有上步、抄提、单飞、斜身等。

第三趟套路对应冲脉，冲脉下至于足，上至于头，通受十二经脉之气血。冲脉者，十二经脉之海也。主身前之阴，代表动作有摔裆方裆、踪打劈坎等。

第四趟套路对应带脉，带脉横围于腰，约束纵行躯干的诸脉，代表动作有掌掏还身、劈摞绕身等。

第五趟套路对应阳跷脉，“跷，捷疾也，言此脉是人行走之机要，动足之所由”。主一身左右之阳，代表动作有败走转还、抽拔内外练等。

第六趟套路对应阴跷脉，主一身左右之阴，代表动作有平腿翻拐、跳踢踪打、后踢拉弓等。

第七趟套路对应阳维脉，维络诸阳，灌溉诸经。主一身之表，代表动作有后踪撑捶、飞身疾杂等。

第八趟套路对应阴维脉，维络诸阴，灌溉诸经。主一身之里，代表动作有连环靠打、飞疾开打等。

经脉是人体结构的一部分，是人体气血运行的通道，并联络脏腑，沟通内外，调节各部分的功能，从而将人体紧密地联结成一个统一的整体，多循环于人体的深部。十二经脉对称地分布于人体的两侧，沿着一定的方向循行。其总的循行规律是：手三阴经从胸走手，交手三阳经；手三阳经从手走头，交足三阳经；足三阳经从头走足，交足三阴经；足三阴经从足走腹（胸），交手三阴经。由此构成一个“阴阳相贯，如环无端”的循行路径。在头部有六条阳经分布，所以说“头为诸阳之会”。

短拳的套路与十二经脉有着一一对应的关系。第一趟套路对应手太阴肺经，第二趟套路对应手阳明大肠经，第三趟套路对应足阳明胃经，第四趟套路对应足太阴脾经，第五趟套路对应手少阴心经，第六趟套路对应手太阳小肠经，第七趟套路对应足太阳膀胱经，第八趟套路对应足少阴肾经，第九趟套路对应手厥阴心包经，第十趟套路对应手少阳三焦经，第十一趟套路对应足少阳胆经，第十二趟套路对应足厥阴肝经。《灵枢·经脉》载：经脉是从手太阴肺经开始的，而终于肝经。因而短拳的套路是按十二经脉气血流注的次序排列的。《素问·阴阳应象大论》载“天气通于肺”“肺主一身之气”“肺朝百脉”。“气”是练习短拳的重要内涵之一，短拳以口吸鼻出气，自然呼吸，顺通周身之气，不僵不滞。短拳的练习以气为开端，单数套路是沉气，双数套路是提气。

经筋是十二经脉的外周连属部分，与十二经脉的循行大致相同。经脉之气濡养筋肉骨节，有着点、线、面的分布规律，成为经脉脏腑的外卫，故云：“支节身形者，脏腑之盖也。”经筋的强健可以使关节牢固、运动灵活，并且富有弹性，还能减弱外力带来的伤害。经筋附着于关节周围，发挥着约束、稳定关节和引发关节运动的作用，故《素问·痿论》载：“宗筋主束骨而利机关。”筋、骨、肉是短拳的练习内容之一，其对筋的表述有脚后跟向外拧、里敛勿外翻、头劲顶破天等，动作有撑、抽、捎、掤等；对骨的表述有里外乱肘搅、捋打千斤坠等，动作有七寸腿、栽腿、剪捶、内外练等；对肉的表述多指小臂和大腿上的肉，动作有抖、翻、拧、裹、滚等。

十二经筋行于体表，不入内脏，有刚（阳）筋、柔（阴）筋之分。刚筋分布于项背和四肢外侧，以手足阳经经筋为主；柔筋分布于胸腹和四肢内侧，以手足阴经经筋为主。短拳套路对应的刚筋分别是足阳明对应绵沙掌、足太阳对应劈心掌、足少阳对应含揉鸳鸯掌、手阳明对应铁砂掌、手太阳对应风砂荷叶掌、手少阳对应柳叶定心掌；短拳套路对应的柔筋分别是手太阴对应随手、手厥阴对应玉环步、手少阴对应里外练、足太阴对应贴靠、足厥阴对应踪跳抱捶、足少阴对应摔拿绕身。

第五节　高阳短拳与儒道释

儒道释三家的教义被广泛地融入短拳文化之中，为短拳的文化思想、品格及修炼方向奠定了基础。三教的相同点在于对生命、心性、安身的认知，《牟宗三先生全集》载：“三教都是‘生命的学问’，不是科学技术，而是道德宗教，重点落在人生的方向问题。”所以说，短拳是拳在练人，通过练拳，精神得到升华，身体得到强健。

一、儒教

儒教以儒家思想为核心，尊孔子为先师，用仁、礼、人格、伦理道德等思想学说和神道来教育和教化众人。仁，指最高的道德规范，主要表达人与人之间的相爱和内在的行为状态。礼，指外在的规范，通过“礼”的形式方能获得“仁”的本质。人格，指人的言行所表现出来的稳定倾向和一贯的立场。伦理，指合人情、合人理的行为，也指人与人之间相处的各种道德标准。

儒学文化的思想主张是练拳人的行为准则，如果摈弃这些行为准则，就失去了练拳的必备条件，是得不到拳术的真传的。俗话说：“不知者不与言，不仁者不与传。”

孔子创办了当时规模最大的私学，他聚徒讲学，招收学生时没有门第、等级的限制。孔子主张“因材施教”“有教无类”，把“学而不厌，诲人不倦”当作座右铭，把“温故而知新”当作教学方法，把“知之为知之，不知为不知”视为教学态度。自此，尊师重道成为华夏文明的共通德行，受到历代各阶层社会的推崇。即使没有读过书，没有受过教育的阶层也懂得尊师的重要性，尤其是民间社会学习技艺的人，他们会把尊师重道的思想放在首位。其中最重视尊师的当属练武之人，有“一日为师，终身为父”的教诲，这一点在拜师帖的内容和拜师仪式上有充分的体现。拜师帖要写上天、地、君、亲、师、仁、义、礼、智、信这十个字，并分别用十句话来表达其内涵，“天无私，地无怨，君行正，亲身为，师授业；乌鸦反哺，占其仁，鸡见食鸣其众，占其义，羊羔跪乳，占其礼，蜘蛛罗网而食，占其智，雁非暖日不至，占其信”。徒弟欲学拳，首先须由介绍人引荐入师门，经过三年的考验，征得师父的同意后，递上拜师帖，然后择吉日吉时举行拜师仪式，现场还有司仪主持。届时屋内上首放一张八仙桌，桌旁放有椅子，桌上摆有三盘果品及香炉，另外还需要准备茶水、茶碗，墙上贴有用红纸或黄纸书写的三幅尊位。全部准备好后，司仪把握好时辰喊道：“吉时已到，拜师仪式开始，请师父上前给先祖、先师敬香叩拜。”拜完后，司仪喊道：“师父入座，徒弟上前给先师敬香叩拜。”徒弟给师父叩头、敬茶，敬呈拜师帖，师父回帖。到此，拜师仪式结束。

孔子晚年致力于整理重要典籍，亲自删订“六艺”作为教材，并把“六艺”的技能教给学生，对当时的文化教育起到了开风气之先的作用。儒家“六艺”分别是礼、乐、射、御、书、数，庶民子弟被教授“小艺”（书、数），贵族子弟被教授“大艺”（礼、乐、射、御、书、数），“大艺”强调文武并重，知能兼求。后来，庶民子弟不想只局限于学习“小艺”，便纷纷追求学习“大艺”，久而久之便有了雅、俗之分：底层的文化娱乐被视为“庸俗”，高层的文化娱乐被视为“文雅”。其实，雅与俗是一对相反相成的概念，是中国古代重要的文化审美范畴之一。雅文化来自俗文化，二者在本质上并无高低之分，只有融合起来才能熠熠生辉。

短拳作为民俗之中的一枝奇葩，也有着雅与俗的特质，有着动态的艺术美，体现的是精神风骨，雅与俗可界定在粗与细、深与浅、远与近之间。鲁莽偏执，断语轻率，一成不变，一知半解，练得拳皮，追求数量，视为俗人；内外兼修，深辨拳理，博览群书，揣摩练功，品味内涵，乐于感受，视为雅人。雅俗之分重点在于人的心境是否丰富——人俗则拳俗，人雅则拳雅。

短拳可分为“五俗”“五雅”。五俗，即架俗、拳俗、气俗、韵俗、心俗。架俗：身体僵滞，变化迟远，恣意妄想，动作互不照应，不摹能者。拳俗：以练拳而练拳，故习成了“熟套子”“拳包袱”。气俗：练拳昏昏然，体现不出风格特点，缺少拳势及自己的势。韵俗：动作变化不能使人有所联想、引起兴趣，没有回味。心俗：心智不开，自以为是，泛泛而谈，缺乏责任。五雅，即正雅、高雅、恢雅、逸雅、善雅。正雅：遵循传统，有思想，有情感。高雅：有人格修养，胸襟旷达，超然物外。恢雅：包容豁达，声名远播，人见人爱。逸雅：修身养性，悟道参机，自娱自乐。善雅：德才兼备，树立人品。

二、道教

道教是中国土生土长的宗教，尊老子为创始人。老子，姓李名耳，字聃，春秋末期人。道教以《道德经》等经典文献为理论基础，其道、德、无为、清净、不争、戒规等思想，以及守一、导引、周天、行气、丹田、内丹、外丹等道功，均为短拳提供了理论基础，并指明了修炼方向。

道。在老子看来，道是万物运动变化的规律，这个规律在于道法自然。短拳同样依照这个“道”来进行练习，《短拳谱·练武须知》载：“就其体用而言之，无非软硬二功，刚柔相济方为武术之真髓也。刚柔乃初习之别，至其中造其极，以柔到刚，由刚达柔，刚亦刚，则无刚柔之今矣。”“非有明师指导不能窥其玄妙。有因使浊力而伤及脏者，亦练武者之不可急也，凡初练时愈慢愈佳，由缓而急，久之则气沉丹田，手足相合，浊力已去，不滞不散，还迟不断。”这些都是短拳遵循“道”的内容。

德。符合“道”的准则而所得称为“德”，道与德是既有所区别又统一的一个整体。《短拳谱·练武宗旨》载：“练武之人最重道德，为国尽忠，为亲尽孝，对友要信，对师要恭，见义勇为，当仁不让，方不愧武术家之本旨也。”由此可见，教授短拳不单是教拳术，更注重武德的灌输。

无为、清净。道教沿袭老子自然无为的思想，主张个人处世要清静寡欲，摒弃妄自作为。短拳的习练主张一个人练习，这样不会被周围的环境所干扰，更容易进步。即便师父在一旁，也不能过多地讲解，要让习练者自己去感受，等习练者有了切身的感受，师父再做简单的指导。

不争。指顺乎自然，不造作、不强求的人生观。《短拳谱·练武宗旨》载：“艺成之后，不准藐视他人，强中自有强中手，能人背后有能人。以义气待人，不逞自能，若与有关系之人比较时点到为止，胜负自知，外人难分，以保对方之名誉。”“练武之人多文化知识、境界觉悟使然，各有说法认识，久之习惯甚深，说话瞪眼，指手画划脚，无话不谈，皆粗人也，吾辈学者戒之。”只有懂得了短拳的精髓，身体能识，才可以做到不争，不然则是自以为是的粗人。

戒规。由于道教信徒众多，且成分复杂，所以需要严格的约束和管理。对于短拳的习练者来说，同样有所戒忌，《短拳谱·练武宗旨》载：“练终之后，切忌下列各项，犯者不得善终：奸淫妇女、欺压良善、劫夺财产、伤残人命、胡作非为、违拗师长、交结匪人、公报私仇、口造妄言，以上各项切宜戒之。”

守一。指集中意念和想象，从而守持身体中的精、气、神，使之不向外散逸，常住体内。对于高阳短拳而言，指的是顶头劲、提肛。顶头劲、提肛始终贯穿于动作的动静当中，不可散失，并且需要进行不懈的练习。

导引。王冰注释《素问·导法方宜论》中的“导引”为：“导引，谓摇筋骨，动支节。”按此含义，对于高阳短拳而言，则是要与意念（守一）结合，从而达到动作的内外合一。在短拳的练习过程中，可能会有两个或更多的意念与导引相结合。

周天。常分为大周天和小周天，大周天指十二经脉，小周天指任督二脉。对于高阳短拳而言，短拳的基本功站裆行的是小周天，套路行的是大周天。

行气。指呼吸吐纳及导引等养生方法的内功修炼。对于高阳短拳而言，行气有提气、沉气、贯气，呼吸要求口吸鼻出气和自然呼吸。之所以要求口吸鼻出气，是因为口吸的气充足，而鼻子吸的气不是很充足，正常的状况是子时到巳时一个鼻孔通畅，午时到亥时另一个鼻孔通畅。

丹田。有上丹田、中丹田、下丹田，以及内丹田、外丹田之分。《抱朴子·地真》载：“脐下为下丹田，心窝为中丹田，两眉间为上丹田。”对于高阳短拳而言，短拳多以下丹田为修炼对象，并且是先有外丹田，尔后才产生内丹田。外丹田指胯的圆活，之后通过动作的练习，产生一个“盘”的东西。短拳常有腆盘的说法，即经过一段时间的习练，小腹内有“散云”状的东西，再通过意念和动作的习练，把它们往一起聚集，最后缩小成球形，这就是短拳的内丹。内丹的好差由大小、软硬和圆的程度决定，小硬圆是最好的。

三、佛教

相传佛教是在大约公元前6世纪，由古印度迦毗罗卫国王子乔答摩·悉达多（后称释迦牟尼）所创。佛教传入中国的时间一般被认为是东汉，后来与中国的儒教和道教相融合，最终形成了中国佛教。

禅宗是南朝梁时东渡来华的天竺僧人达摩所创，因为与笃信佛教的梁武帝话不投机，便来到河南嵩山的少林寺，少林寺从此成为禅宗的发祥地之一。达摩见寺中僧侣身体孱弱、精神萎靡，便教他们肢体动作以强健身体、提振精神，自此成就了少林拳派武术之宗的名声。又传说，达摩在石洞中面壁九年，悟得八个动作，之后在此基础上衍生出了许多拳法套路。短拳与少林寺的渊源在《短拳谱》中曾有记载：“（达摩老祖东迁，留下此拳）有徒弟二人，一人名绵，一人名掌……”

拜师学拳者，总会有一个人或几个人一直追随在师父左右，最后相伴师父终生的那个徒弟便会得到真传，其中的道理就是禅宗主张的“以心传心”“见性成佛”“即心即佛”，即用时间来考量徒弟的人性和心性。徒弟与师父之间心心相通，师父的一言一动，徒弟会意于心，只有这样的徒弟最后才能顿悟。明理的老师在教授短拳动作时，只是纠正学拳者的动作，或亲自做出动作示范，学拳者眼观意会于心。笔者认为二人之所以不言语，可能是因为“言语道断，一说就错”的缘故吧！经过苦练，加之自身的悟性，以及广博的社会知识和人生阅历，才能达到与佛教相通的小乘教义，即“三学，戒、定、慧”，也就是短拳所说的自修。自修就是将“自我”的杂念妄想一层一层剥光，最后无一物可露，内心平静澄澈，进入一种“开悟”的境界。“开悟”之后，进入大乘教义，即“六度，布施、持戒、忍辱、精进、禅定、智慧”。再经过实践，顿释“见性成佛”，也就是“见性拳成”，最终接过短拳衣钵。

禅宗讲“有、空、无”，短拳同样讲“有、空、无”。短拳最初练习时是“有”，指有形、有意、有物、有感觉，这个层次时最容易使学拳者产生浮躁、骄傲、志满等不良情绪，此时就需要用戒和道德来进行约束；“空”指胸、腹、裆三空，反之是膀、背、胯三空，这个层次时练拳者身上有东西了，算是进了拳术的门，此时的“空”会使对方如坠深渊，称为大空；“无”与“有”相对，这个层次时会使对手由摸得到“点”，转而摸不到“点”，以致失去方向，不知所由，也就是武术谚语说的“拳无拳，法无法”。

禅宗注重向自己的内心探求，也就是悟，强调自我净化，也就是修。短拳也是这样，修悟自身，热爱人生，最终达到心灵自由、果决豁达、充满自信，在漫长的人生中始终保持愉悦的心情，以至于气柱冲天、霞虹环身。

第六节　高阳短拳与书画

书法和国画素有同源之说，且都是中国的传统艺术。

一、高阳短拳与书法

书法以书写汉字来表达作者的性格、感情、趣味、素养、气度、思想等精神因素，短拳同样有着外强筋骨、内实精神的追求，都是以抒发情感、陶冶性情、传承文化为目的。纵观历史，有许多书法家与拳结缘，如唐代草书大师张旭，相传他观过公孙大娘舞剑后书艺大进。将书法术语和短拳术语进行对比，会发现二者的解释相近、含义相通，且都有着对立的和谐统一，在其他方面也存在着相同的理念。

迟急。清代宋曹的《书法约言》载："迟则生妍而姿态毋媚，速则生骨而筋络勿牵。能速而速，故以取神；应迟不迟，反觉失势。"意为作书时用笔的迟与急须做有机配合，若一味迟重则失却神气，若一味急速则失却形势。《短拳谱·练武须知》中载："非有明师指导不能窥其玄妙。有因使浊力而伤及脏者，亦练武者之不可急也，凡初练时愈慢愈佳，由缓而急，久之则气沉丹田，手足相合，浊力已去，不滞不散，还迟不断，换势有如行云，迈步恰似流水。"

方圆。清代朱履贞的《书学捷要》载："笔方势圆。方者，折法也，方出指，字之骨也；圆者，用笔盘旋空中作势也，圆出臂腕，字之筋也。"意为有棱角者为"方笔"，无棱角者为"圆笔"，楷书贵用方笔，草书贵用圆笔。初学短拳时要求架势先方正，熟练之后化绵圆。方圆在短拳中的另一层含义是指肢体动作的外方内圆。所谓外方，是说肢体的动作带有棱角，如"刺"、如"齿"一般。所谓内圆，指的是下丹田要圆。于高阳短拳而言，方圆本为一体，方的动态便为圆，二者相互带动、相互变换、相互协调。只有习练到一定的程度时，才能体会和感觉到方圆。

曲直。清代刘熙载的《艺概·书概》载："书要曲而有直体，直而有曲致。"清代包世臣的《艺舟双楫·答三子问》载："为川者必使之曲，而循岸终见其直；若天成之长江、大河，一望数百里，瞭之如弦，然扬帆中流，曾不见有直波。"意为写转折勾连的笔画时，要有平直笔画劲健凝重的神气。短拳的曲多表现在身体的绕、环、斜、栽等和手的勾、刁、摞、代等，以及小臂的转、滚、削、翻等。短拳的直主要指的是法则，如基本功站裆，《短拳谱·裆诀》载："小腿需直立，腰直砥柱般。"以自身为轴向八个方向延展，这个轴便是直立轴，延展便是横向的平曲直。《短拳谱·练武须知》中载："上、中、下三盘，远、中、近三盘。"这是在习练与使用时对方位和方向的概括。所以说，曲直要以结合整体来看待和理解，不可偏颇。

内擫。指笔意紧敛，所谓"骨（骨气）胜之书"。沈尹默的《书法论丛》载："要用内擫法，先须凝神、静气，一心一意地注意到笔毫，不令溢出画外，务求骨气十足，刚劲不挠。"短拳的许多动作也带有内擫，如掩裆上步、抱月方裆、斜身闭捶、方裆内练、跐腿掾捶等。《短拳谱·裆诀》载："里敛勿外翻。"

外拓。指笔意开展，所谓"筋（筋力）胜之书"。沈尹默的《二王法书管窥》载："外拓用笔，多半是在情弛神怡之际，兴象万端，奔赴笔下，翰墨淋漓，便成此趣。""内擫是基础，基础立定，外拓方不致流于狂怪。"短拳的许多动作也带有外拓，如展开进打、靠力出捶、右横撑打、三捶盘肘、摘打拉弓等。

擒纵。清代周星莲的《临池管见》载："然往往手欲提，而转折顿挫辄自偃者，无擒纵故也。有擒纵，方有节制，有生杀，用笔乃醒；醒则骨节通灵，自无僵卧纸上之病。"意为运笔时要收得住、放得开。短拳的动作和劲力同样要收得住、放得开，只有收得住才能随意改变手法和方向。在练习动作时，例如上步提肘，上右（左）步的腿需要"吊着"或"拿捏着"，用劲"擒着"，同时前伸的右（左）腿力达脚趾，随后身体左（右）转九十度提肘，然后右（左）脚落地的同时整个身体放开下沉，劲力随双脚入地。放开入地可叫作纵，半路停住可叫作擒。

疾涩。清代蒋和的《书法正宗·笔法精解》载："宜疾则疾，不疾则失势，宜涩则涩，不涩则病生。"疾，非一味简单地快速；涩，非停滞不前。于高阳短拳而言，疾是指先觉先备、先知先动，如飞身疾杂、疾踪劈坎、后踪撑捶等动作；涩是指在使用时等待对方先发力或引诱对方先发力，之后再感觉对方的变化。

轻重。清代宋曹的《书法约言》载："运笔有轻重（注：凡转肩过渡用轻，凡画捺蹲驻用重）。"一般书法家认为用一分笔为轻笔，用三分笔为重笔。于高阳短拳而言，不用劲习练动作为"轻"，用劲习练动作则为"重"，习练动作应该是起始为轻，终止为重。在比较时，轻是探知、感应对方的虚实变化，重是摸到对方"点"时的发力。

极富弹性、变化无穷的毛笔在书法家的手里挥洒自如、极尽其妙，丰子恺曾说："须知中国民族精神寄托在这支毛笔里头。"历史上众多的书法家曾对毛笔有过论述，如执笔、笔法、笔势、笔意、笔力、用笔、信笔、收笔等，然而这些都与短拳有着妙合之处。

执笔。唐代孙过庭的《书谱》载："执为长短浅深。"古人对执笔的论述甚多，大意就是拿笔的方法。于高阳短拳而言，指的是套路的四种练法，即正练、反练、翻练和原地练。

笔法。指写字的方法，亦指用笔，是千百年来人们经过无数次的实践而总结出来的规律。唐代张怀瓘的《玉堂禁经·用笔法》载："大凡笔法，点画八体，备于'永'字。"于高阳短拳而言，指的是短拳的动作，《短拳谱·练武须知》载："盖武术易练，拳理难明，故有是非之致耳。夫拳术者，拳之法也。何谓法？练习姿势为法。何谓术？运着应敌为术。起势舌舐，以接任督二脉之气，心中空空洞洞，无形无象，此无极也；似动非动，此有极也；心机动，意亦生，身即前，手足运，此太极也。由太极两仪而四象八卦，以致八八六十四卦，即由一端而千端万绪也。各种拳术鲜能出此范围，此即拳之法也，亦道也。"

笔势。指每一种点画依着各自形体姿势的写法。清代康有为的《广艺舟双楫·辍法第二十一》载："古人论书。以势为先。书，形学也，有形则有势。兵家重形势，拳法亦重扑势，义固相同，得势便则以操胜算。”于高阳短拳而言，虽说短拳动作小巧，但气势宏大，有惊怵、震慑、敬畏之感。

笔意。沈尹默的《书法论》载：“从结字整体上来看，笔势是在笔法运用纯熟的基础上逐渐衍生出来的；笔意又是在笔势进一步互相联系，活动往来的基础上显现出来的，三者都具备在一体中，才能称之为书法。”于高阳短拳而言，法、势、意、形、力之说也有所契合，只不过短拳有一意、两意、多意之别，再到无意之终。习练时，先有一个意来引导肢体动作，习熟之后，逐步到两意或多意配合，进而到无意，最终使得动作及气息皆达到顺畅自然、神出自观的境界。

笔力。晋代卫夫人的《笔阵图》载：“下笔点画波撇屈曲，皆须尽一身之力而送之。”“善笔力者多骨，不善笔力者多肉。”唐代林蕴的《拨镫序》载：“子学吾书，但求其力耳。殊不知用笔之力，不在于力；用于力，笔死矣。”这些都是在艺术上的“力”的感受，与物理上的“力”的概念不同。于短拳而言，短拳的套路就是对力的诠释，要练出万毫齐发的劲力，以致穿透力和鼎力。善用力者整而暴，反之则散而滞、飘而燥。

用笔。清代朱和羹的《临池心解》载：“临池之法：不外结体、用笔。结体之功在学习，而用笔之妙关性灵。”于高阳短拳而言，有文化、有悟性，且聪慧、谦恭的人练习起来就会进步很快。

信笔。指随意用笔。于高阳短拳而言，指的是拳熟，当拳打得很熟练时，便使人来不及回味。

书法从象形文字发展到抽象文字，充分展示了抽象的表现手法所具有的特殊的艺术感染力，使人们感受到生动的艺术美，描绘出书法的气概。

精气神。常用于对书法作品的品评，是对作者艺术造诣的反映。清代朱和羹的《临池心解》载：“作字以精气神为主。落笔处要有力量，横勒处要波折，转捩处要圆劲，直下处要提顿，挑趯处要挺拔，承接处要沉着，映带处要含蓄，结局处要回顾。”练武者也多用精气神来品评武术套路。于高阳短拳而言，短拳对精气神的理解为：精，指细微；气，指劲力；神，指巧妙。三者同融于套路之中来体现，不可分割而论，论则失之正路。

虚实。清代朱和羹的《临池心解》载："作行书最贵虚实并见。笔不虚，则欠圆脱；笔不实，则欠沉着。专用虚笔，似近油滑；仅用实笔，又形滞笨。虚实并见，即虚实相生。"意为运笔过程中指掌、腕肘、笔画之间相互配合的关系。于高阳短拳而言，多指对手脚的要求，《短拳谱·练武须知》载："两脚虚实总要分明，抽身换影，翻若惊鸿，随机应变，奥妙无穷尽出。拳之出入皆出其自然，虚中实，实中虚，实是打手，虚是变手。"于习练动作而言，到位为实，过程为虚，这一点只有细心揣摩，才会有清晰的体悟。虚实好比一个器物的里外，既为一体，又各达所能。

动静。书法艺术是点线运动的结果，表现的是动静节奏韵律的奥妙。于高阳短拳而言，短拳是动静鲜明的技艺，动静之间同样有节奏韵律，讲求动有韵，静有势，动中有静，静中有动，动静依序。《短拳谱》载："动敌之将动，静敌之先静……不明以逸待劳，不明临机应变，怎称明乎拳理?"

刚柔。书法能使绵软的毫毛制成毛笔，书写出刚劲的点画，入木三分，亦是刚柔之法。于高阳短拳而言，短拳亦讲刚柔，刚柔相济。刚非坚硬，为沉重、犀利，带有韧劲；柔非弱，为黏缠似胶，如影随形。《短拳谱》载："应敌时……彼上我下，彼刚我柔，谓之临机应变，此拳之术也。"

形美。启功曾说："中国的汉字一出现，写字的人就有要'写得好看'的要求和欲望。如甲骨文就是如此，不论单个字还是全篇字，结构章法都好看。可见，自从有写字的行动以来，就伴随着艺术的要求，美观的要求。"书法讲求形和力的美，短拳同样讲求形和力的美，可要达到短拳的形美十分不易，因为短拳的动作虽然简单，但要求高深，且不容易上身，需要下苦功夫进行练习，需要费心思揣摩要领，还要有明理的师父的指点，同时练拳者还要具备艺术的眼光。

书论中有担夫争道的故事，讲的是两个担夫狭路相遇，既不相撞，又能各自通过，这更像是对习练短拳的二人进行比较时的概括。明代董其昌的《画禅室随笔·评书法》载："古人论书以章法为第一大事，盖所谓行间茂密是也。"清代刘熙载的《艺概·书概》载："书之章法有大小，小如一字及数字，大如一行及数行，一幅及数帖，皆须有相避相形、相呼相应之妙。"于高阳短拳而言，短拳的套路都一一对应着章法，短拳的十二趟套路对应着大章法，每趟套路对应着小章法。

唐代书法家孙过庭在《书谱》中有三句话。其一句云：“初学分布，但求平正，既平正，务追险绝，既能险绝，复归平正。”“分布”指字本身的繁简，以及字与字之间、行与行之间的间架关系，相互影响，相互联系。“平正”指规矩、法度。“险绝”指螺旋式的变化。于高阳短拳而言，初练短拳时首先要求架势稳、正、硬，而后绵柔、圆活、小巧，也就是说有些动作的手法会有所变化，这种变化是一种提高，而非改拳或异变，但是要在遵守拳法要领的基础上进行改变，不然会走向歧途的险绝。然后要求能分清险绝，这时便进入第二个循环往复的上升时期。在经历并清楚了这些后，练拳者便自觉地回到初学的心态上来，变得谦虚许多。其二句云：“初谓未及，中则过之，后乃通会，通会之际，人书俱老。”要达到“通会”的境界，就要经过“初谓未及”“中则过之”的过程。在初练书法和短拳时都有达不到规范的要求或过度达到规范要求的现象，从而产生僵滞。只有变外露为内藏，才能真正达到“通会”的境界。其三句云：“一画之间变起伏于峰杪，一点之内，殊衄挫于毫芒。”书法的一点一画讲究变化，短拳的一招一式也讲究变化为上。书法要一点一画地练习，只有内在和外在自然地变化，才能在运用上自如。于高阳短拳而言，首先要练好基本功，之后的一招一式才能规矩。没有一点一画的功夫，书法难有跌宕有致；没有一招一式的功夫，短拳也就没有套路的严谨。正是这一点一画、一招一式，才能看出真功夫来。

清代程瑶田的《通艺录·书势五事》载：“书成于笔，笔运于指，指运于腕，腕运于肘，肘运于肩；肩也，肘也，腕也，指也，皆运其右体者也。而右体则运其左体，左右体者，体之运于上着也。而上体则运于其下体，下体者，两足也，两足着地，拇踵下钩，如屐之有齿，以刻于地者然，此之谓下体之实也。下体之实矣，而后能运上体之虚。然上体亦有实焉者，实其左体也，左体凝然据几，与下二相属焉。由是以三体之实，而运其右一体之虚，于是右一体者，乃其至虚而至实者也。夫然后以肩运肘，由肘而腕而指，皆各以其至实而运其至虚。虚者其形也，实者其精也……”于高阳短拳而言，短拳的发力同样是由上及下、由下及上、节节贯通的过程，科学地说就是反作用力。肩、肘、腕、指，在拳中对应三节，即根节、中节、梢节，其中的道理都是一样的。短拳中的许多动作与书法家的实践是一一对应的，如展开进打、上步提肘、扇跨腿、七寸腿等动作，都是动右（左）以左（右）为根、为发力源，传导于右（左），或实或虚，先者反倒变为从者。

从古至今，书道和拳技融于一身者不乏其人，出类拔萃者皆有，为后人留下了宝贵的经验，佐证了殊途同归的文化内涵和高远境界。例如宋代的岳飞，书道、武艺俱精，后人评其为“岳忠武书，力斫余地”。又如清代的包世臣，与武林人士交际，独喜少林拳法，故其著《艺舟双楫》载：“学书如学拳，学拳者，身法、步法、手法，扭筋对骨，出手起脚，必极筋之所能至，使之内气通而外劲出。至学拳已成，真气养足，其骨节节可转，其筋条条皆直，虽对强敌，可以一指取之于分寸之间，若无事者。”

二、高阳短拳与国画

中国画又称国画，分为人物、山水、花鸟三大类，用艺术手法表现出情感与寄托，并升华到哲学的层面。人物画表现的是人与人、人与社会的关系，山水画表现的是人与自然的关系，花鸟画表现的是自然界中的各种生命与人和谐共处的关系。正如陆机所说：“宣物莫大于言，存形莫善于画。”

五代时期的僧人贯休在画十八罗汉降龙尊者时，总难掌握尊者的神髓，某日得见薛仁贵的后裔练戟而得降龙之气韵的传说，以及清代书画家傅元在画墨竹时醉舞拳艺而求灵感的故事，都从侧面反映了传统武术与国画之间灵犀相通之趣。

短拳的拳理与国画的画理在某种意义上是相通的，同有一层一景、一步一象的境遇，同样是为了给人们带来审美、鉴赏、品评的乐趣。一趟短拳恰似一幅绘画作品，唐代孙过庭曾说：审美鉴赏不能“滞于耳目”“不可以目取”，不能“为目有止限”，而必须“心悟”“必资神遇”。宋代韩拙的《山水纯全集》载“先看风势气韵”“次究格法高低”“规矩用度”“观画参乎神妙，各适于理者然矣”。宋代刘道醇曾说：“观画，揣摩研味，观气象，根其意，求其理。”于高阳短拳而言，习练短拳时不仅要把握大势，在小的方面也要细心观察，稍一疏忽，就会违背法则及要领，就会出现差误的言论。郭若虚曾说："虽画者能之妙，不及农夫之专也，擅艺者所宜博究。"于高阳短拳而言，指导练拳者要先"专"后"博"，如果只凭主观意图，而不从实践、揣摩中发现，那就脱离了习练短拳的目的和方向，而达不到内外兼修、虚实相生、刚柔并用的效果，也无法达到炼精化气、练气还虚的境界，更无法回归到"胎形"的态势。

绘画。尤其是山水画，讲究龙脉、气势、开合。山与山形成的山脊，有连有断，蜿蜒曲绕而有走向，是一幅画中的主框架。于高阳短拳而言，龙脉对应短拳的顶头劲、提肛和脚抓地，对应人体的头、脊柱和手脚，为通顺的一条线。画幅中有了龙脉，气势随即而生，也可以说是有了力量。通过练习短拳，身体产生了这条线，并不断充实，久而久之便感受到了力量。拳术最讲开合，有大开合、小开合之说。短拳以小开合为主，兼含大开合。其中的开，说的是开胸开尾。胸，指人体的胸骨，胸骨由胸骨柄、胸骨体及剑突组成，把附着在上面的韧带和肌肉向左右撑起，这种状态称为短拳的开胸；尾，指人体的骶骨和尾骨，骶骨由五块骶椎组成，略呈三角形，上与腰椎相连，下与尾骨相连，把附着在上面的韧带和肌肉向左右撑起，这种状态称为短拳的开尾，更确切的说法应该是开骶。绘画的开合是指整个构图的空间间隔。沈宗骞曾说："如作立轴，下半起手处是开，上半收拾处是合。何以言之：起手所作窠石，及近处林木，此当安屋宇，彼当设桥梁、水泉、道路，层层掩映，有生发不穷之意，所谓开也。下半已定，然后斟酌上半。主山如何结顶，云气如何空白，平沙远渚如何映带，处处周到，要有收拾而无余溢，所谓合也。"

空白。也叫留白，是绘画构图的重要组成部分，能让人浮想联翩，有着"意到笔不到"的感知。美学家宗白华曾说："空白处并非真空，乃灵气往来生命流动之处。且空而后能简，简而练，则理趣横溢，而脱略形迹。"简单来说，画中要有气韵，有了气韵才能使画面变得生动，而气韵要依靠空白等技巧来实现。空白其实就是常说的取气，取气分密处取气和稀处取气。密处取气的画面丰满，空白处很少；稀处取气的画面笔墨简单，空白处较多。例如元代王蒙的山水画多采用密处取气，倪瓒的山水画多采用稀处取气。绘画的留白论点与短拳动作要求产生的效果也不谋而合。人体好比画中的“物”，要适当留白，这样才能使身体灵活巧妙。短拳动作的留白趋向于密处取气，给人以张力涵敛、丰盈深秀的视觉与感受。短拳讲究大空、劲达末梢，臀向后坐为大空之一式，鞭子劲为劲达末梢之一式，表达出的是稀处取气，同样给人淡泊平静、风貌简约之感。总之，短拳的理解和练习要采用辩证的思维，把“物”当“白”、把“白”当“物”。

清代松年的《颐园论画》载：“书画清高，首重人品，品节即优，不但人人重其笔墨，更钦仰其人。书画以人重，信不诬也！历代工书画者，宋之蔡京、秦桧，明之严嵩，爵位尊崇，书法文学皆高品，何以后人唾弃之，湮没不传，实因其人大节以亏，其余技更一钱不值矣！吾辈学书画，第一先讲人品。”“古今善书画者，何止数千百人，湮没不彰者多矣。细观画传，所传之人，大半皆有嘉言懿行，善政高文，不仅以几笔书画，即为不朽功业。”短拳的传授和书画的道理一样，首重人品，许多拳师对此心知肚明，且一直默默遵循，以致后人将此举误解为保守。

第七节　高阳短拳与养生

人类对待生命有着贵生恶死的态度，前人通过实践总结出了许多延年益寿的方法，其中道教的方法最为突显，这与道家的思想主张是密不可分的。高阳短拳融入了道家的养生理论和中医的养生理论，从而达到强身健体、延年益寿的效果，并最终形成短拳自身的养生文化。

练习短拳能加强人体经络的循行通畅，沟通上下内外，调节身体各部的机能，从而有效地抵御邪气、预防疾病、祛除病症。南朝著名道士陶弘景时称“山中宰相”，他认为人体是由形、气、神等三种基本成分构成的，三者各自承担着不同的职能，并相互作用，他强调形、气、神并养的养生观。《太上洞玄灵宝法烛经》载：“立人之道有三因，何谓三因？一曰神，二曰气，三曰形也。神因气而立，气因神而行；形因神而存，神因形而藏。神逝则气散，气散则生亡。故圣人先于养神，次于养气，次于养形，三者和而相得，乃能长生。”于高阳短拳而言，短拳的名称与之一一对应，短拳对应精，西极拳对应气，太清拳对应神，八卦拳对应象，哑拳对应意，磨盘拳对应形。精、气、神、象、意、形的确立，为内、外丹田的形成打下了基础。丹田是练武者永恒的话题和追求。《通幽诀》载：“气能存生，内丹也；药能固形，外丹也。”这里所说的“药”，可以理解为习练、规矩、法则。《上洞心丹经诀》载：“修行外练还丹，依方服之，内求玄珠于赤水之中，结还丹于黄庭之内，使内外丹成九转，变化须臾，于道和真。盖内修者阴丹也，外修者阳丹也。阴丹就而命延，阳丹就而升腾。故修道之士有内丹者可以延年，得外丹者可以升天。”这里指明了“内丹”有延年的作用，“外丹”有身轻的功能。所谓“升腾”“升天”，可以看成短拳的疾踪、飞身、跳踢等动作。“玄珠”指聚成形的丹球，“赤水”指丹球在漂浮游走，“黄庭”指小腹。道教的有些言语多隐晦之词，要揣摩、分辨、转换，这样才能对习练、理解短拳和养生有所裨益。

短拳的精多指能量，以形言代表下肢，而精与气的实质其实是相同的。《黄庭内景经》载：“此在妙用之道，元气结之为精矣。身中之精，元气之本。”《钟吕传道集·炼形》载：“人之生也，形与神表里。神者，形之主。形者，神之舍。形中之精以生气，气以生神。”“精得牢固，元气不损，呼吸之间，可以夺天地之正气，正气在寒暑不能为害，劳苦不能为虞，体轻骨健，气爽神清，永保无疆之寿，长为不老之人。”

导引作用于短拳，兼容行气、存思、意识等，所体现的养生精神贯穿形神俱练、内外兼顾、动静结合、天人合一等方法、原则。短拳很好地融入了导引术，用以提高技击水平和强身祛病。短拳的每个动作都有着各自不同的导引功能，如拉弓方裆，可以导引胸骨节和尾闾骨节；又如抄挑打虎，可以导引心包经、顺筋骨、通和血脉。

养生的方式繁多，有中医养生、导引养生、内丹术养生、气法养生、房中养生、起居养生、四时养生等，可唯道德养生是统摄养生全局的第一大法，因此历代智者和养生学家都十分强调道德的修养。孙思邈的《千金要方》载：“道德日全，不祈善而有福，不求寿而自延，此养生大旨也。”孔子也提出过“仁者寿”“大德必得其寿”的观点。

德行乃养生之根、学拳之本，短拳如今仍延续着拜师学拳考察三年的门规。积善积德、无欲无望之人练拳，心易静，神易安，可以更加清晰地体察动作，感知豁然，理解深刻，灵气毕现，对错自觉，上功快。久之，心窍开，思路广，精神得到舒爽，功力倍增，养生与拳术双得益。

练习短拳是对卫气、营气、宗气、元气的充实，可以使其更好地发挥功能，从而达到健身养生的目的。卫气是分布和行于脉外而具有保卫作用的气，布散于肌表，可以抵抗外来的邪气，使之不能入侵人体；营气是分布和行于脉中而具有营养作用的气，可以使五脏六腑、四肢百骸都得到滋养；宗气是由谷气与自然界中的清气结合后而积聚于胸中的气，通过呼吸，贯注心脉及沿三焦下行的方式布散全身，主司视、听、言、动等活动；元气是人体最根本、最重要的气，是人体生命活动的原动力，通过三焦而流行于全身。相对来说，习练第一趟套路有着充盈卫气的作用，习练第二趟套路有着行输营气的功效，习练第三趟套路有着聚集宗气的效果，习练第四趟套路有利于元气的巩固。这四趟套路虽然奠定了健身、养生、延年的基础，不过也要循序渐进、因人而异地进行练习，否则无法得到好的效果。

日常生活和工作中出的劲力与习练短拳时出的劲力是截然不同的，如果用生活和工作中的劲力来习练短拳，对身体会有伤害，而短拳练出来的劲力则有助于生活和工作。短拳的习练是把生活和工作中用不到的劲力，或者说用不到的地方发掘出来，以达到能配合、能控制、能调动的全面劲力，从而避免抻伤、扭伤、蹲伤等伤害。劲力的顺达能够化解身体的僵滞，从而使营卫之气到达身体的末梢。身体末梢的活跃可以营养宗气，使其更好地发挥作用。呼吸的舒缓和气定神闲可以使元气得到保养，形成身体的自然劲力，从而达到保身、养生的目的。

养生贵在坚持，正所谓“流水不腐，户枢不蠹”。常动或常静都不利于养生，需要掌握好动静的结合，行为要适度。《敬斋古今注》载：“大抵人不能常动，亦不能常静。常动则胶于阳，而有失于阴；常静则胶于阴，而有失于阳。阴阳偏胜，则伤之者至矣。”动静结合，形神共养，方能祛病强身、益寿延年。

第三章　高阳短拳与现代科学

一、高阳短拳与控制论

控制论，顾名思义，是控制的理论，是美国数学家维纳于20世纪40年代创立的一门学科，后来成了一股不可忽视的科学思潮。控制论作为一种方法和科学概念，为人们处理复杂问题提供了有效工具。科学家们把它运用到各个领域，如生物控制论、工程控制论、社会控制论等，而高阳短拳的练习同样符合控制论的一般原理。把控制、信息、储存、传递、反馈、调整、稳定等名词排列起来就是一个系统，融合起来就是一个整体，串联起来就是一个过程，高阳短拳的内涵由此来彰显、要领由此来完成、目的由此来达到。

之所以控制，是为了改善某个或某些对象的功能，使其不出现偏差，从而达到想要的目的。于高阳短拳而言，控制由思维来引导，也就是说用“意”来控制动作。在用“意”练习动作的时候，用一个“意”想某一个点相对容易，一般人都能做到，但用两个“意”想两个点，或者三个“意”想三个点就有些难了，因为几个“意”需要同时支配几个点，还要互相配合，甚至各有不同的方向和劲力，这些都要控制在规定的范围内。因此，控制能力很重要，需要有认知、心静和揣摩做基础，还要不厌其烦地练习同样的动作。控制能力可分为主动和被动，主动自然好理解，就是刻意地去达到目的，被动则是在肢体出现不适的情况下专注一个目的，如腰部出现轻微扭伤，不能弯腰，当地上有物品需要捡起时，这时就要控制住腰部，使上身直立，避免出现疼痛，再调动身体其他器官来帮助捡起物品，腰背部的直立就达到了《短拳谱》中“腰直砥柱般”的要求。遇到这种情况时，要感知在控制的过程中所调动的器官和用到的劲力。在日常练习时，可以假设身体的某个部位不适，利用偶然获得的感知对其加以练习，这是提高控制能力的一种方法。

信息来自师父的口传和示范，可以把它称为信息源，徒弟称为信息的接受者，师父和徒弟之间有个信息通道，叫作联系——联系越密切，感情越深，通道容量就越大，得到的信息也就越宽泛。信息源不只师父一个，还有其他的途径，汇集到一起便可以增加信息量，对于不同的人有着不同的意义和效果。

储存或记忆的信息要进行甄别和分析，最终归纳出符合拳种风格特点的信息。当对储存的信息进行实践检验，获得了感知后，符合拳理拳法的正确信息就会取代先前低级的或错误的信息。当然，先前正确的信息仍会被保留下来，这样就可以确保储存的信息在不断地替换更新，有利于进步和提高。不只心脑可以储存和记忆，神经也可以。通过专注某一动作的反复练习，可以被神经所记忆。

传递不仅可以通过眼睛、形体、语言和书面文字，还可以通过神经和经脉等。眼睛代表心领神会，形体代表范本，语言代表思想和经验，文字代表史料佐证，而神经可以传递痛感，经脉可以传递能量，不同的途径传递着各自适合的信息，接受者也要用相应的途径接受，这样不仅可以缩短传递的时间，还可以快速达到想要的效果。

反馈是把轮廓缩小到精细的过程，在这个过程中要不断地调整目标。反馈包括自身反馈和外来反馈：自身反馈是通过反复练习动作自己产生的感知，外来反馈来自于明理的老师的指导及其他有利要素。反馈需要坚定的信念和深刻的认知做支撑，否则反馈的东西是不容易被接受的。

稳定不只是通过反复练习做到动作稳定，心神、神经、呼吸和血液循环也要逐步做到稳定。稳定之中也存在着不稳定，所谓不稳定，是因为在不断地向精微发展，不稳定是在稳定的基础上发生的，其实也并没有超出稳定的范围。只要外形动作稳定了，想要改变它是很难的，即便改变了也会留有影子，这就要求保持正确的动作练习方法，从而保证最终达到理想的稳定。

随着不断的练习，控制会慢慢减弱，并逐渐转变成自身的反应能力，最终不再需要用意识去控制。身体出现了自然反应，说明身上有“东西”了，只要“东西”上了身，消失得会很缓慢，甚至就不会消失了。

二、高阳短拳与人体解剖学

人体解剖学是研究人体正常形态结构的科学，可分为系统解剖学和局部解剖学。系统解剖学可分为运动系统、呼吸系统、感觉器和神经系统等九大系统，局部解剖学包括头部、颈部、胸部、腹部、盆部、背部和四肢等部位的解剖学。下面主要以运动系统和局部解剖学中的一些内容为例，来说说人体解剖学与高阳短拳的联系。

运动系统包括骨、骨连结和骨骼肌，以及轴和面。骨借骨联结相连构成骨骼，骨骼肌附着于骨，在神经系统的支配下收缩，以关节为支点牵引骨改变位置，产生运动。在运动中，骨起杠杆作用，关节是枢纽，骨骼肌则是动力器官。运动系统构成了人体的坚实支架，从而确保能够完成短拳的套路动作。

骨可分为颅骨、躯干骨及附肢骨等三部分，颅骨及躯干骨合成中轴骨，附肢骨包括上肢骨和下肢骨。

颅骨的顶骨、下颌骨等，躯干骨的椎骨、胸骨、肋骨、骶骨等，附肢骨的肩胛骨、锁骨、髋骨等，靠着这三部分骨的配合和伸张，形成了高阳短拳“头劲顶破天，腰直砥柱般，里敛勿外翻”的动作要领，以及达到戳上身（直立上身）的要求。在练习的过程中，胸骨、肩胛骨和髋骨最容易出现违背要领的架势，如胸骨的前倾、肩胛骨的架起和髋骨的向后腆，这种情况势必会对短拳的动作和内涵造成极大的影响。

《短拳谱》载：“肘腿四指间，小腿需直立，腰直砥柱般，磕膝向里扣，里敛勿外翻。”这些内容涉及胳膊上的肱骨、尺骨、桡骨，大腿上的股骨，膝盖上的髌骨，小腿上的胫骨、腓骨，脚上的足弓（跟骨、跗骨、跖骨、趾骨、距骨、足舟骨、楔骨）等。腿脚不但要负责承载和支撑，还要有旋外的意识，只有这样才能达到脚尖（脚趾）抓地的要求。

骨联结就是骨与骨之间的联结装置，有直接联结和间接联结两种形式。直接联结是指骨与骨之间借纤维结缔组织或软骨与骨直接相连，其联结之间无间隙，活动范围极小或完全不能活动。根据联结组织的不同，直接联结又可分为纤维联结、软骨联结和骨性结合等三种类型。间接联结又称滑膜关节，简称关节，包括基本结构和辅助结构两部分。下面主要说一说间接联结。

关节囊是关节的基本结构，可分为内、外两层，外层为纤维膜，由致密的结缔组织构成，厚而坚韧，富含血管和神经。《短拳谱·练武须知》载："非有明师指导不能窥其玄妙。有因使浊力而伤及脏者，亦练武者之不可急也，凡初练时愈慢愈佳，由缓而急，久之则气沉丹田，手足相合，浊力已去，不滞不散，还迟不断……刚而不滞，柔而不散。"这些内容都会对关节囊的血管和神经进行有效的输送营养和加以活跃，最终起到强化的作用。纤维膜在某部位增厚形成韧带，以增强关节的稳固性，纤维膜的厚薄、松紧与关节的运动和负荷大小密切相关。

韧带是关节的辅助结构，可分为囊外韧带和囊内韧带，对关节运动的灵活性、缓冲防震起着重要作用。高阳短拳所讲的上、中、下三盘，是对髋关节、膝关节、踝关节等下肢骨韧带进行的锻炼，通过站裆、勾、挂、跐腿、平腿等动作来加强韧带的松紧，以及增加其厚度，并避免囊内韧带受到挤压或扭伤。代、提、摆、靠、撑等手法是对手、肘、肩、胸、脊柱等上肢骨韧带的松紧进行的锻炼。

肩关节和髋关节在动作中起着关键的作用。肩关节由肱骨头与肩胛骨的关节盂构成，是典型的球窝关节，它的关节囊薄而松弛，囊的下壁无肌腱纤维加强，为肩关节的薄弱处。于练习高阳短拳动作而言，常常以肩胛骨和肱骨头一同进行收伸活动来保护或加强其薄弱处，如《短拳谱·短拳拳歌》中说的"出捶上下顾，回手抔抱好""里外乱肘搅""挑捋批心掌"等招法，以及套路中的还、回、转、绕、环身等动作，都是在进行保护或加强。通过练习这些动作，使肩胛骨既能发力，也能避免被反关节。髋关节由髋臼与股骨头构成，是典型的杵臼关节，属于多轴关节，可做屈、伸、收、展、旋内、旋外和环转等运动。股骨头深藏于髋臼窝内，关节囊较厚，有多条韧带限制，因此灵活度较差，但有较强的稳固性，可以提供负重和行走的功能。高阳短拳利用髋关节的特性，创造了七寸腿、上步、挂腿、后踢、回身双摞、劈摞绕身等动作。又因髋关节的灵活度较差，所以采用抽拔腿、摔裆、踪跳、跳踢、追打等相对大的动作来弥补。

以三节而论，胳膊和腿部都分梢节、中节、根节，其中肩胛骨和髋关节都为根节，因此肩胛骨与髋关节在完成动作时起着重要的作用，是需要专注练习的内容之一。

骨骼肌主要分布于躯干、四肢和头颈部，多数借肌腱附着于骨，舒缩由躯体运动神经支配，可受意志控制，其收缩迅速而有力，但易出现疲劳。全身的骨骼肌有六百多块，形态各异，按外形大致可分为长肌、短肌、扁肌等。长肌分布于四肢，短肌分布于躯干深层，扁肌也称阔肌，多位于胸腹壁。于高阳短拳而言，摘打拉弓、弓步三捶等动作都是对长肌、短肌、扁肌的功能进行分束强健。肌肉的功能是收缩，由肌肉的运动单位来完成，而运动单位的大小则取决于肌肉的大小和功能，如胸大肌作用于抱剪、提肘等动作，大腿肌作用于抽拔腿、七寸腿等动作，短小的手肌作用于刁摞、抄丝卷叶等动作。肌肉的工作方式可概括为静力性工作和动力性工作。静力性工作不产生运动，而是产生肌张力。肌张力是人体维持某种姿势和空间位置的肌肉收缩力，如基本功站裆，《短拳谱・裆诀》载："里敛勿外翻。"动力性工作则是等张收缩，使肌肉缩短，从而产生运动。例如《概述用法》载："看敌人之体格而施术攻击，如彼顶劲时，不能发劲，恐打不动，将身缩小，再长身发劲，定能打出，此乃整劲也。""里外乱肘搅、擢挑批砸滚。"肌肉的动力性工作是通过骨及关节的杠杆运动实现的。杠杆运动分为三种基本方式：第一种是平衡杠杆运动，支点在力点和重点之间，如《短拳谱・裆诀》载"头劲顶破天"，以及一些双脚落地后的动作态势；第二种是省力杠杆运动，重点在支点和力点之间，这种杠杆运动幅度小，如开捶震脚、摔裆方裆等动作；第三种是速度杠杆运动，力点在支点和重点之间，这种杠杆运动速度快、幅度大，如提肘刁摞、背提英要等动作。

骨骼肌的分布多数位于关节周围，关节的每个运动轴的相对侧都分布有作用相反的肌肉，如屈肌、伸肌、内收肌、外展肌、旋内肌、旋外肌等。单轴关节分布着两组肌肉，双轴关节分布着四组肌肉，三轴关节分布着六组肌肉，在功能上它们相互依存、相互协调。前方的屈肌和后方的伸肌互称拮抗肌，完成某个动作时常需要多块肌肉共同参与，其中起主要作用的肌肉称原动肌，起协同作用的肌肉称协同肌，防止原动肌产生不必要的动作、保证它更好地发挥作用的肌肉称固定肌。这三种肌肉的功能关系可随动作的变化而转变。于高阳短拳而言，相反的肌肉存在于短拳的每个动作之中，通过反复练习，以期达到一侧肌肉作用时，另一侧肌肉要松透、没有一点迟滞的效果。《短拳谱》载："一手分八手，共变一千四百五十六手。""七十二方裆，变化七十二地砂式。"这些内容都是对屈伸肌、收展肌、旋内肌、旋外肌和关节分布的组肌的一种诠释。高阳短拳之所以有许多不同的动作和要领，就是为了调动六百多块骨骼肌的潜能，从而发挥出各自的功能，最终达到对抗时的有利攻防和强身健体的目的。

轴在人体中有三种，即矢状轴、冠状轴、垂直轴。根据这三种轴可设有垂直的三种面，即矢状面、冠状面、水平面。

矢状轴自腹侧面达背侧面，与身体的长轴相垂直，也称腹背轴。于高阳短拳而言，身体的左半部为一个轴，右半部为一个轴，左、右两部合起来为一个轴，体现在动作上有双捶斜身、勾挂反身、盘肘斜裆、劈摞绕身、抄捭打伞、败走转还、横身掤打、还身背提、摔裆方裆等。按照短拳的说法，左、右半部均为细轴，左、右两部合起来为粗轴，细轴的特点是疾快、灵巧，粗轴的特点是浑厚有力、稳重如拙。

冠状轴为人体两侧同高点之间的连线，与矢状轴呈直角交叉，又称额状轴。于高阳短拳而言，冠状轴可分为前腹轴、后背轴，体现在动作上有背提英要、靠力出捶、劈杂栽腿、踪裆引摔、后踪撑捶、连还靠打等。

垂直轴为自上而下，与地面相垂直的轴。于高阳短拳而言，垂直轴即为脊柱，是一种细小的轴，隐藏在动态的某个时段，为高级层面，能够感知出它存在的动作有摘打拉弓、上步提肘、勾代卧云、劈摞绕身、抽拔内外练等。

按矢状轴方向，将人体分为左、右两部分的断面为矢状面，其中将人体分为左、右二等份的称为正中矢状面。于高阳短拳而言，矢状面在短拳的动作中有许多表现，如剪抱、盘肘、切劈、横身、掤打、撑打等。

按矢状轴方向，将人体分为前、后两部分的断面为冠状面，又称额状面。

于高阳短拳而言，冠状面在短拳的动作中有许多表现，如贴、靠、栽身等。

与上述两面垂直，并与地平面平行，将人体横断为上、下两部分的断面为水平面，又叫横断面。水平面与高阳短拳的另一个名称磨盘拳的含义十分吻合，通过练习摘打拉弓、上步提肘这个连续动作，可感知在身体里产生了上磨扇和下磨扇，两个磨扇的水平面合在一起进行运动。

将控制论和人体解剖学的相关内容与实践结合，最终取得了成效，这一点可以证明高阳短拳在创造、编排、练习和攻防等方面是科学的，可以证明高阳短拳是具备一定科学道理的拳术。

第四章 站裆

站裆是初学高阳短拳的基本内容之一，自苏风祖师教授时，站裆便是第一课，后学一直沿袭这个做法，更有“站裆三年，再教拳术”的入门之规。

高阳短拳的站裆，在其他武术拳种中基本上称为站桩或扎马步，高阳短拳的叫法之所以相对独特，是有其自身道理的。在拳谱中，“裆”字写作“蹚”，与“裆”字的含义完全不同，“蹚”字只在《康熙字典》中有收录，但并没有过多的解释和注音，只是借用了《篇海》的解释，意为同“踼”，于是便以“踼”字的含义去理解。依据《康熙字典》的解释，“踼”字有四个读音：其一读 táng，《说文解字》载“跌，踼也，一曰抢也”；其二读 dāng，《集韵》和《韵会》载“并音宕，义同”；其三读 tàng，《集韵》载“并音汤，趹踼，行不正”；其四读 tǎng，《集韵》载“音傥，申足伏卧”。多年来，人们一直习惯说站裆，却从没有深入地探究过它的读音。在实践时，“裆”字与上述其一、其二读音的含义相吻合。由此可以看出，站裆应是在定中求动位，在动中找重心，在阴阳转换中寻平衡，在矛盾中视中正，在能行气中知顺逆，在站中强下盘、展筋拧肉舒关节。《短拳谱・裆诀》载：“头颈顶破天，两手顺乳端，两眼观两手，膀肩双沉下，高低需有度，肘腿四指间，小腿需直立，腰直砥柱般，磕膝向里扣，里敛勿外翻，舌尖抵上腭，口吸鼻出气，提肛要牢记，引气下丹田，气血周身转，体健自延年。”顶头劲、提肛是短拳的根本，要在站裆中得到牢固。因眼睛具有监察之明，所以要眼锐。因此，站裆时要左眼看着左手、右眼看着右手进行练习。膀为根节之一，因此膀肩要沉活。初练站裆时，要逐步改变腿的弯曲站式，最终要求弯到九十度。胳膊弯曲，肘尖垂下，要求肘尖与平行的大腿有四指的间距。上身要直立，髋骨向里托并带有下沉劲。膝盖向里带，要有扣劲，且要保持小腿的直立。身体的左、右两部分要有向里合抱的劲儿，避免挺胸鼓肚。初练时，要先自然呼吸，随着程度的加深再逐步转为口吸鼻出气。遵照这些要领进行练习，丹田会自然而然地形成，气脉也会顺畅起来。总之，习练短拳离不开意念的引领和坚持，要活学活用，一点点完善，自然合一，最终无意无念，并臻功成。

站裆有两种站法：一种是方裆，一种是斜裆。每种站法的双手又有所变换，目的是培育正气、增加功力、寻求平衡。双脚横开，略宽于肩，称为方裆。在方裆的基础上，以左脚跟、右脚掌为轴向左旋转（或左脚掌、右脚跟向右转），呈一脚在前、一脚在后姿势，称为斜裆。

方裆第一式：方裆站式。敛胯呈坐姿，左臂向左屈伸，肘尖向下，握拳（空心拳），食指第三关节向上；右臂弯曲在右胸，小臂外侧呈平行直线与左手相顺，握拳（空心拳）在右乳头处，食指第三关节向上，双手做拉弓状。

方裆第二式与第一式相同，只是手变换成相反方向进行练习。

方裆第三式与第一式相同，只是把拳变换成三指刁手。

方裆第四式与第三式相同，只是手变换成相反方向进行练习。

方裆第五式与第一式相同，只是双臂向面前平行屈伸，双手坐腕，呈三指刁手或掌形。

斜裆第一式：斜裆站式。敛胯呈坐姿，重心在后脚，双臂向面前平行屈伸，双手坐腕，手指分开呈扇形，或三指刁手，双脚前、后互换进行练习。

斜裆第二式与第一式基本相同，只是重心改在前脚，后脚离地，左、右重心脚互换进行练习。

站裆是初学者的第一课，也是练好高阳短拳的重要环节。在学习套路前先要练习站裆，每次练习套路前也要先在场地站裆，练完一趟拳后还要站裆，一直站到再次下场练拳。裆主要包括方裆、斜裆、翻方裆、换裆、摔裆等，站裆的动作讲究式式带裆、进退带裆走、翻转摔裆、掩裆上步、踪跳不散裆。在动作名称上，“裆”字出现的次数略少于“身”字，《短拳谱》载：“七十二方裆，变化七十二地砂式。”足见站裆的重要性。

当站裆有了一定的基础，基本要求巩固到身上后，就没必要再过分专注站裆了。如果坚持得久了，难免会出现僵滞，导致日后身体做动作时不灵活，达不到短拳所要展示出的身势、变化和劲力，更无法谈内外兼修。站裆也有它不利的一面，当不规范的站裆习惯形成以后，改正起来会非常困难。站裆时会感到枯燥乏味，这是练拳的一道坎儿，更是对毅力的考验。裆站得扎实与否，对短拳的练习、风格特点的形成，以及进行更加深入的探索都起着重要作用。

站裆好比汉字三个特点之一的形，外形方正、整齐、稳定，有美感，有魅力，因此有“站裆以固形为先”之说。

第五章　单练手

单练手分个人练习和二人配合练习两种。单练手是由一个或多个手法组合而成的，带有一定的针对性。单个手法的动作有三指刁、剪、撑、捭等，两个手法的动作有摞踢、掾劈、切劈、靠力出捶等，三个手法的动作有踪打劈坎、拘掌撑掤、勾挂代手等，四个手法的动作有挑提搂掾、勾挂抽拔、切掤剪撑、抽拔里外练等，五个手法的动作有剪摞贴挑劈、勾挂抽拔踢、豁挑劈杂滚等。单练手的每个手法中都含有小手把和各种劲力，很难用语言完全表达清楚，需要言传身教，这样才能准确地掌握动作要领。练习单练手时，需要独处、心静、端正思绪，在无打扰的环境下专心致志地练习，这样坚持一两年的时间才会产生体感，进而积思顿释。学有所成后，还要用要领、拳理、法则进行辩证。

单练手需要选择一个适合自身条件，且感兴趣的动作手法来进行重复练习。练习有原地换式练习和按直趟（左、右上步或退步）往返循环练习两种。每个动作手法至少要用一年或更长的时间来锤炼，还要经常搭手切磋，总结自己的不足，并及时进行纠正。

单练手有其自身的局限性，比如没有对身法和招式的充分展现，招式数量少，招式的衔接和灵活转换不足，展现不出拳法的广大和内涵，不利于短拳的传承和发展等，但这并不影响它在高阳短拳系统中的重要地位。单练手不仅是短拳套路的基础，还充实了套路的内涵，与套路相互依存。可以先学单练手再学套路，也可以先学套路再学单练手，两者谁先谁后没有影响，只是以点带面和以面选点的关系。习练好单练手，可以为日后的实战打下了良好的基础。

单练手以上体、下体、上下合体等三个方面为主要练习对象：以练习上体为主的动作有挑打、剪摞、剪撑、贴靠、里外练、斜裆三捶、双摞双捶等；以练习下体为主的动作有勾挂跳踢腿、抽拔腿、七寸腿、跐腿等；以练习上下合体为主的动作有摞踢、扇跨腿、摔裆劈坎、挂腿摞打、单捶七寸等。

二人配合练习锻炼的是感知，感知对方的变动及其重心和力点等，《短拳谱·短拳拳歌》载："绵掌二人套，手眼身法到。"每个单练手都可以二人一进一退地进行练习，或者是一个进攻一个化解。例如杠胳膊，二人相反平行方裆姿势，上、下胳膊各碰一次，下边碰小臂内侧，上边碰小臂外侧，然后一进一退，重复碰小臂；又如套腿，二人面对面斜裆姿势，手拉手，一进一退，进者上步用脚套（勾）住对方的前脚，然后退着抽脚，再后撤一步，依此进行练习。

单练手好比汉字三个特点之一的音，学好读音有助于认识生字，有助于提高识字的效率，有助于提高准确性，因此单练手常常被用作纯招法、精劲力。

第六章　套路

当站裆和单练手有了一定的基础后，就可以练习套路了。套路的作用是弥补站裆的局限性，汇聚拳术招法、变化过程及意念思维方式，包含各种劲法和力道，并带有一定的表演性和艺术性。

短拳的套路由四字一言的招法，再加入手法、身法、经络、行气等内容编排而成，含义深刻，言简意赅，通俗易懂，直接鲜明，以收敛不失大、放开而不散乱来彰显气势，每趟套路又有各自的特点和取向。招法以带有“⻊”偏旁的字来明确指明下肢，以带有“扌”偏旁的字来明确指明上肢，然后以“裆”和“身”作为主线，形成一个结构体的动作，再配以名词和形容词，使得招数的意义更加准确，如方裆拉弓、踪跳方裆、摔裆方裆、斜裆劈坎、横身刁手、斜身双捶、飞身疾踪、还身背提等。

短拳的套路以一横一竖为法则，寻求灵活多变、连绵不断的各种劲力，是一个由浅入深、循序渐进、正确重复、心存敬畏的练习、磨合、揣摩的过程，整合性、循环性、控制性是其显著特点。要想学好短拳套路不是一件容易的事，须找到明理的好师父和正确的练习方法。好师父要有德、有文化，兼备而专，识人通理，谦虚严谨。正确的练习方法就是要适合自己的动作姿势和喜好，不可强求。练习套路不仅是在规范动作，更是对心智的磨炼。

短拳的套路融汇着先人们的聪明才智、心得体会和实践经验，架势招法的相互配合形成微妙细腻的动静虚实状态，这种状态使人精神振奋、心情舒畅，并产生无限的遐想，既有乐趣又蕴含文化。

套路好比汉字三个特点之一的义，有着解明道理、包含隐蓄的特征，只有对义有了确切的了解，才不会在结构、写法、认识上出错误，因此套路蕴含着文化和短拳的特征等诸多方面，起着承上启下的作用。

第七章　演手

演手为两个人的对决，是对裆功和上、中、下三盘的功力，以及练习套路时身式转换、动作衔接、劲力收放的检验，也是为实战进行的演习，以此检验招法的运用是否顺手。演手多是在师兄弟之间进行，基本分三个步骤。第一步，二人先在一起找感觉，进行磨合，找出不足，加以克服；第二步，去僵滞，找空隙，进招化招，相互喂招，顺随对方的身式动作变化，点到为止；第三步，那就是“伸手不留情，抬腿不让步”了，转瞬之间见分晓，施展出摔打擒拿的本事，但切记不能过度伤及对方，要以武德来节制。

演练时，由于双方存在着功力和技术上的差距，所以要本着相互学习、共同提升的态度，虚心请教，耐心指导。演练时，套路动作没有定式，完全按照个人所学自由发挥，以一方不能动转或倒地为败，要避开直接击打，只能使用短拳的招法，以此来彰显三盘功夫、刚柔身势、严密招法、阴阳虚实等。

演手与搭手、靠手、推手、散手的含义基本相同，并且与站裆、套路、单练手密不可分，是短拳的重要组成部分。演手主要是练习敏感度，强调身心感受、协调一致、内外相应，以达变化，有利于己，还要找出自身的缺点，并及时加以解决，同时可以对站裆、套路、单练手等三个环节的练习程度进行检验。简而言之，站裆代表功力，套路代表衔接，单练手代表加强，演手代表结果。

20世纪70年代初，在天津拖拉机厂工作的牛锁臣跟随郝为真习练武式太极拳。退休后，他每年要回老家高阳县南沙窝村两三次，常住在城内西街村的姐姐家。牛锁臣与西街村的霍世章相熟。霍世章在县药材公司工作，老伴过世早，一个人住着两间西屋，他家与牛锁臣的姐姐家仅相距五六十米。后来，霍世章开始向隔路对门的孙淼学习短拳，牛锁臣因此与孙淼相识。之后三人经常在一起谈论拳脚功夫，牛锁臣还分享了他所学的太极拳，三人的关系更加亲密。20世纪70年代末，孙淼将太极推手教给了他的五叔孙金伟。后来，孙金伟经常去城外的西广场晨练，并且主动教人家练习推手。于是，推手这一新鲜的练习方式很快就在西广场传开了。此后的几年里，练习推手的达到了二三十人，多由牛锁臣进行指导。练习推手的多是孙淼的徒弟，以及太极拳习练者和对推手感兴趣者，因此他们练习的推手既不是原汁原味的太极推手，也不像短拳的演手，后来渐渐形成一种新的对练方式——高阳推手，如今似乎已经代替了短拳的演手。

演手好比汉字，优美易懂，直观达意，信息量大，关联性强，还融入了思想道德理念。不同的形、音、义巧妙地结合在一起，加之思想、行为和汗水就是一个故事，因此学好演手可以懂应变、懂劲力、知人生。

下篇 套路及器械演示

第八章　套路演示

第一节　绵沙掌

1-1　预备式

1-2　掖劈阴阳（侧面）

1-2　掖劈阴阳（正面）

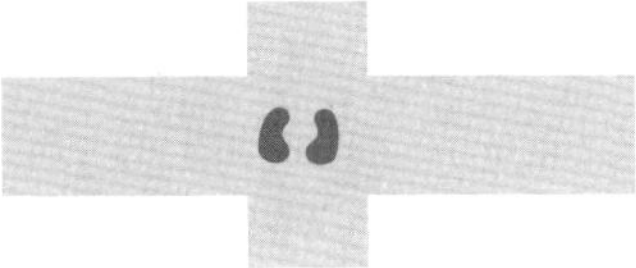

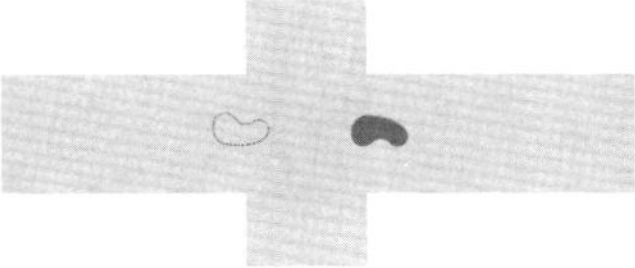

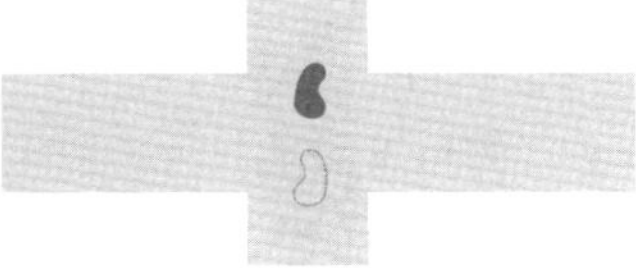

1-3 搽劈阴阳

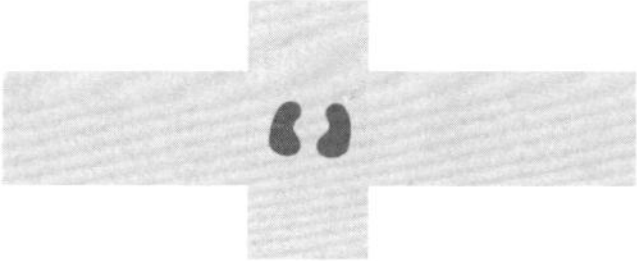

1-4 搽劈阴阳

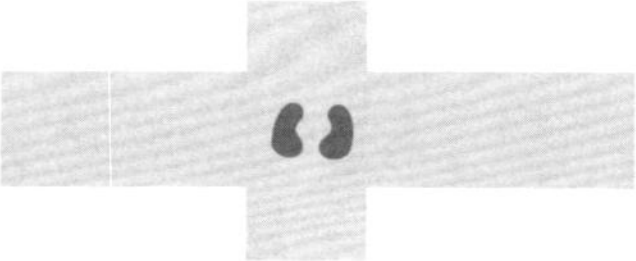

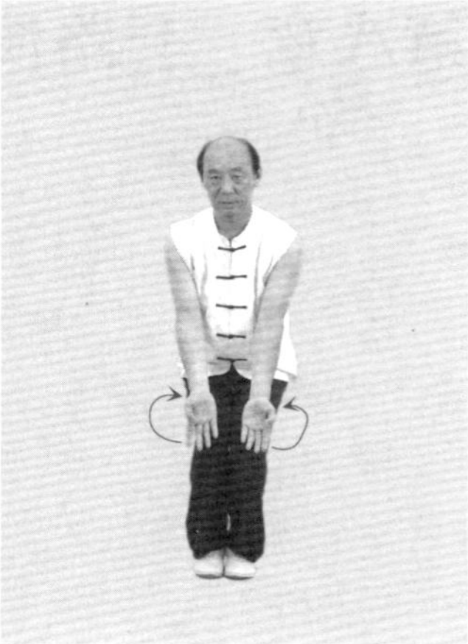

1-5 搽劈阴阳

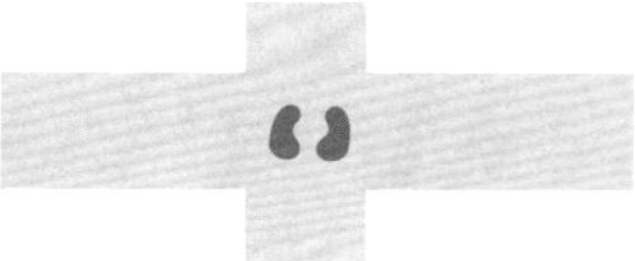

1-6 抄丝卷叶

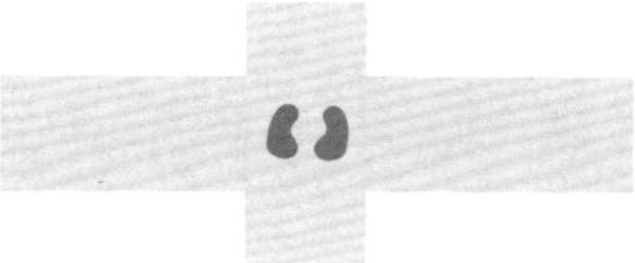

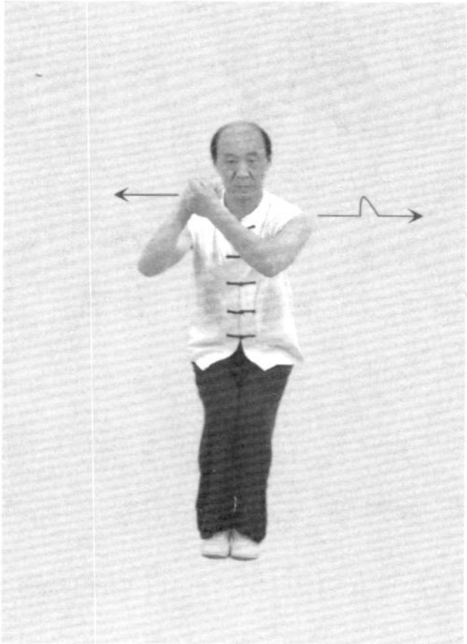

1-7 背提英要

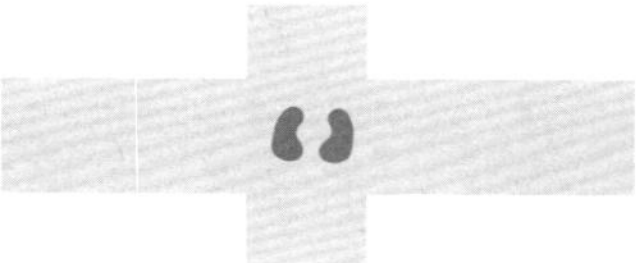

1-8 双摔立眉

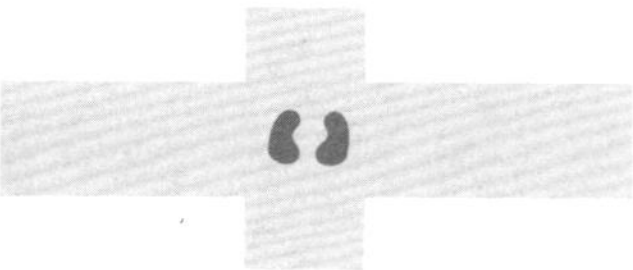

1-9　双摔立眉　　1-10　贯耳钉捶　　1-11　剪抱荷叶

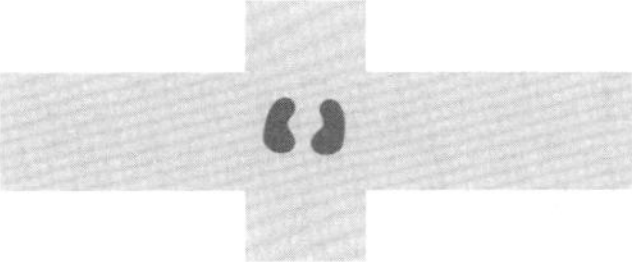
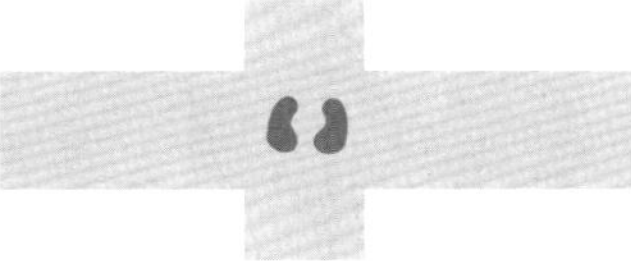
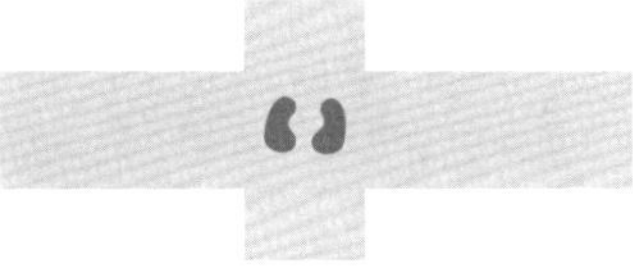

1-12　摘打拉弓　　1-13　摘打拉弓　　1-14　坐捶方裆

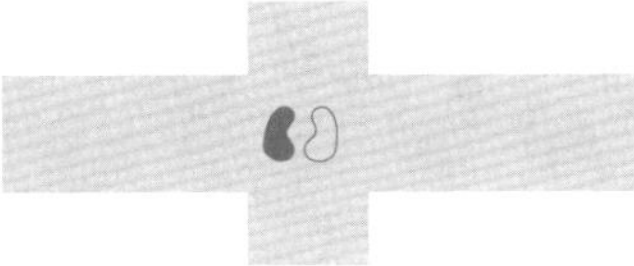
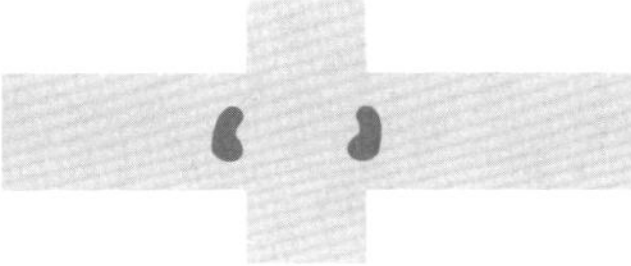
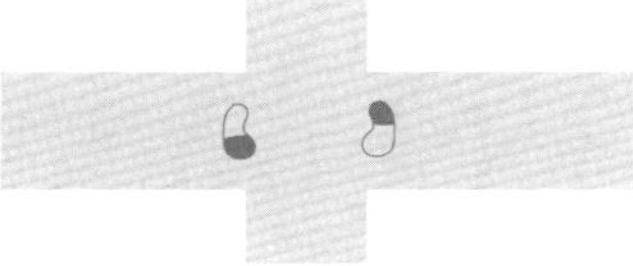

1-15 提肘上步

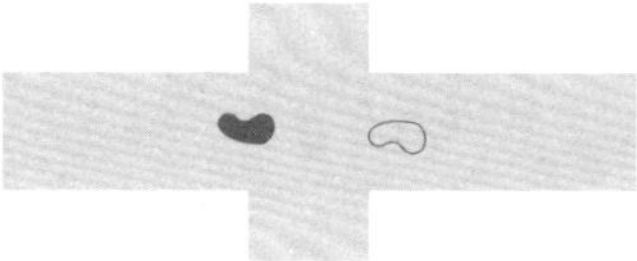

1-16 提肘上步

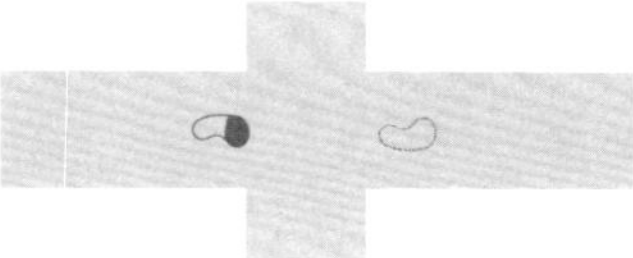

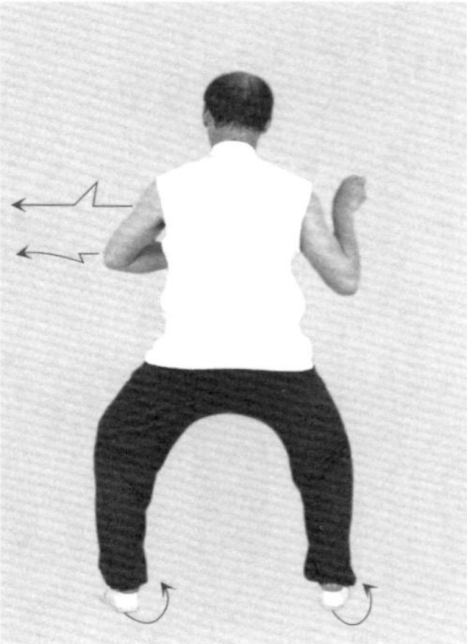

1-17 提肘上步（背面）

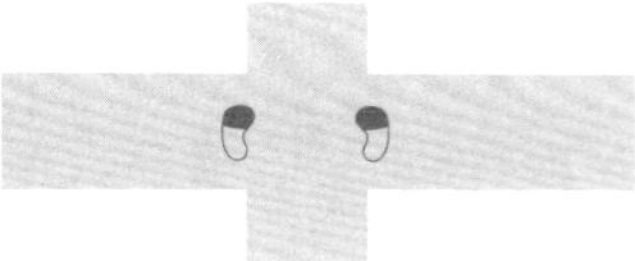

1-17 提肘上步（正面）

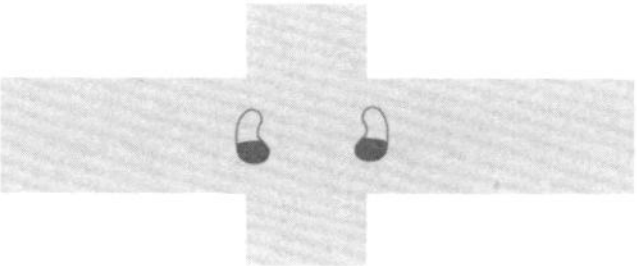

1-18 双捶斜身

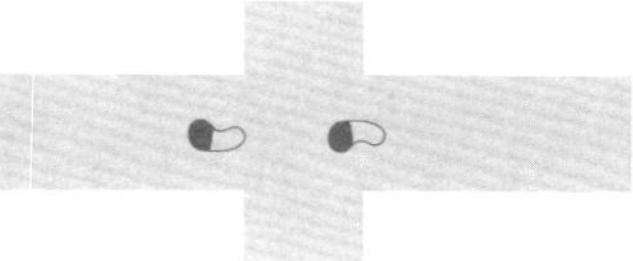

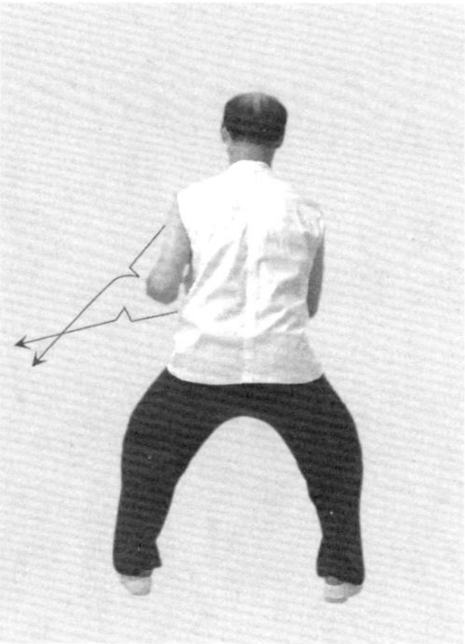

1-19 坐肘方裆（背面）

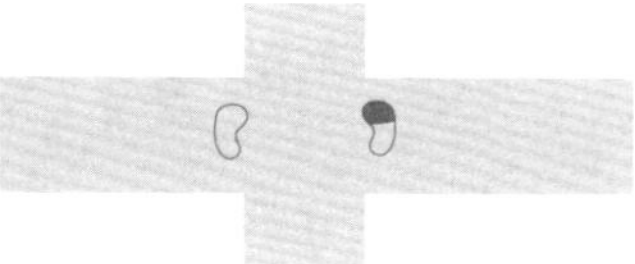

1-19 坐肘方裆（正面）

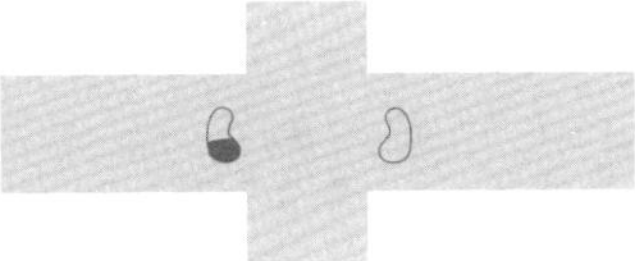

1-20 后劈双拦

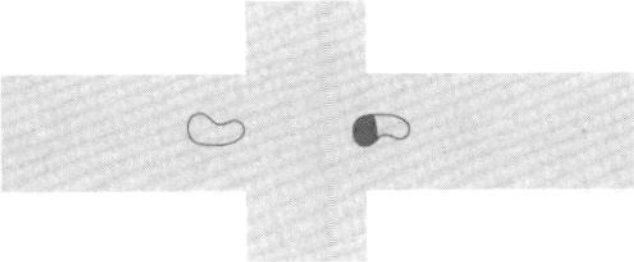

1-21 后劈双拦

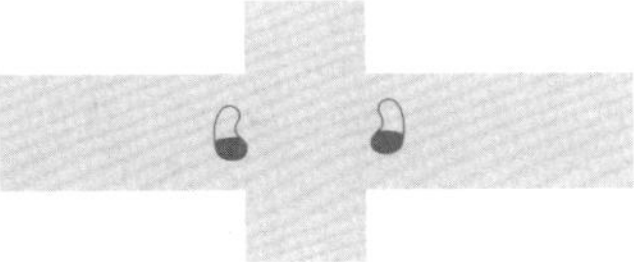

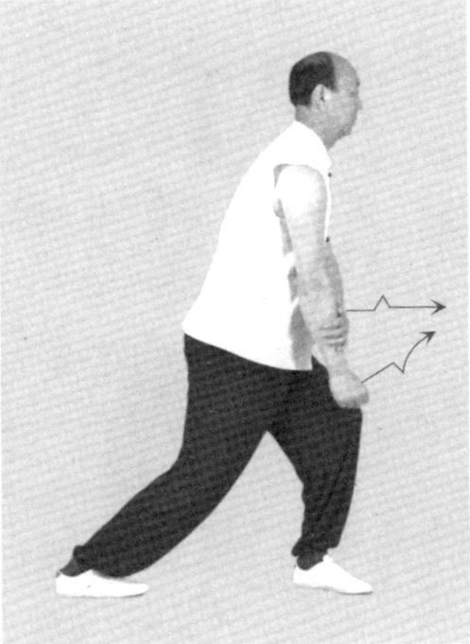

1-22 阴捶斜身

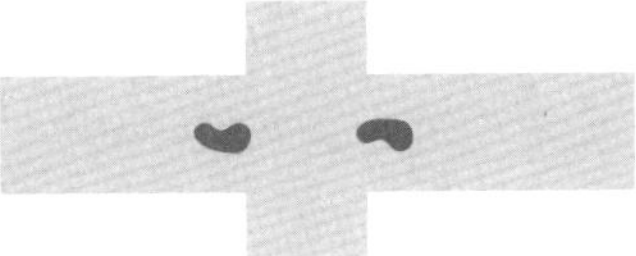

1-23 抱剪拉弓

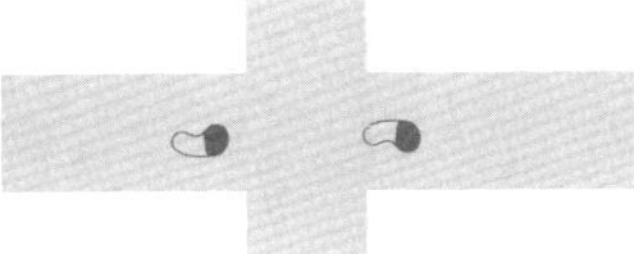

1-24 换身方裆

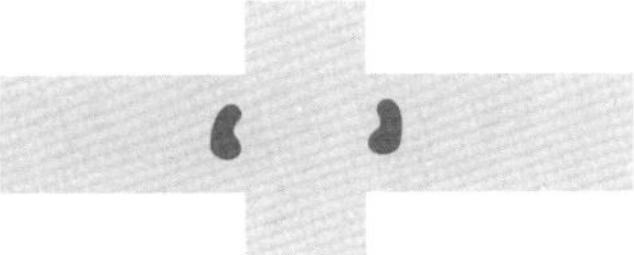

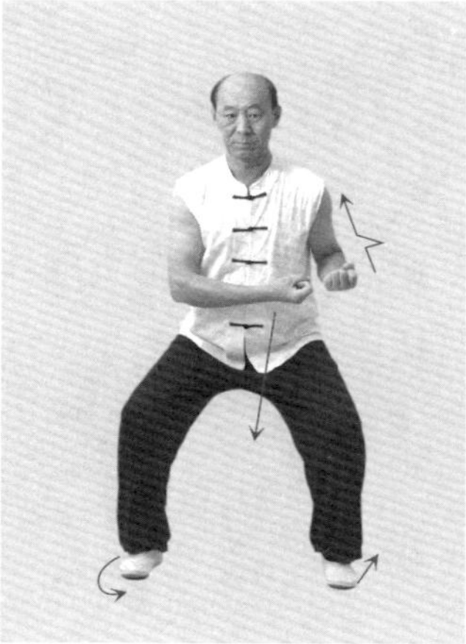

1-25 坐肘方裆

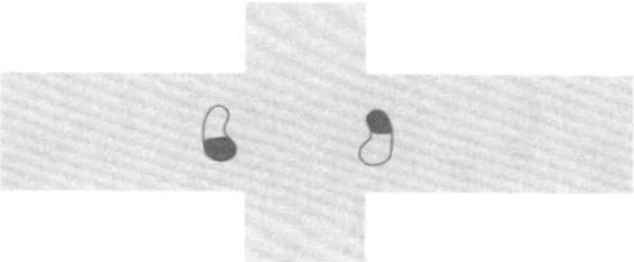

1-26 上步方裆

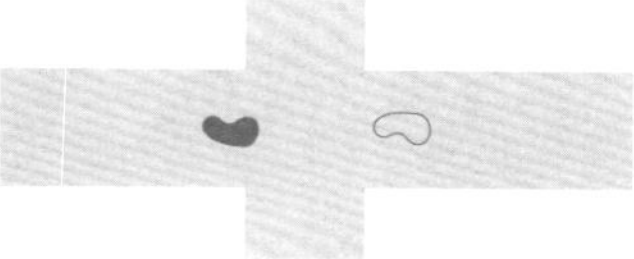

1-27 上步方裆（背面）

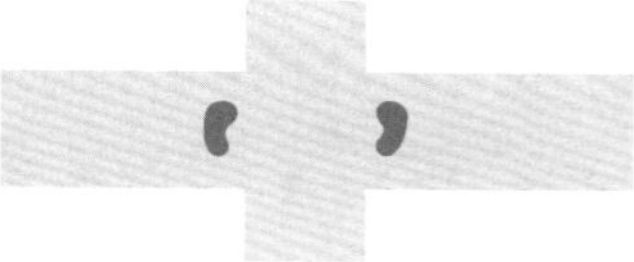

1-27 上步方裆（正面）

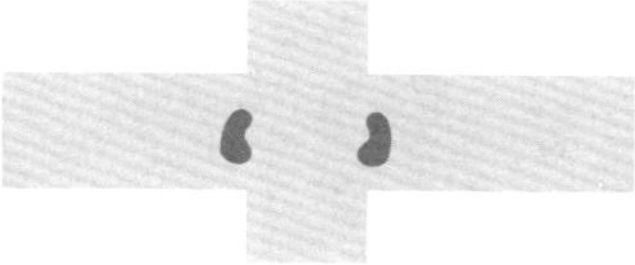

1-28 方裆提肘（背面）

1-28 方裆提肘（正面）

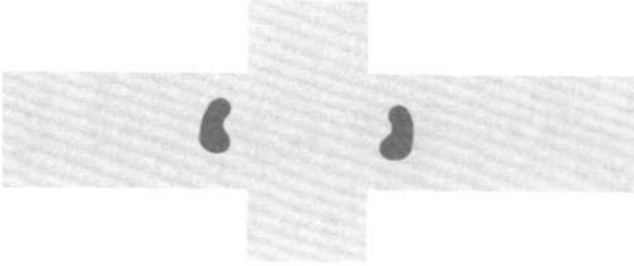

1-29 方裆提肘

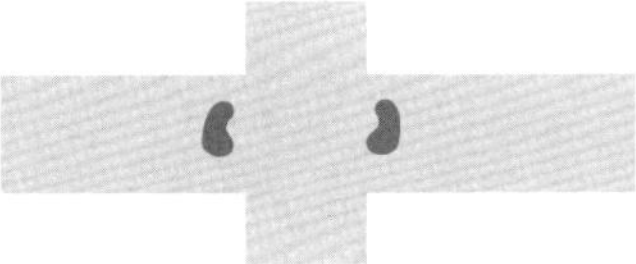

1-30 摘打拉弓（背面）

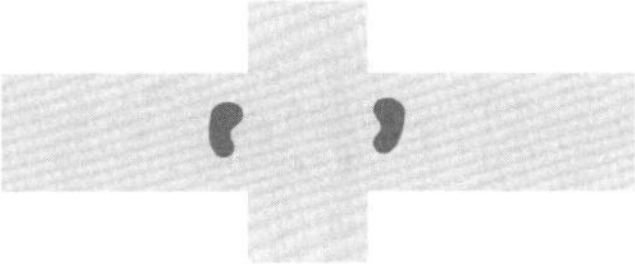

1-30 摘打拉弓（正面）

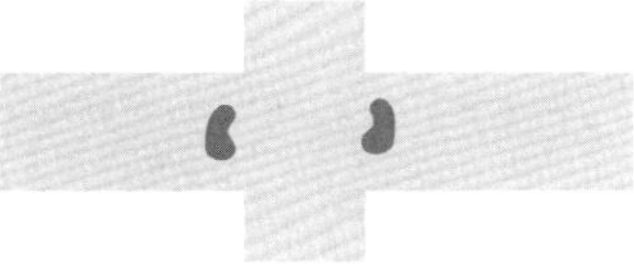

1-31 摘打拉弓（背面）

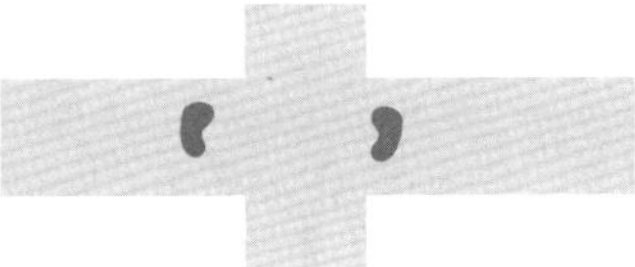

1-31 摘打拉弓（正面）

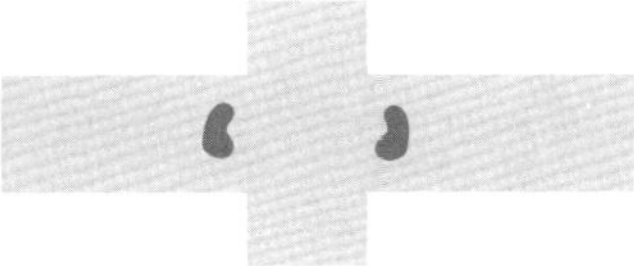

1-32 坐肘方裆（背面）

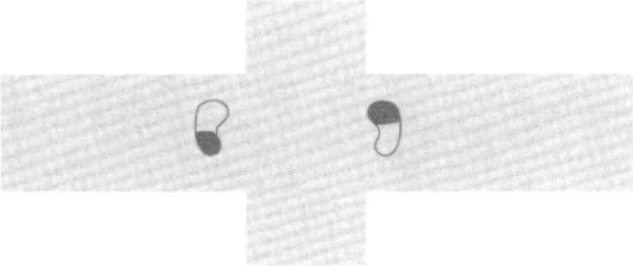

1-32 坐肘方裆（正面）

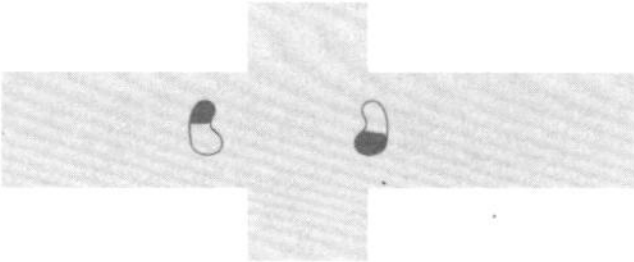

1-33 上步提肘

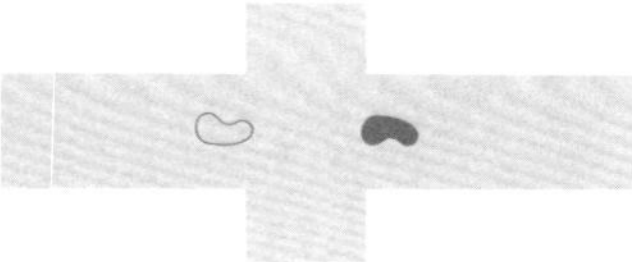

1-34 上步提肘

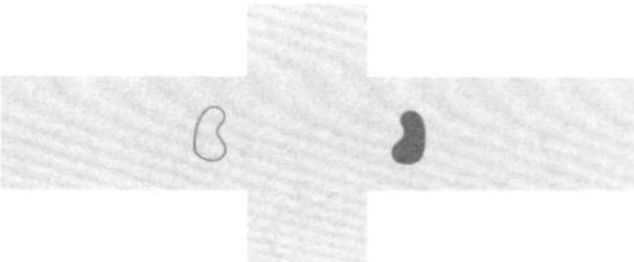

1-35 上步提肘

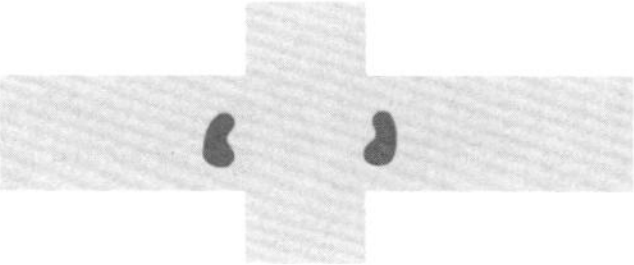

1-36 开捶震脚

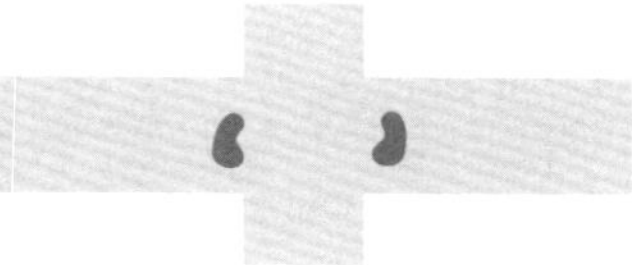

1-37 开捶震脚

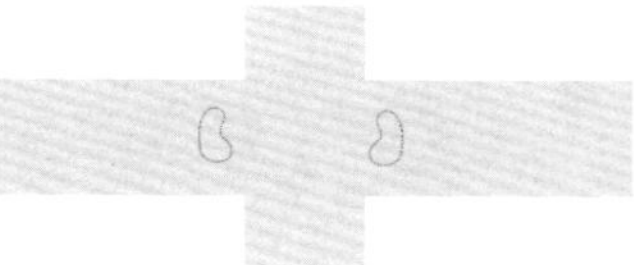

1-38　开捶震脚

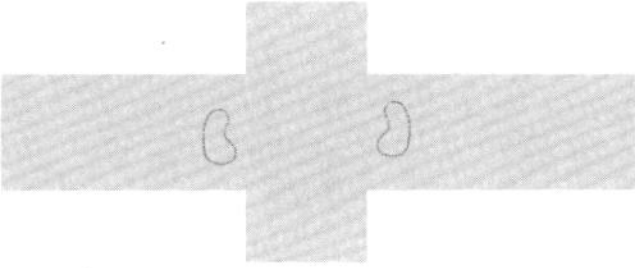

1-39　开捶震脚

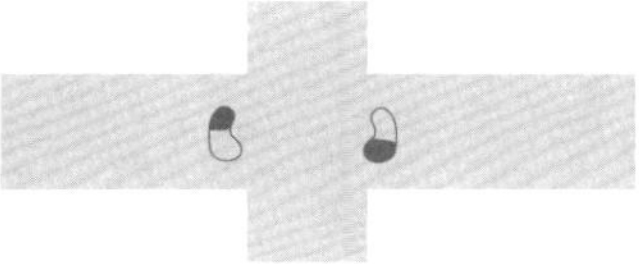

1-40　左上提肘

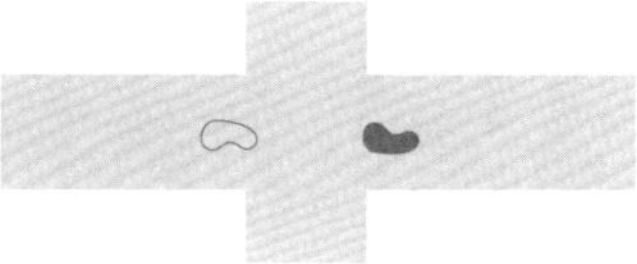

1-41　左上提肘

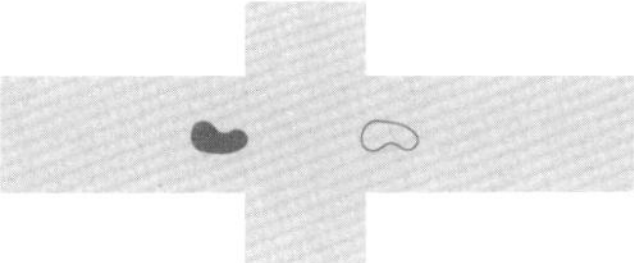

1-42　左上提肘

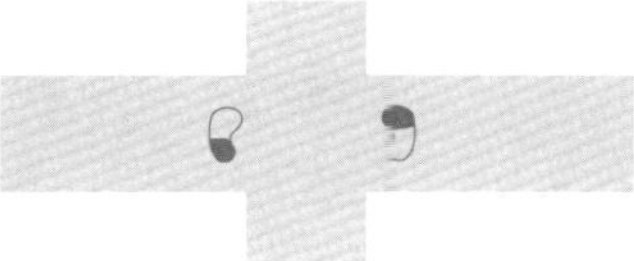

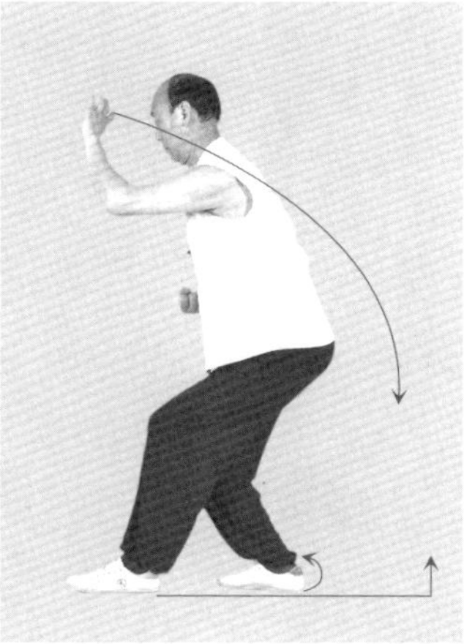

1-43　翻方裆杂

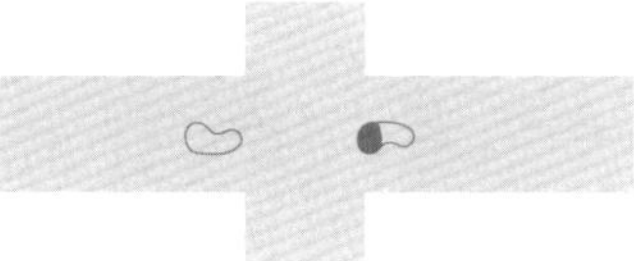

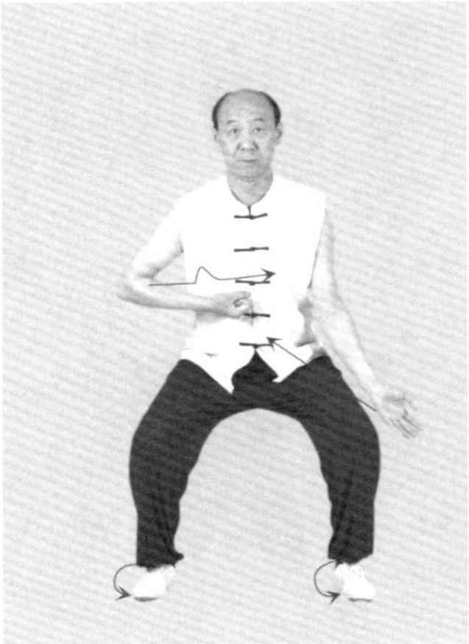

1-44 翻方裆杂

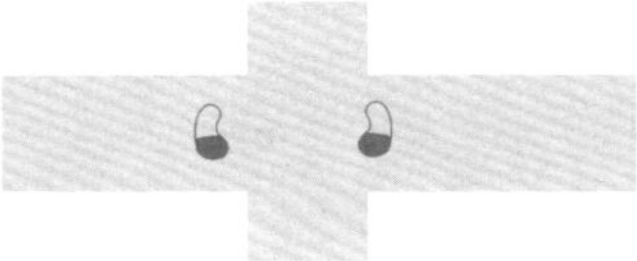

1-45 斜裆盘肘（侧面）

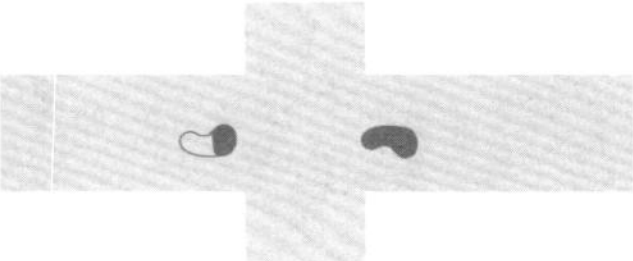

1-45 斜裆盘肘（正面）

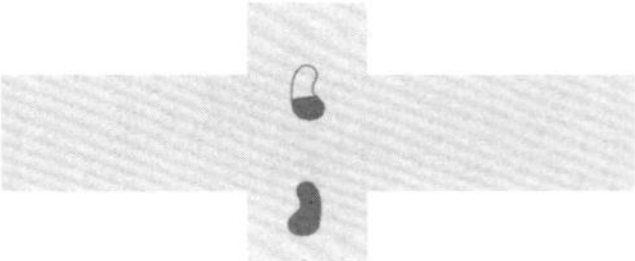

1-46 蹬半步

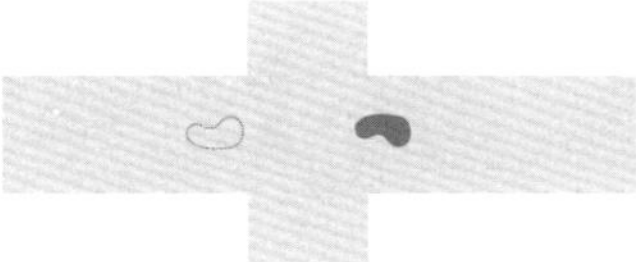

1-47 方裆剪捶（侧面）

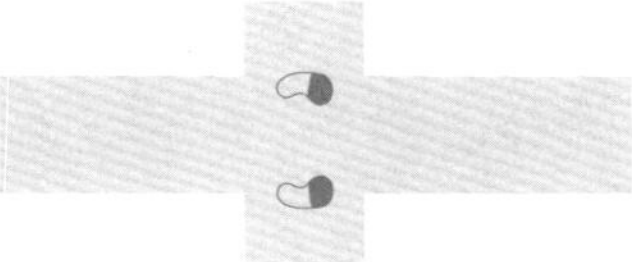

1-47 方裆剪捶(正面)

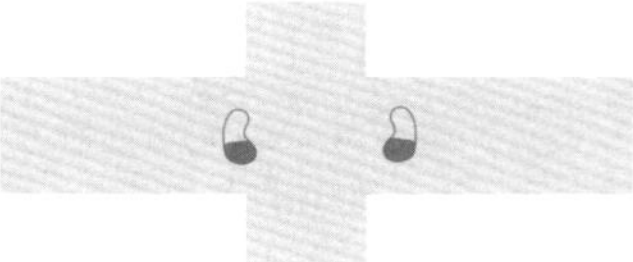

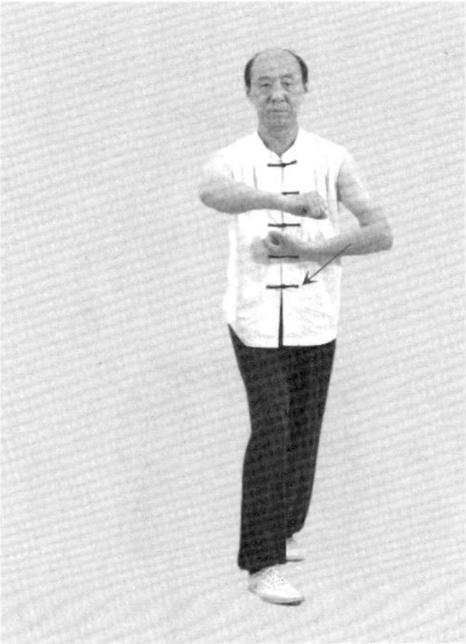

1-48　右横撑打

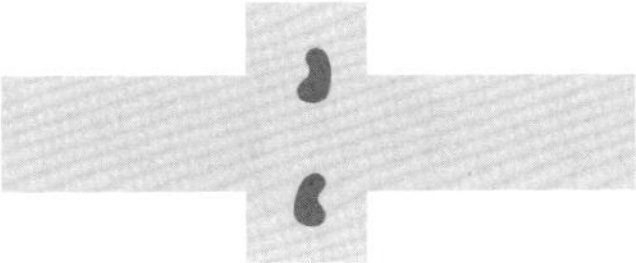

1-49　盘肘弓步

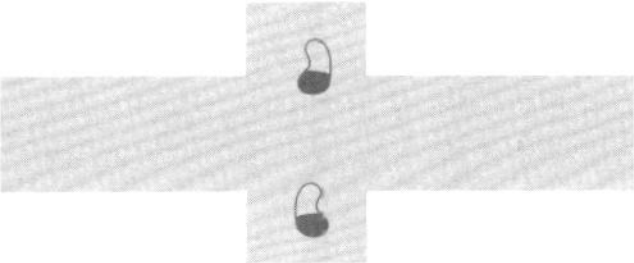

1-50　抱月方裆（侧面）

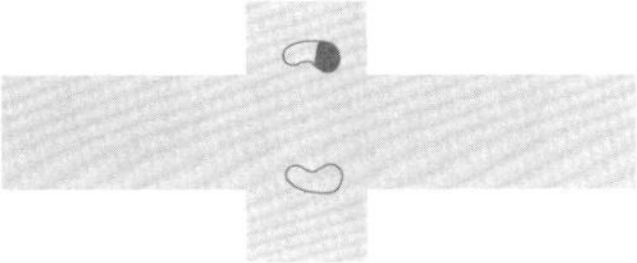

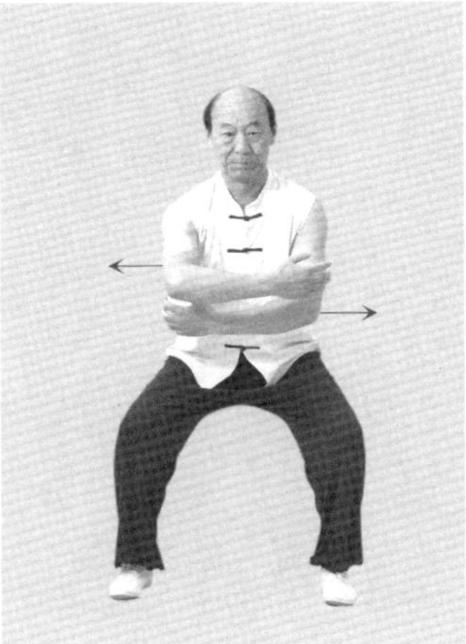

1-50　抱月方裆(正面）

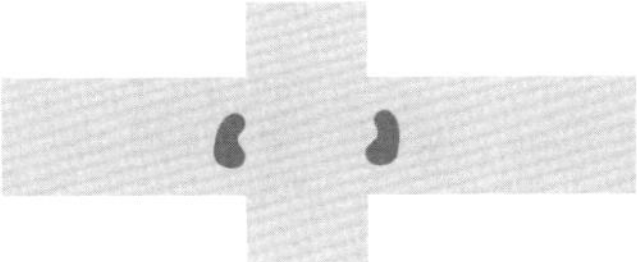

1-51　抱月方裆

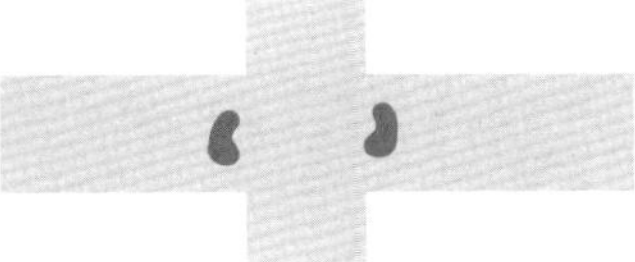

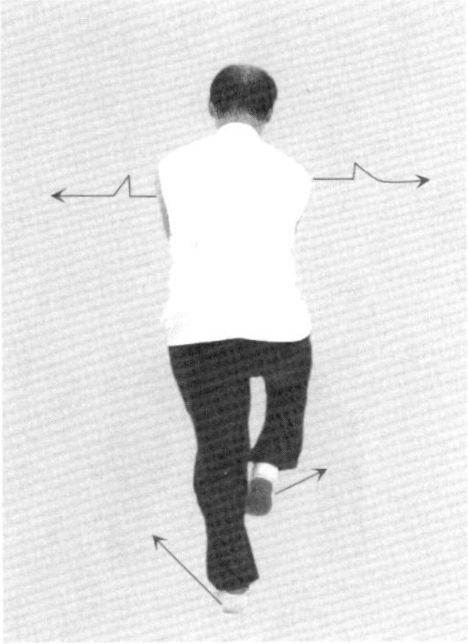

1-52　横身斜剪（背面）

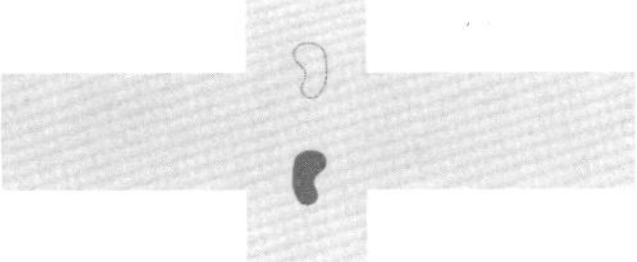

1-52　横身斜剪(正面)

1-53　刀分方裆

1-54　刀分方裆（背面）

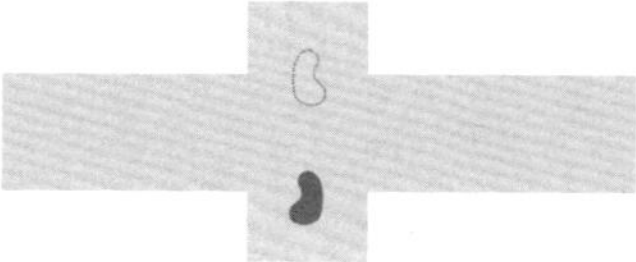

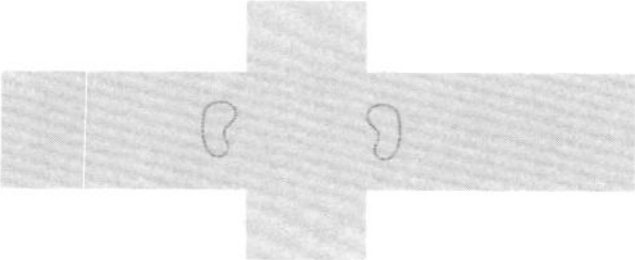

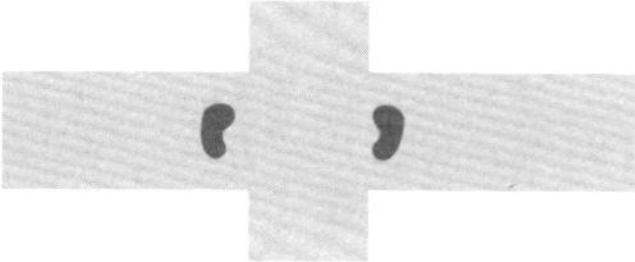

1-54　刀分方裆(正面)

1-55　左横盘肘

1-56　斜裆反背

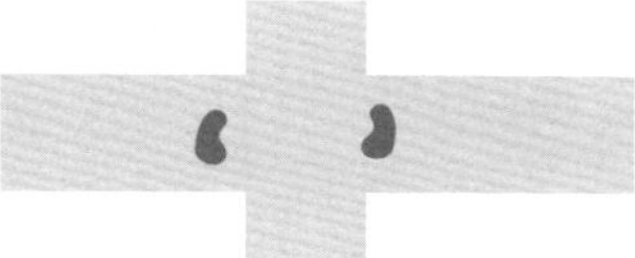

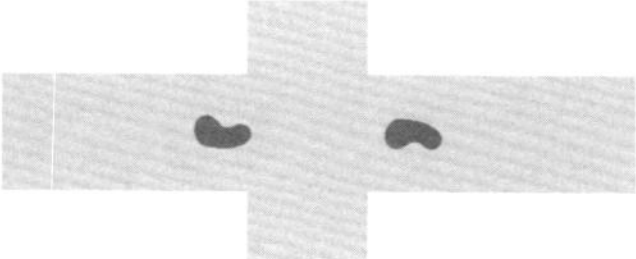

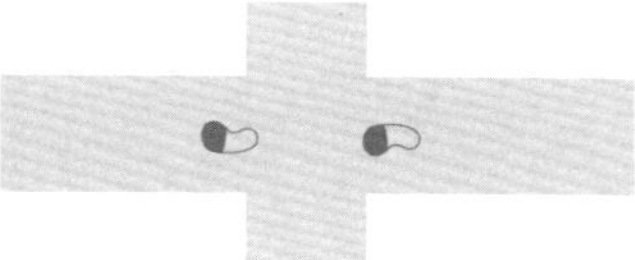

1-57　方裆拉弓（背面）

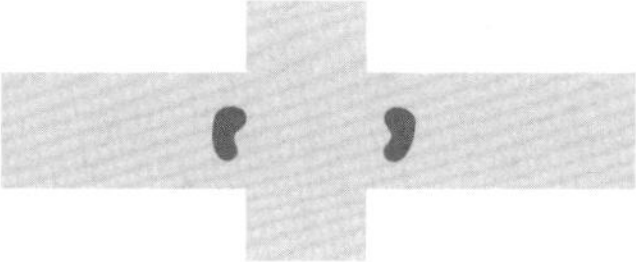

1-57　方裆拉弓(正面)

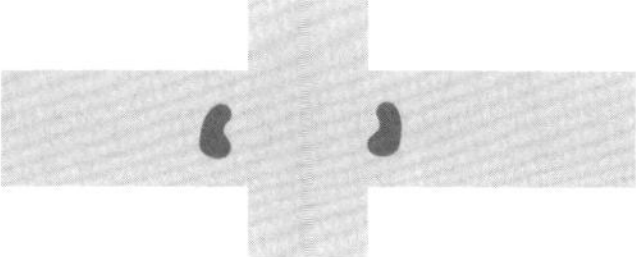

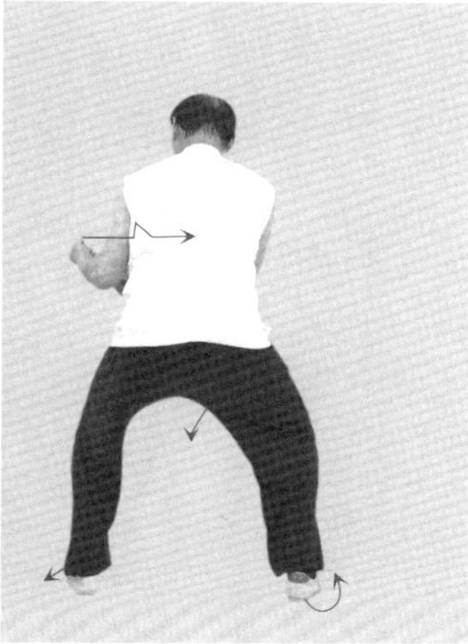

1-58　坐捶方裆（背面）

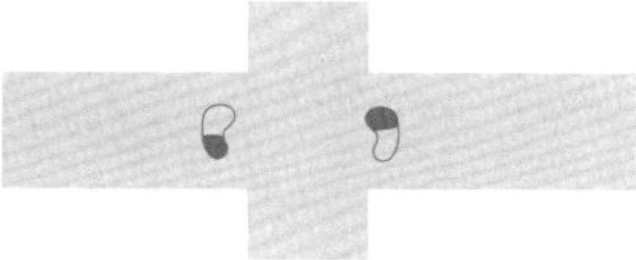

1-58　坐捶方裆(正面)

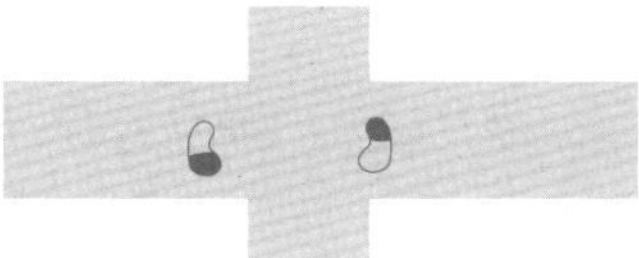

1-59　上步提肘

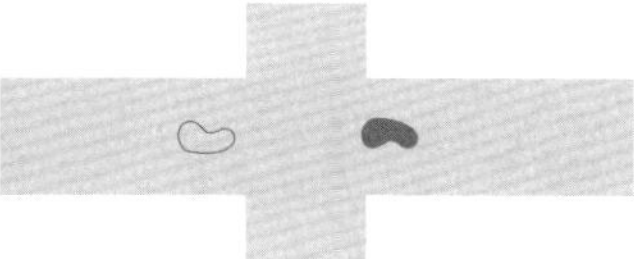

1-60　上步提肘

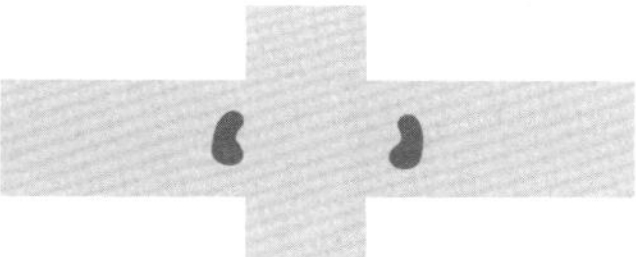

1-61 上步提肘

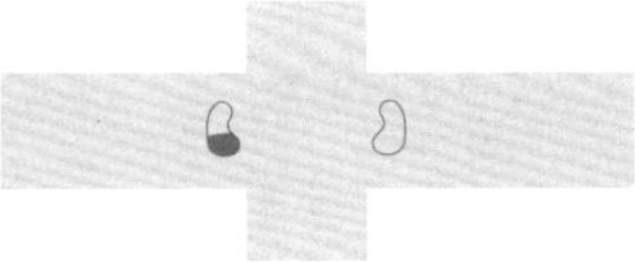

1-62 环身独立

1-63 环身独立

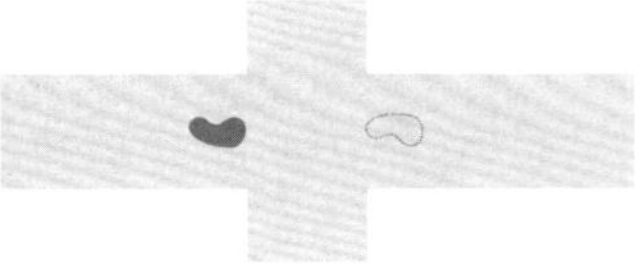

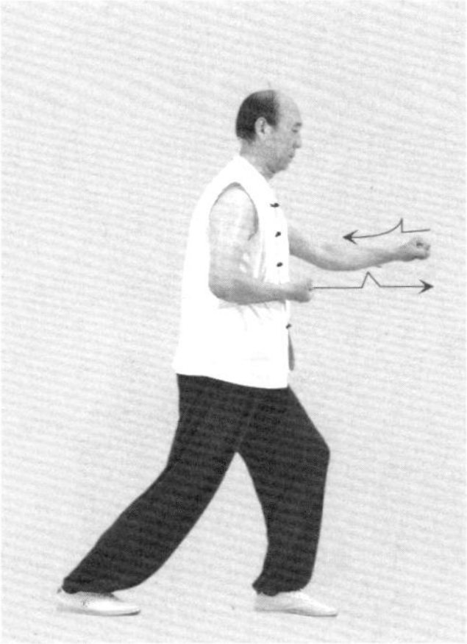

1-64 展开进打

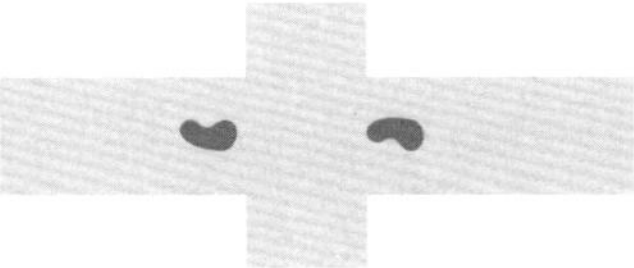

1-65 弓步切打

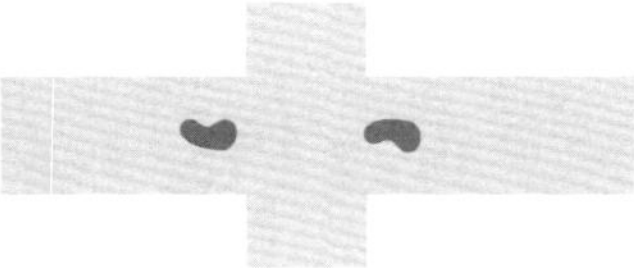

1-66 回捶捎打

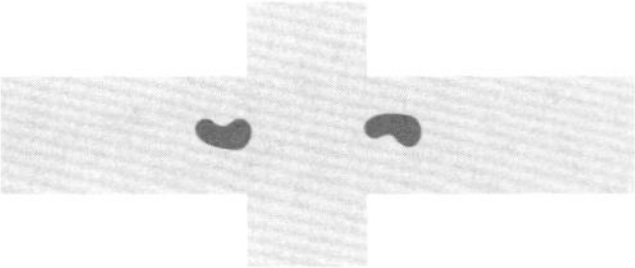

1-67　盘肘滚捌

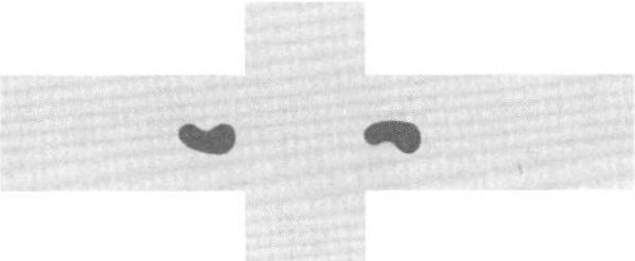

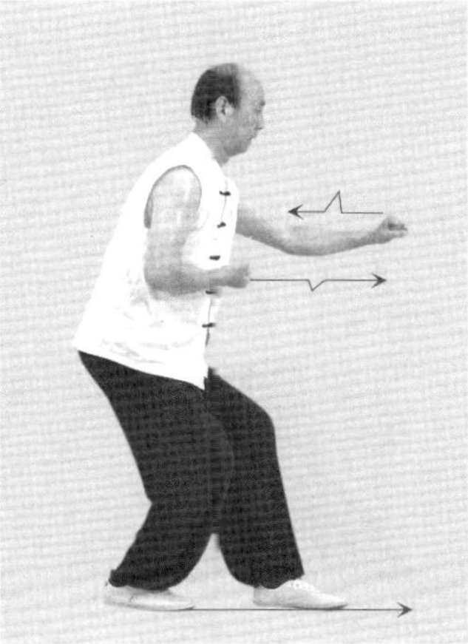

1-68　靠力出捶

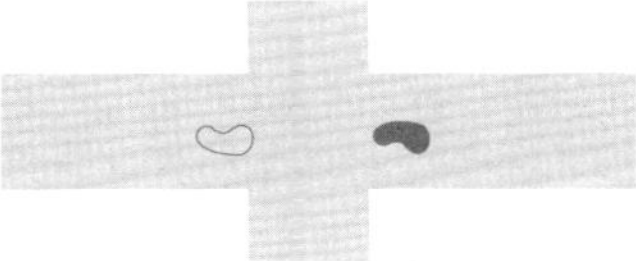

1-69　上步进打

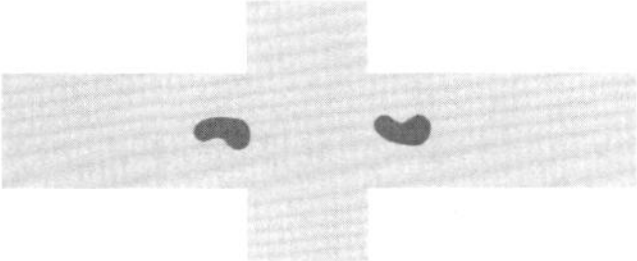

1-70　弓步切打

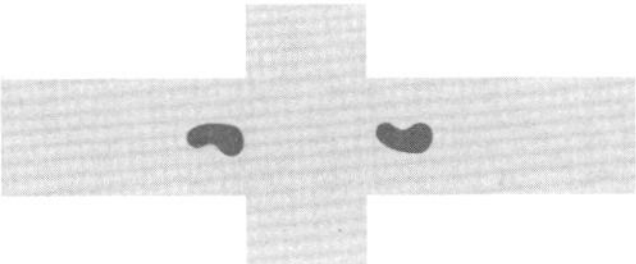

1-71　回捶捎打

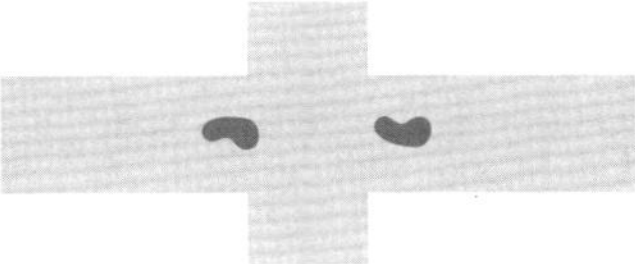

1-72　盘肘滚捌

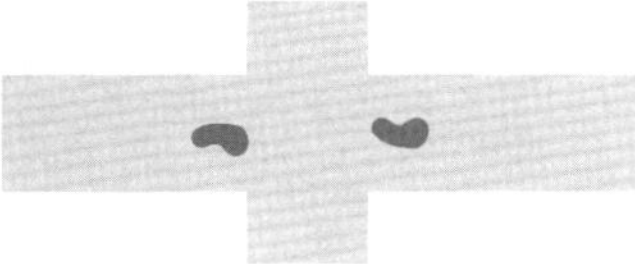

1-73 靠力出捶

1-74 上步进打

1-75 弓步切打

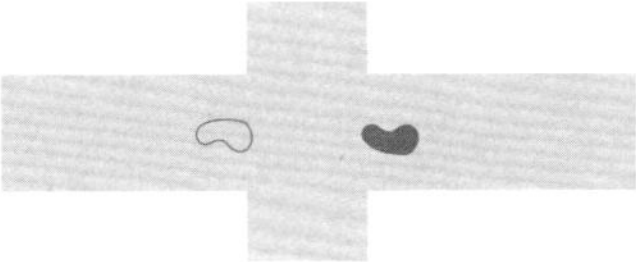

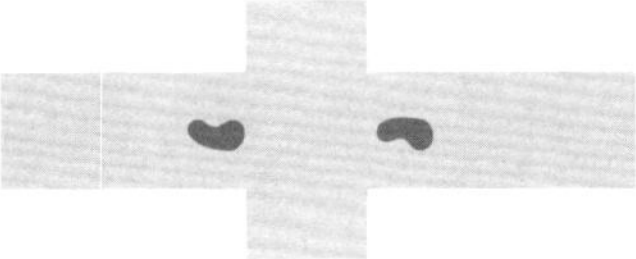

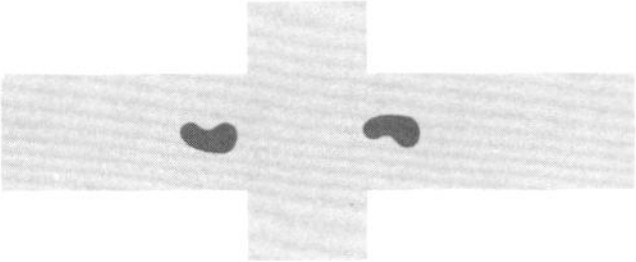

1-76 回捶捎打

1-77 盘肘横身（侧面）

1-77 盘肘横身(正面)

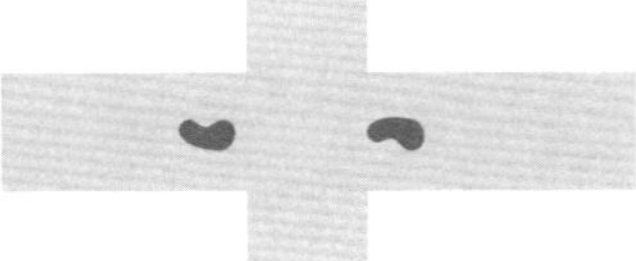

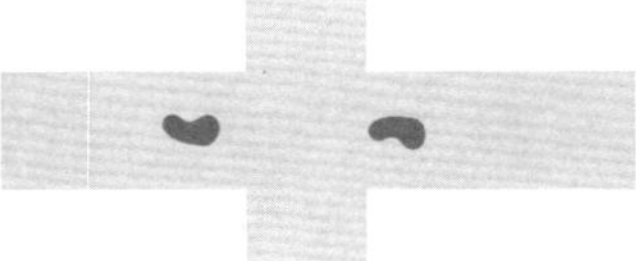

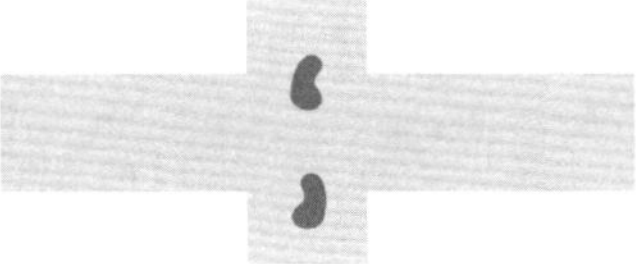

1-78 盘肘横身

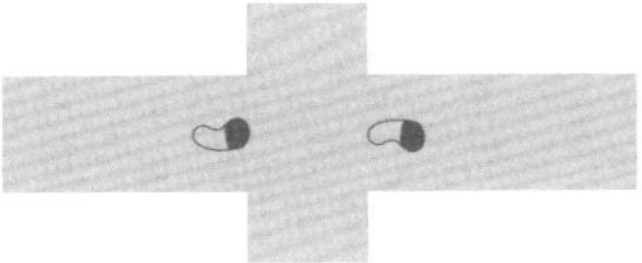

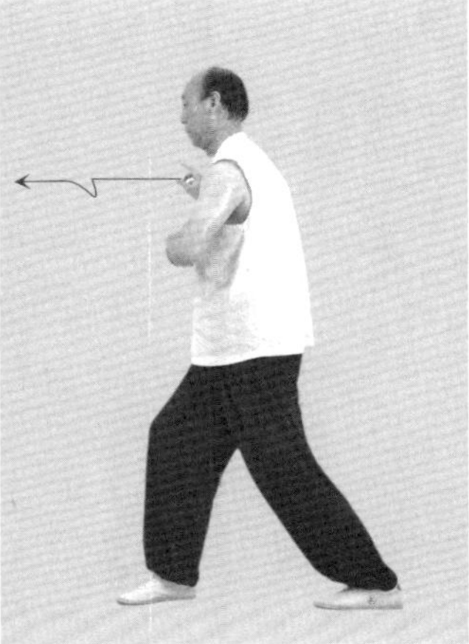

1-79 盘肘横身

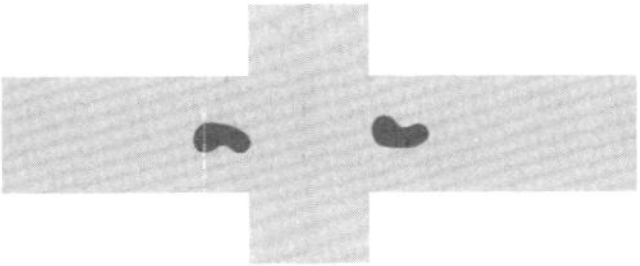

1-80 弓步出捶

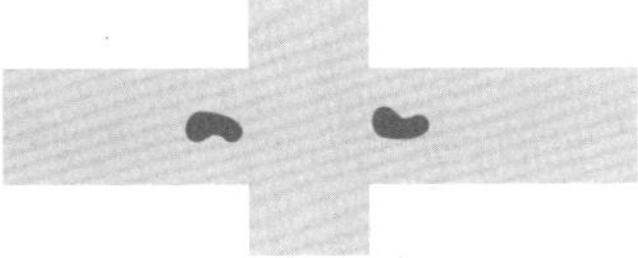

1-81 弓步切打

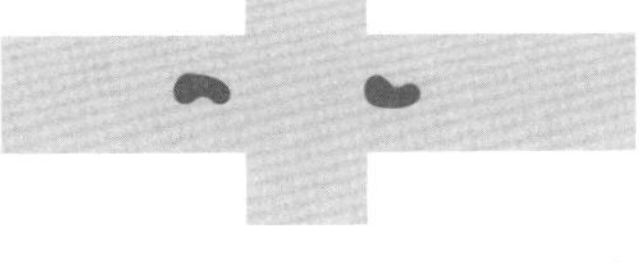

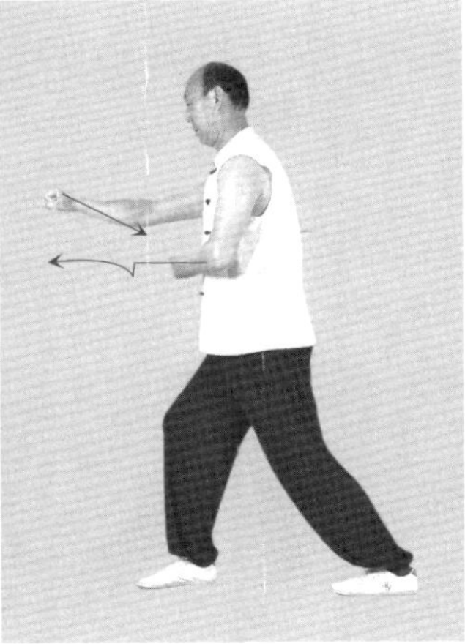

1-82 回捶捎打

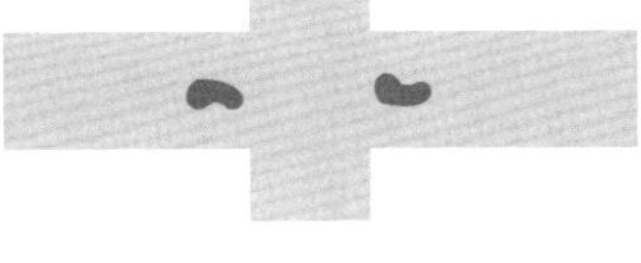

1-83 盘肘滚掤

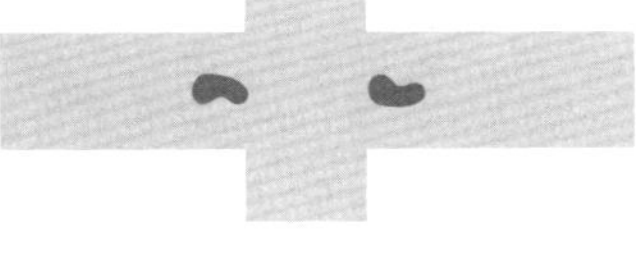

1-84 靠力出捶

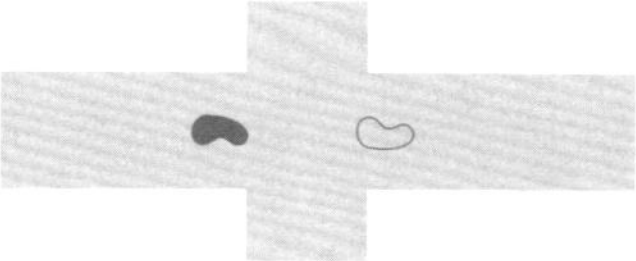

1-85 上步进打

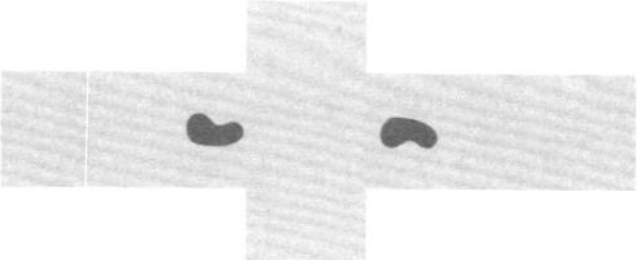

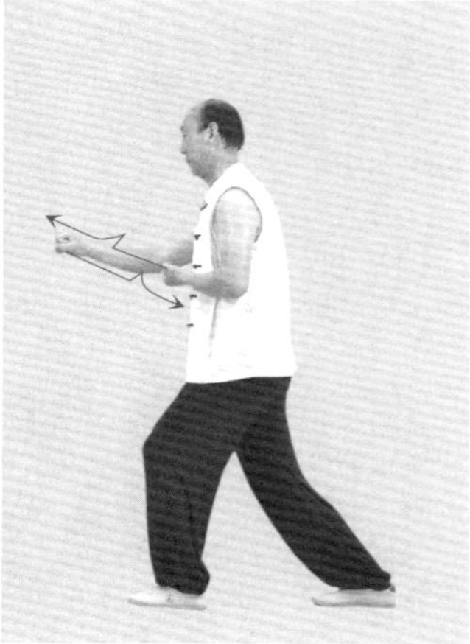

1-86 弓步切打

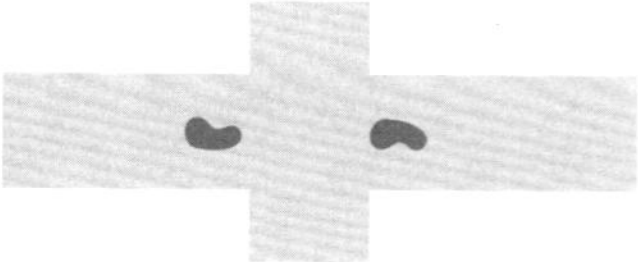

1-87 回捶捎打

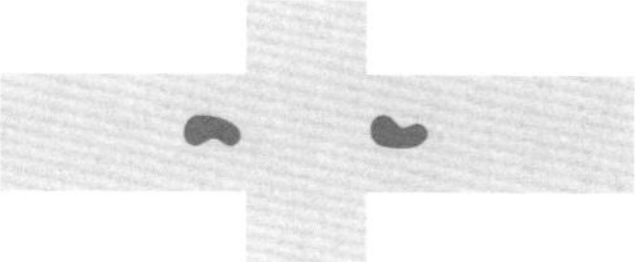

1-88 盘肘滚掤

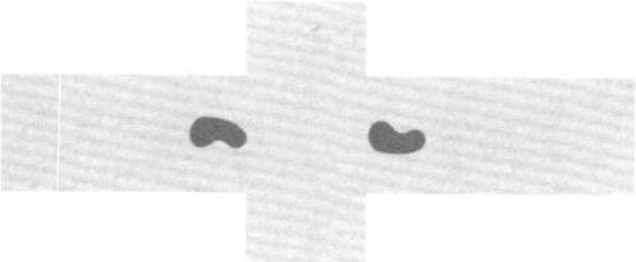

1-89 靠力出捶

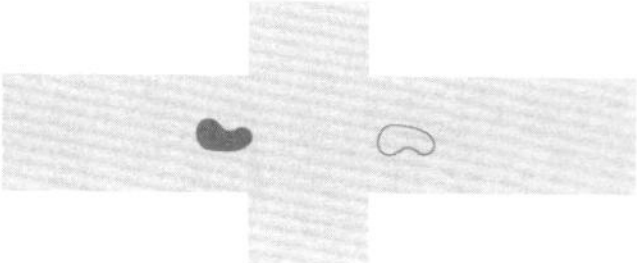

1-90 上步进打

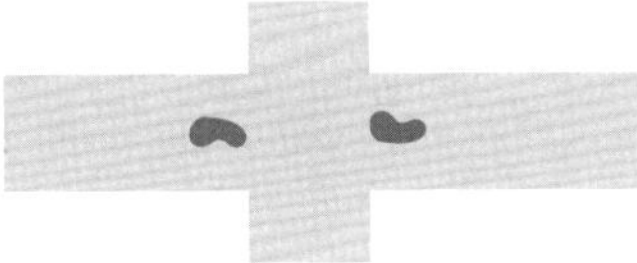

1-91 弓步切打

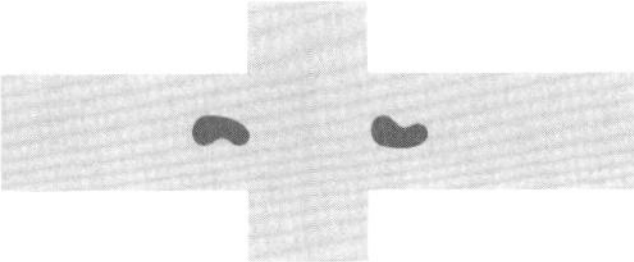

1-92 回捶捎打

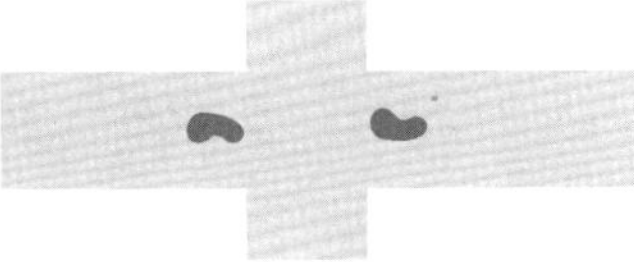

1-93 盘肘滚掤

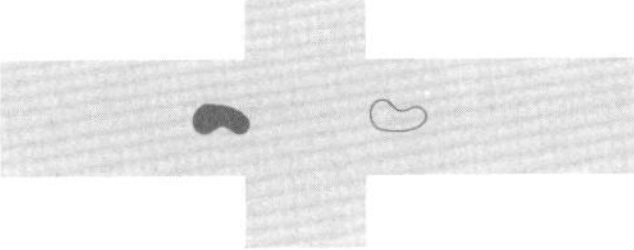

1-94 上步摘打（侧面）

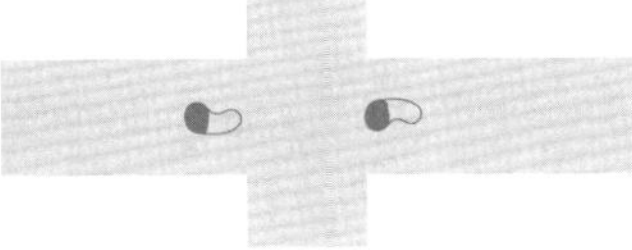

1-94 上步摘打（正面）

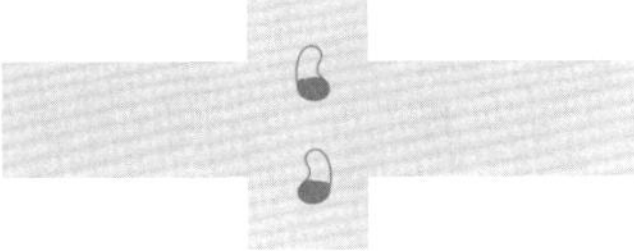

1-95　上步摘打

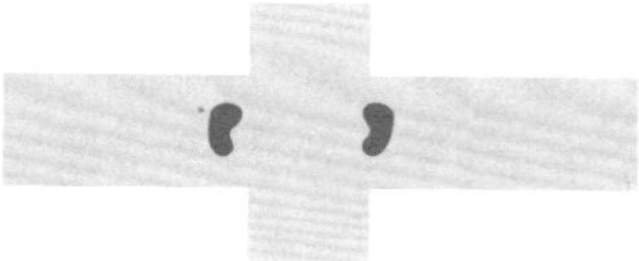

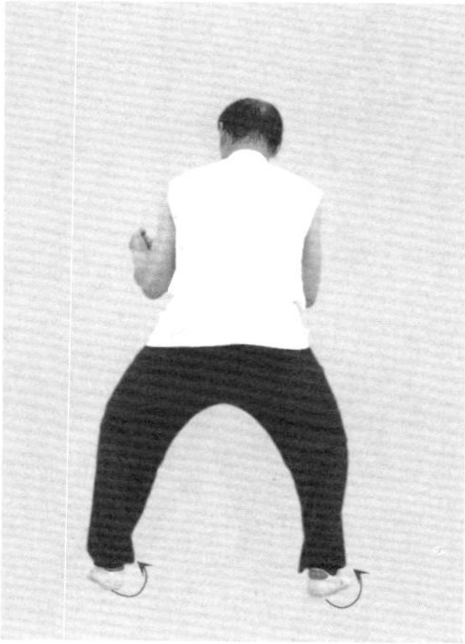

1-96　坐捶方裆（背面）

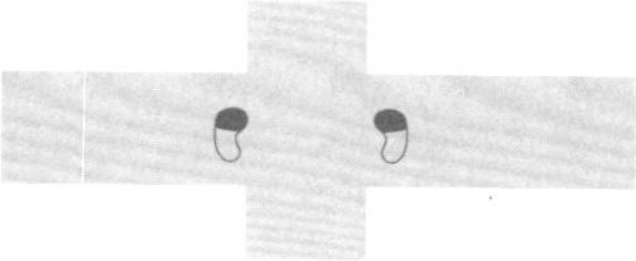

1-96　坐捶方裆（正面）

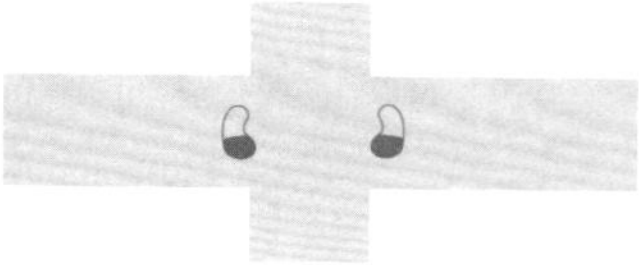

1-97　上步剪锤

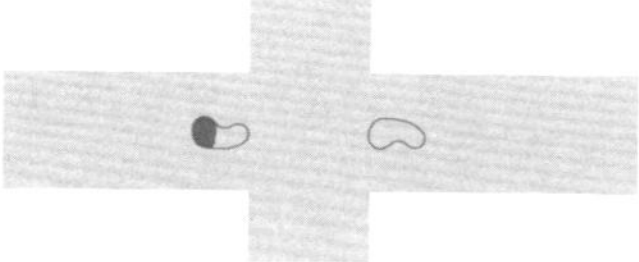

1-98　上步剪锤

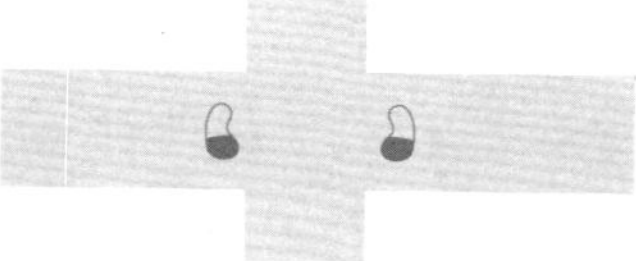

1-99　横身掤打

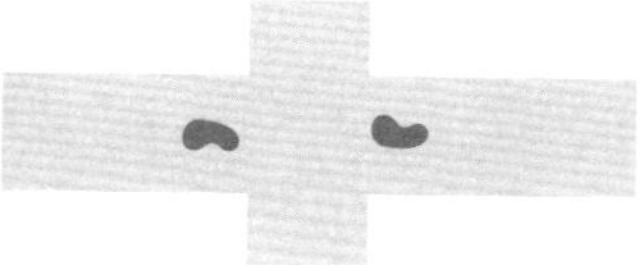

1-100 盘肘滚掤（侧面）

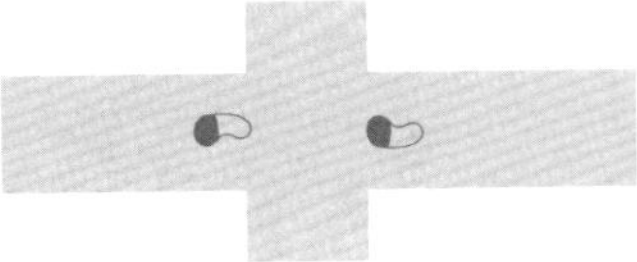

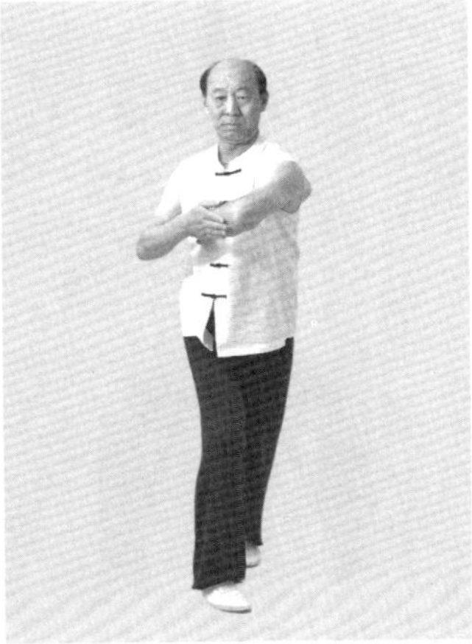

1-100 盘肘滚掤（正面）

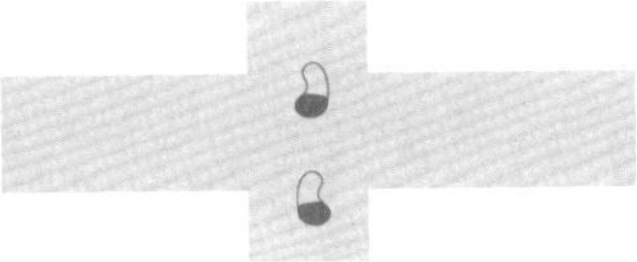

1-101 方裆坐肘

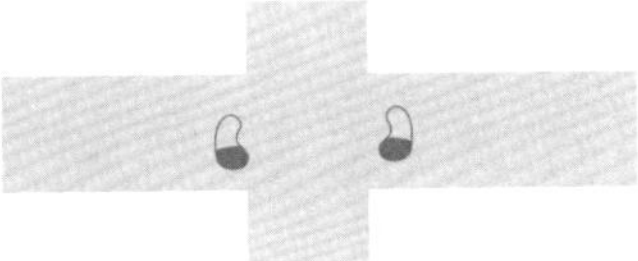

1-102 挑打切劈

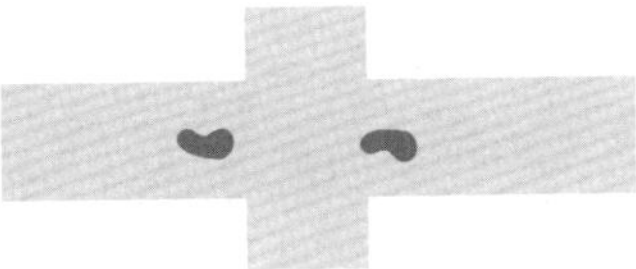

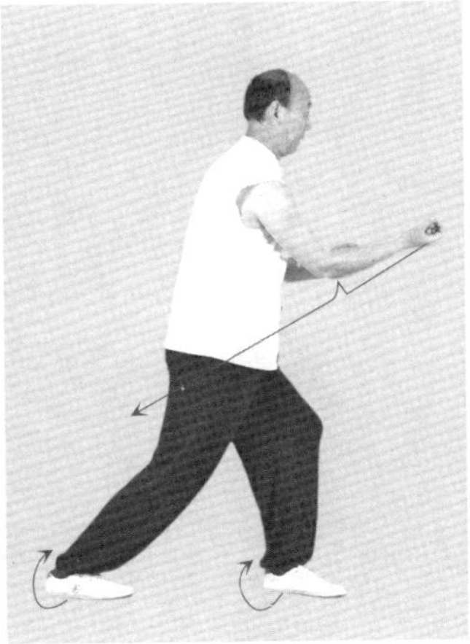

1-103 挑打切劈

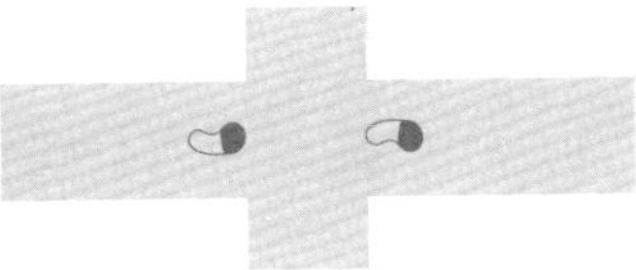

1-104 回挑剪掌

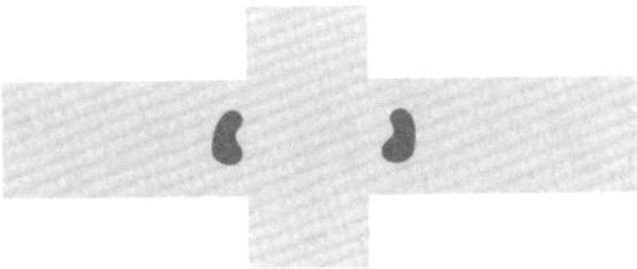

1-105　回挑剪掌

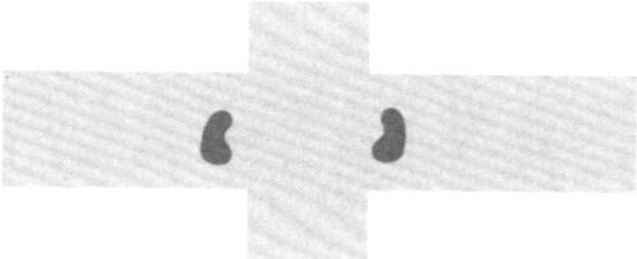

1-106　回挑剪掌

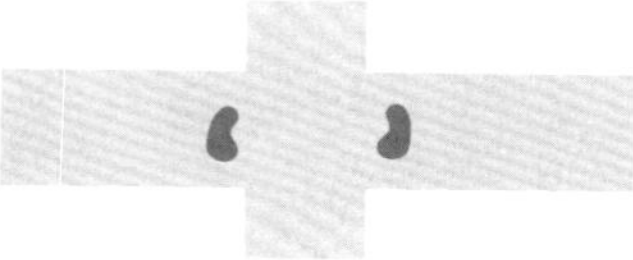

1-107　立掌拉弓

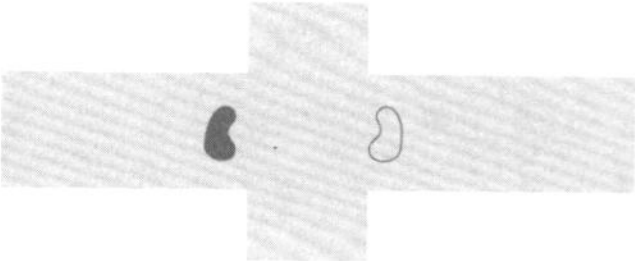

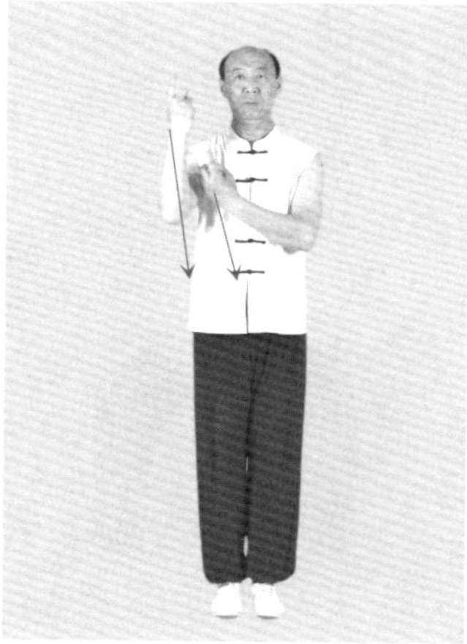

1-108　起裆闭门

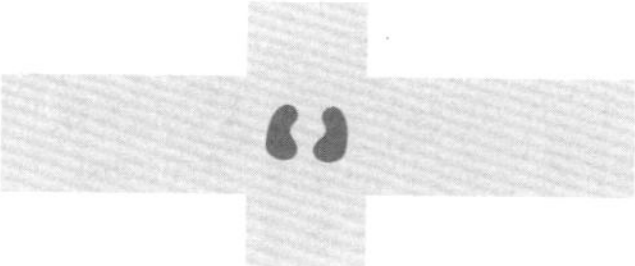

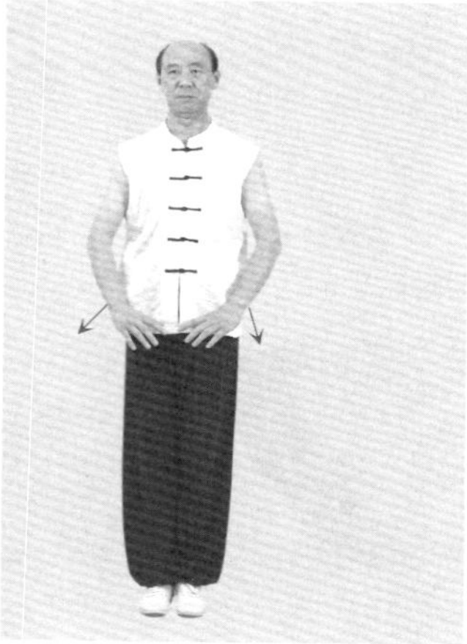

1-109　起裆闭门

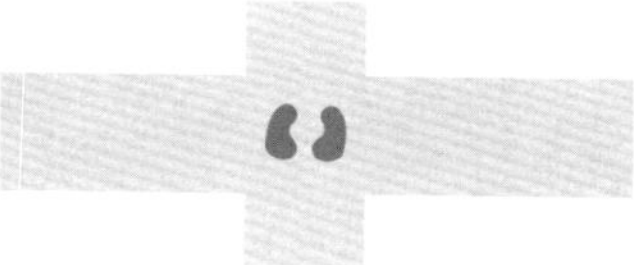

1-110　收式

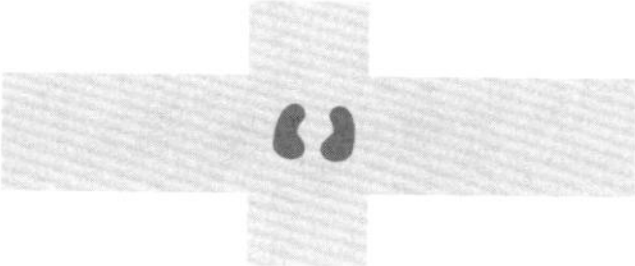

第二节 随手

2-1 预备式

2-2 搽拿打虎

2-3 搽拿打虎

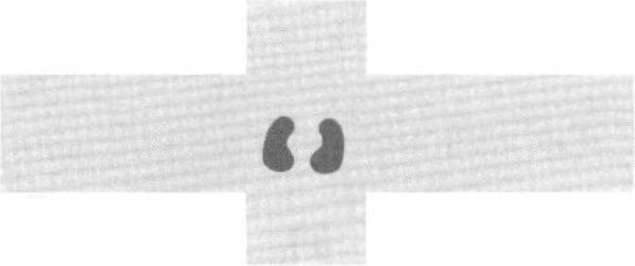

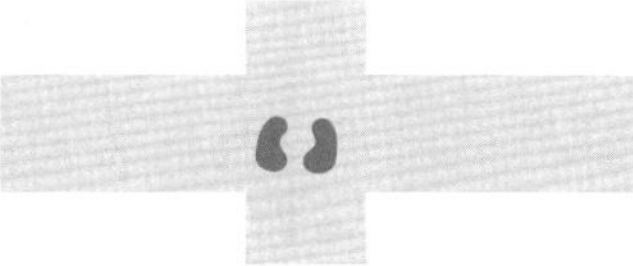

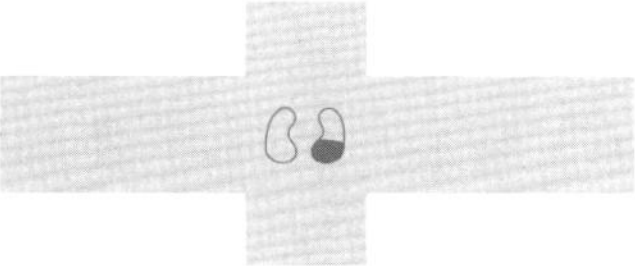

2-4 勾挂反身

2-5 抽拔斜拦

2-6 抽拔斜拦

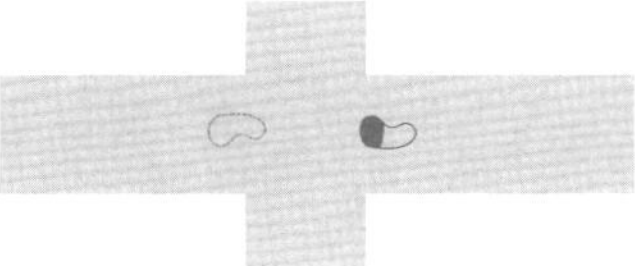

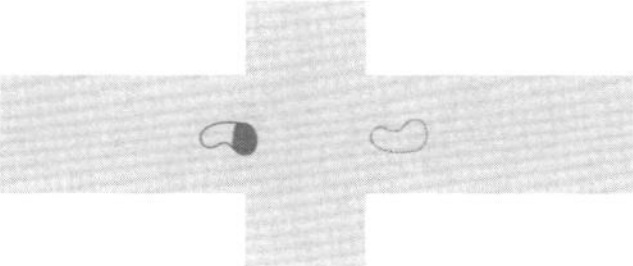

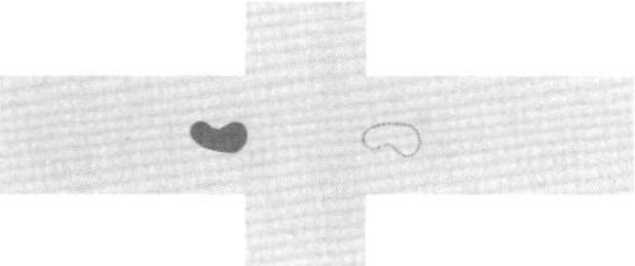

2-7 抄提方裆

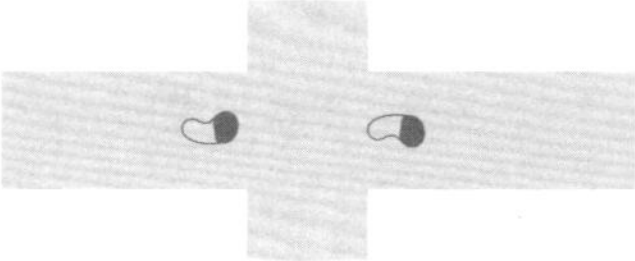

2-8 抄提方裆

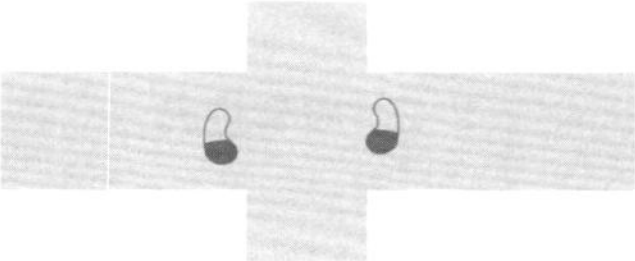

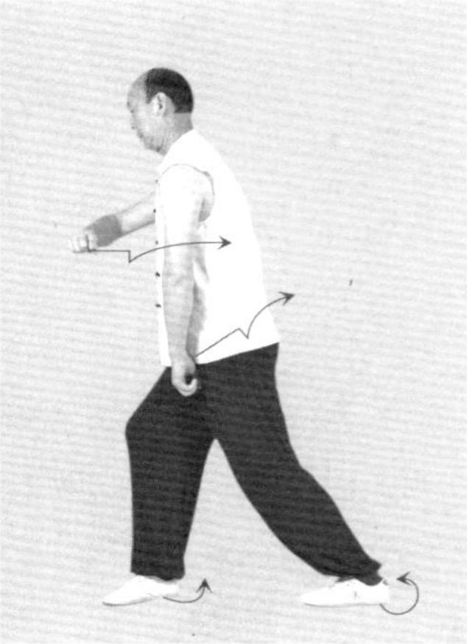

2-9 斜身闭捶

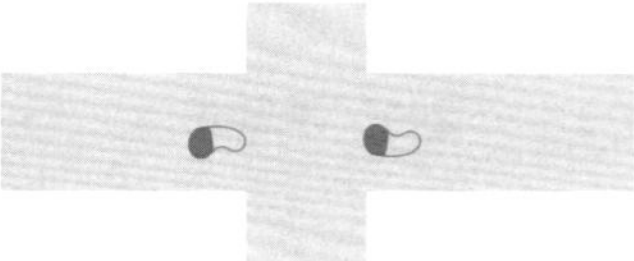

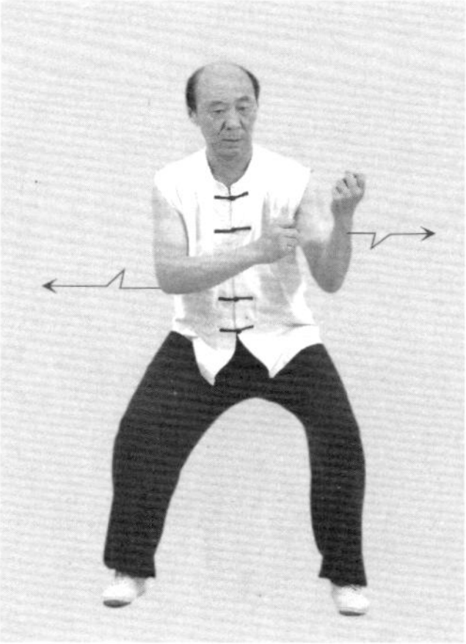

2-10 方裆搽掤

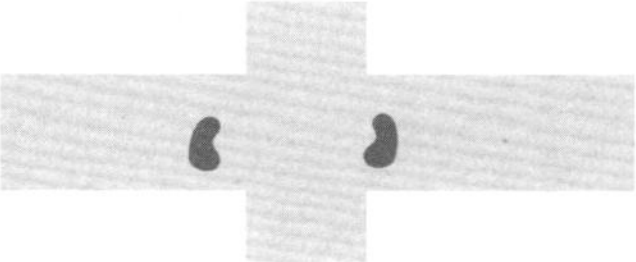

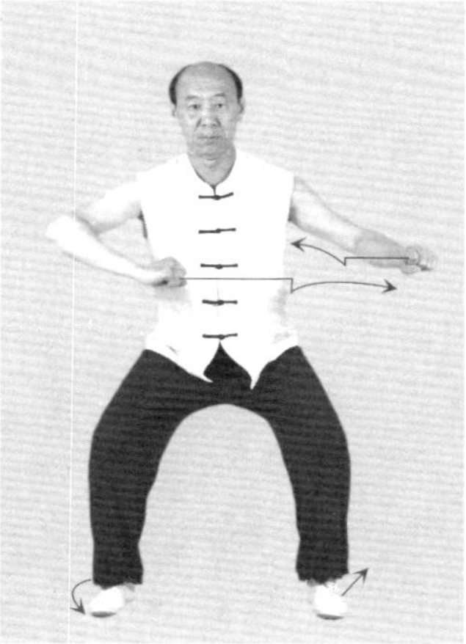

2-11 方裆搽掤

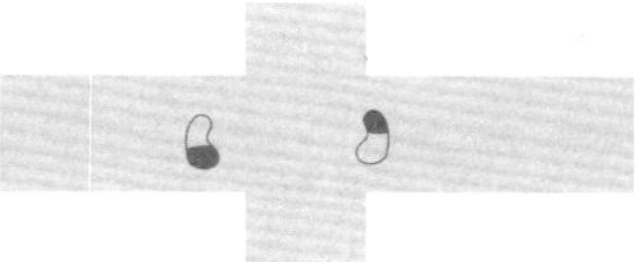

2-12 斜身上步

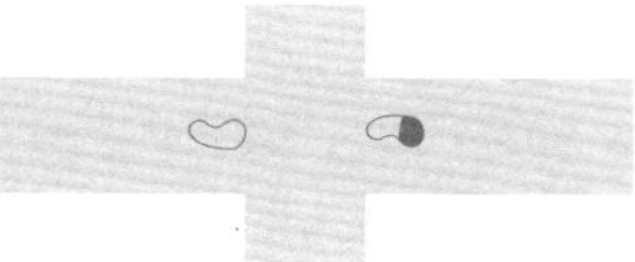

2-13　方裆掾掤

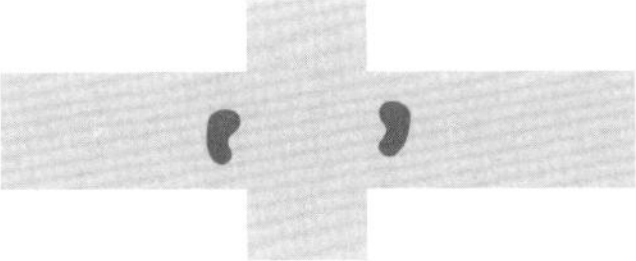

2-14　方裆掾掤

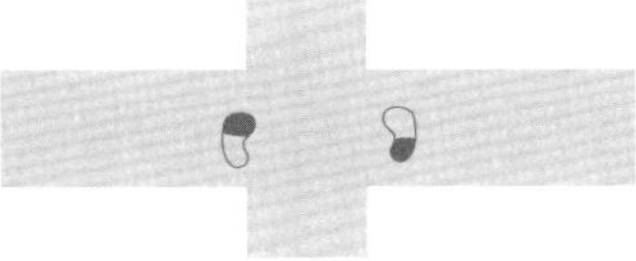

2-15　斜身上步

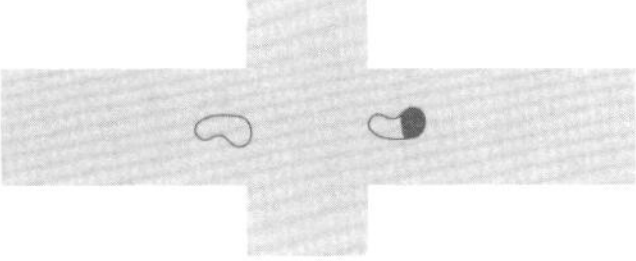

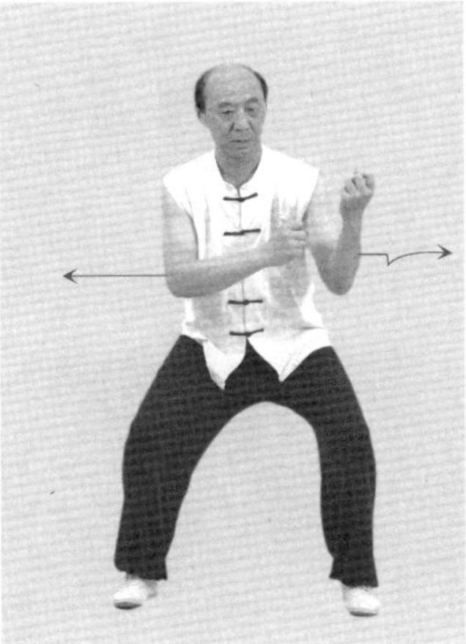

2-16　方裆掾掤

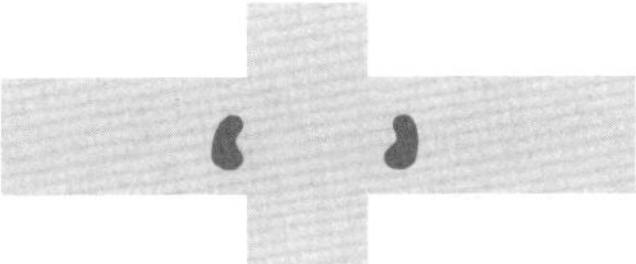

2-17　方裆掾掤

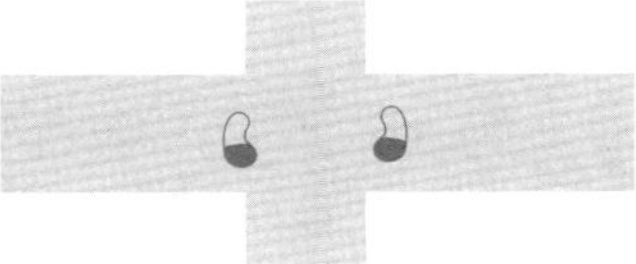

2-18　斜身上步

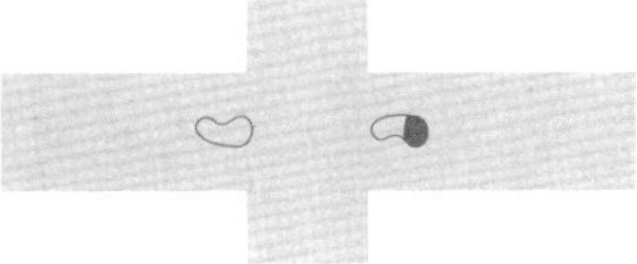

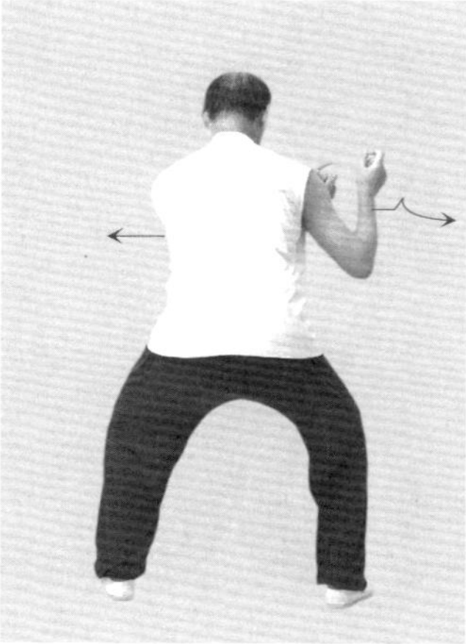

2-19 方裆掾搠

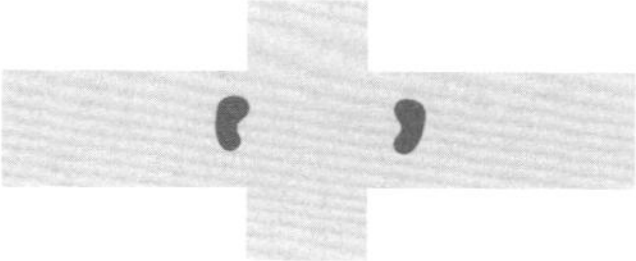

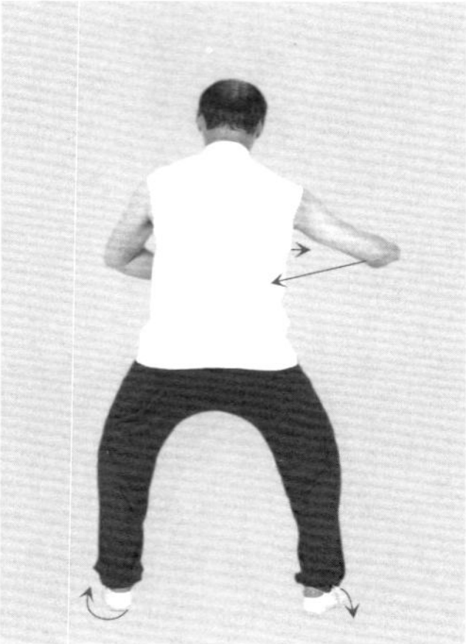

2-20 方裆掾搠

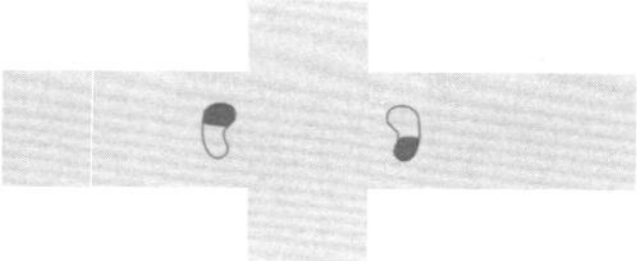

2-21 抱环斜裆

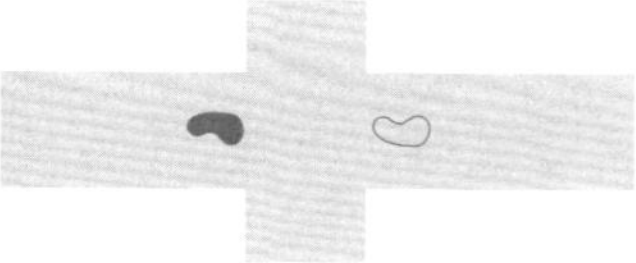

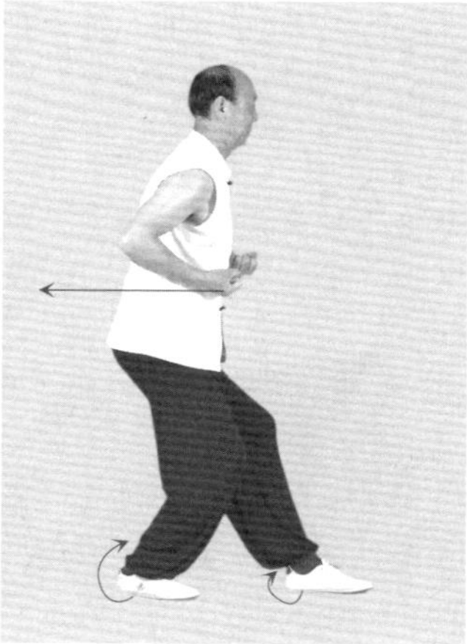

2-22 坐肘还身

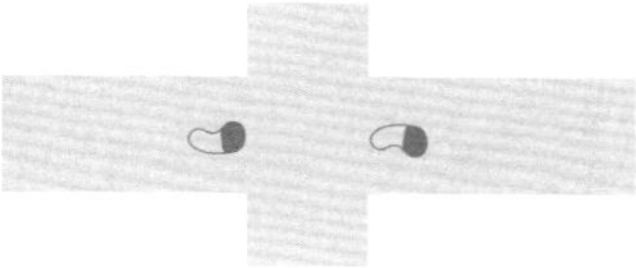

2-23 坐肘还身

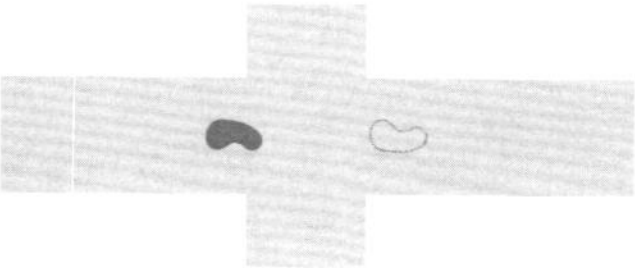

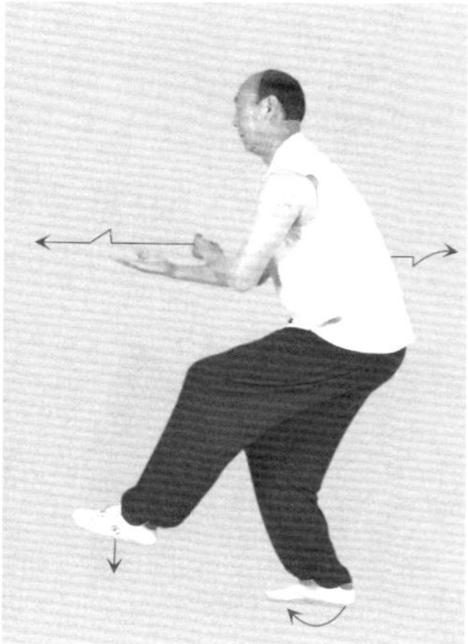

2-24 上步拉弓

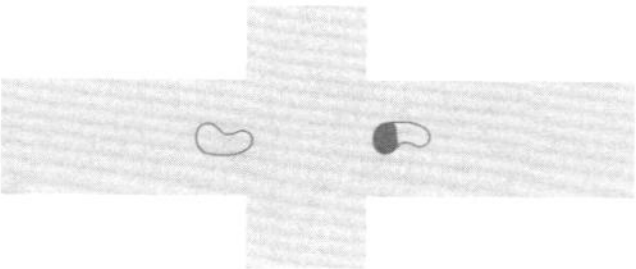

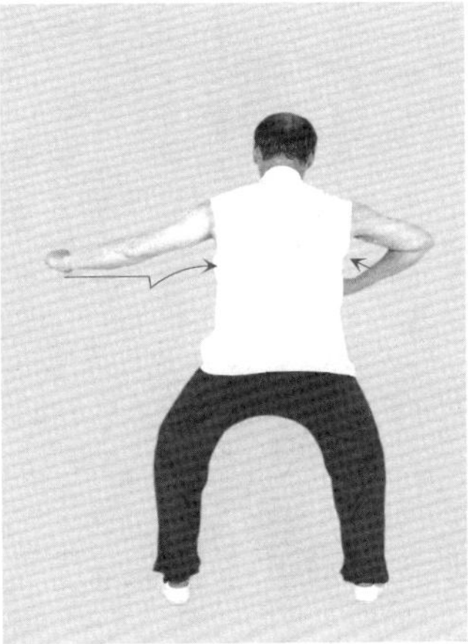
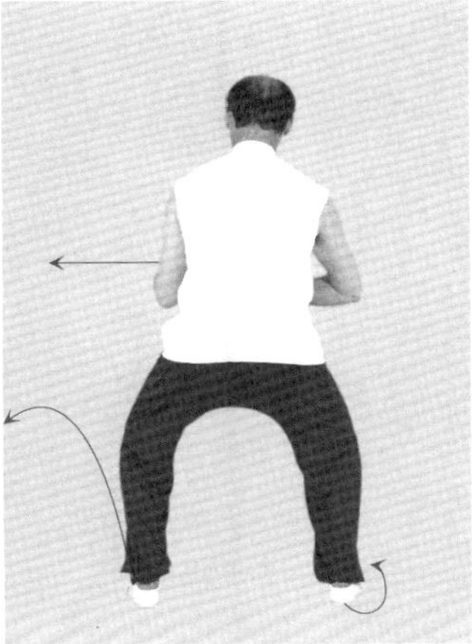

2-25　上步拉弓

2-26　方裆坐肘

2-27　风拍荷叶

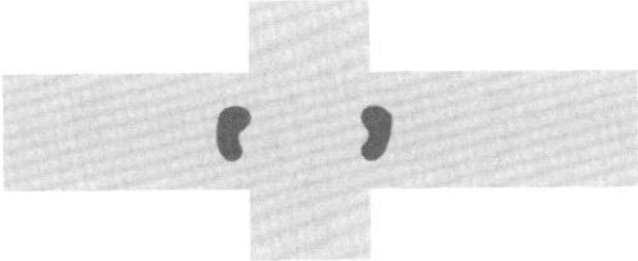
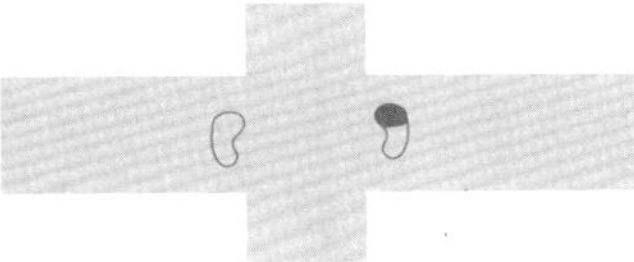
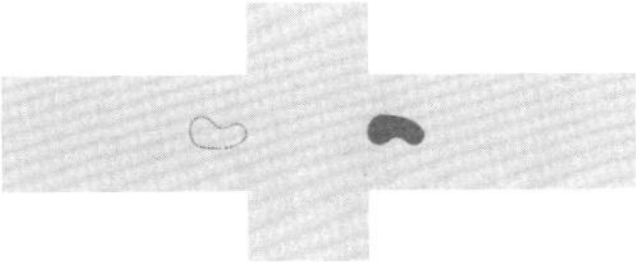

2-28　风拍荷叶

2-29　方裆内练

2-30　单飞合拿

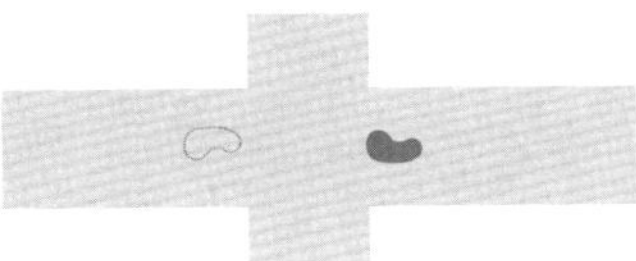
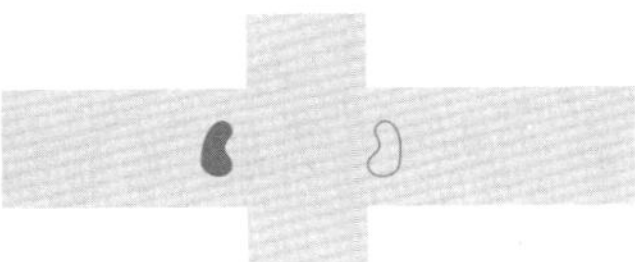
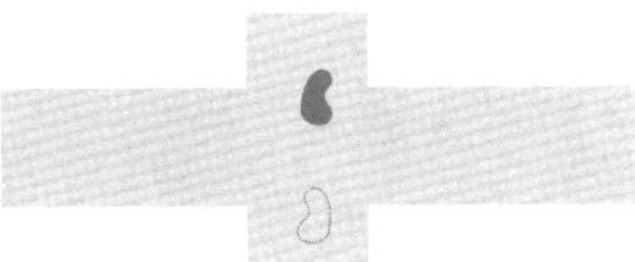

2-31　单飞合拿

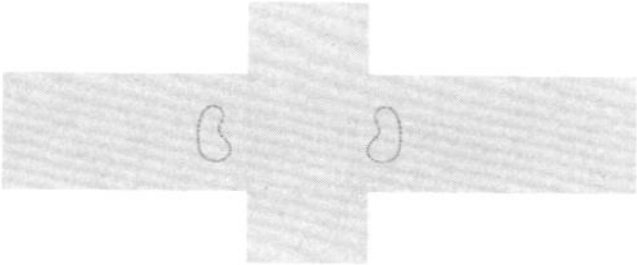

2-32　单飞合拿

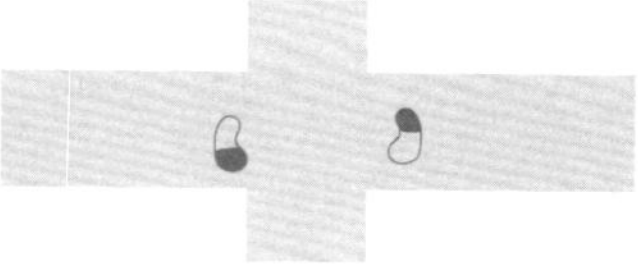

2-33　剪腿托枪（侧面）

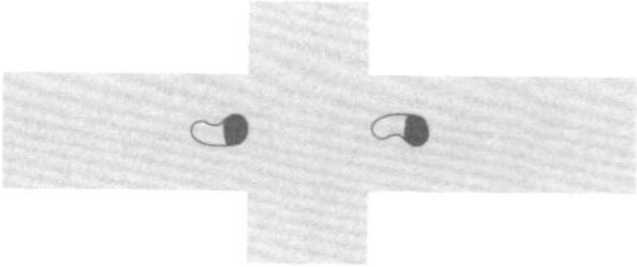

2-33　剪腿托枪(正面)

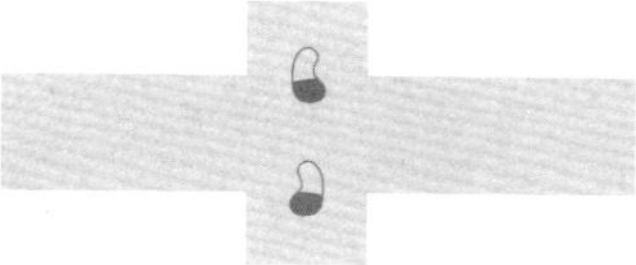

2-34　正裆翻拿

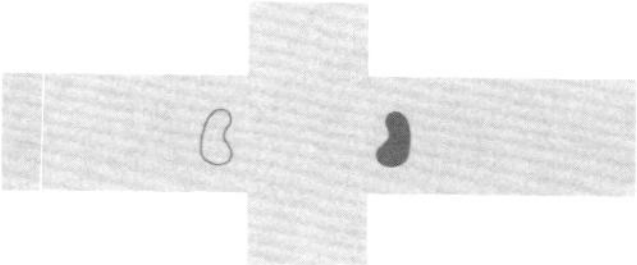

2-35　疾踪上步

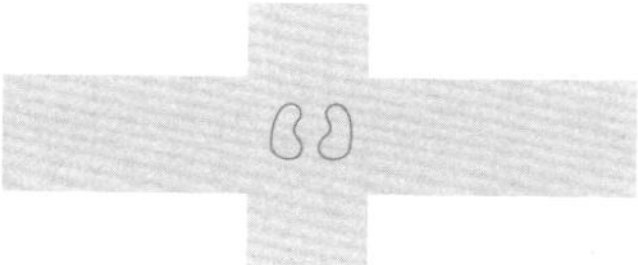

2-36　疾踪上步

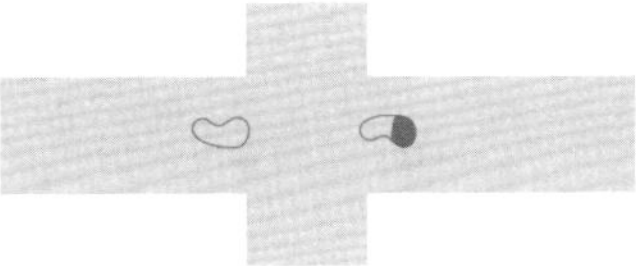

2-37　地分穴凹（背面）

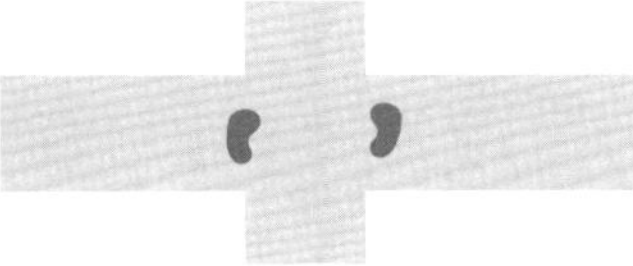

2-37　地分穴凹（正面）

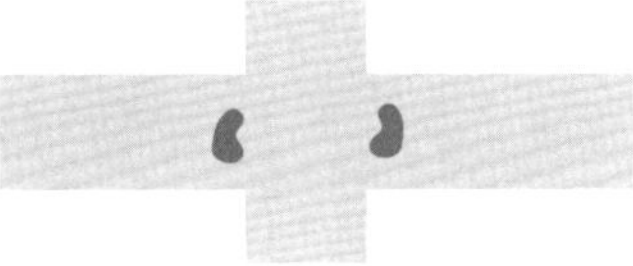

2-38　地分穴凹

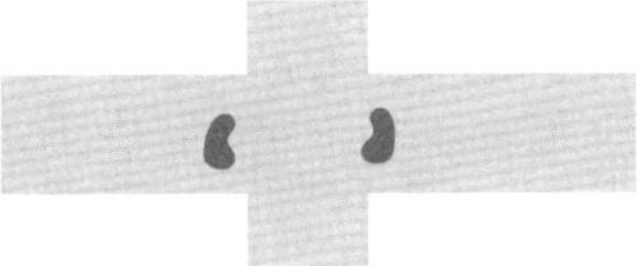

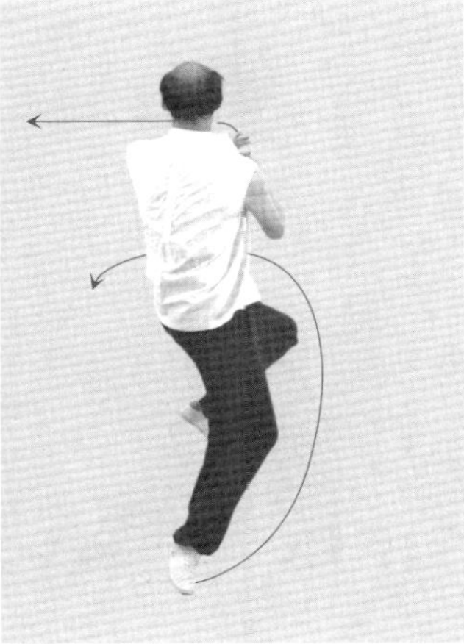

2-39　抽拔单合

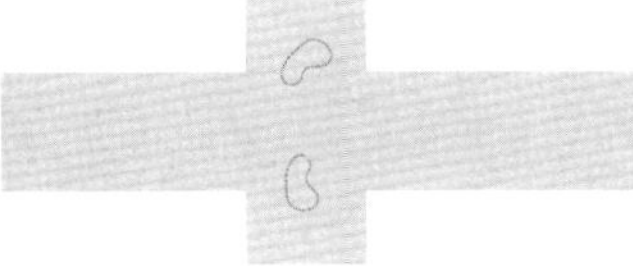

2-40　抽拔单合

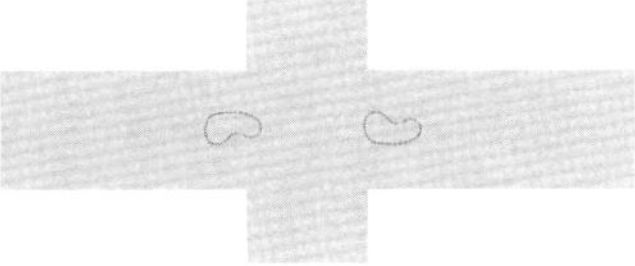

2-41 抽拔单合

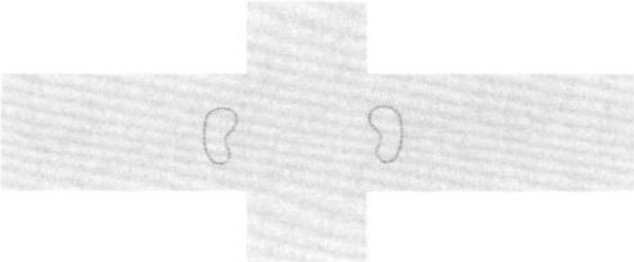

2-42 抽拔单合（背面）

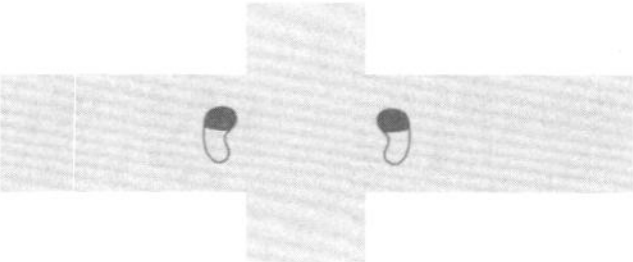

2-42 抽拔单合（正面）

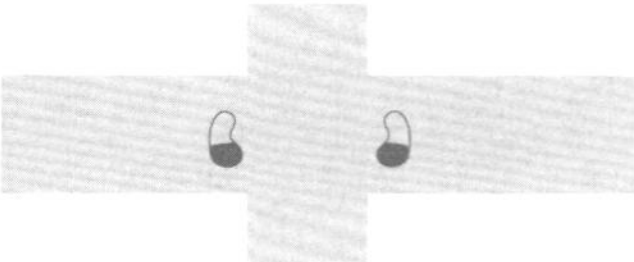

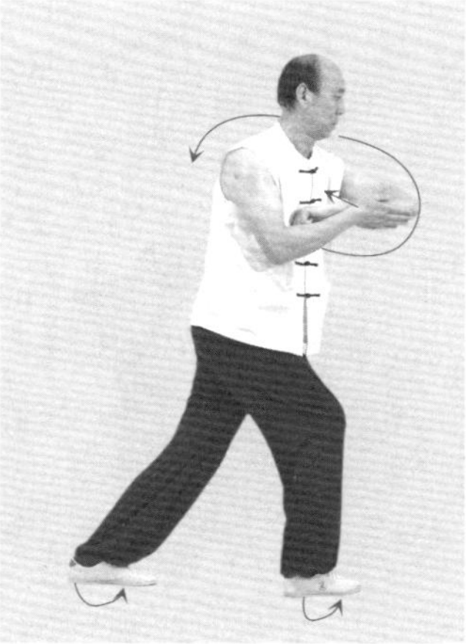

2-43 盘肘斜裆

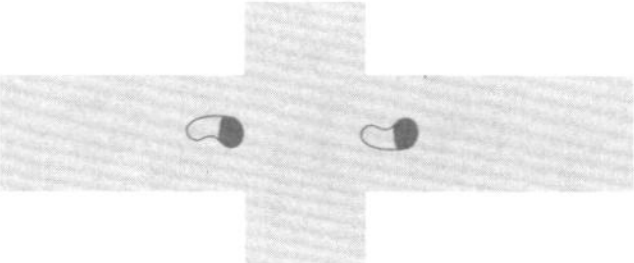

2-44 回身刁手

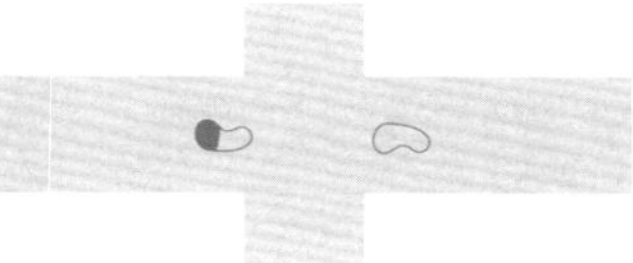

2-45 抄捭打伞

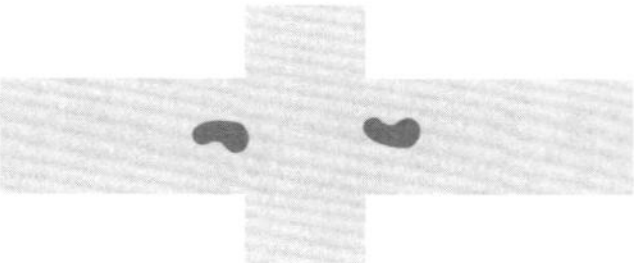

2-46 抄捧打伞（侧面）

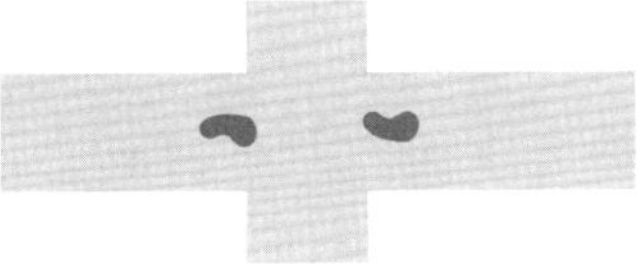

2-46 抄捧打伞（正面）

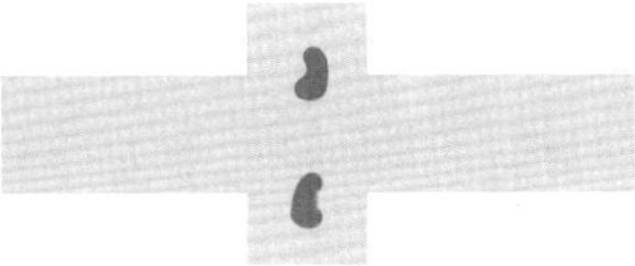

2-47 抄捧打伞

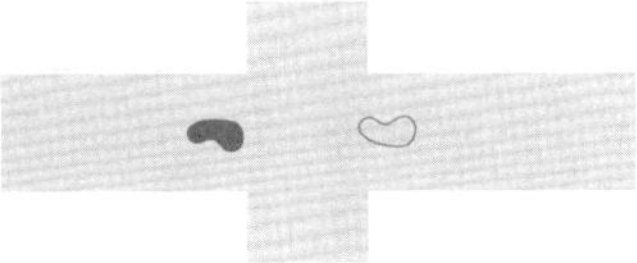

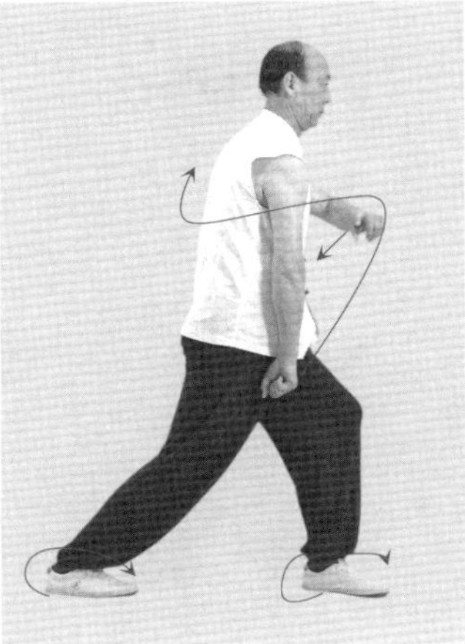

2-48 跐腿㧻捶

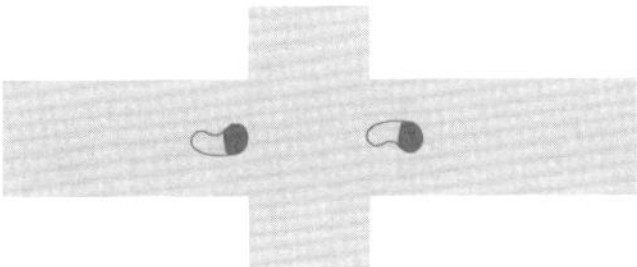

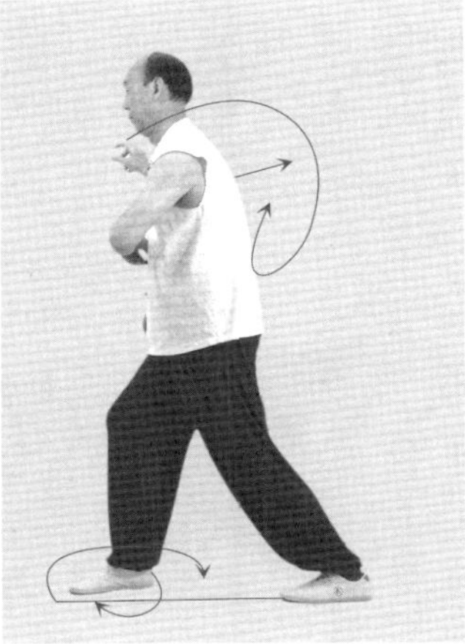

2-49 回身刁手

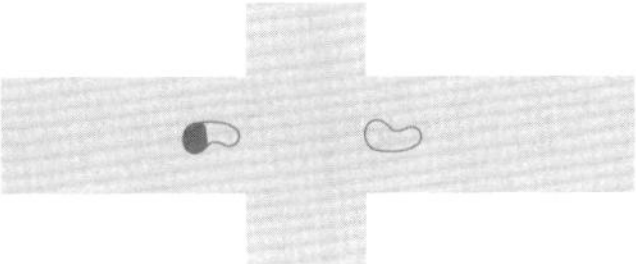

2-50 抄捧打伞

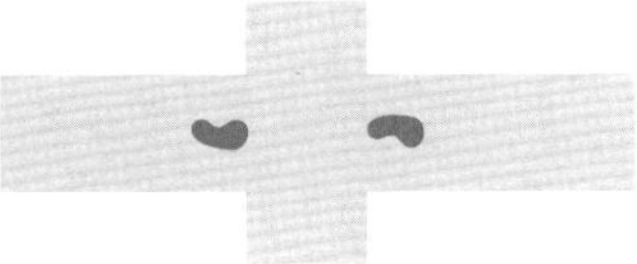

2-51 抄捭打伞

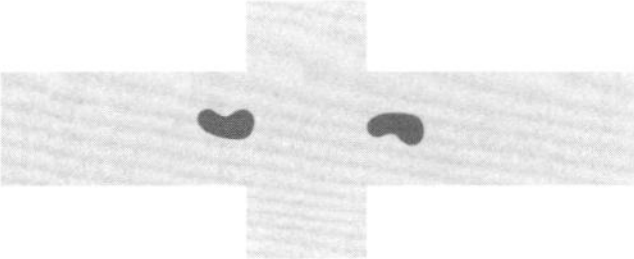

2-52 抄捭打伞

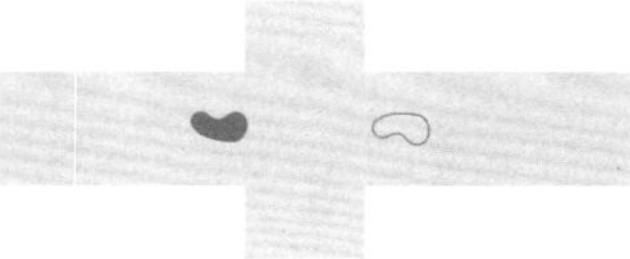

2-53 踹腿掭捶

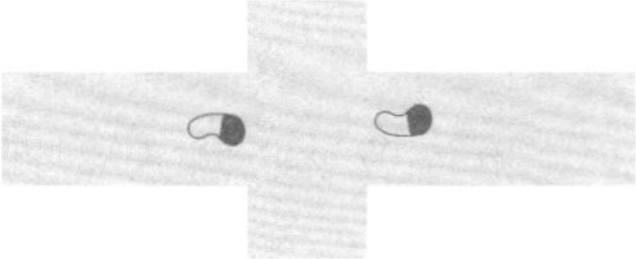

2-54 回身刁手

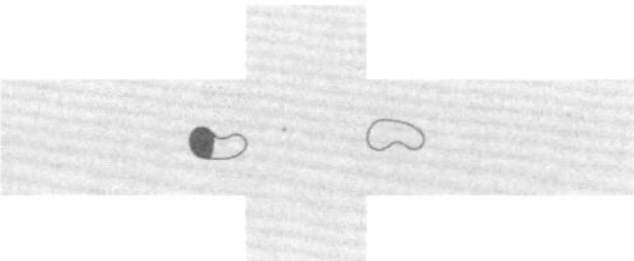

2-55 抄捭打伞

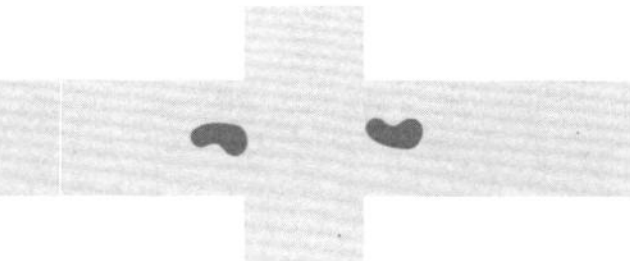

2-56 抄捭打伞

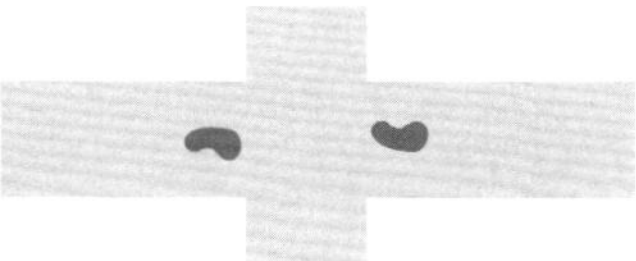

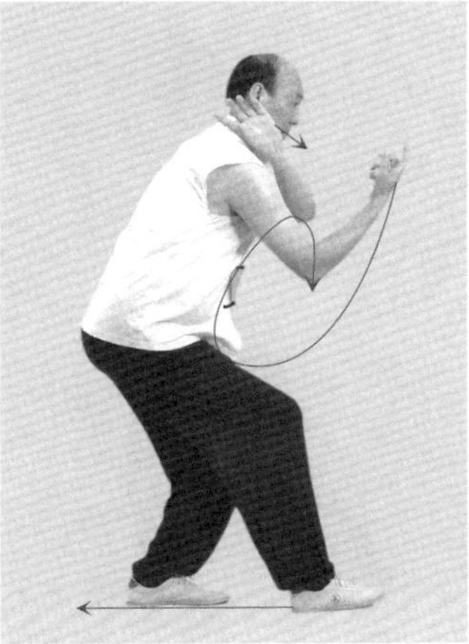

2-57　抄捭打伞

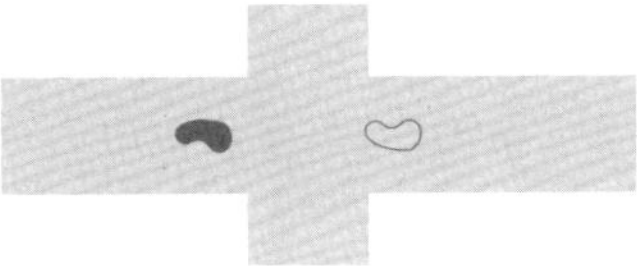

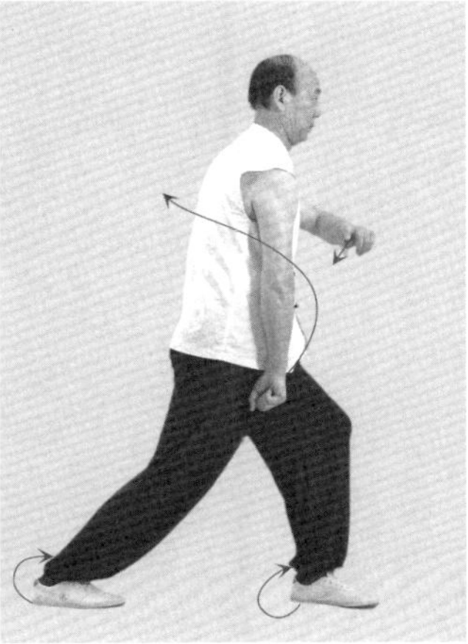

2-58　趾腿掭捶

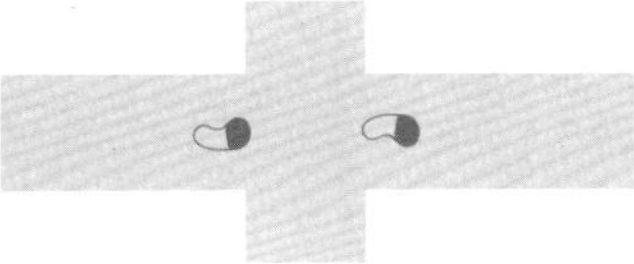

2-59　连还刁手

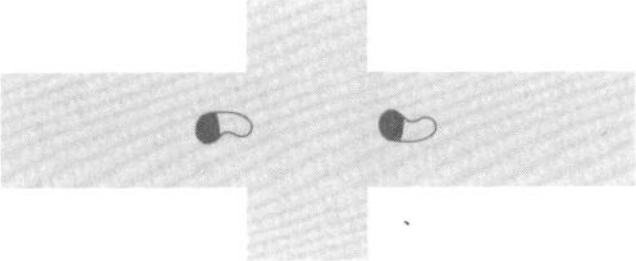

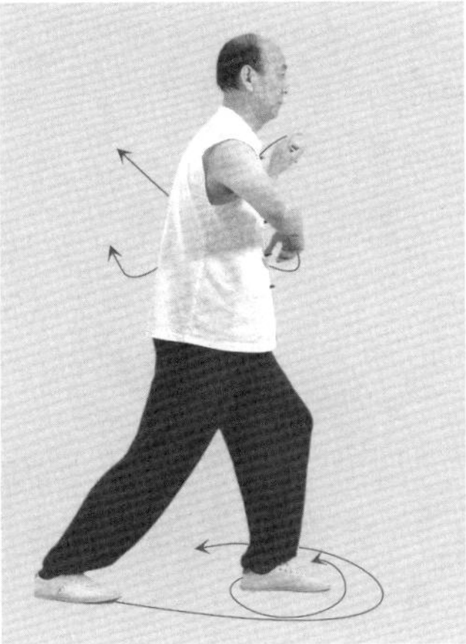

2-60　连还刁手

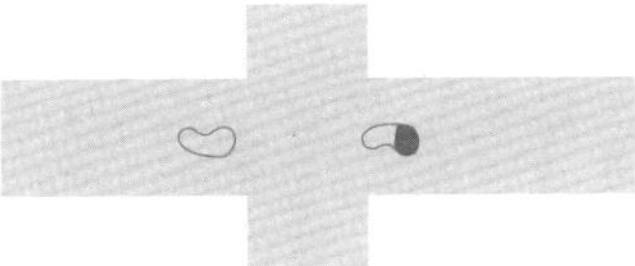

2-61　抄捭打伞

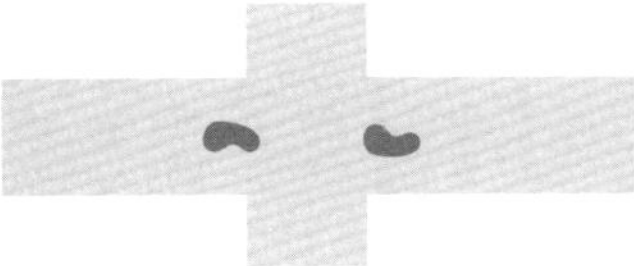

2-62　抄捭打伞

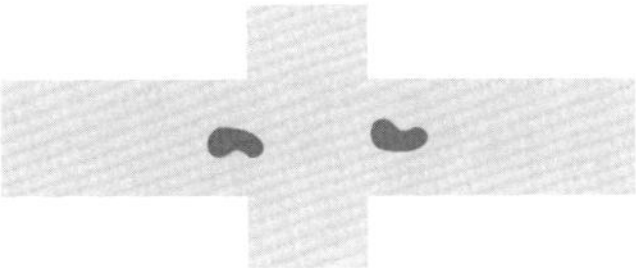

2-63 抄捭打伞

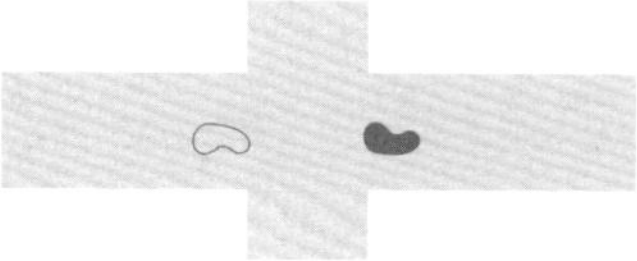

2-64 踮腿扽捶

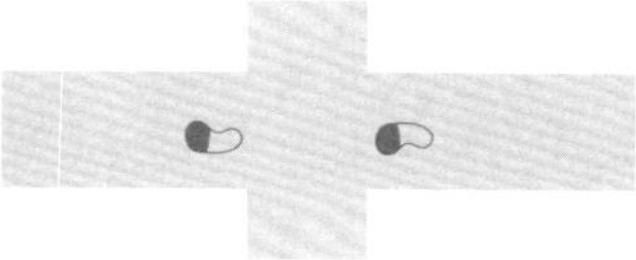

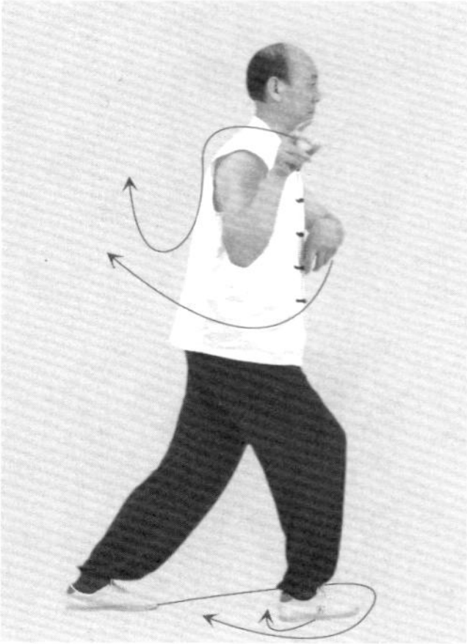

2-65 回身刁手

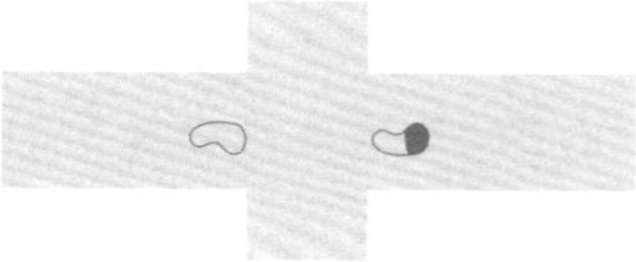

2-66 抄捭打伞

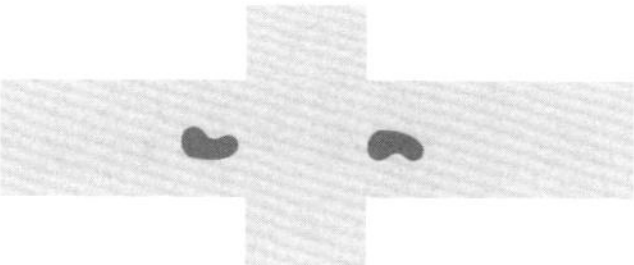

2-67 抄捭打伞

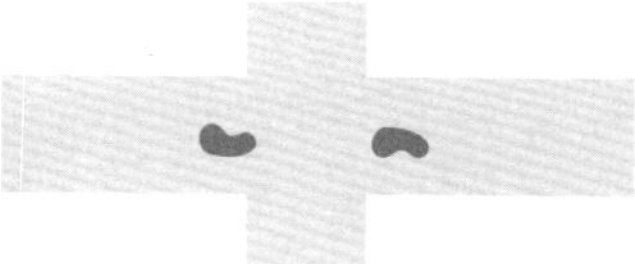

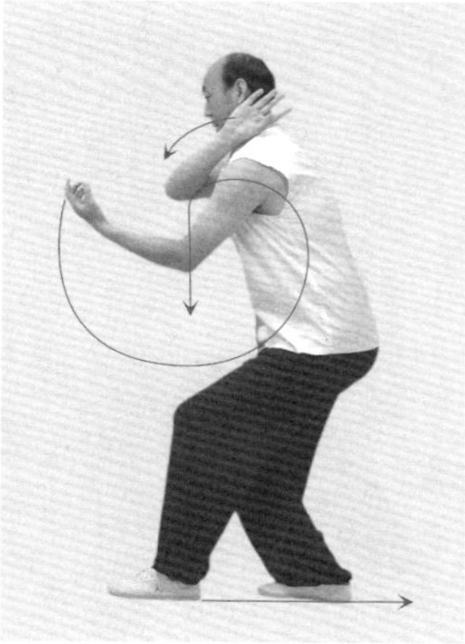

2-68 抄捭打伞

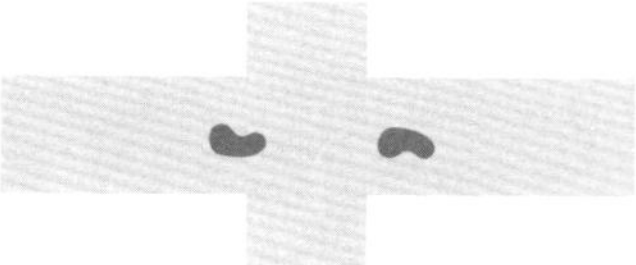

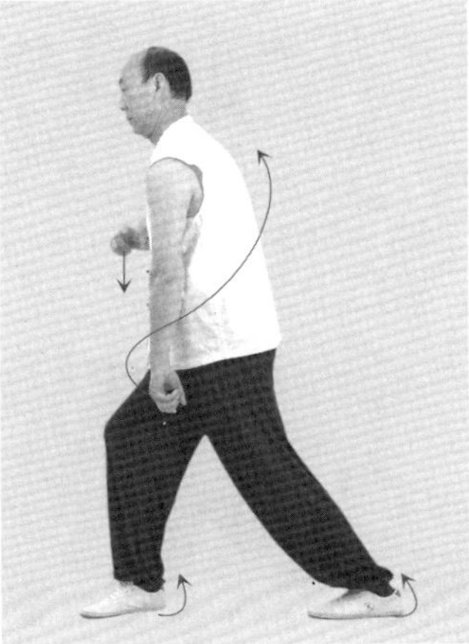

2-69　跐腿掭捶

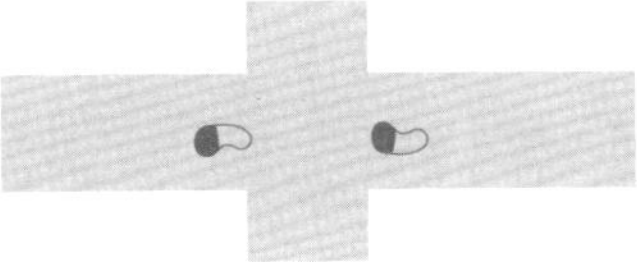

2-70　回身刁手

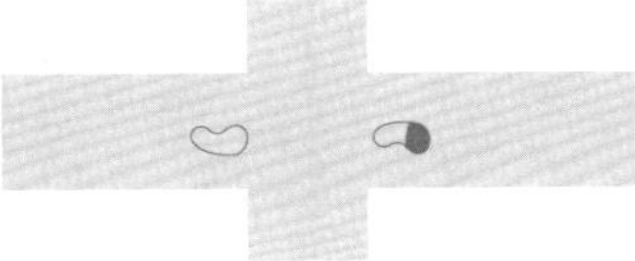

2-71　抄捭打伞

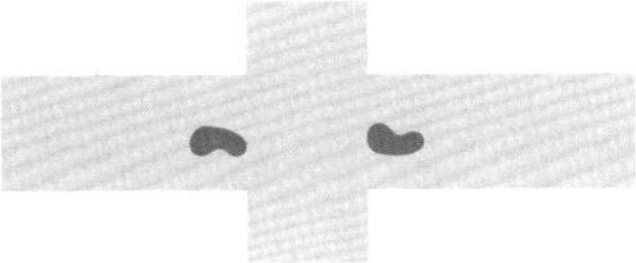

2-72　抄捭打伞

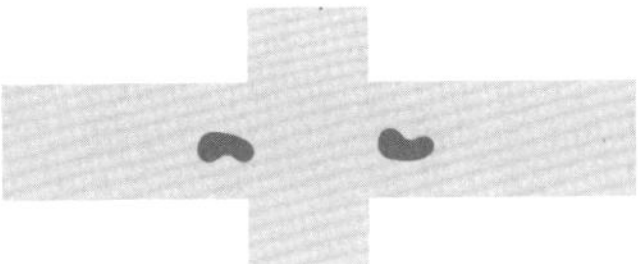

2-73　抄捭打伞

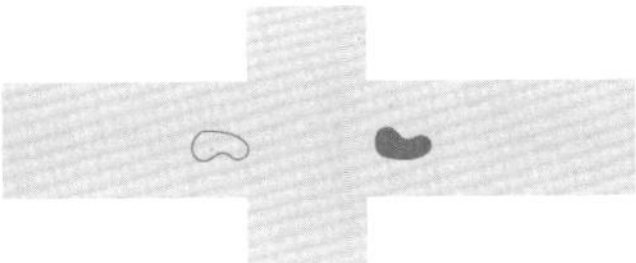

2-74　跐腿掭捶

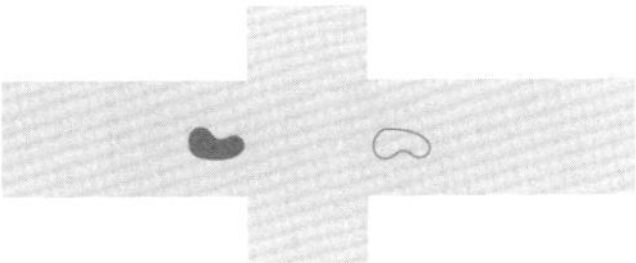

2-75　上步出捶

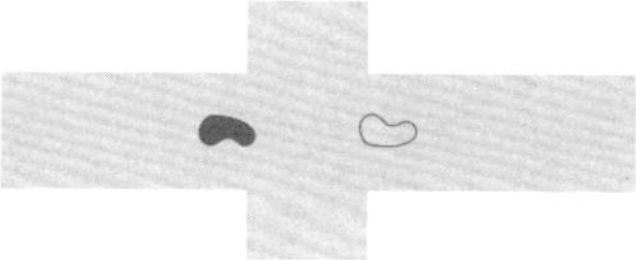

2-76　跟步出捶

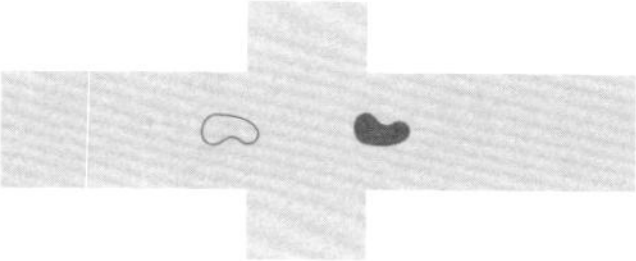

2-77　上步出捶

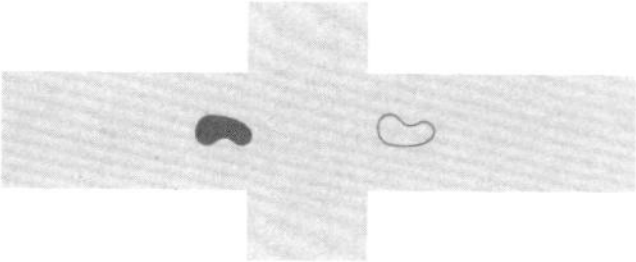

2-78　跟步出捶

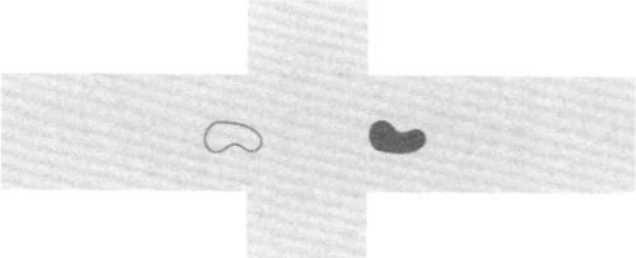

2-79　上步出捶

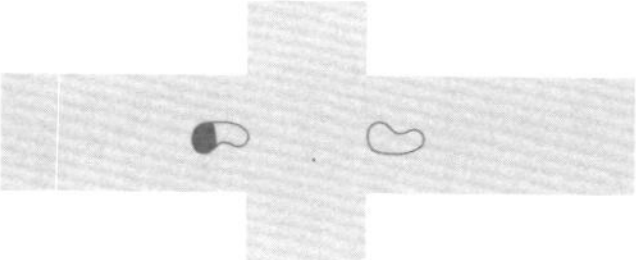

2-80　切棚剪捶（背面）

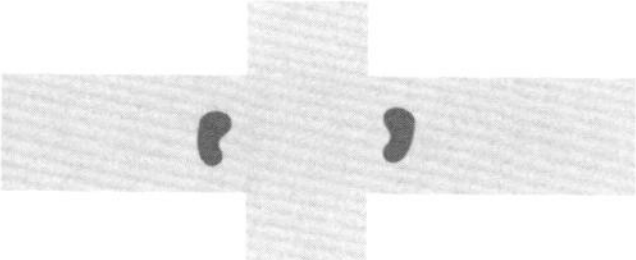

2-80　切棚剪捶（正面）

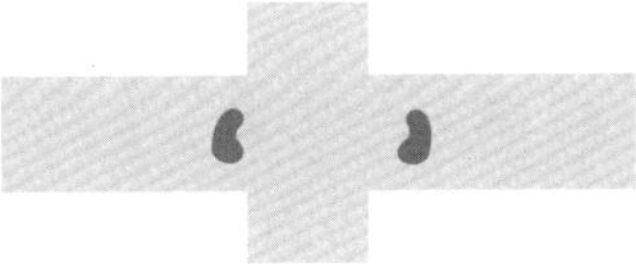

2-81　方裆拉弓

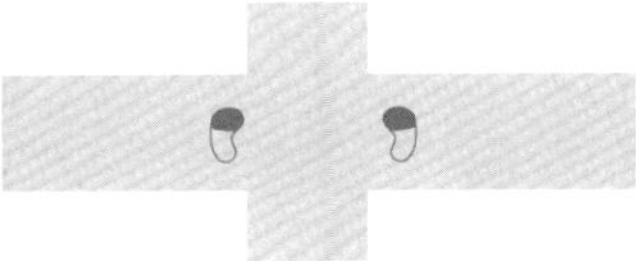

2-82　盘肘捎代

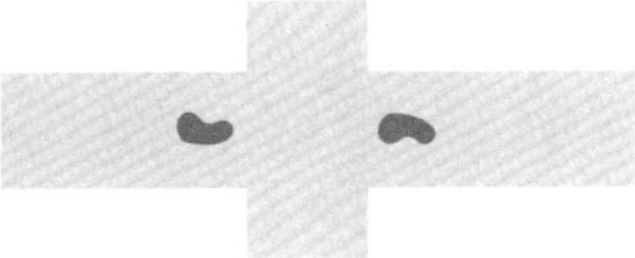

2-83　盘肘捎代

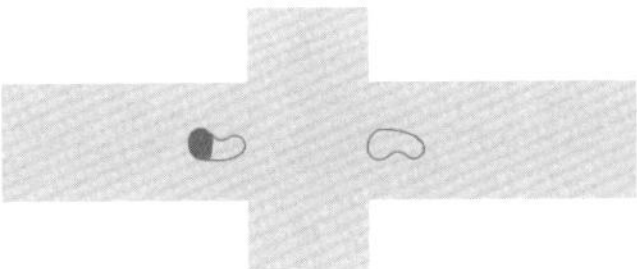

2-84　上步剪捶

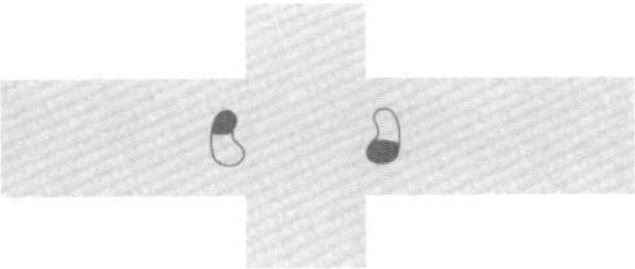

2-85　斜身拯掤（侧面）

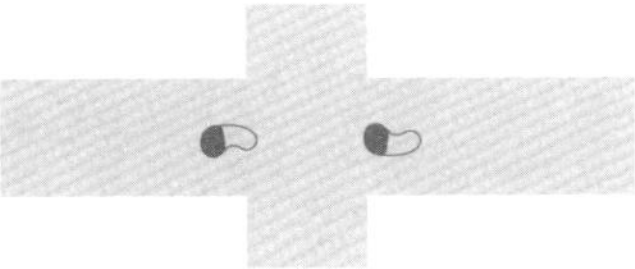

2-85 斜身掾掤(正面)

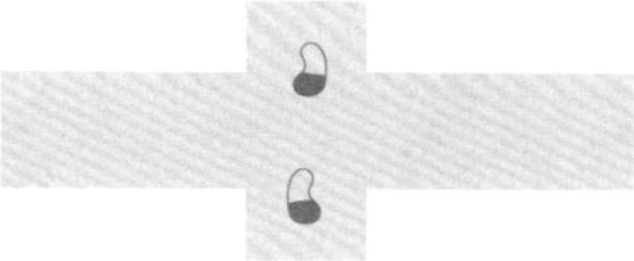

2-86 方裆坐肘

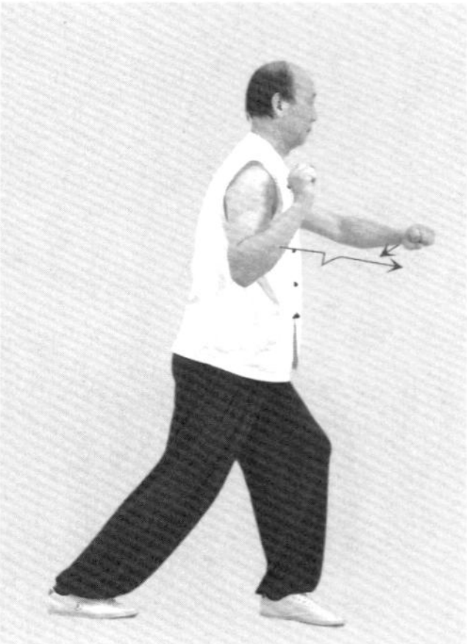

2-87 左横挑打

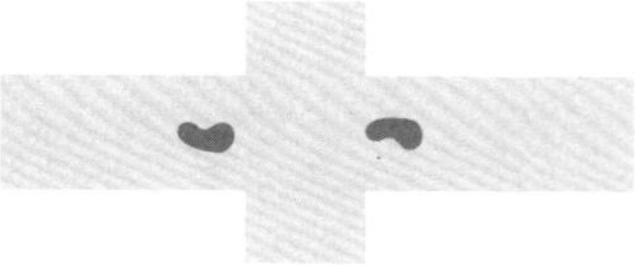

2-88 斜身掤掾

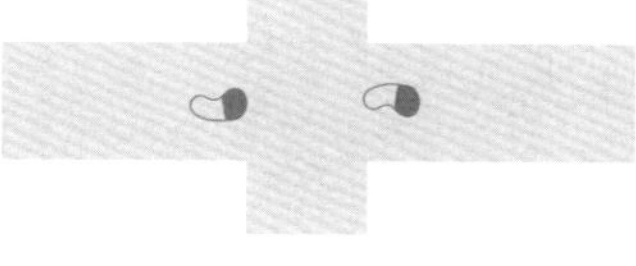

2-89 方裆掾绕

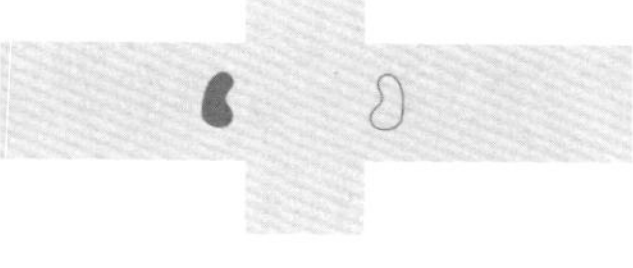

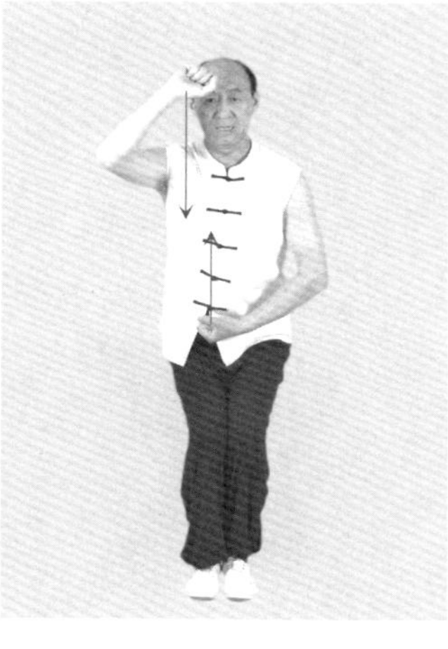

2-90 打虎收身

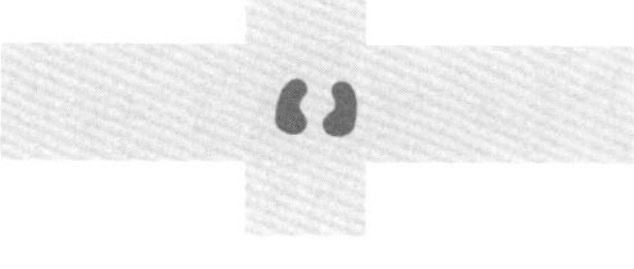

2-91　打虎收身

2-92　打虎收身

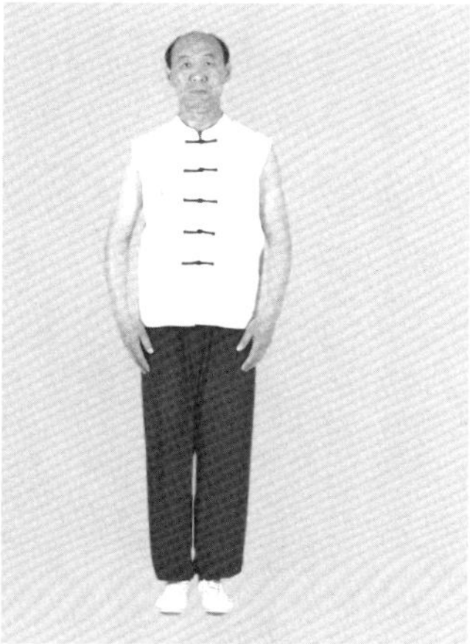
2-93　收式

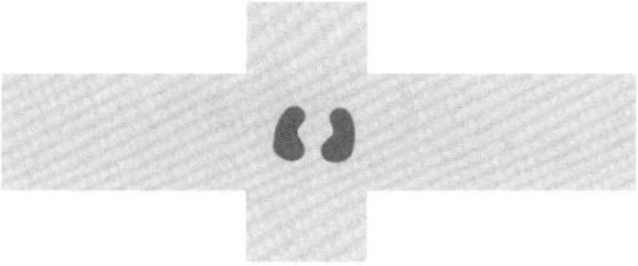

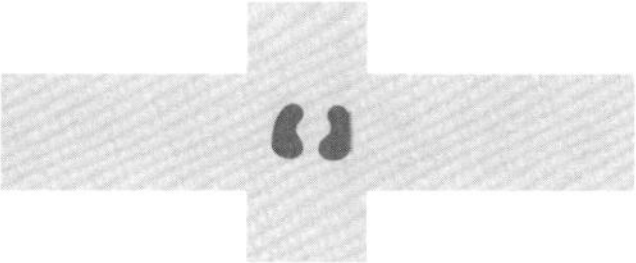

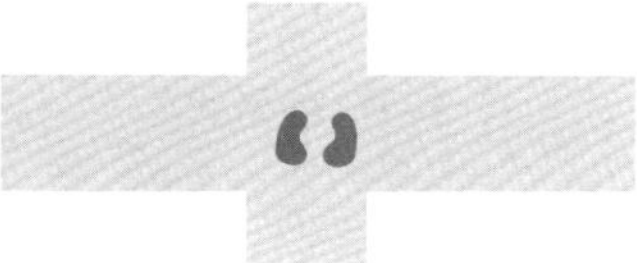

第三节　劈心掌

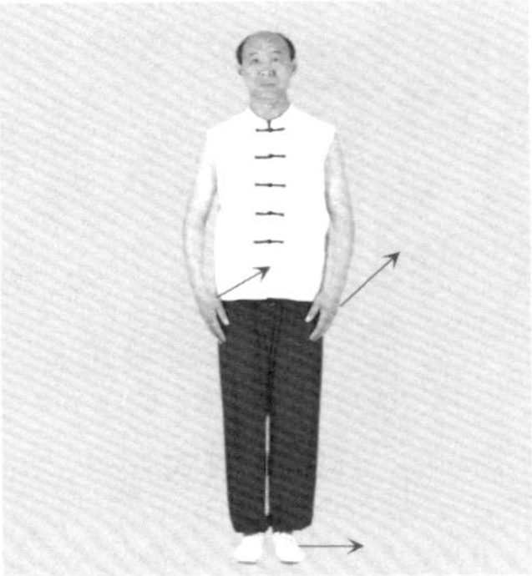

3-1　预备式

3-2　刁手方裆

3-3　挑提搂搽

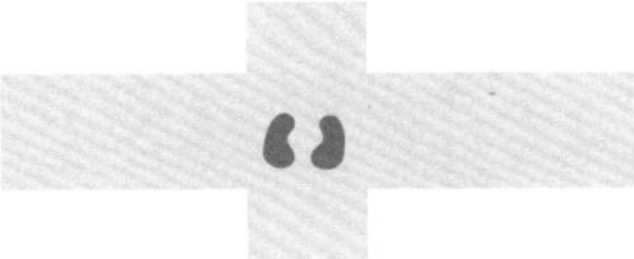

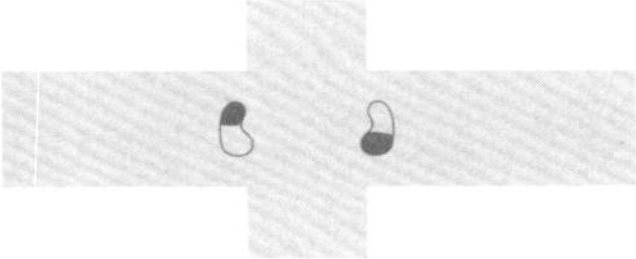

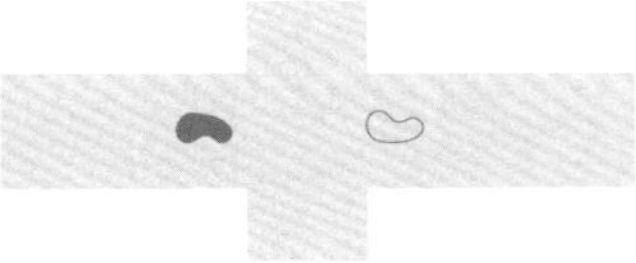

3-4　上步摞掌

3-5　下代拔横

3-6　下代拔横

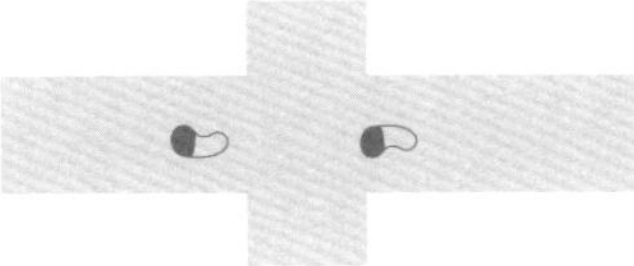

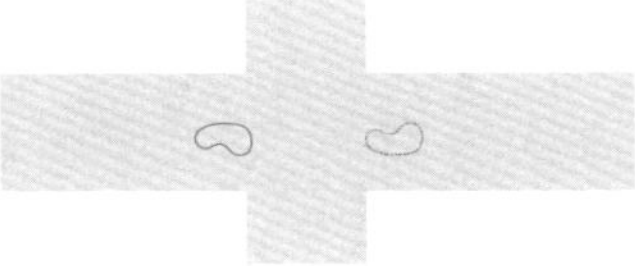

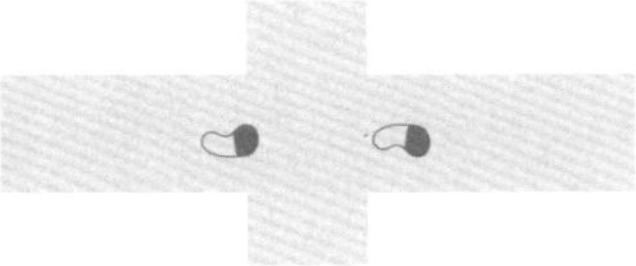

3-7　方裆下拷

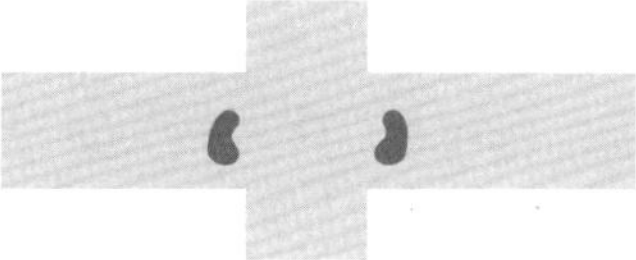

3-8　方裆下拷

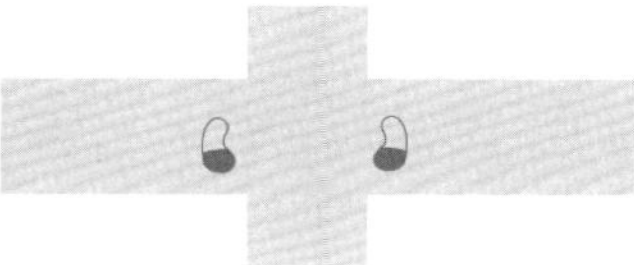

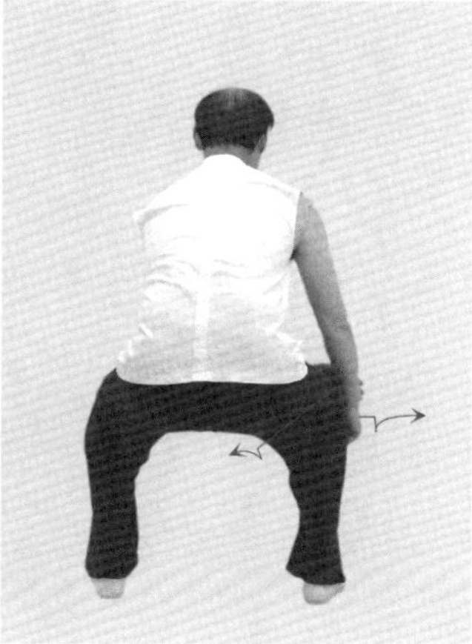

3-9　方裆下拷（背面）

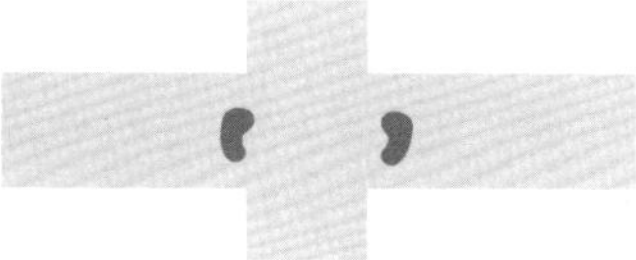

3-9　方裆下拷（正面）

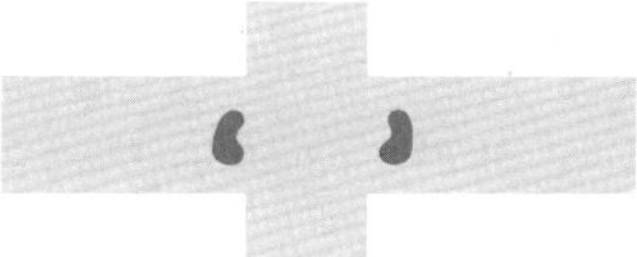

3-10　方裆下拷（背面）

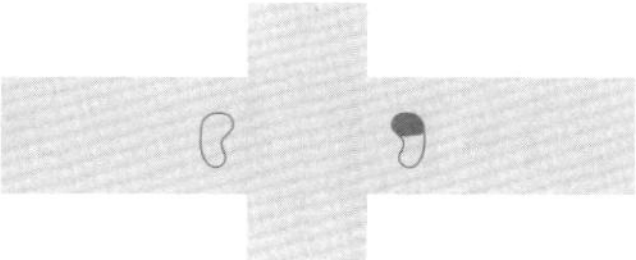

3-10　方裆下拷（正面）

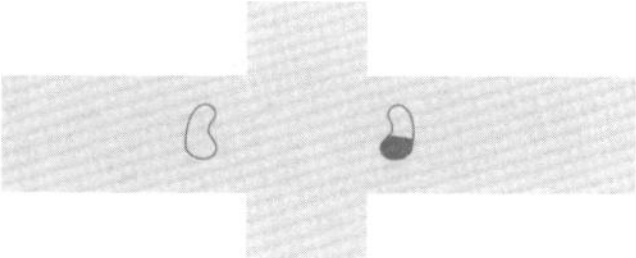

3-11　方裆下挎

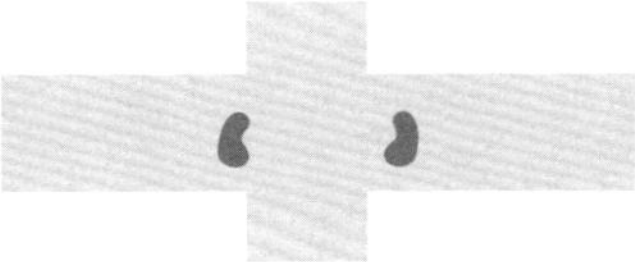

3-12　方裆下挎

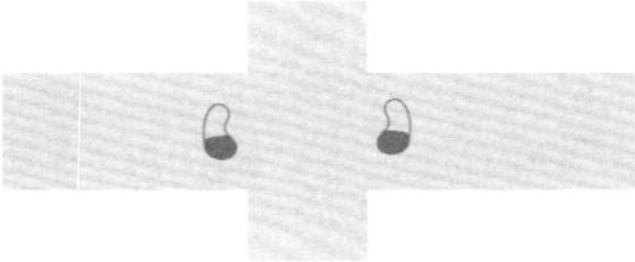

3-13　双捶斜身（侧面）

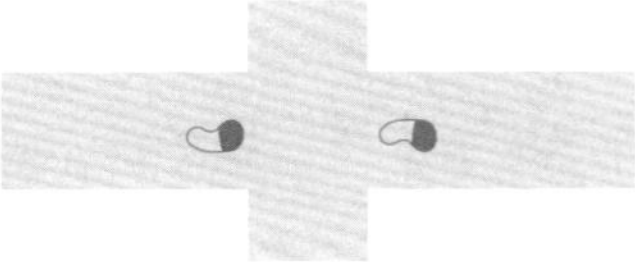

3-13　双捶斜身（正面）

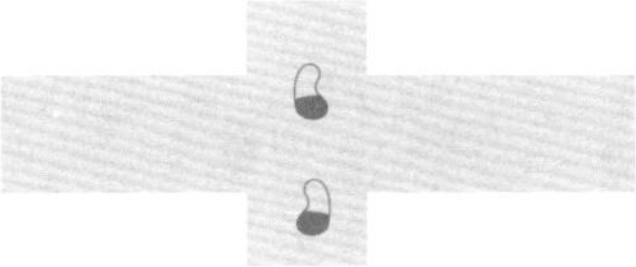

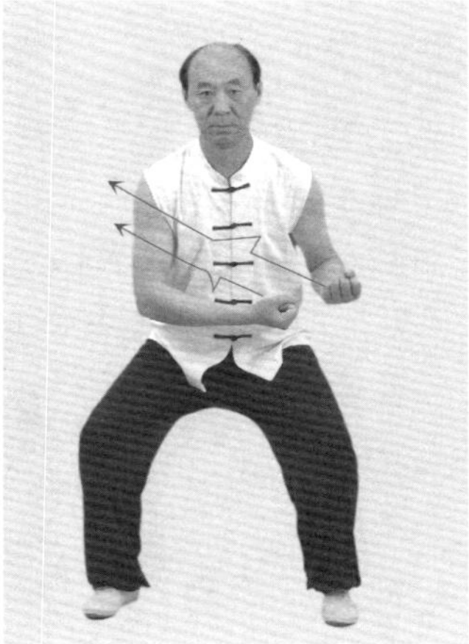

3-14　坐肘方裆

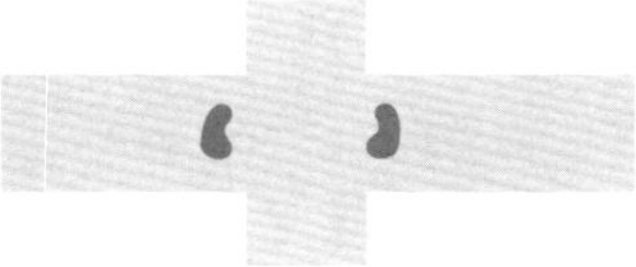

3-15　立摞右横

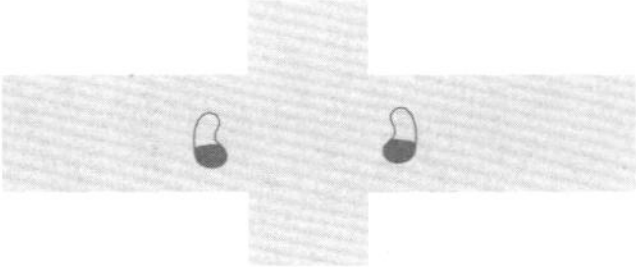

3-16　摔裆方裆

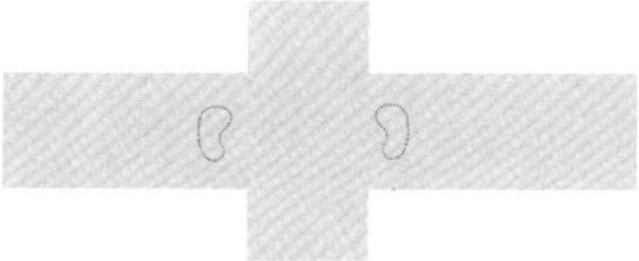

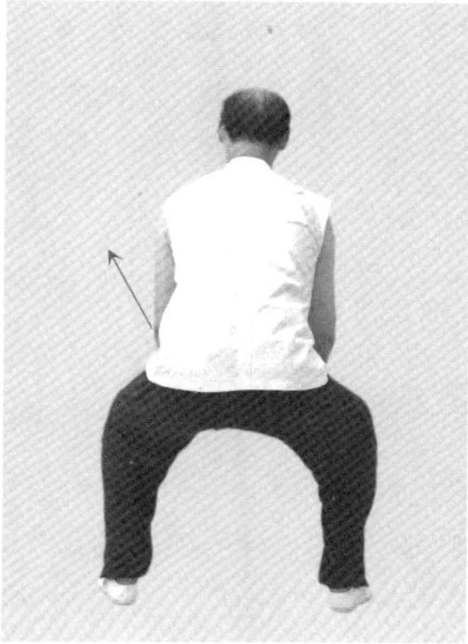

3-17　单刀劈坎（背面）

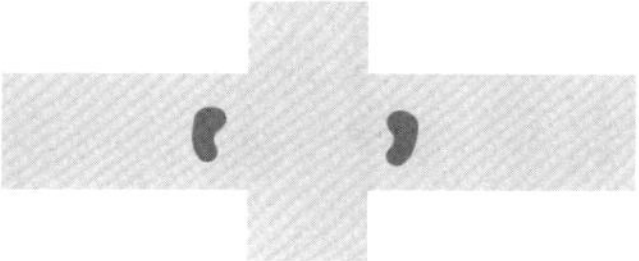

3-17　单刀劈坎（正面）

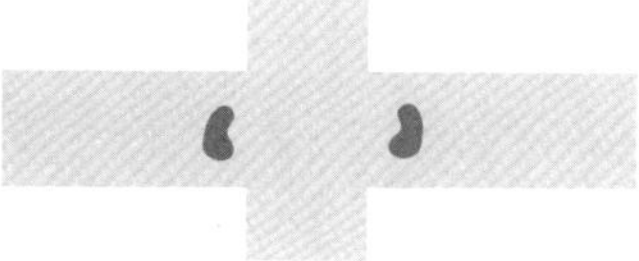

3-18　单刀劈坎

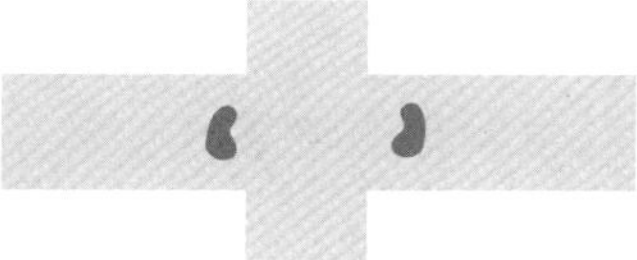

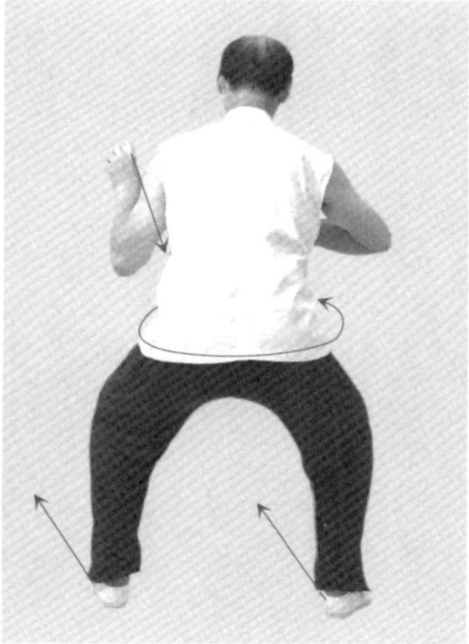

3-19　方裆立摞

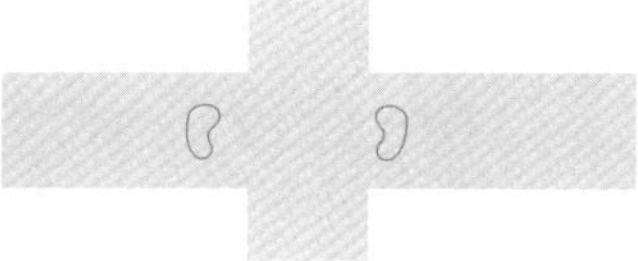

3-20　摔裆方裆

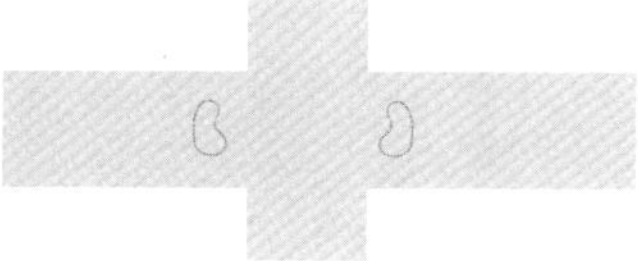

3-21 单刀劈坎

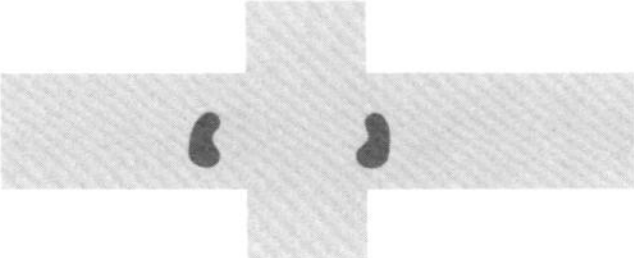

3-22 单刀劈坎

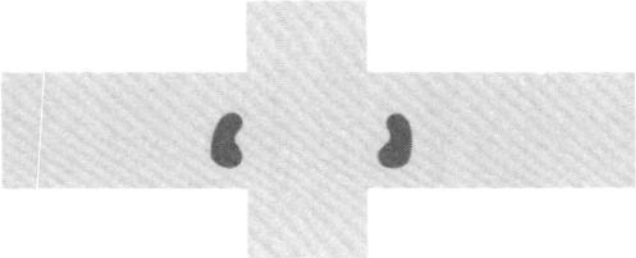

3-23 方裆立摞

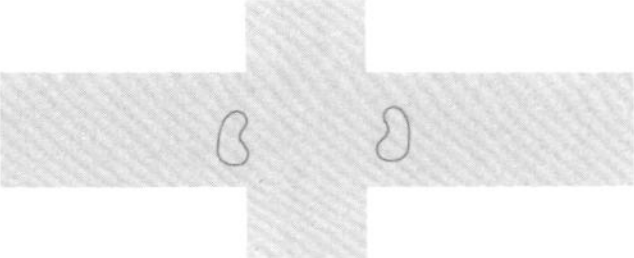

3-24 摔裆方裆

3-25 单刀劈坎（背面）

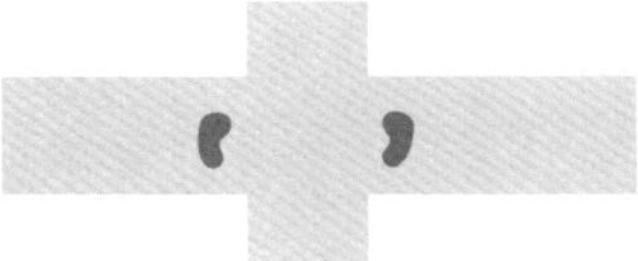

3-25 单刀劈坎（正面）

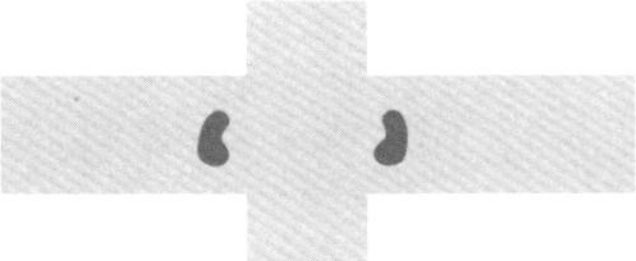

3-26　单刀劈坎

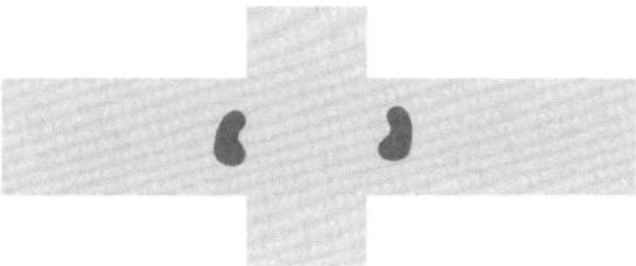

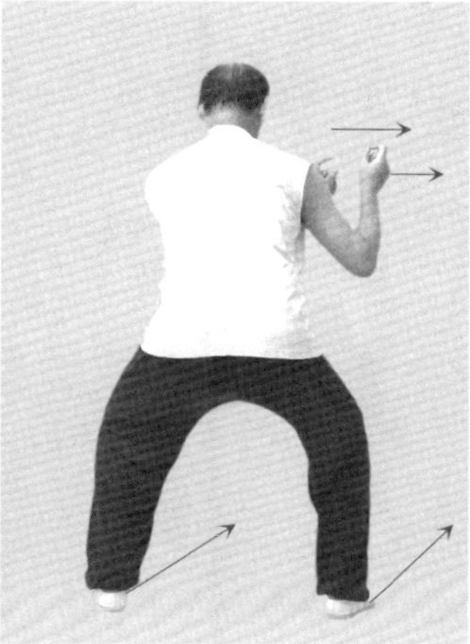

3-27　立摞右横

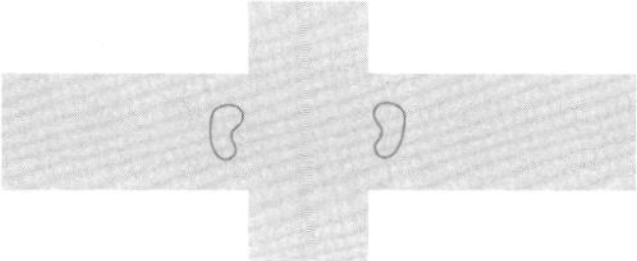

3-28　疾踪摔裆

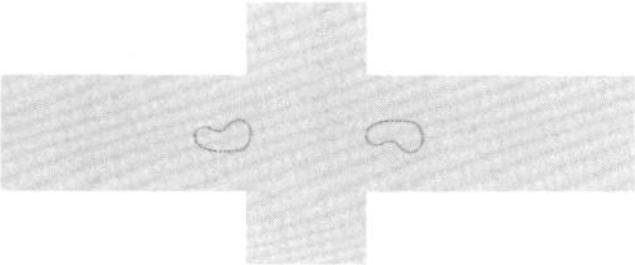

3-29　疾踪摔裆

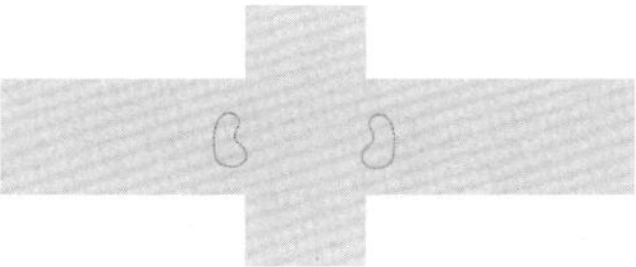

3-30　单刀劈坎

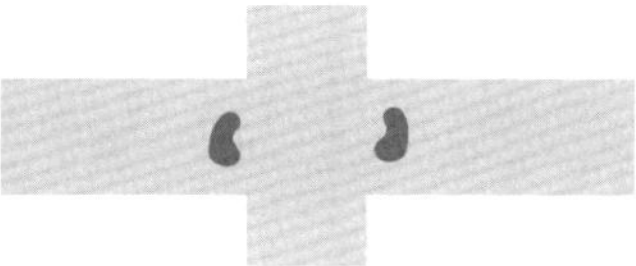

3-31　单刀劈坎

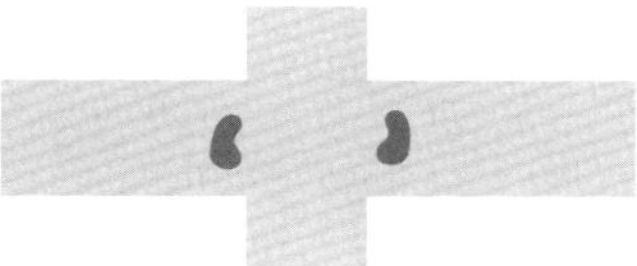

3-32 方裆立摞

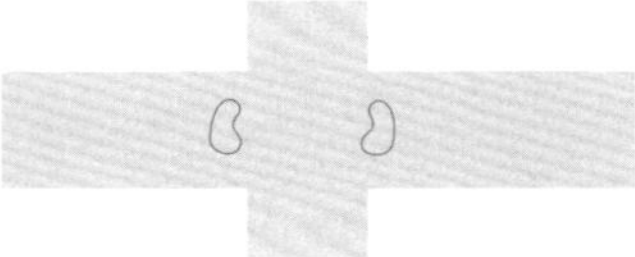

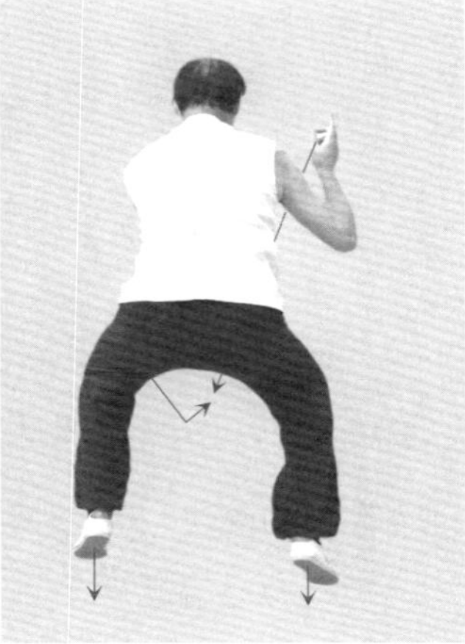

3-33 换身摔裆

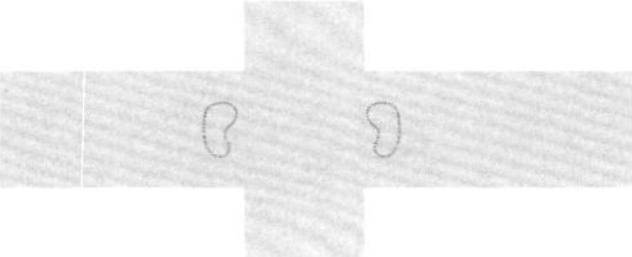

3-34 单刀劈坎（背面）

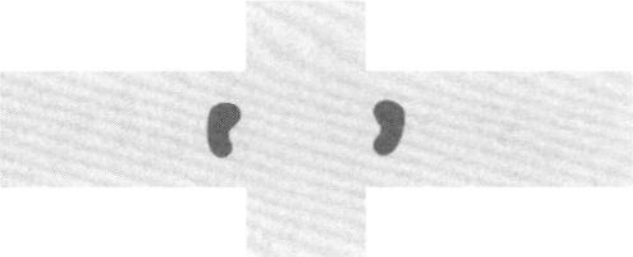

3-34 单刀劈坎（正面）

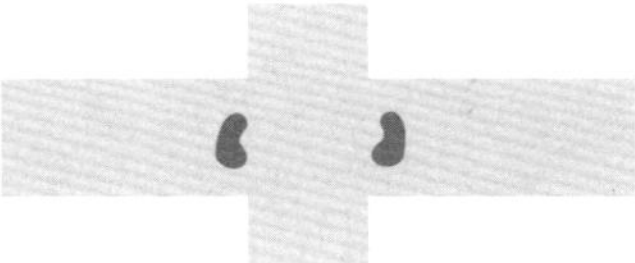

3-35 单刀劈坎

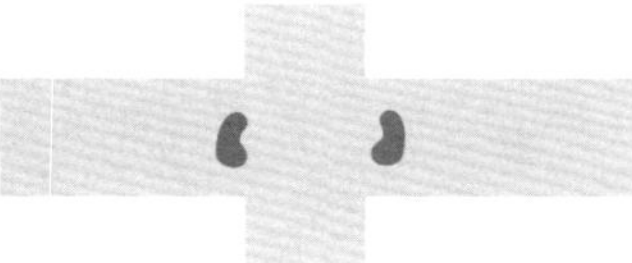

3-36 方裆立摞（背面）

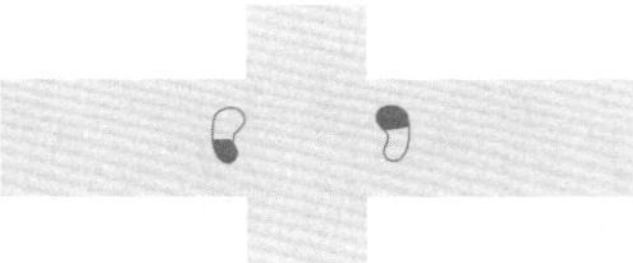

3-36　方裆立摞（正面）

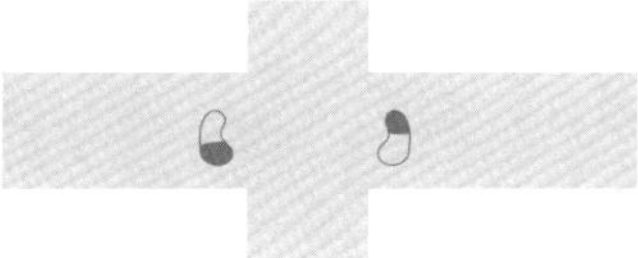

3-37　左横卧云

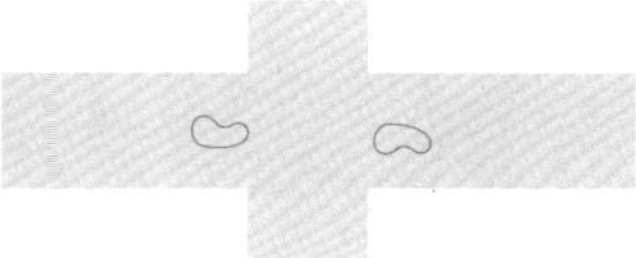

3-38　踪打劈坎

3-39　踪打劈坎

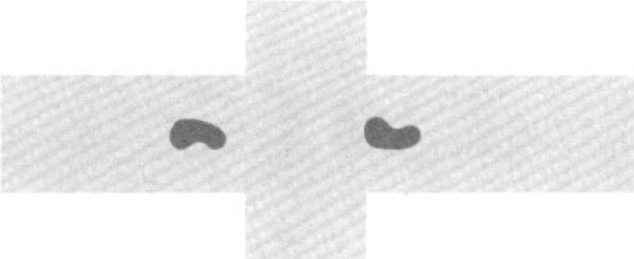

3-40　踪打劈坎

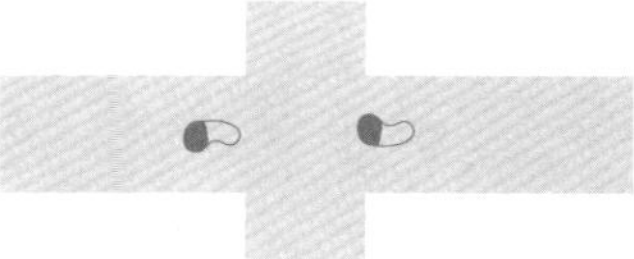

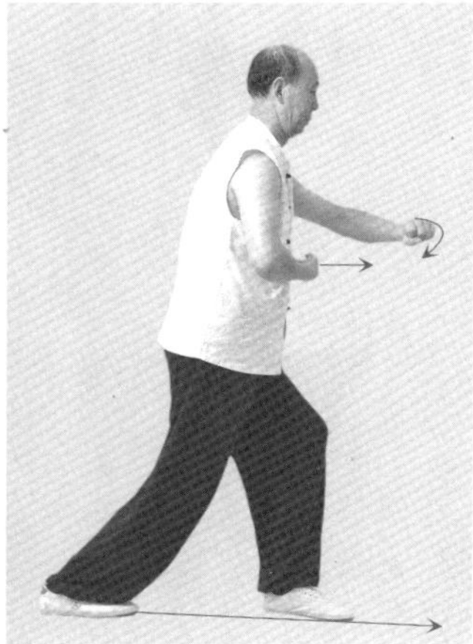

3-41　回身撑打

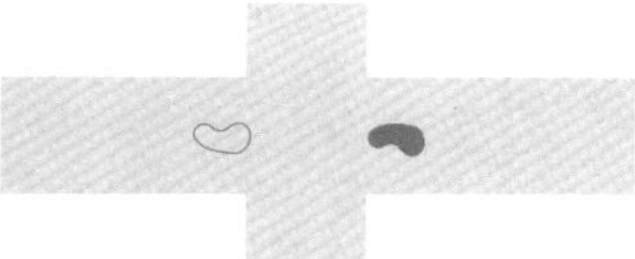

3-42　上步劈坎

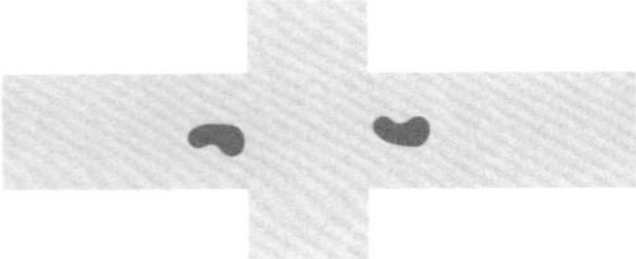

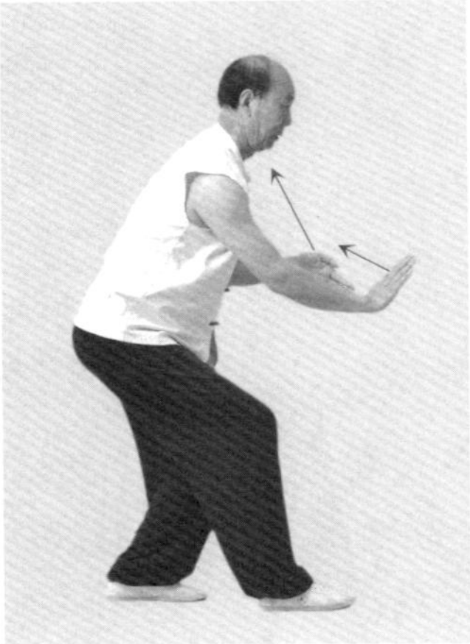

3-43　上步劈坎

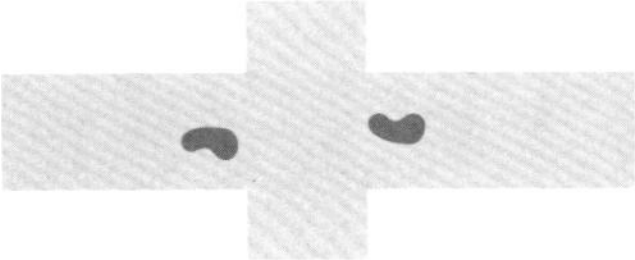

3-44　双摔搂眉

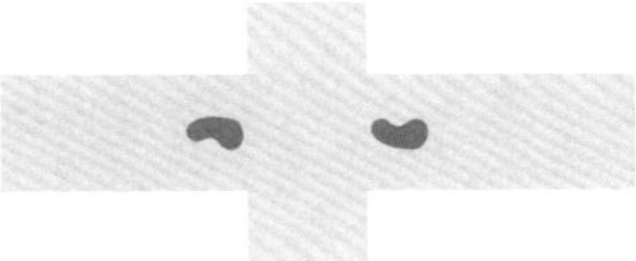

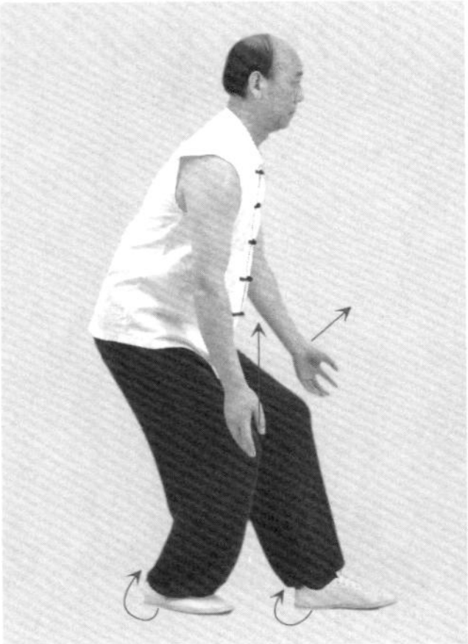

3-45　双摔搂眉

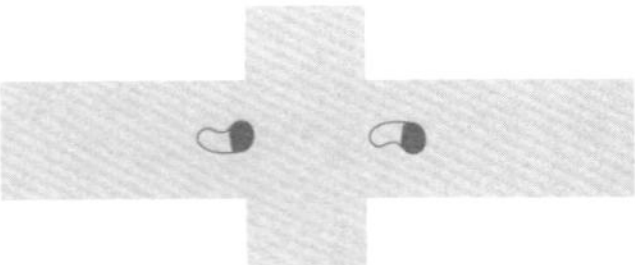

3-46　方裆收身

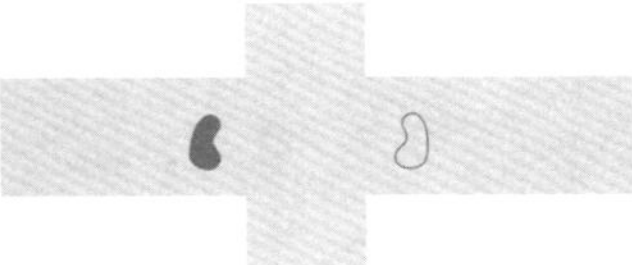

3-47　方裆收身

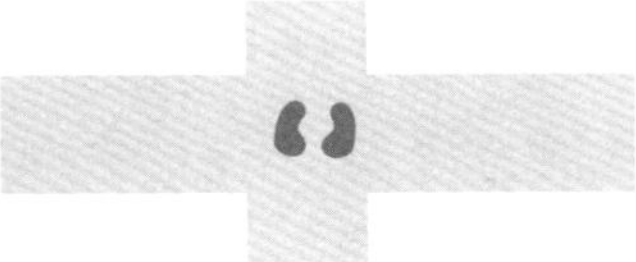

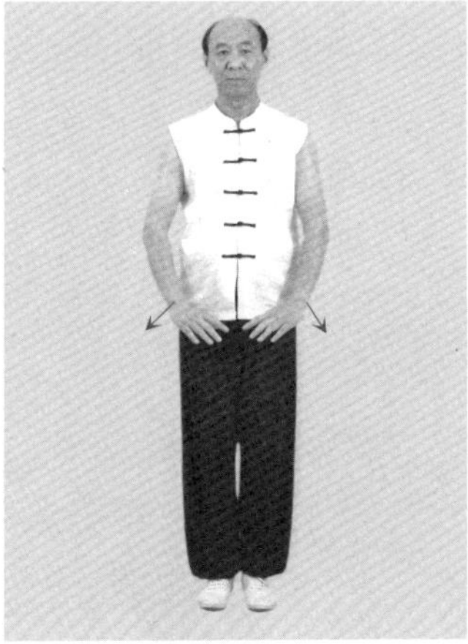

3-48　方裆收身

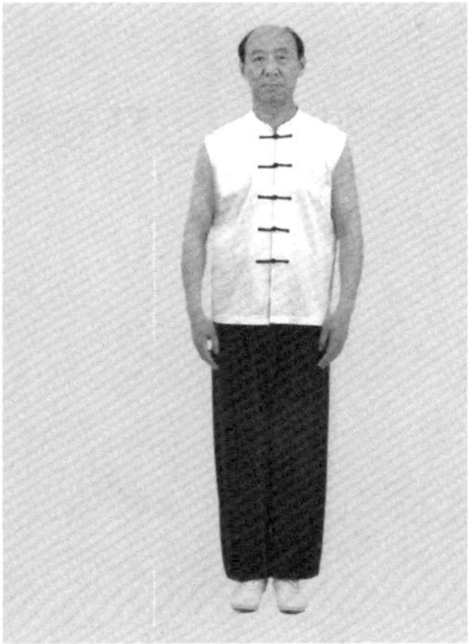

3-49　收式

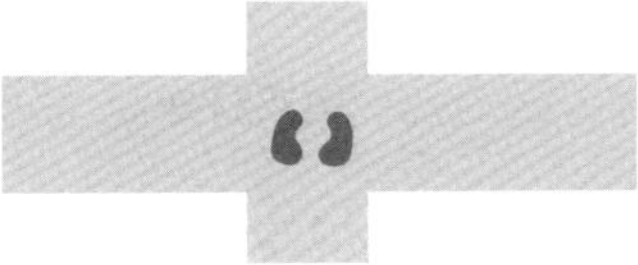

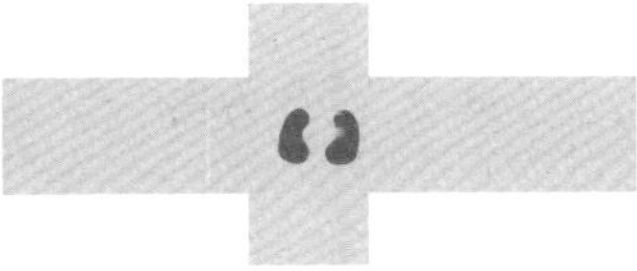

第四节 玉环步

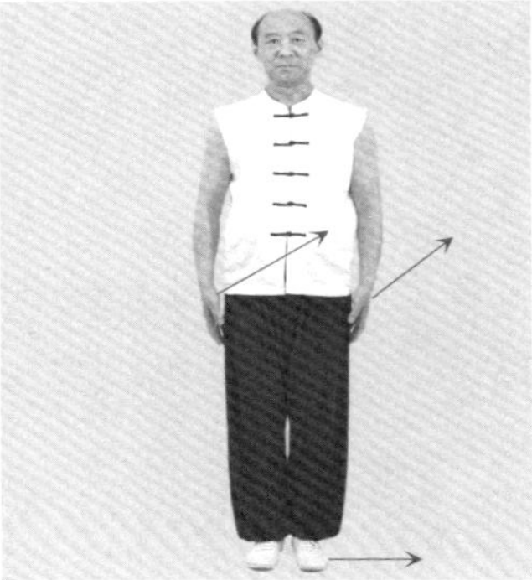

4-1 预备式

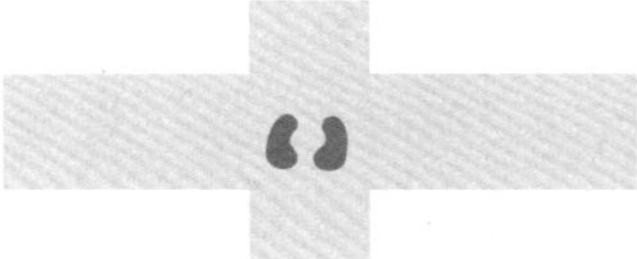

4-2 刁手方裆

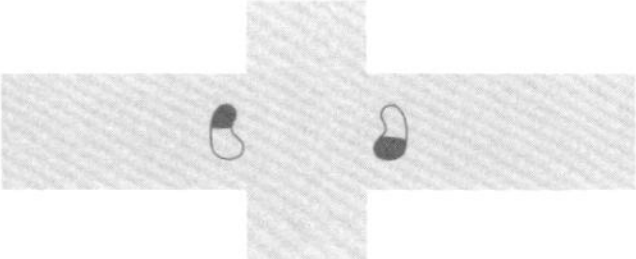

4-3 抱手斜身

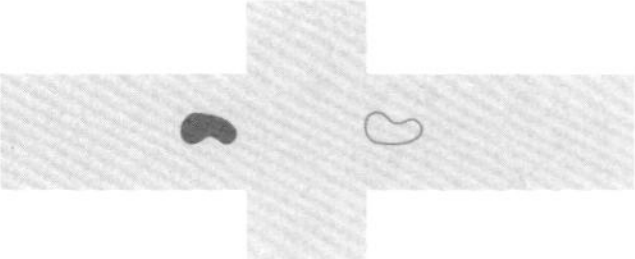

4-4 掌拘还身

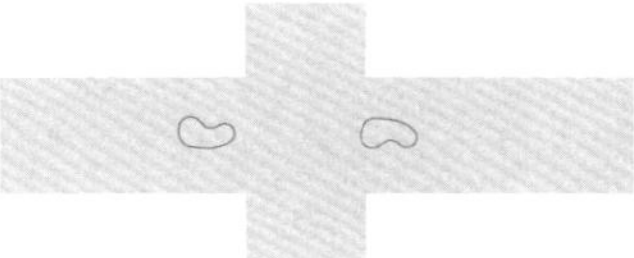

4-5 抽拔叠云

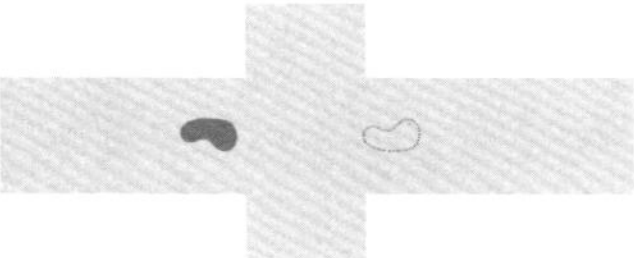

4-6 抽拔叠云

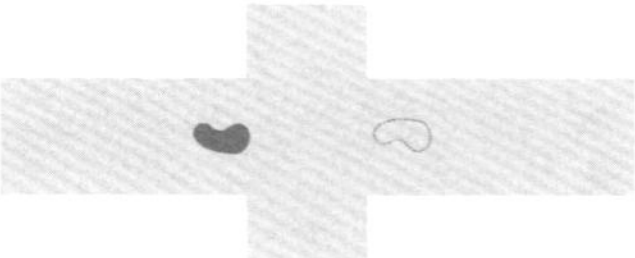

4-7　抽拔叠云

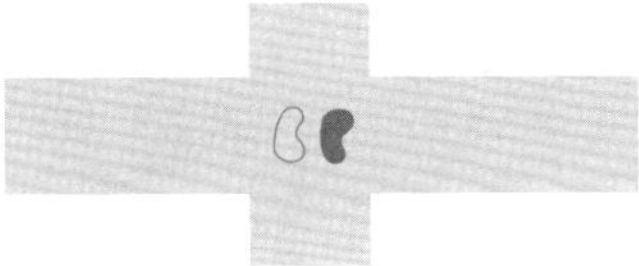

4-8　勾代卧云

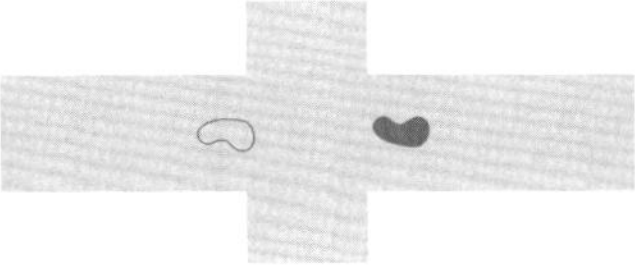

4-9　劈摞绕身

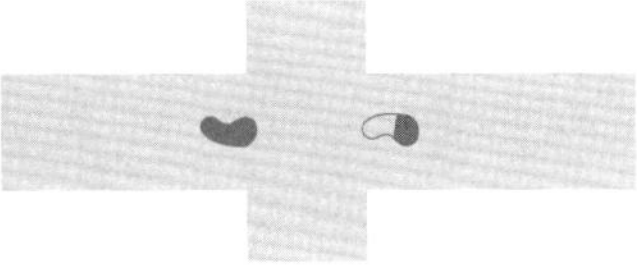

4-10　劈摞绕身

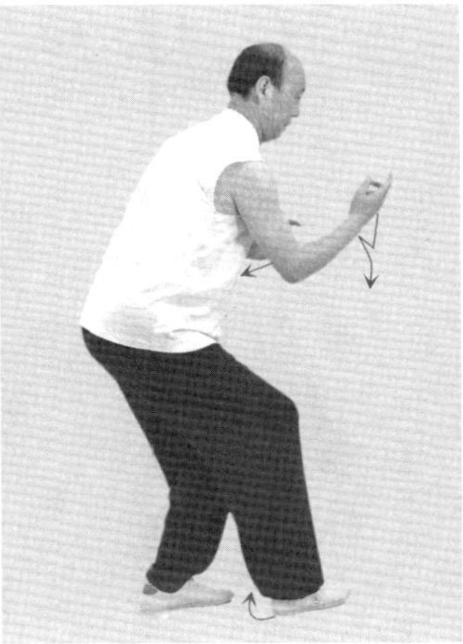

4-11　劈摞绕身

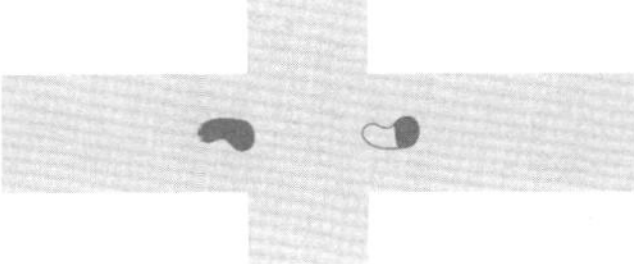

4-12　劈摞绕身

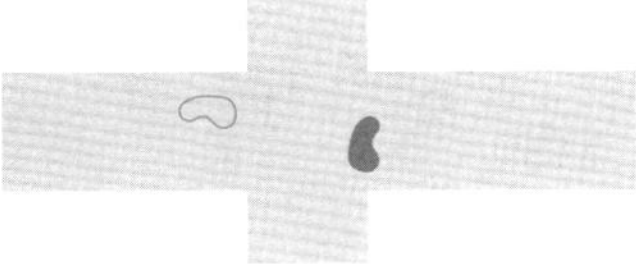

4-13 劈摞绕身

4-14 劈摞绕身

4-15 勾代卧云

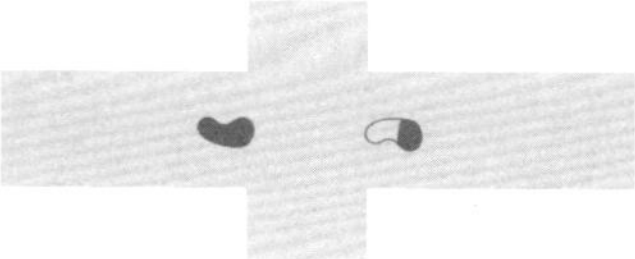

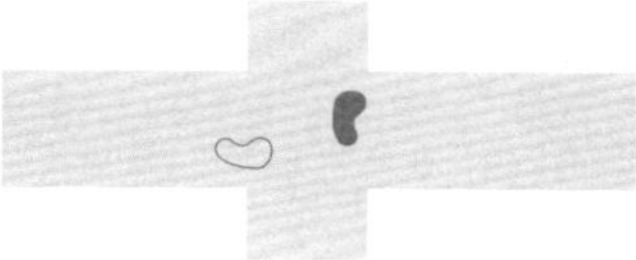

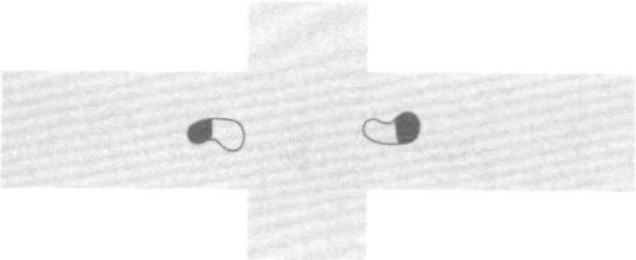

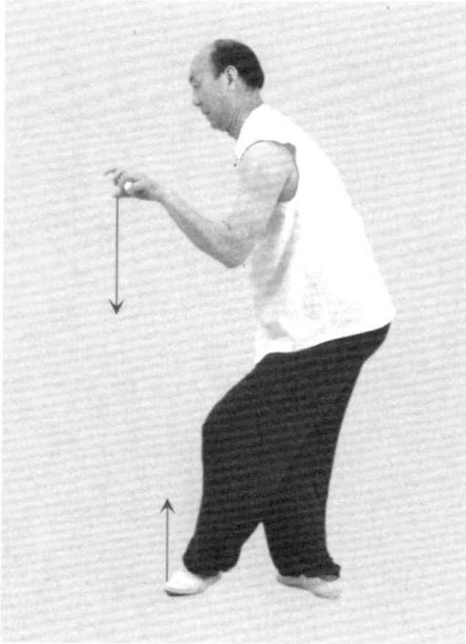

4-16 回身勾挂

4-17 抽拔腿

4-18 抽拔腿

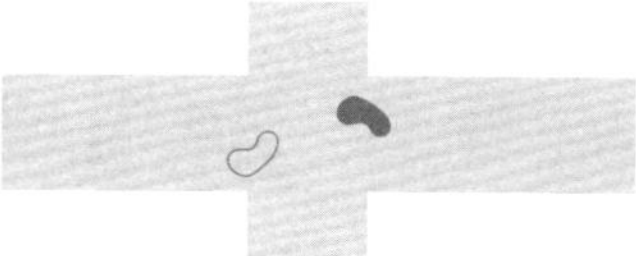

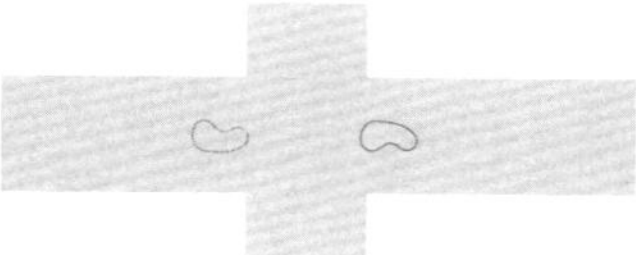

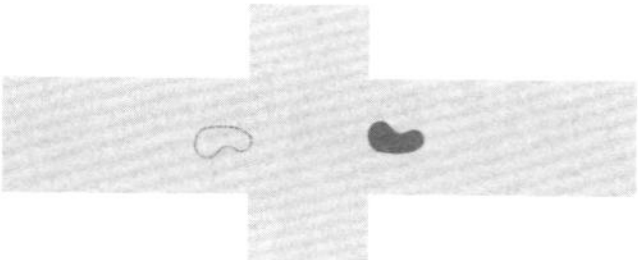

4-19　劈摞绕身

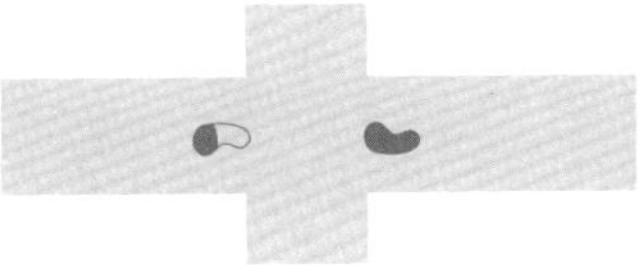

4-20　劈摞绕身

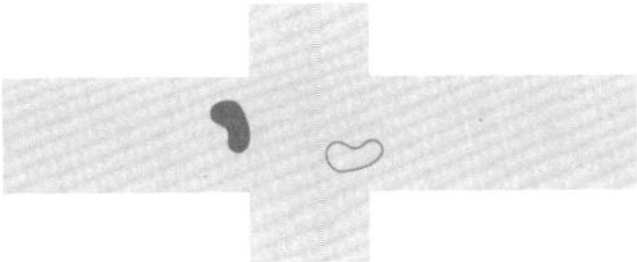

4-21　劈摞绕身

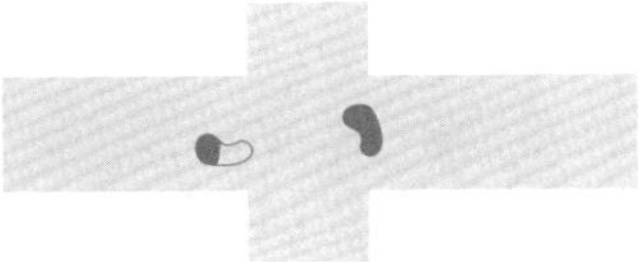

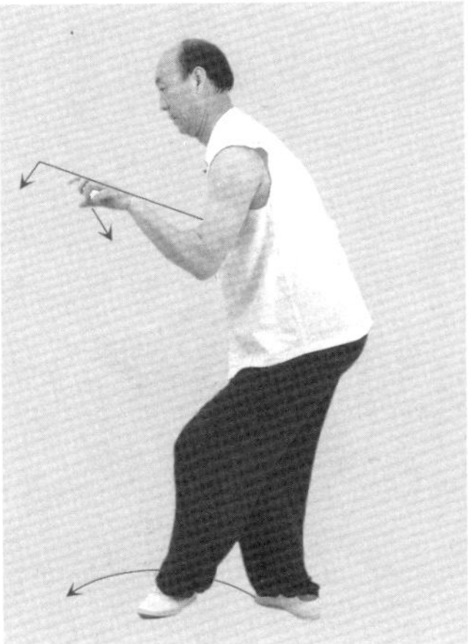

4-22　劈摞绕身

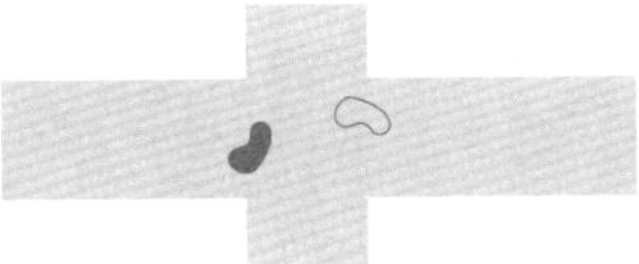

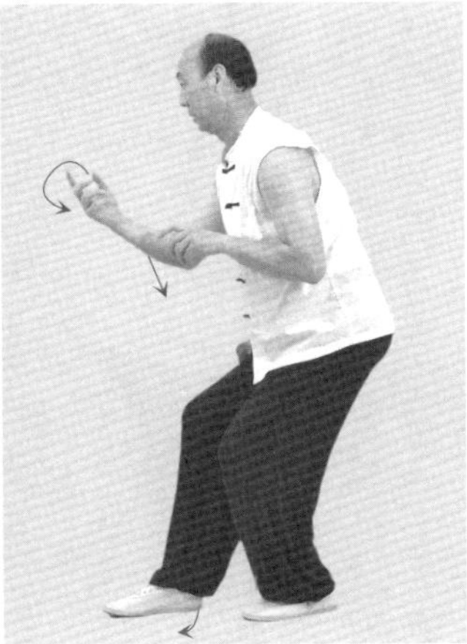

4-23　劈摞绕身

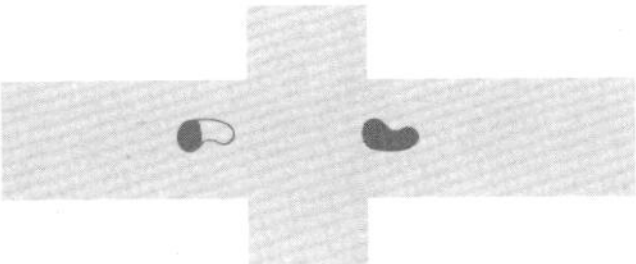

4-24　劈摞绕身

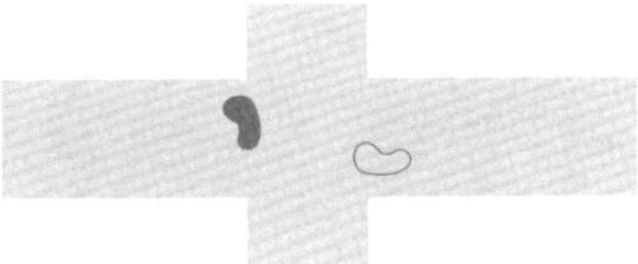

4-25　上步还身

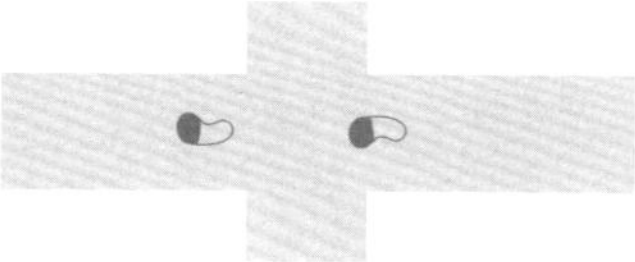

4-26　扇跨腿

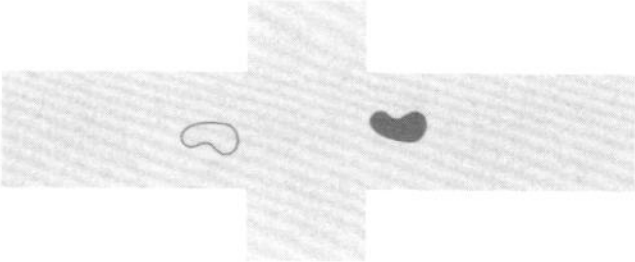

4-27　扇跨腿

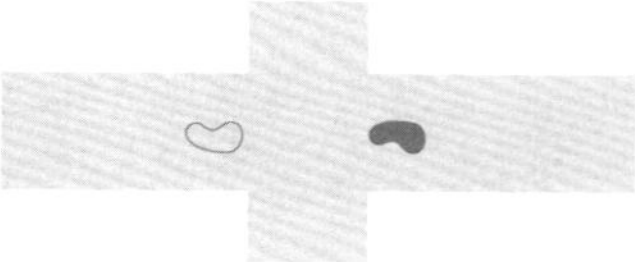

4-28　扇跨腿

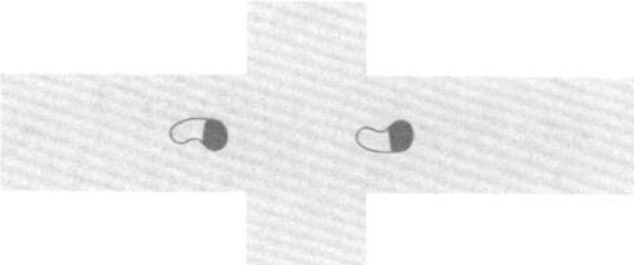

4-29　回身勾挂

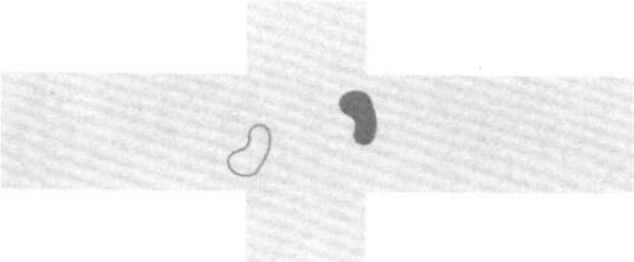

4-30　抽拔腿

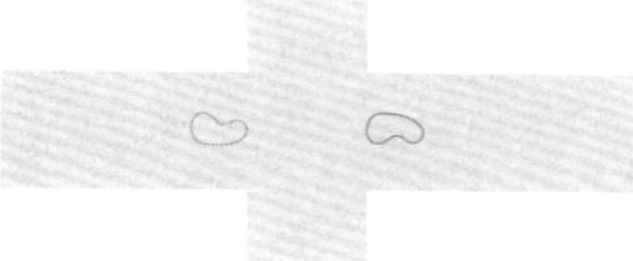

4-31　抽拔腿

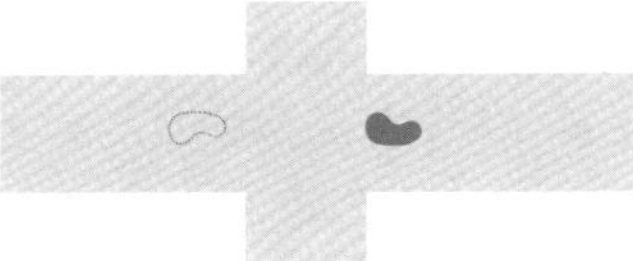

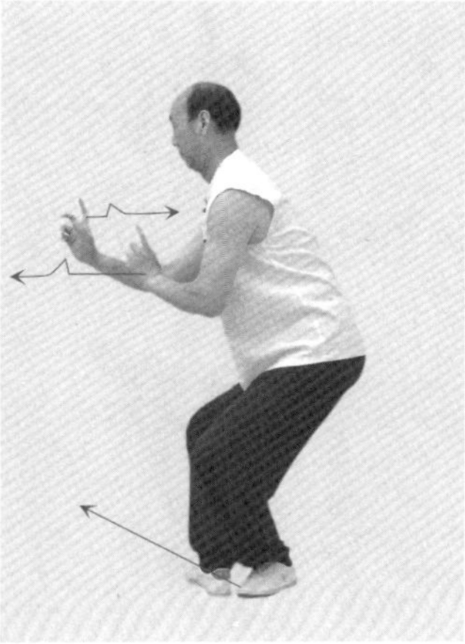

4-32　叠云刁手

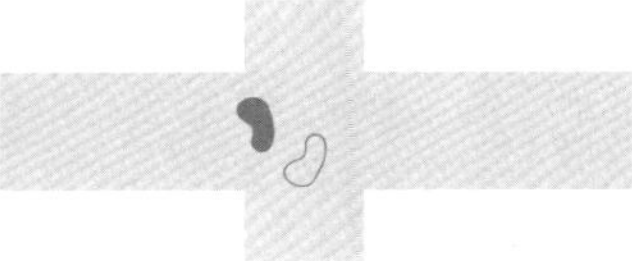

4-33　三捶七寸

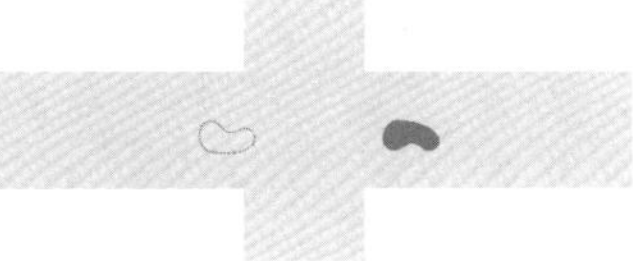

4-34　三捶七寸

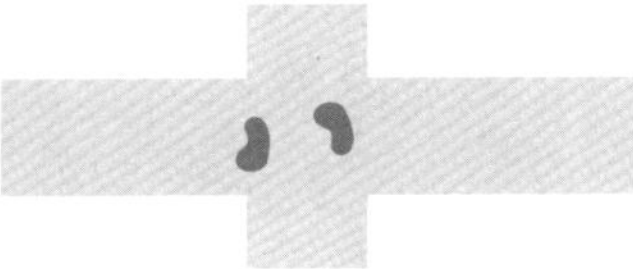

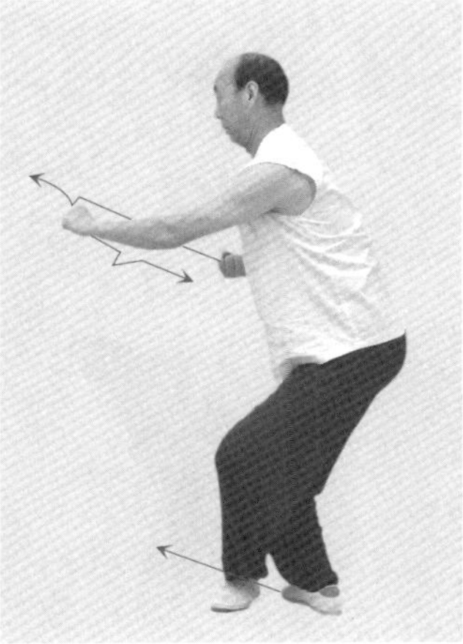

4-35　三捶七寸

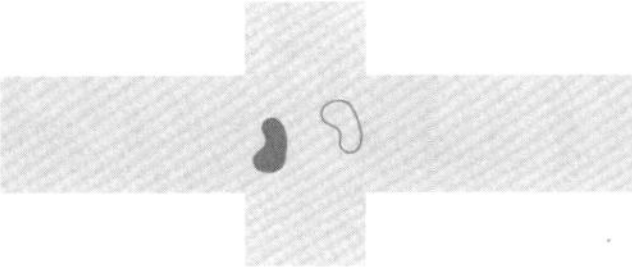

4-36　三捶七寸

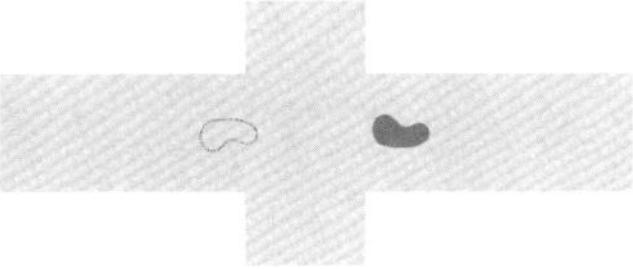

4-37　三捶七寸

4-38　三捶七寸

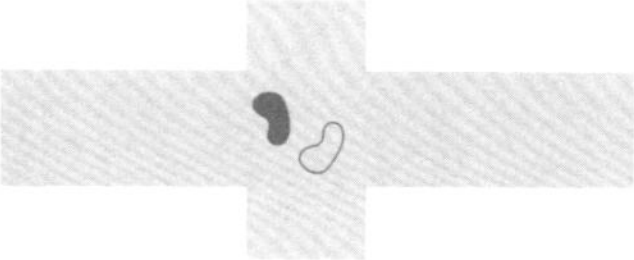

4-39　三捶七寸

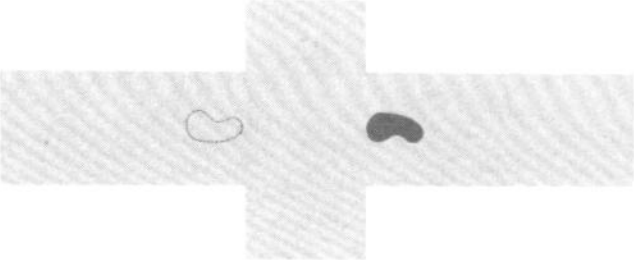

4-40　三捶七寸

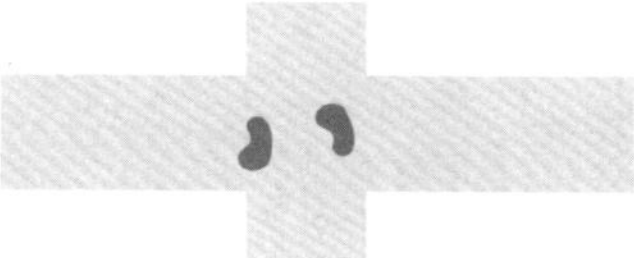

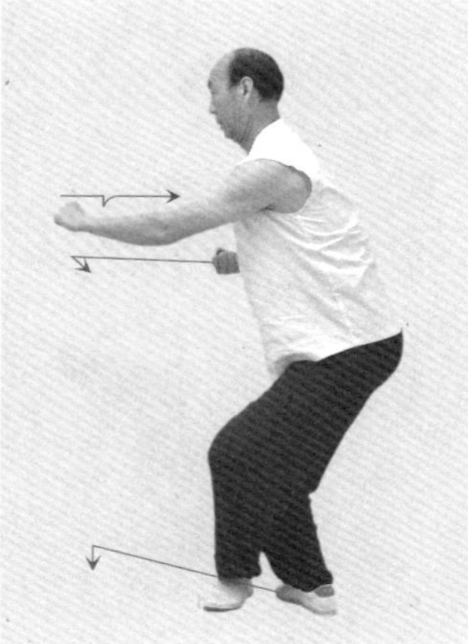

4-41　三捶七寸

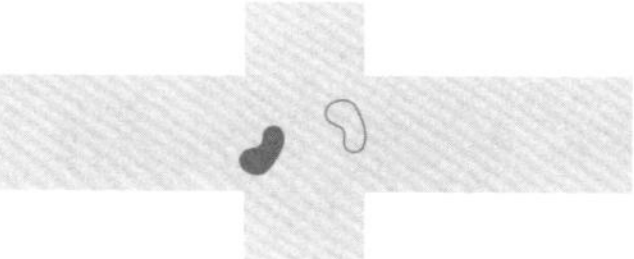

4-42　方裆剪捶

4-43 横身撑打

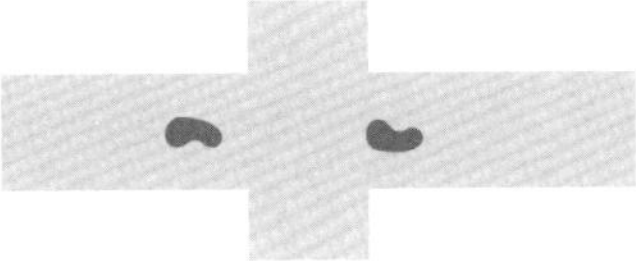

4-44 盘肘弓步

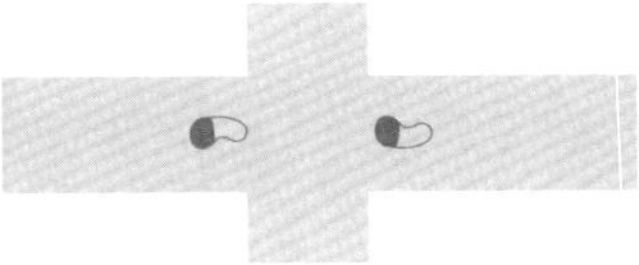

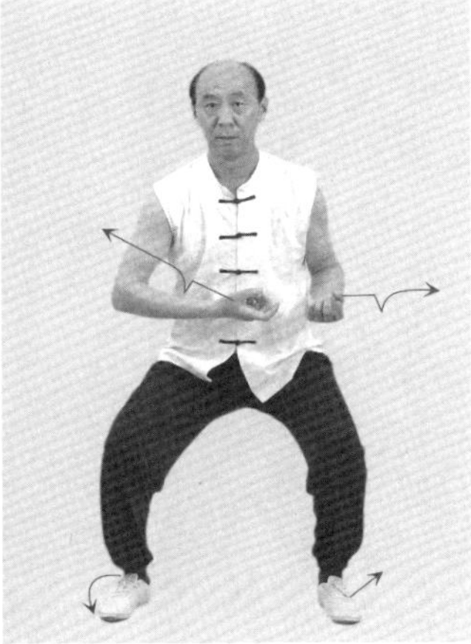

4-45 方裆坐肘

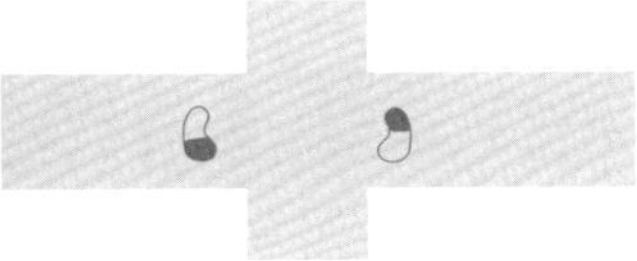

4-46 挑打斜身

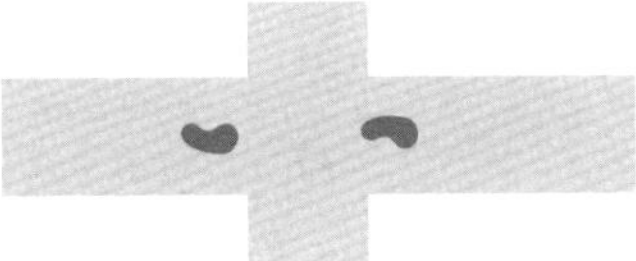

4-47 劈杂栽腿

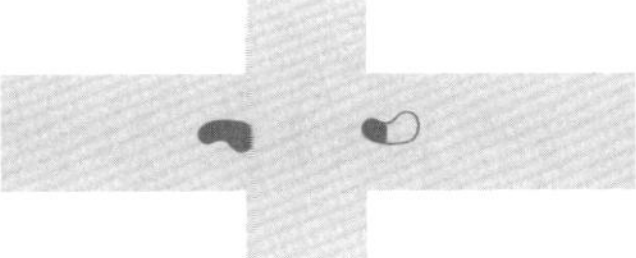

4-48 搂眉双克

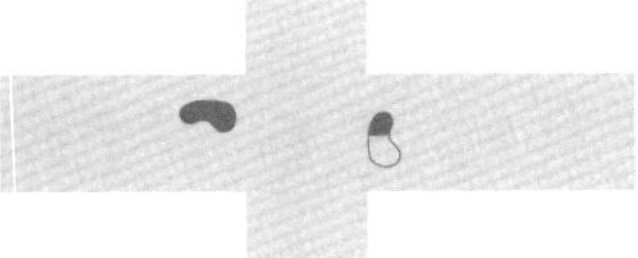

4-49 搂眉双克

4-50 后踢摘打

4-51 起裆收身

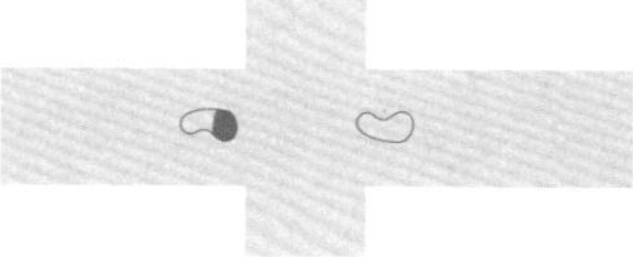

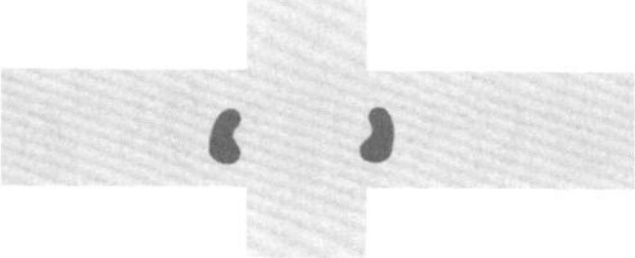

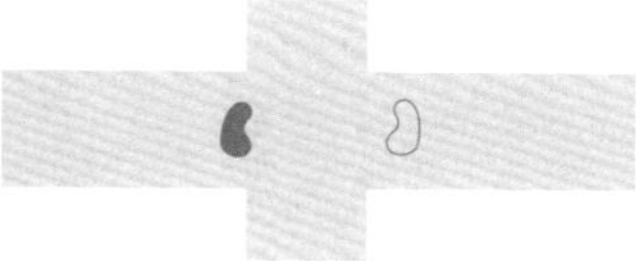

4-52 起裆收身

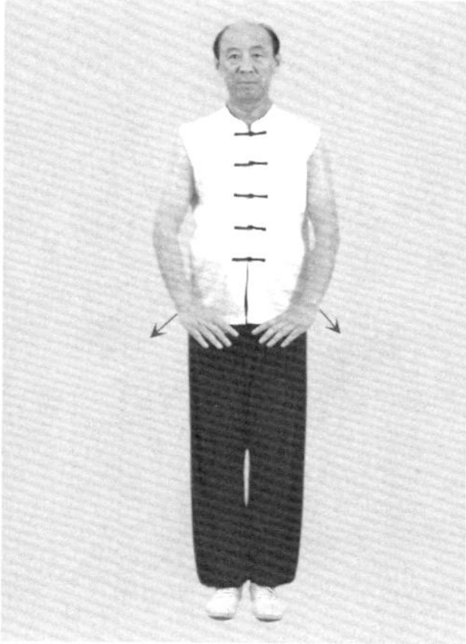

4-53 起裆收身

4-54 收式

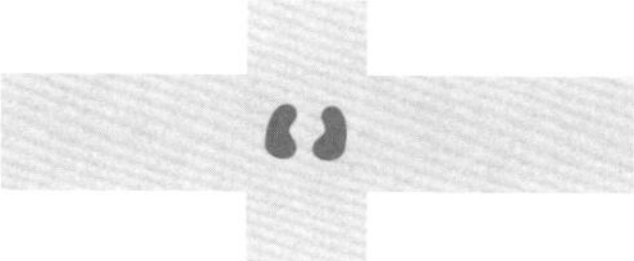

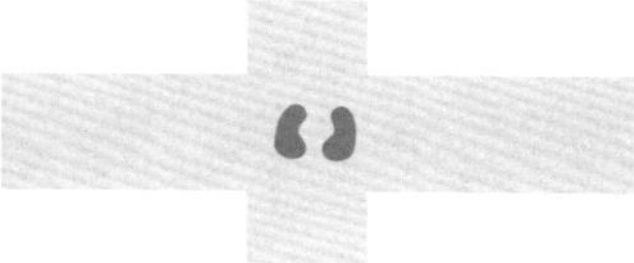

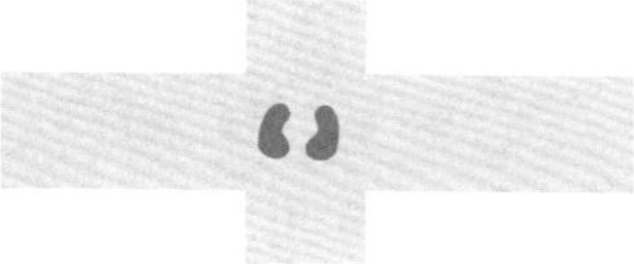

第五节 里外练

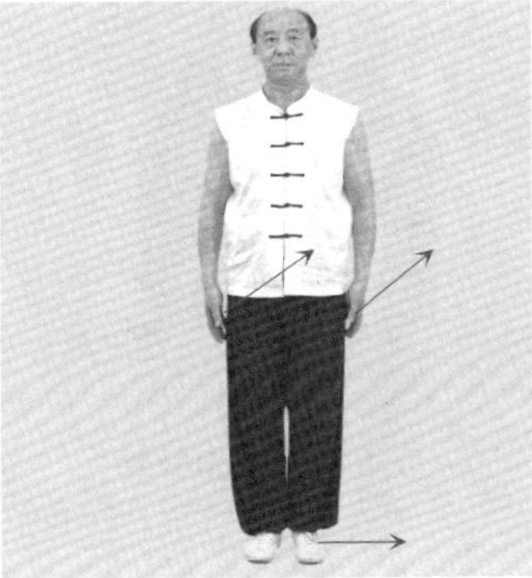

5-1 预备式

5-2 刁手方裆

5-3 败走转还

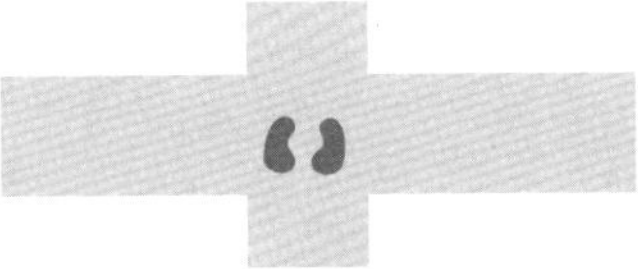

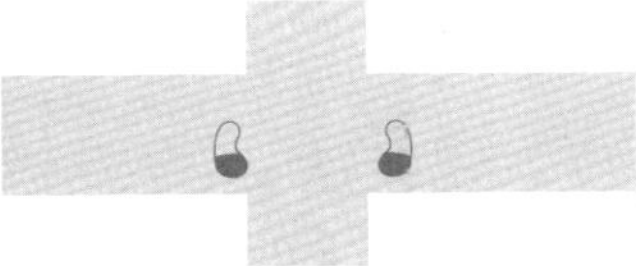

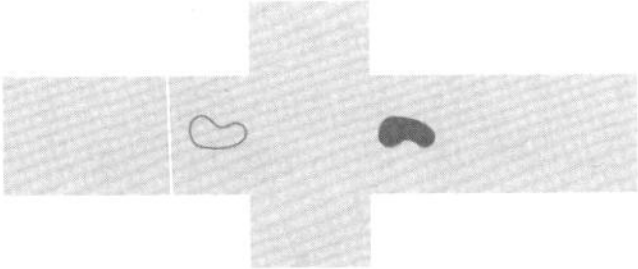

5-4 败走转还

5-5 掭拿掭打

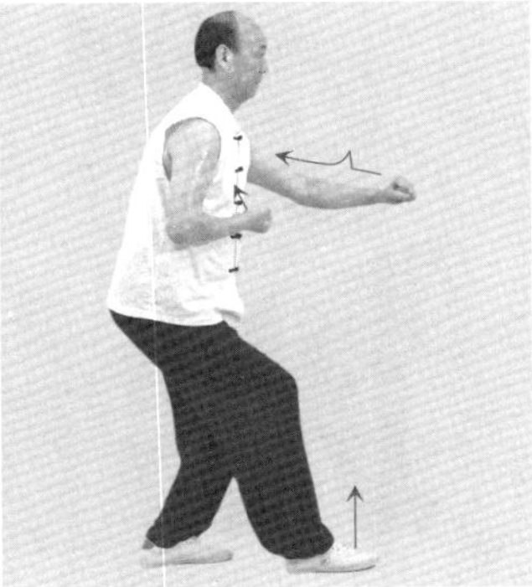

5-6 掭拿掭打

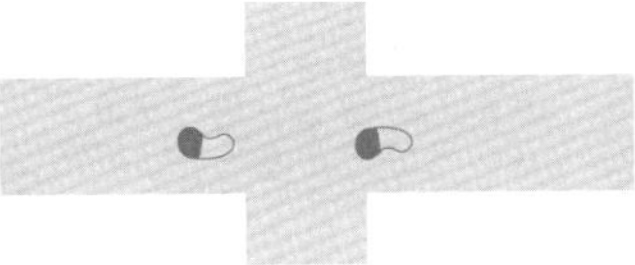

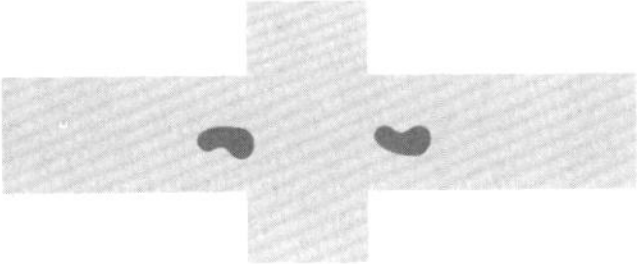

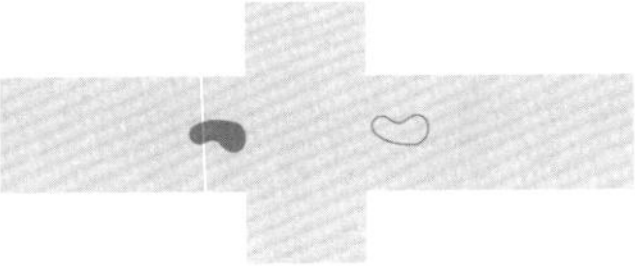

5-7　抽拔里外练

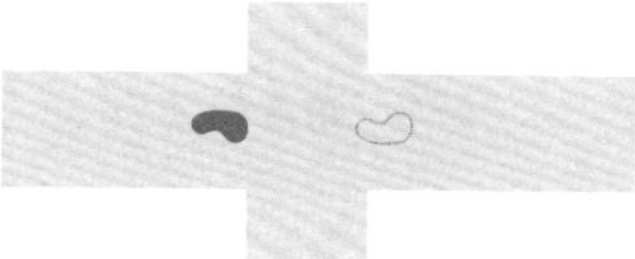

5-8　抽拔里外练

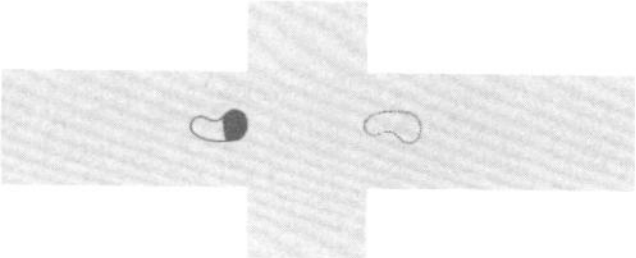

5-9　抽拔里外练

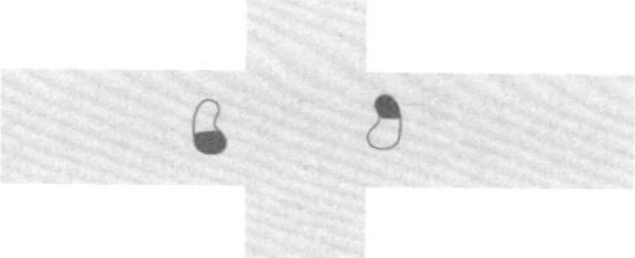

5-10　抽拔里外练

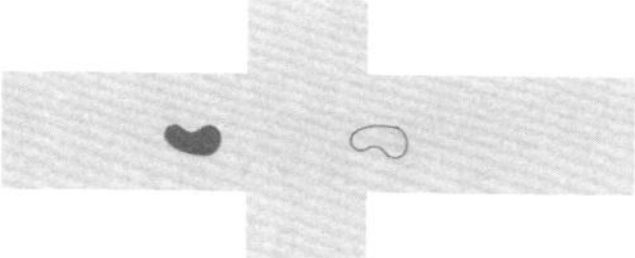

5-11　抽拔里外练

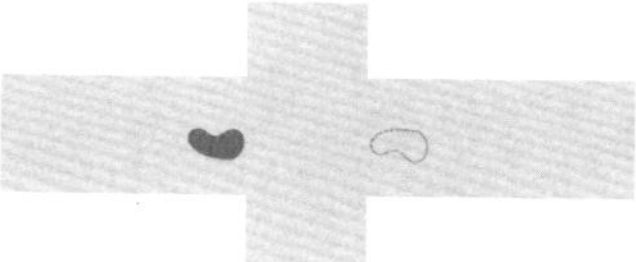

5-12　抽拔里外练

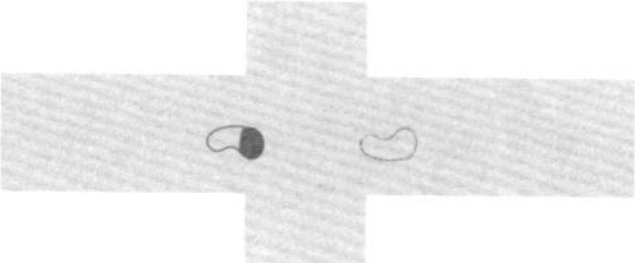

5-13　抽拔里外练

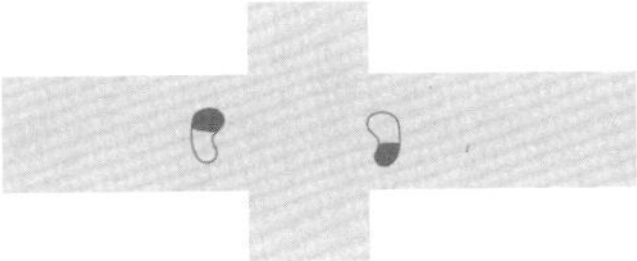

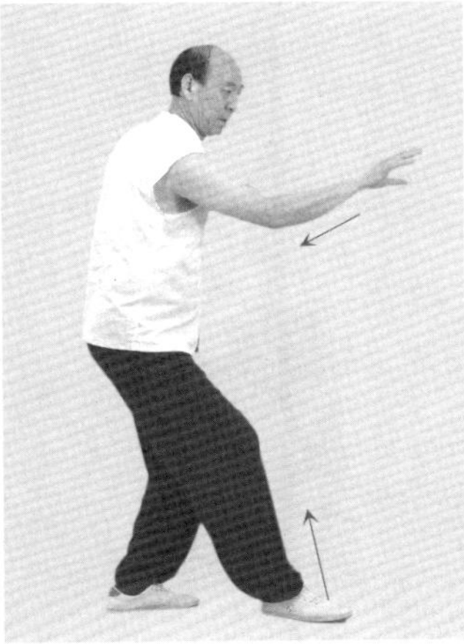

5-14　抽拔里外练

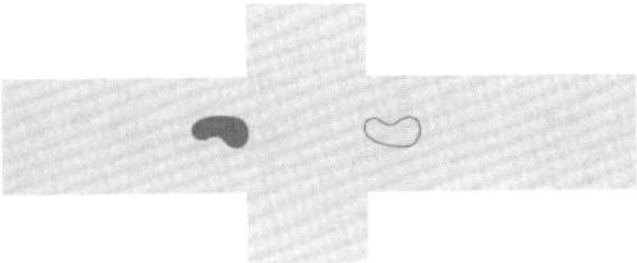

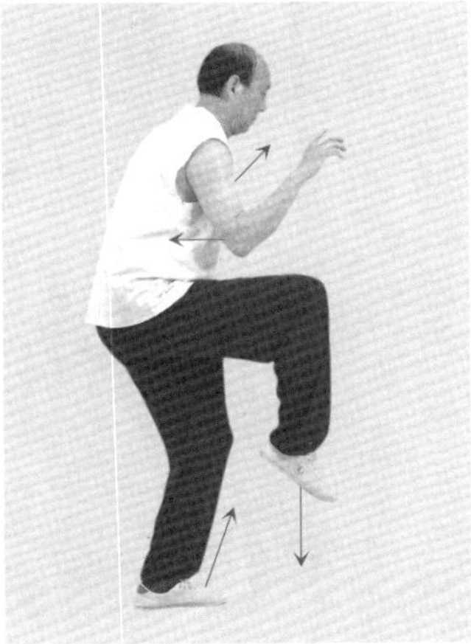

5-15　抽拔里外练

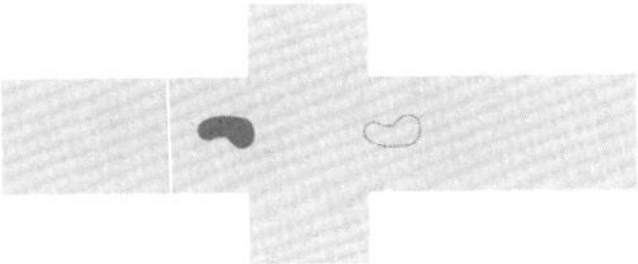

5-16　抽拔里外练

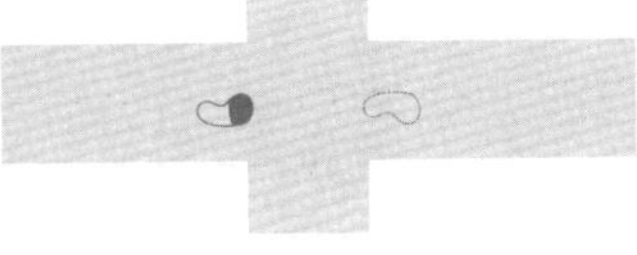

5-17　抽拔里外练

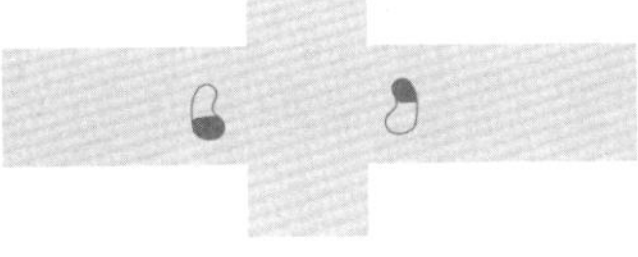

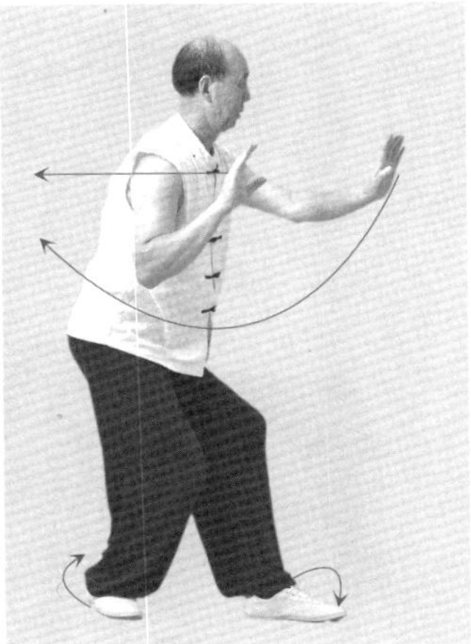

5-18　抽拔里外练

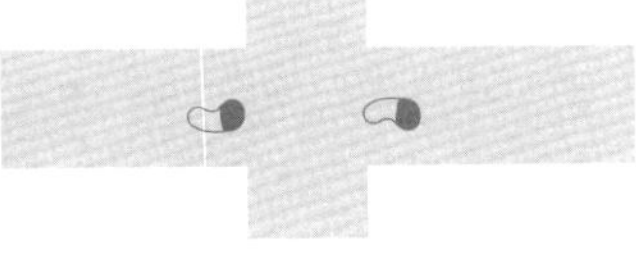

5-19 还身卧云

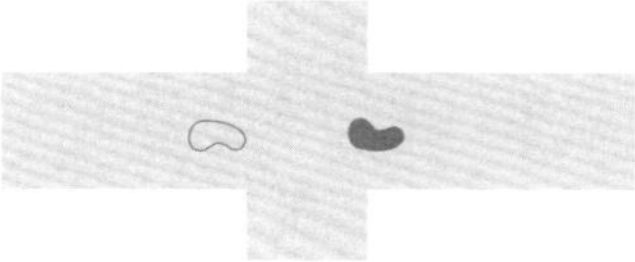

5-20 抽拔里外练

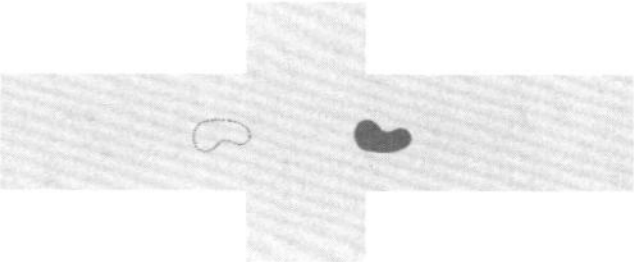

5-21 抽拔里外练

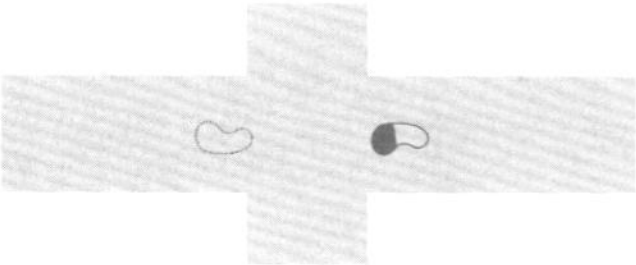

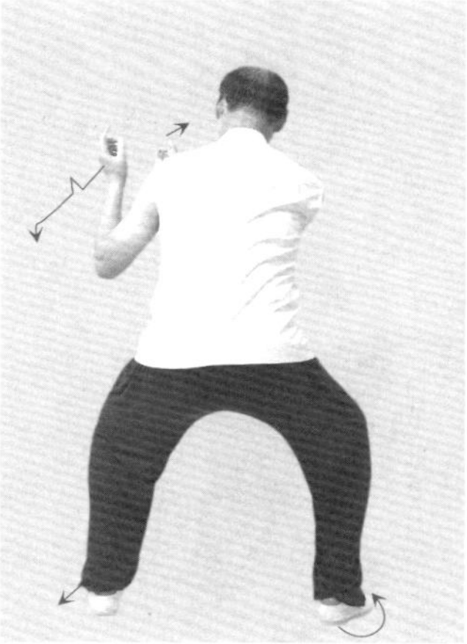
5-22 抽拔里外练

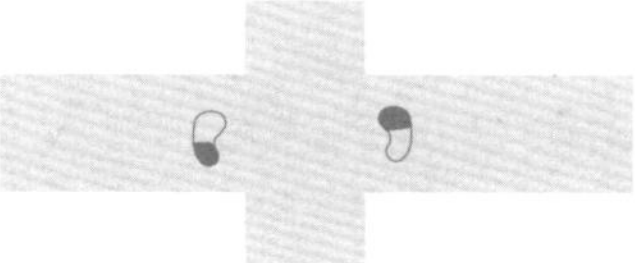

5-23 抽拔里外练

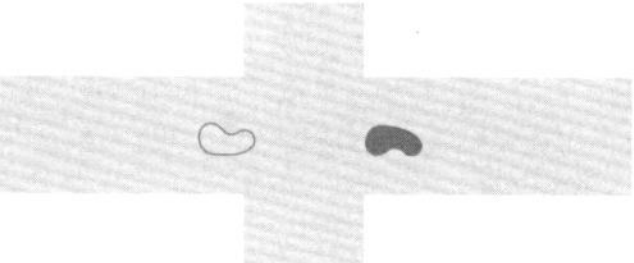

5-24 抽拔里外练

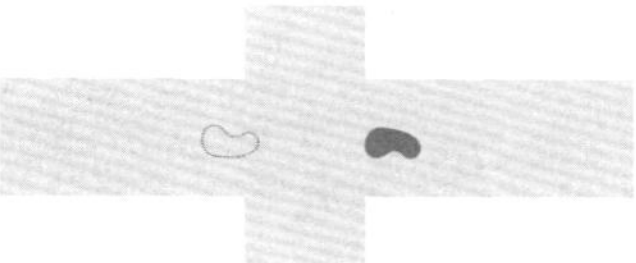

5-25　抽拔里外练

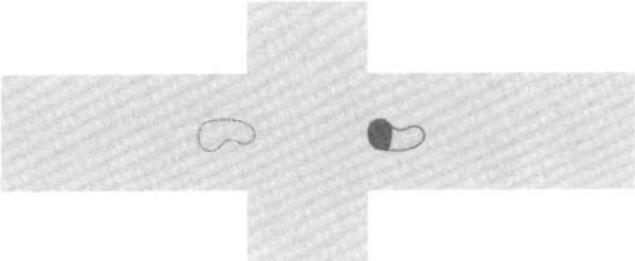

5-26　抽拔里外练

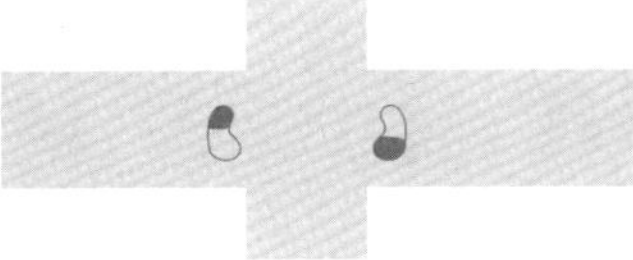

5-27　抽拔里外练

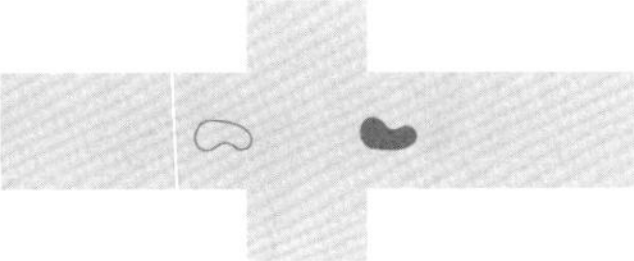

5-28　抽拔里外练

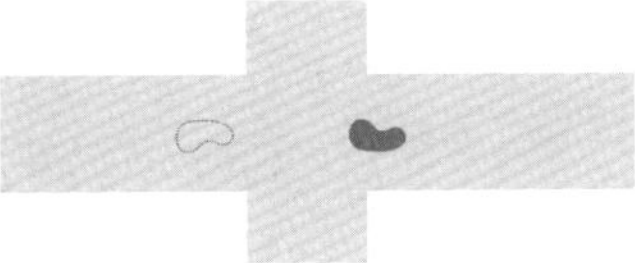

5-29　抽拔里外

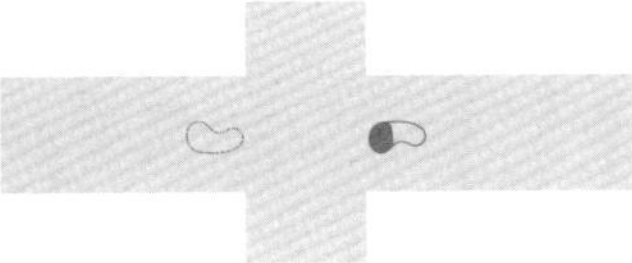

5-30　抽拔里外练

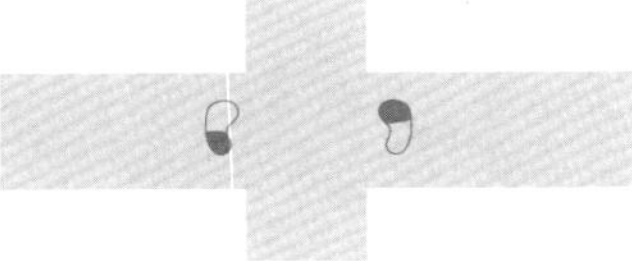

5-31 抽拔里外练

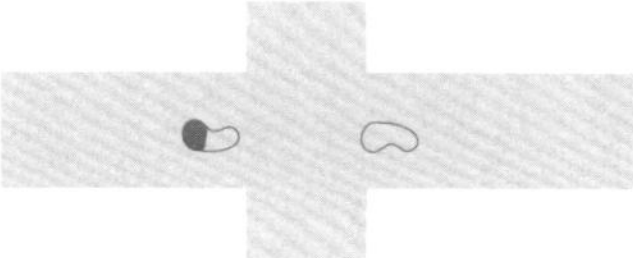

5-32 上步方裆

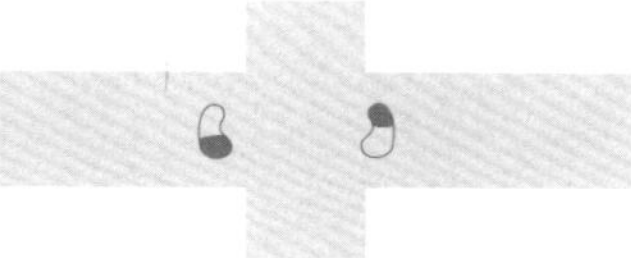

5-33 下代斜身

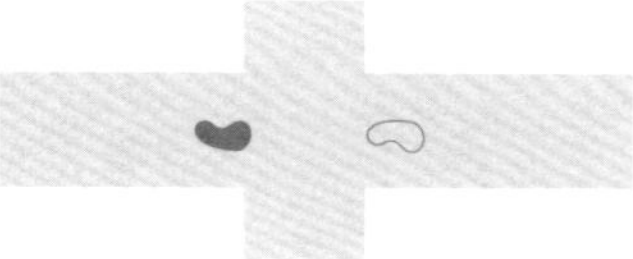

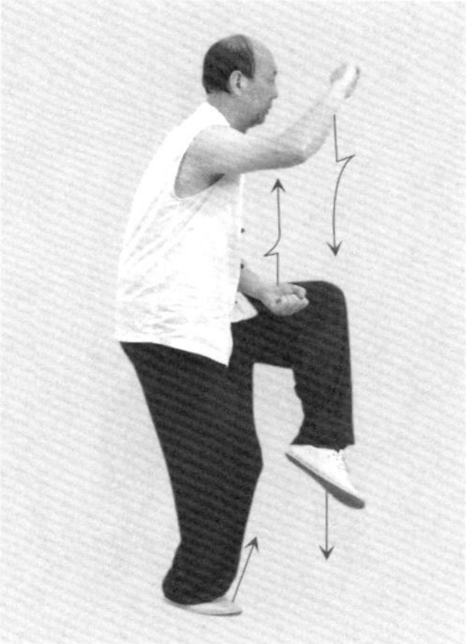

5-34 抄挑打虎

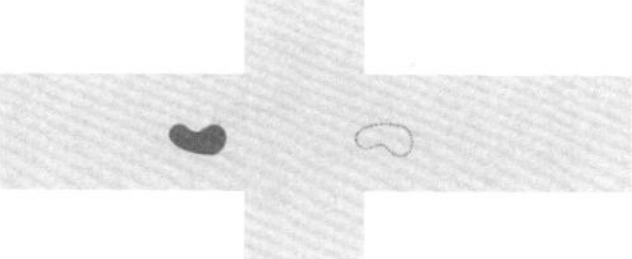

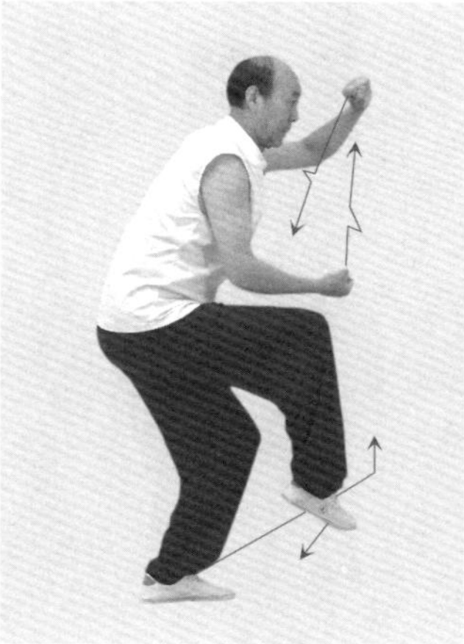

5-35 抄挑打虎

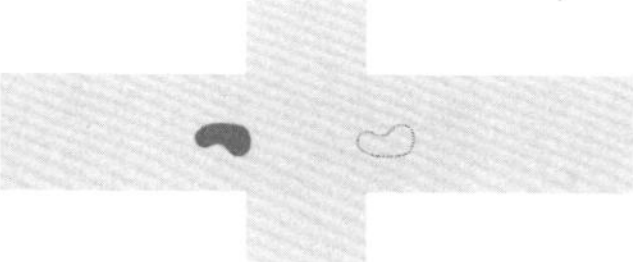

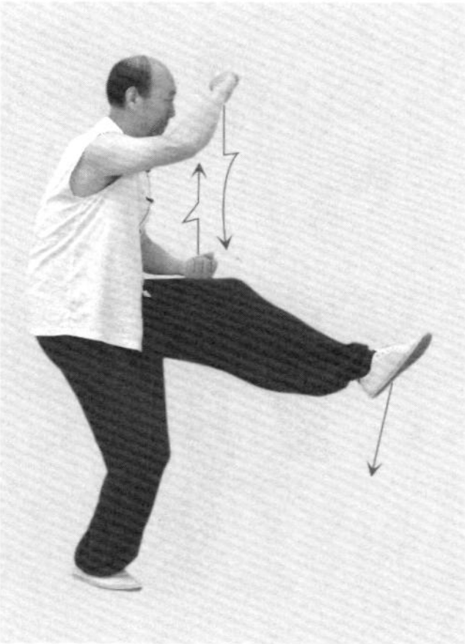

5-36 罩站扇腿

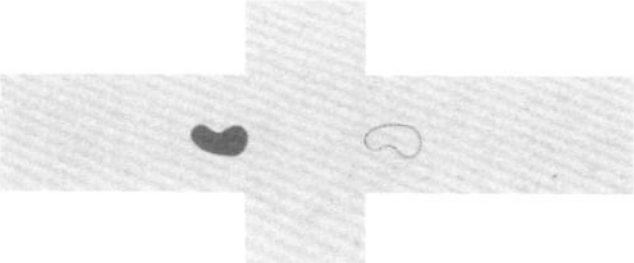

5-37 罩站扇腿

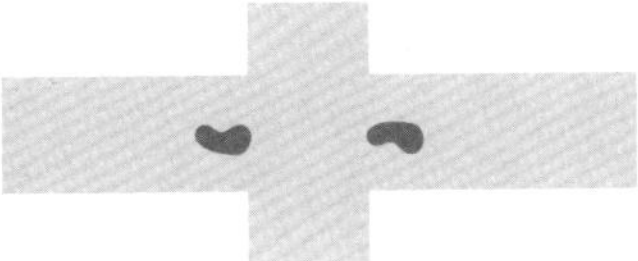

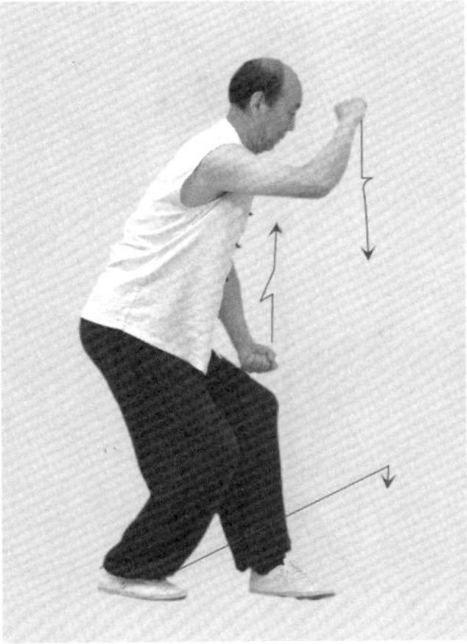

5-38 罩站扇腿

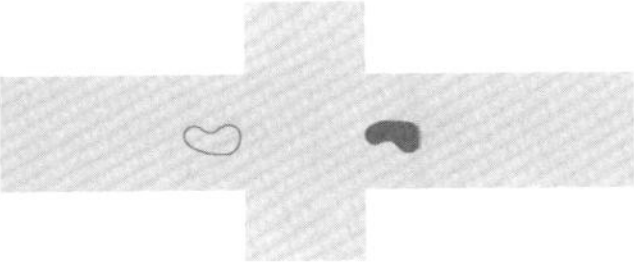

5-39 罩站扇腿

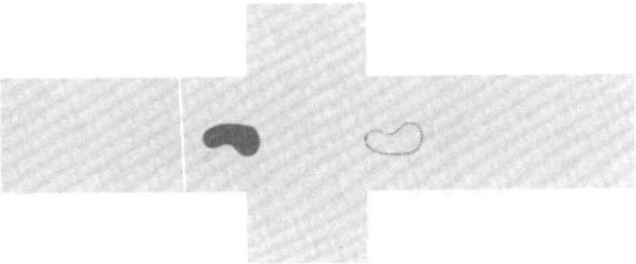

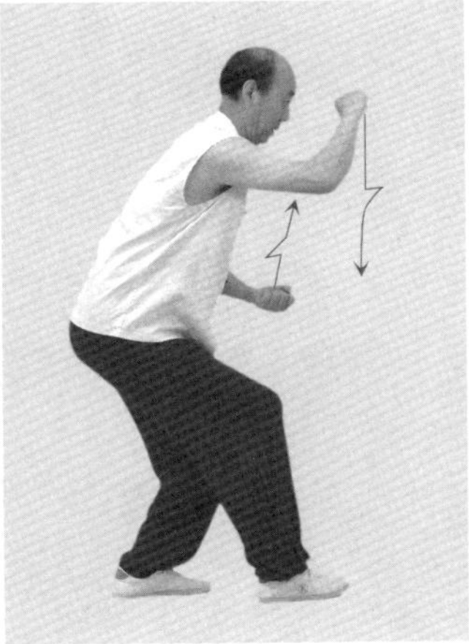

5-40 罩站扇腿

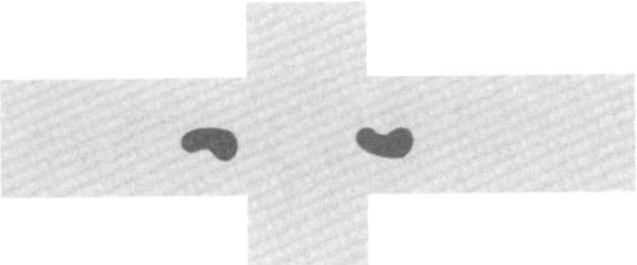

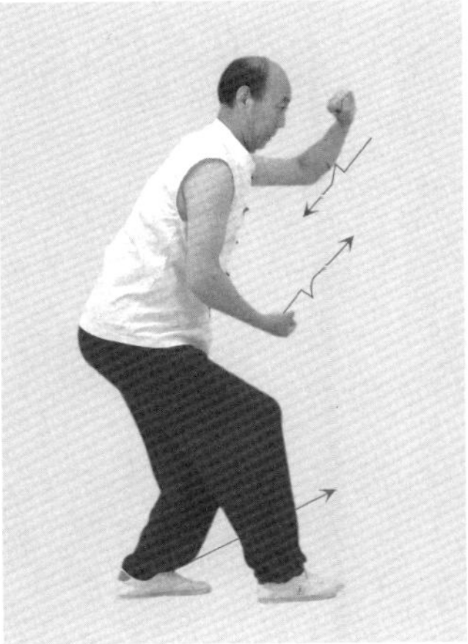

5-41 罩站扇腿

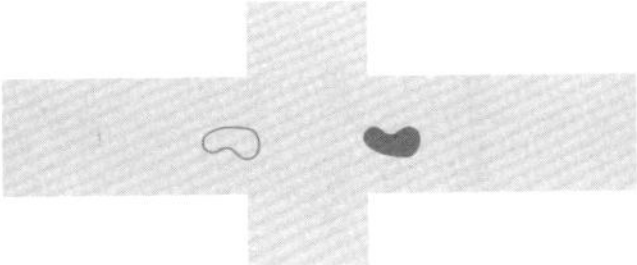

5-42 抄挑打虎

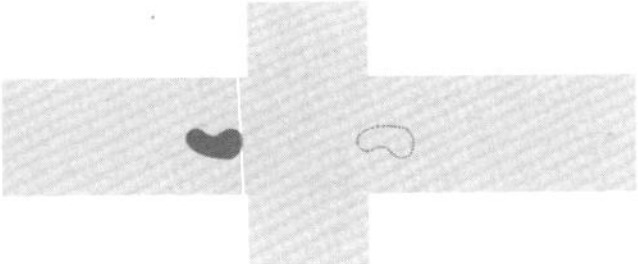

5-43 罩站扇腿

5-44 罩站扇腿

5-45 罩站扇腿

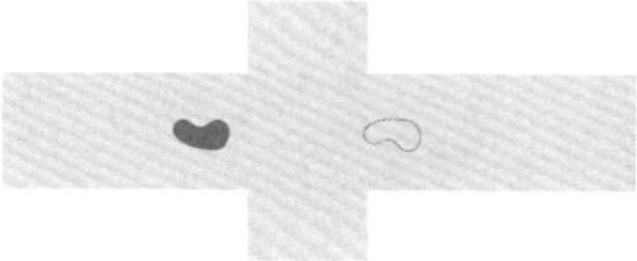

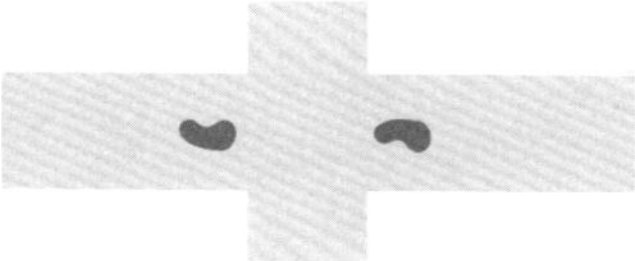

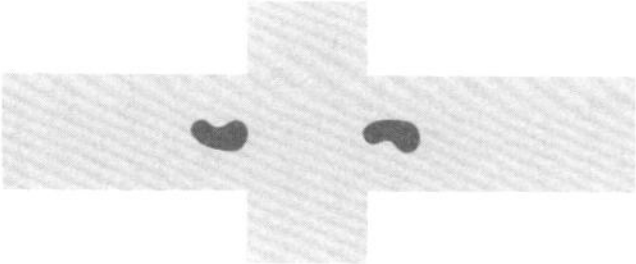

5-46 下代横身

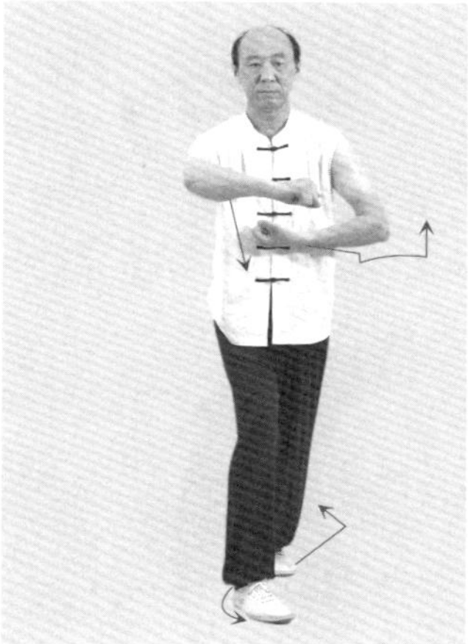

5-47 下代横身

5-48 挂腿定心

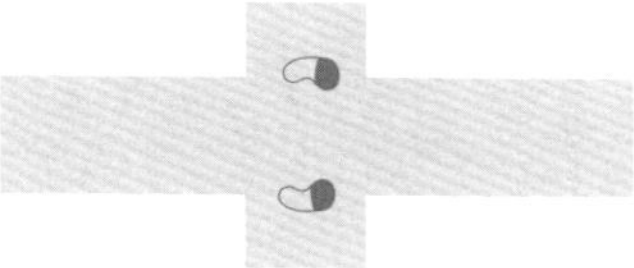

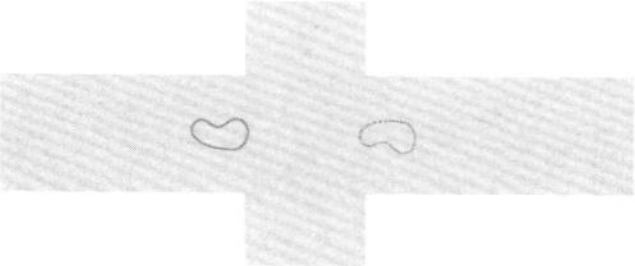

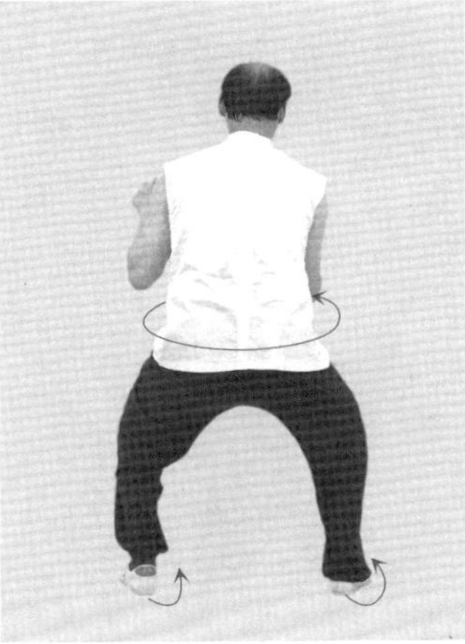

5-49　挂腿定心（背面）

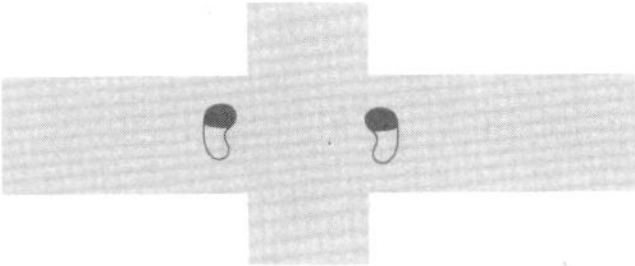

5-49　挂腿定心（正面）

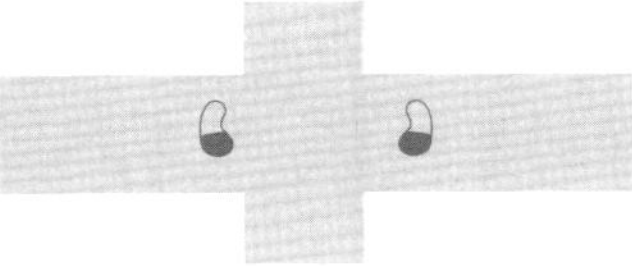

5-50　盘云摞手

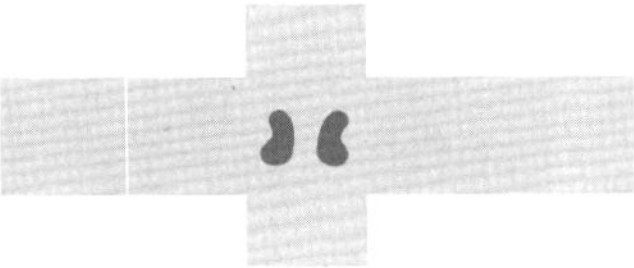

5-51　踪打劈坎

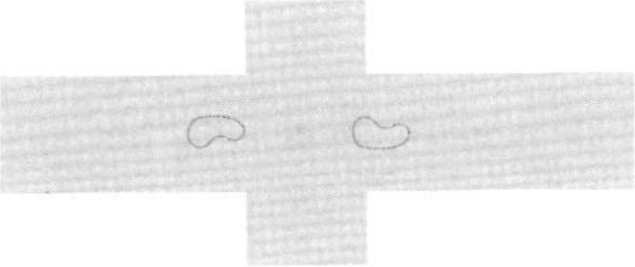

5-52　踪打劈坎

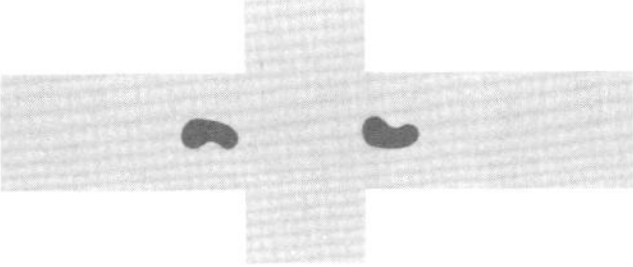

5-53　踪打劈坎

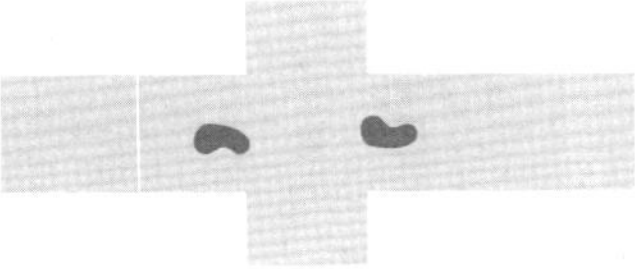

5-54 踪打劈坎

5-55 撑打切劈

5-56 撑打切劈

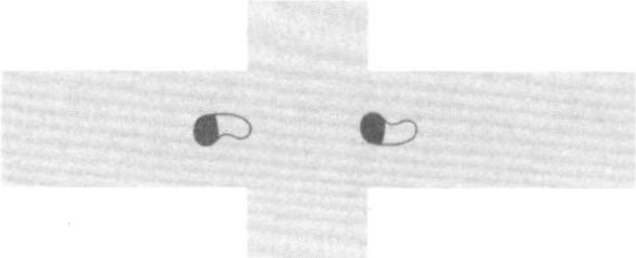

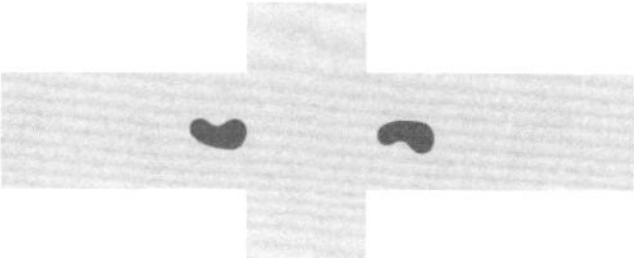

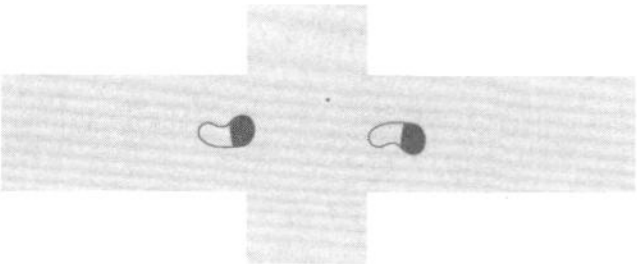

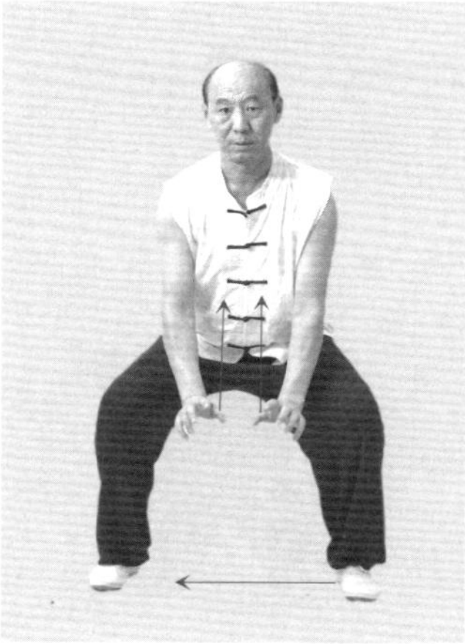

5-57 双摔收身

5-58 双摔收身

5-59 双摔收身

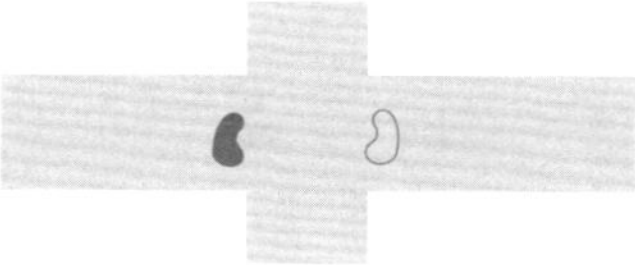

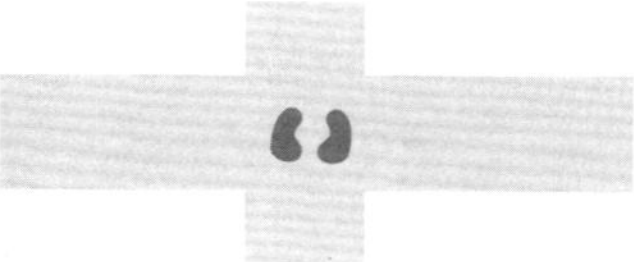

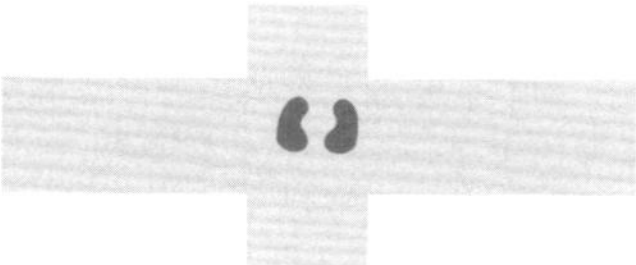

5-60　收式

第六节　含揉鸳鸯掌

6-1　预备式

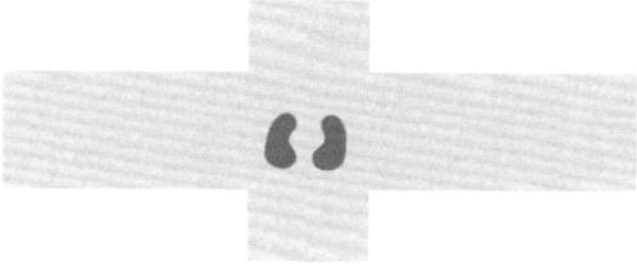

6-2　刁手方裆

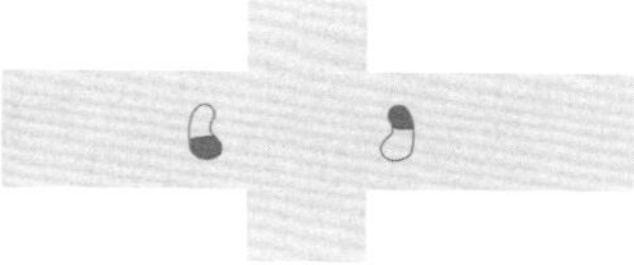

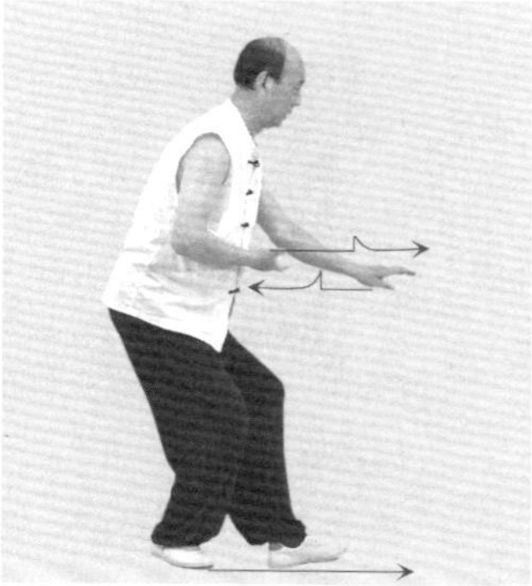

6-3　掌拘撑掤

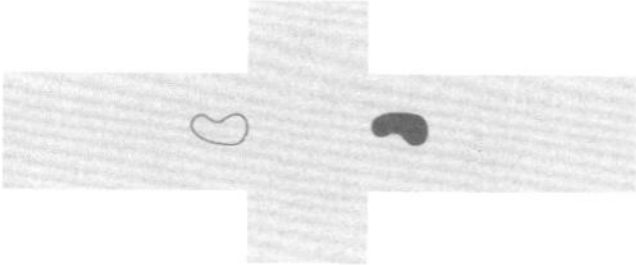

6-4　掌拘撑掤

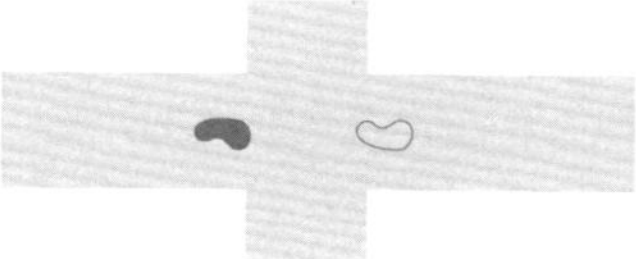

6-5　勾挂代手

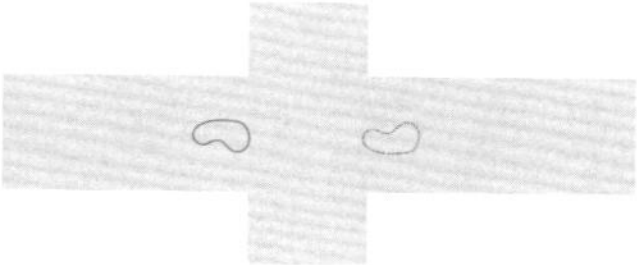

6-6　勾挂代手

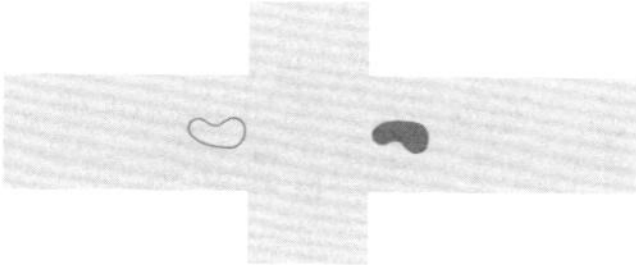

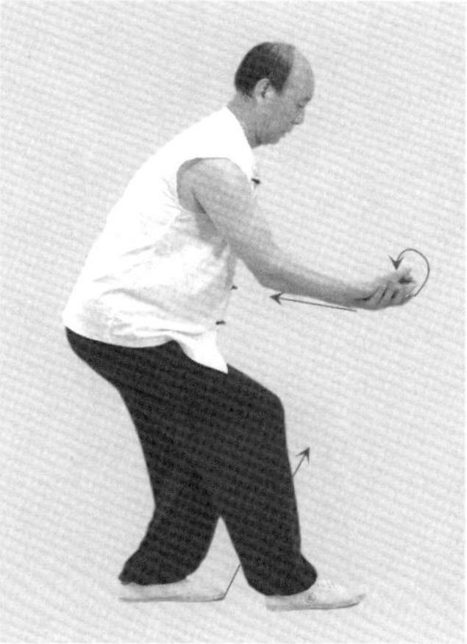

6-7　抱捶栽身

6-8　跳蹋踪打

6-9　跳蹋踪打

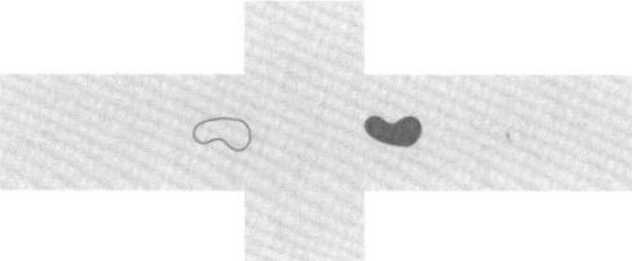

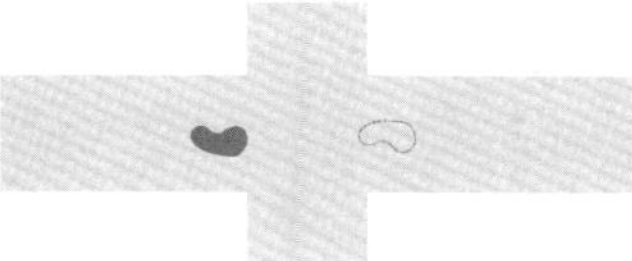

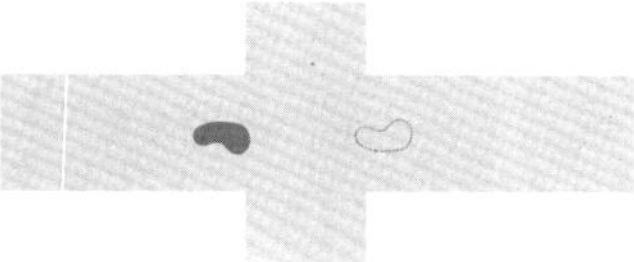

6-10　跳蹋踪打

6-11　剪摞回身

6-12　剪摞回身

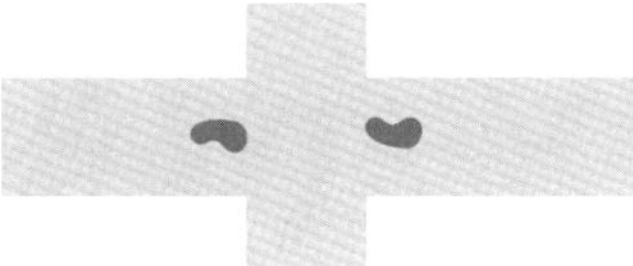

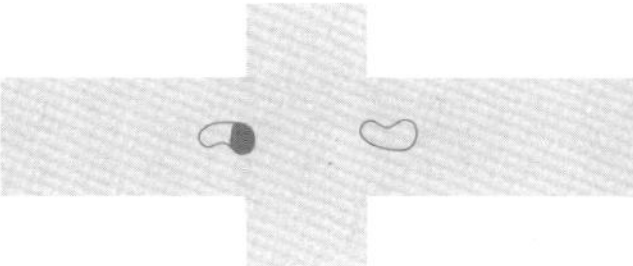

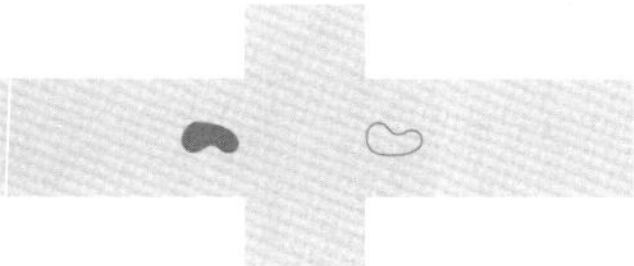

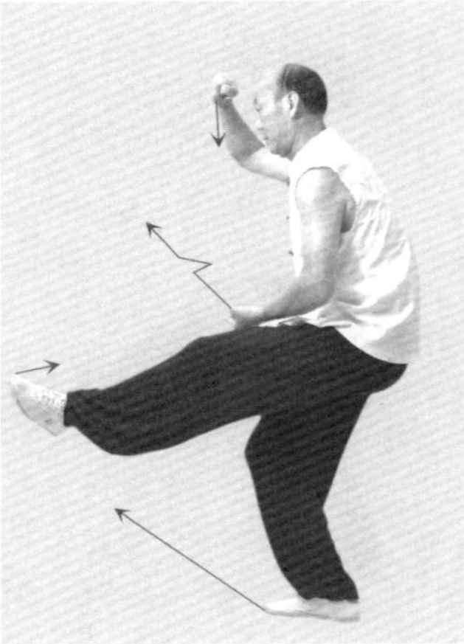

6-13 平腿翻拐

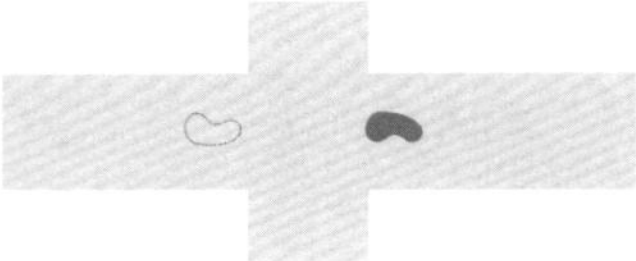

6-14 疾踪劈坎

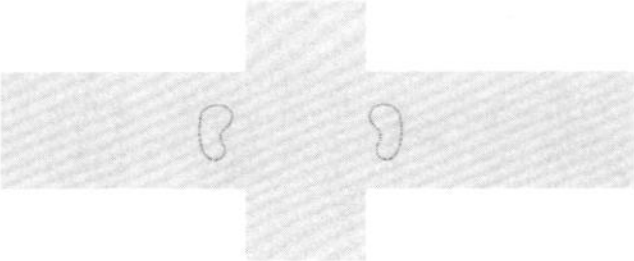

6-15 疾踪劈坎

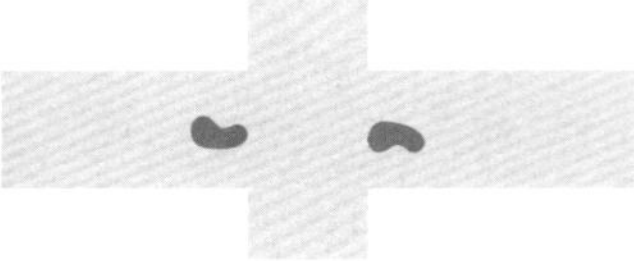

6-16 疾踪劈坎

6-17 回踢劈坎

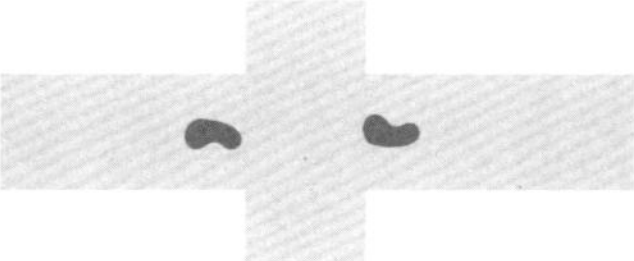

6-18 回踢劈坎

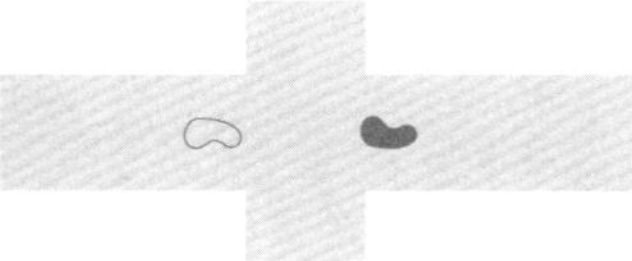

6-19 后踢拉弓

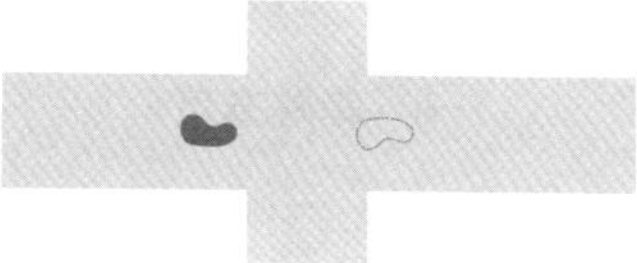

6-20 摔劈收身

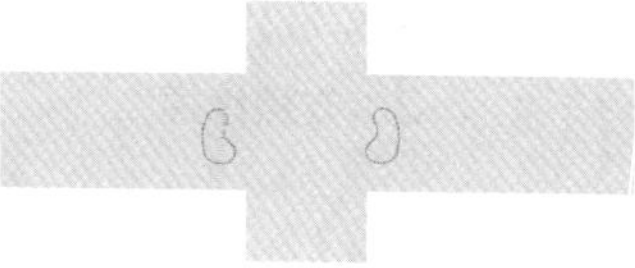

6-21 摔劈收身

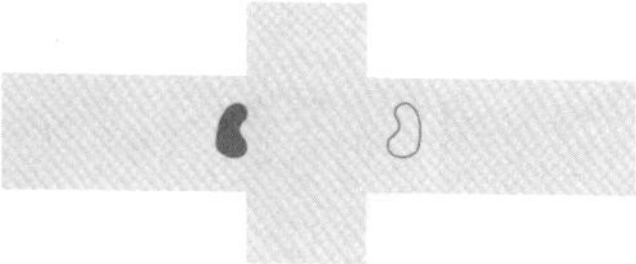

6-22 摔劈收身

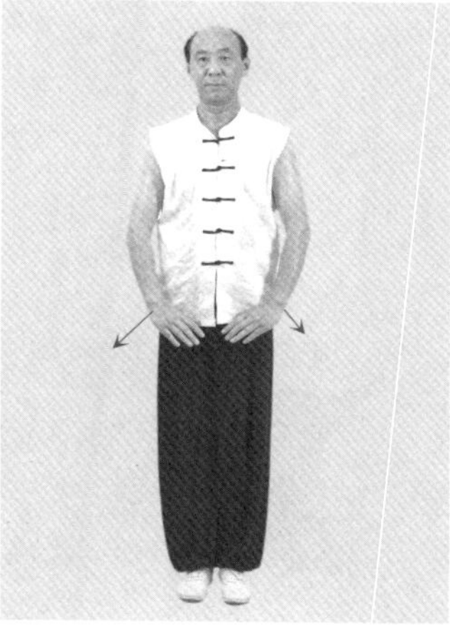

6-23 摔劈收身

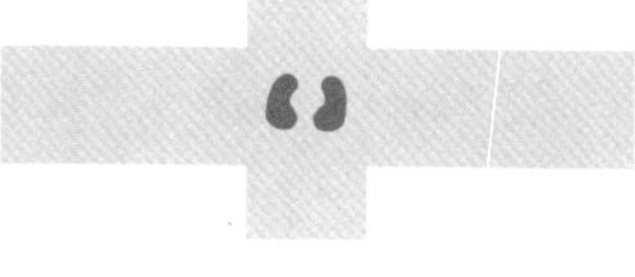

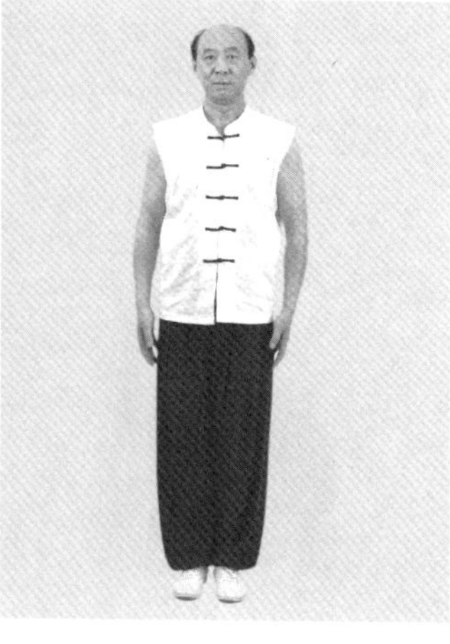

6-24 收式

第七节　铁砂掌

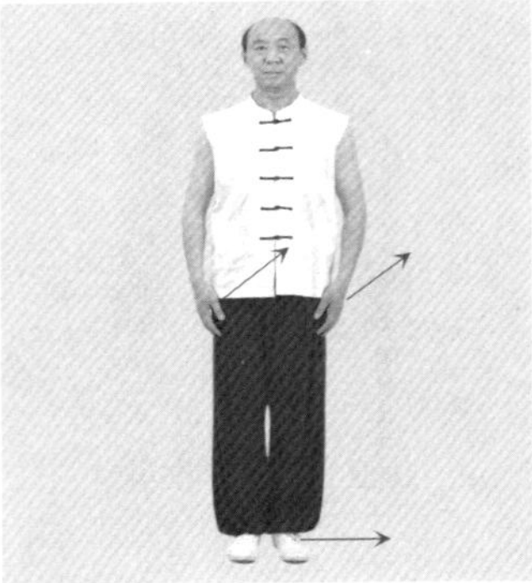

7-1　预备式

7-2　方裆比捶

7-3　踪跳方裆

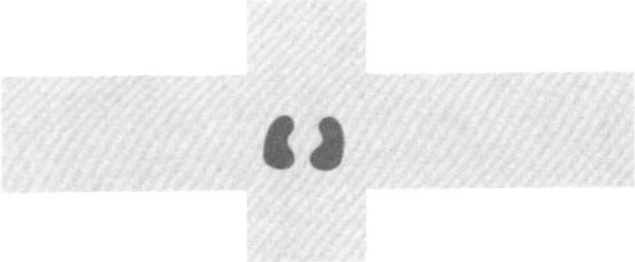

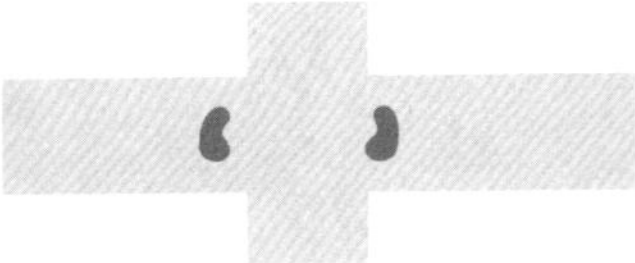

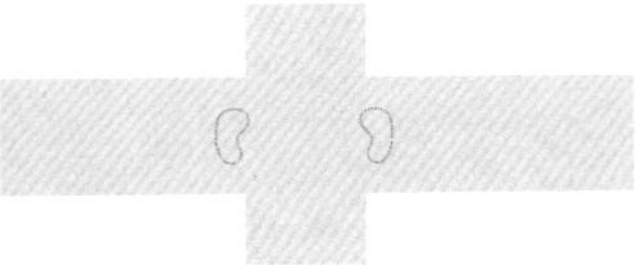

7-4　双克代打

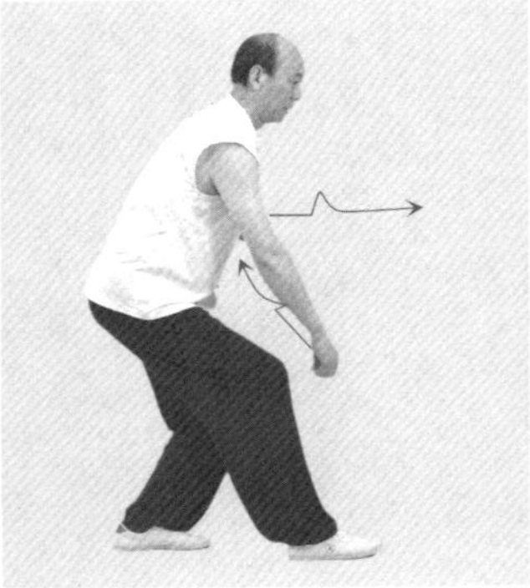

7-5　双克代打

7-6　双克代打

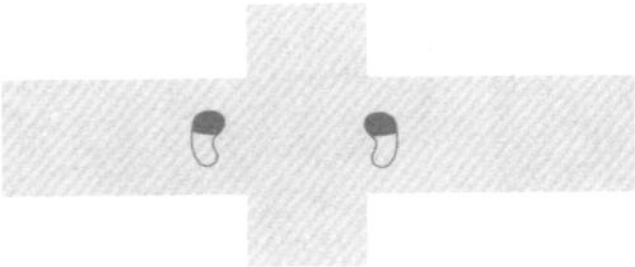

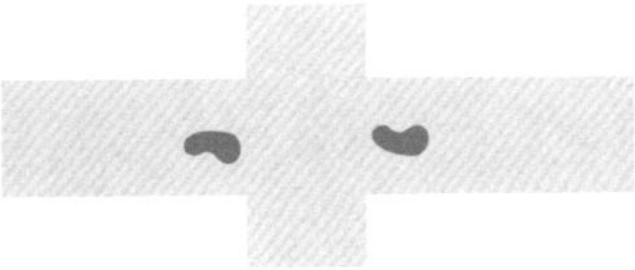

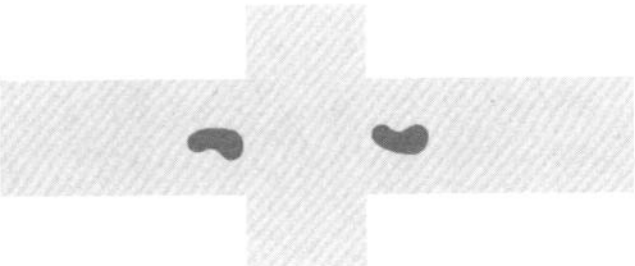

7-7　双克代打

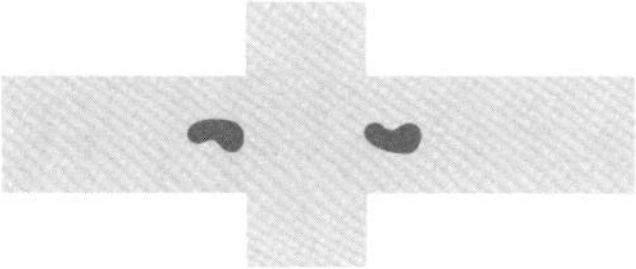

7-8　回踪贴靠

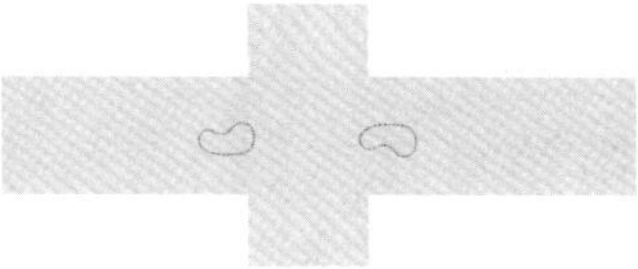

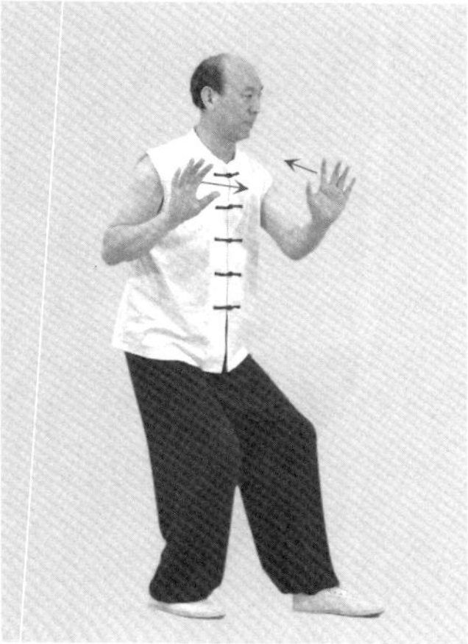

7-9　回踪贴靠

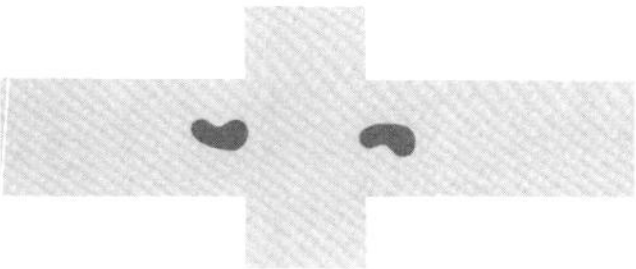

7-10　回踪贴靠

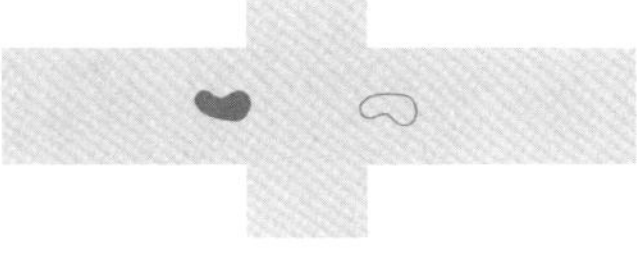

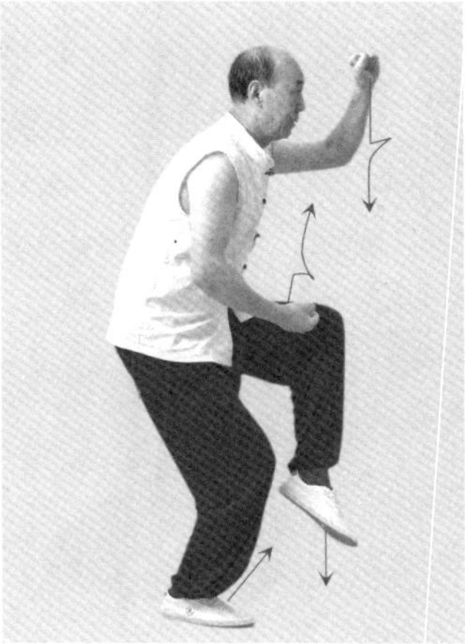

7-11　单占单站

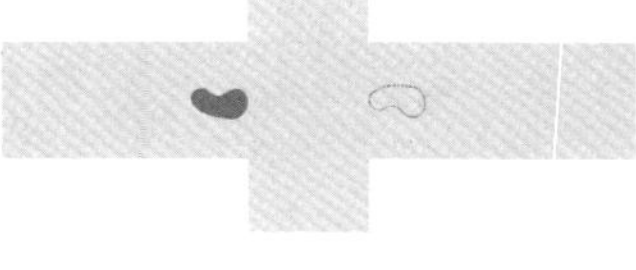

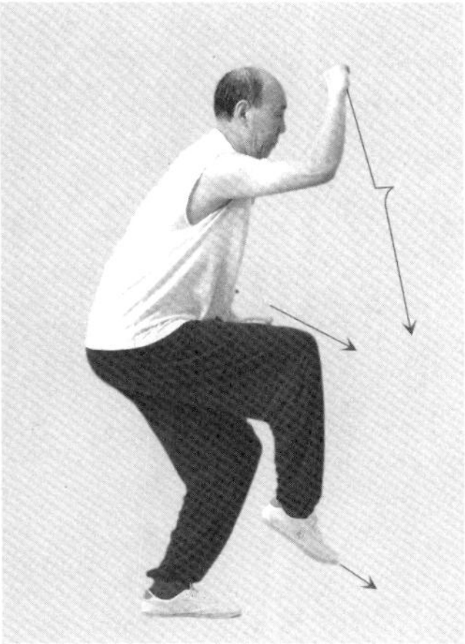

7-12　单占单站

7-13 铁掌劈坎

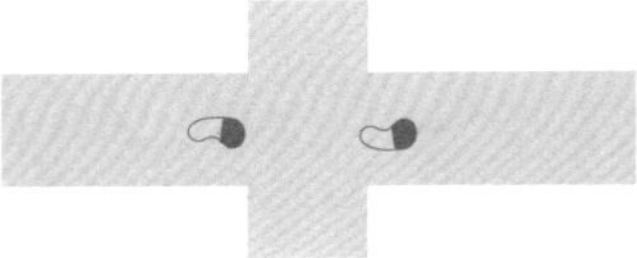

7-14 铁掌劈坎

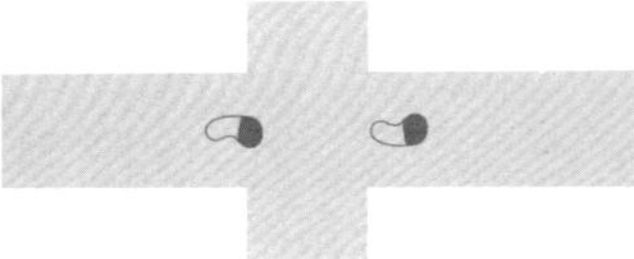

7-15 还身卧云

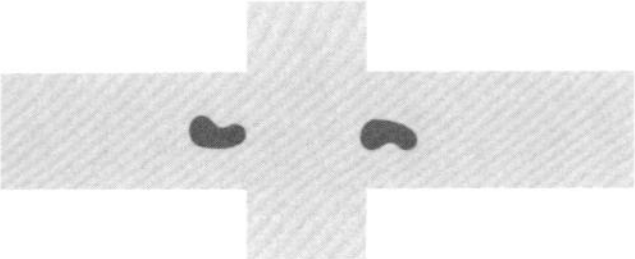

7-16 飞身疾踪

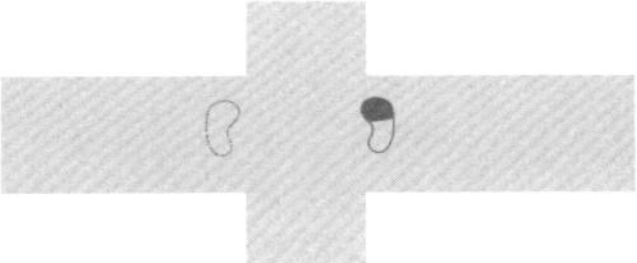

7-17 飞身疾踪

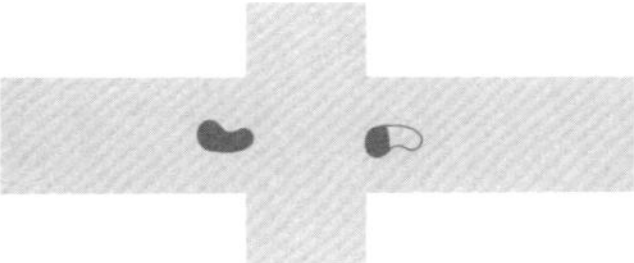

7-18 飞身疾踪

7-19 斜裆劈坎

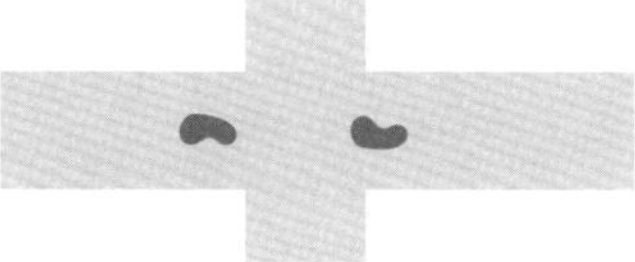

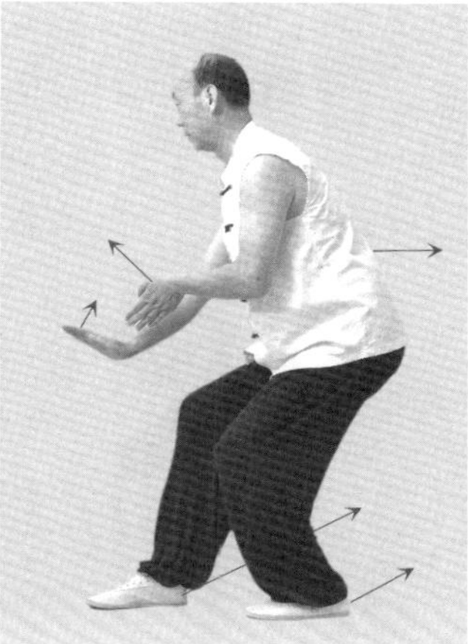

7-20 斜裆劈坎

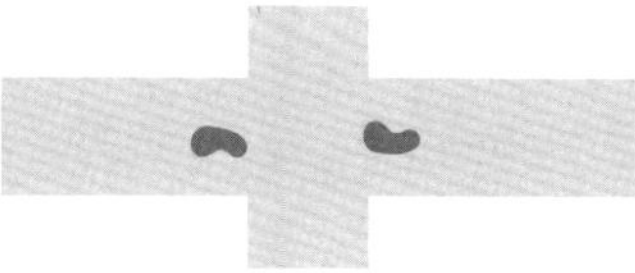

7-21 后踪撑捶

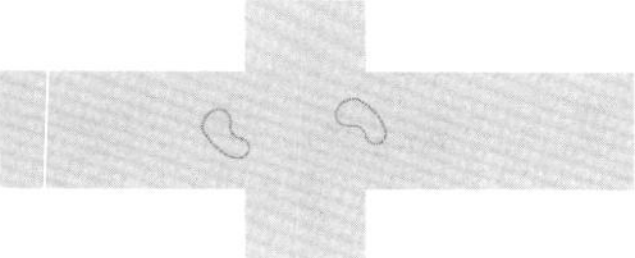

7-22 后踪撑捶

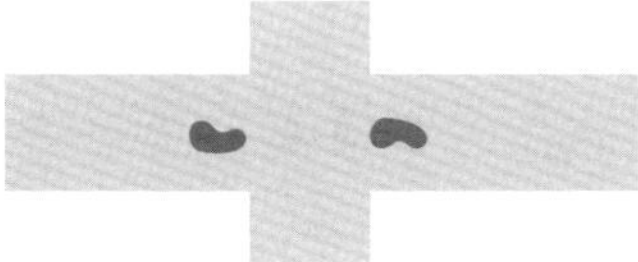

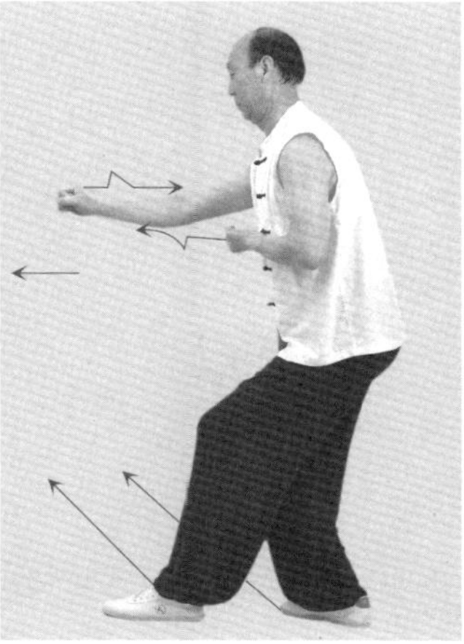

7-23 后踪撑捶

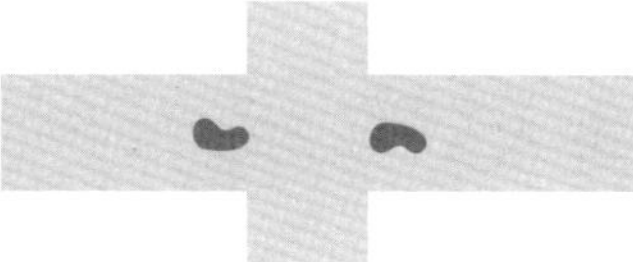

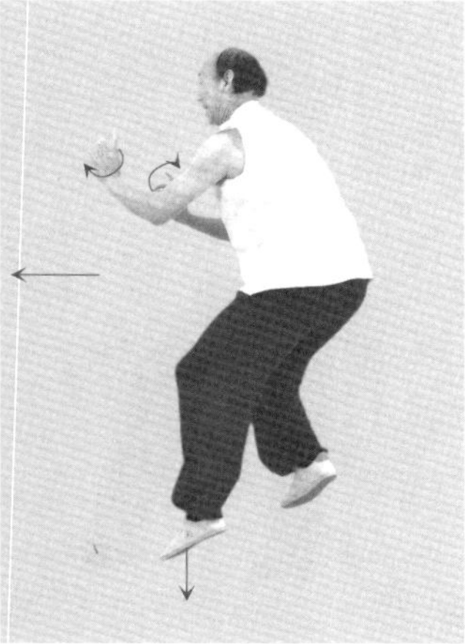

7-24 飞身疾杂

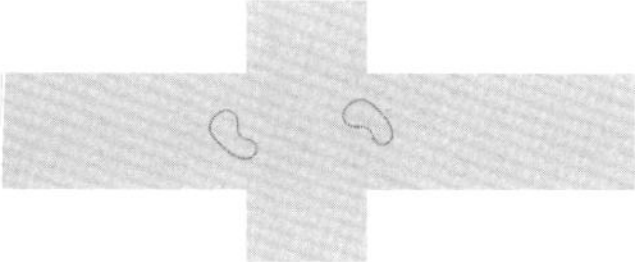

7-25 飞身疾杂

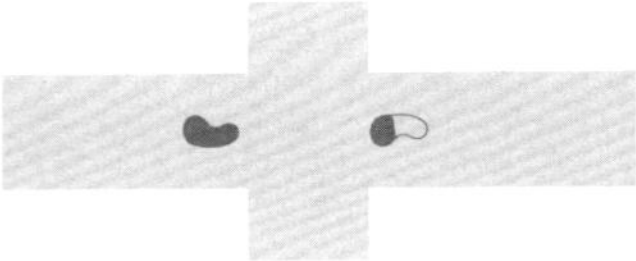

7-26 飞身疾杂

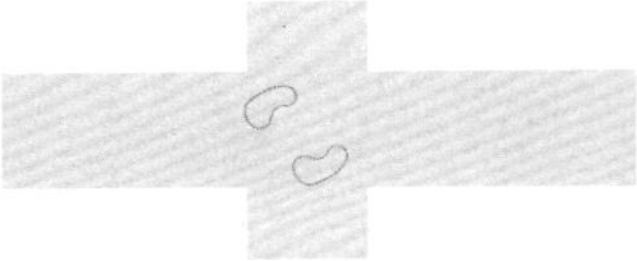

7-27 飞身疾杂

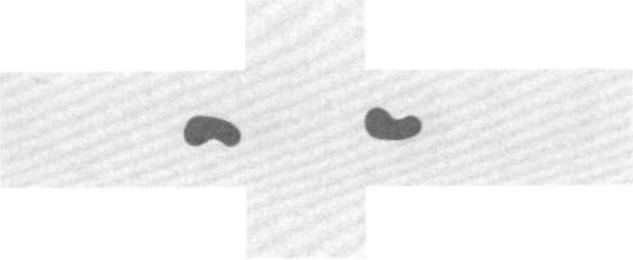

7-28 并齐收身

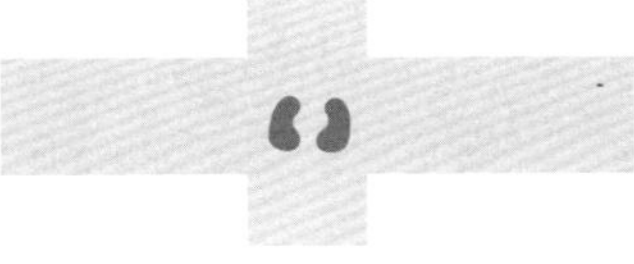

7-29 并齐收身

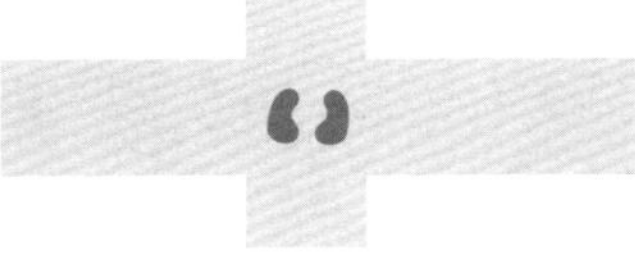

7-30 并齐收身

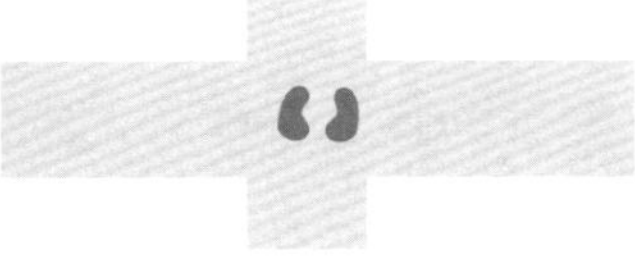

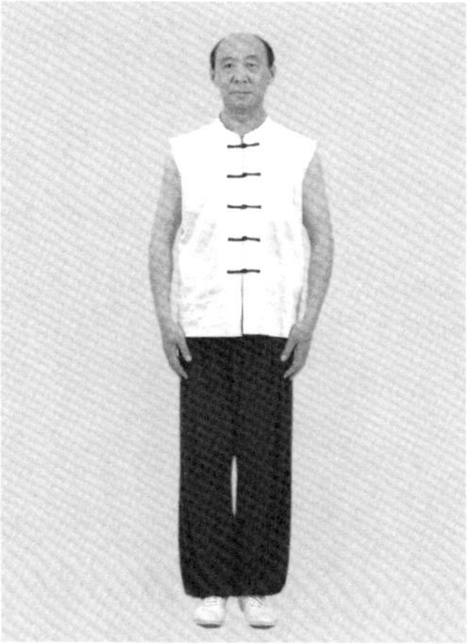

7-31　收式

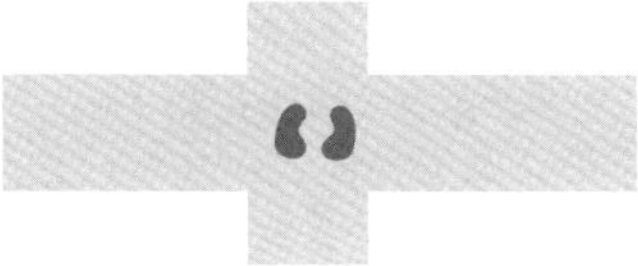

第八节　贴靠

8-1　预备式

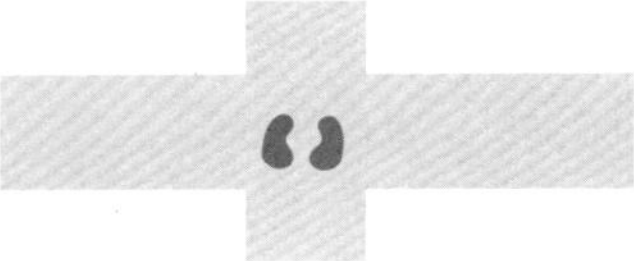

8-2　出身斜裆

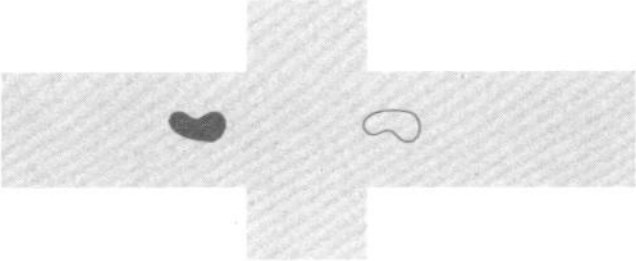

8-3　抽拔代打

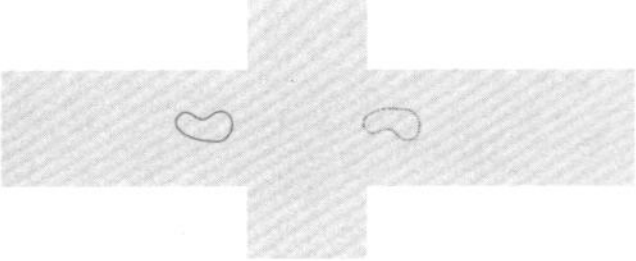

8-4　抽拔代打

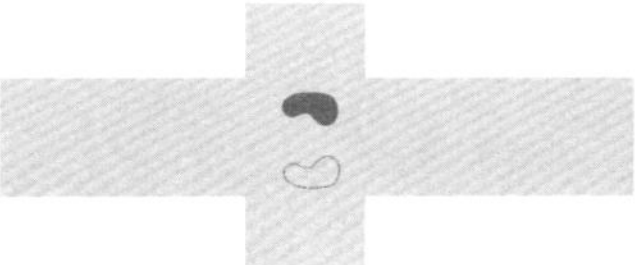

8-5　抽拔代打

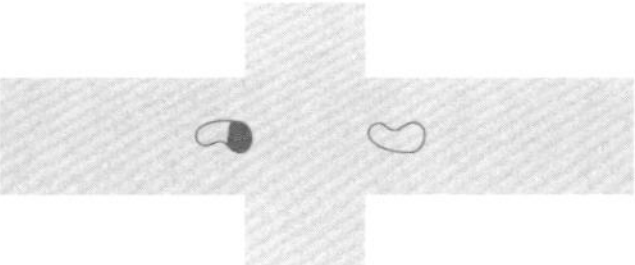

8-6　回身双摞

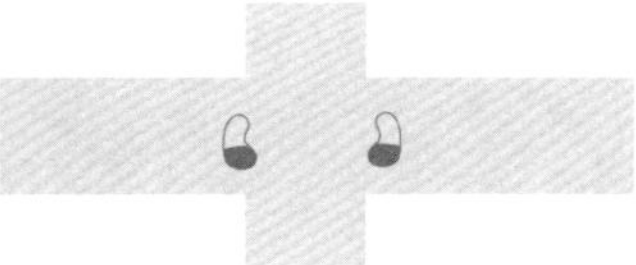

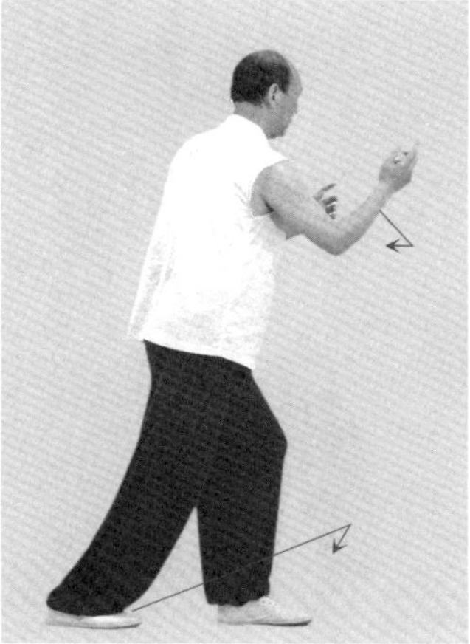

8-7 斜身剪扇

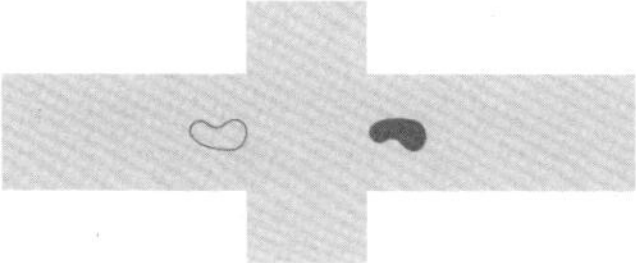

8-8 斜身剪扇

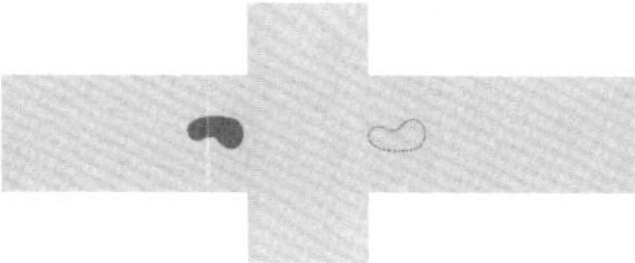

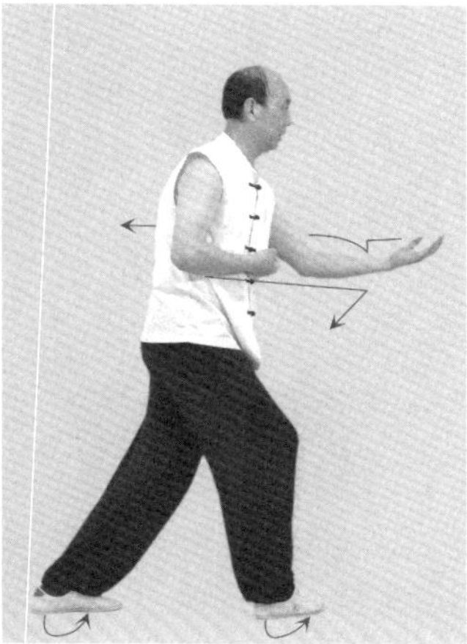

8-9 还身背提

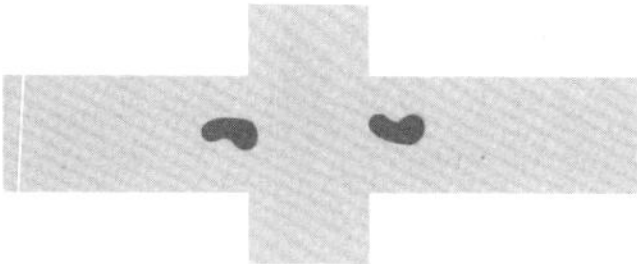

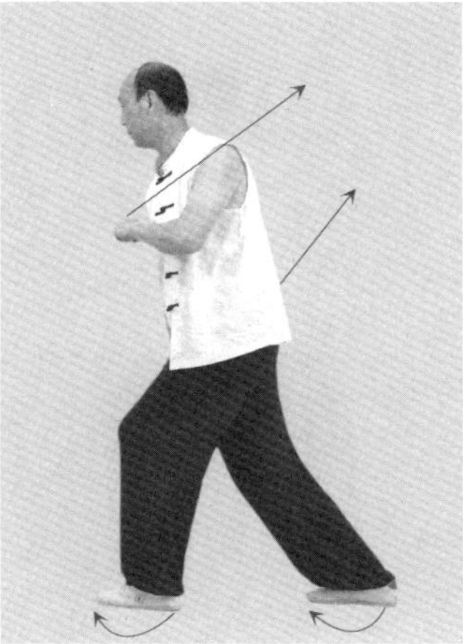

8-10 还身背提

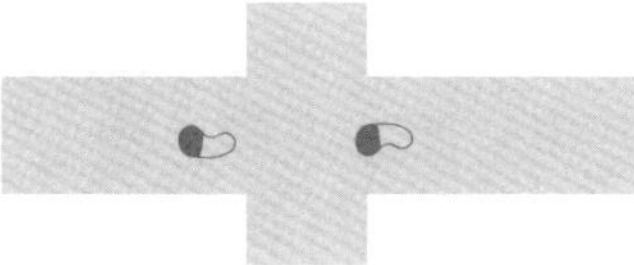

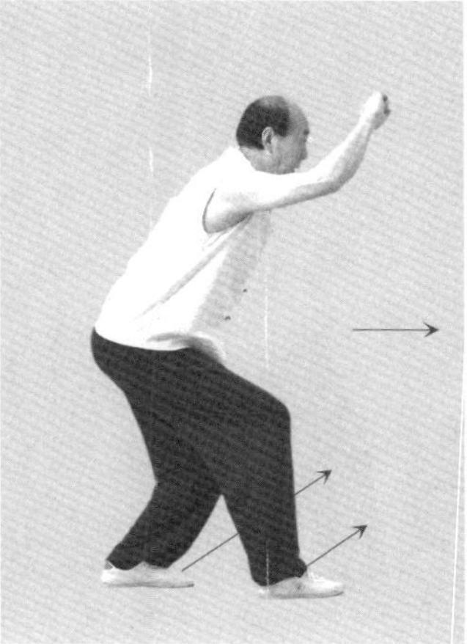

8-11 回挑疾踪

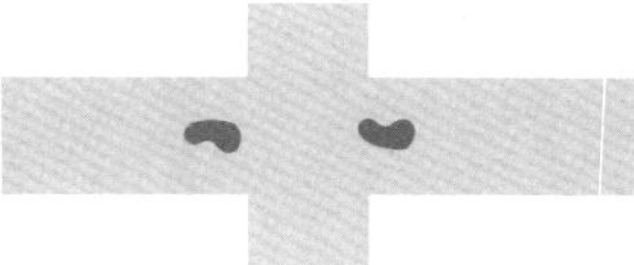

8-12 回挑疾踪

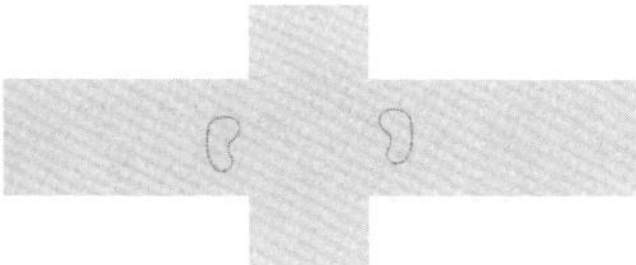

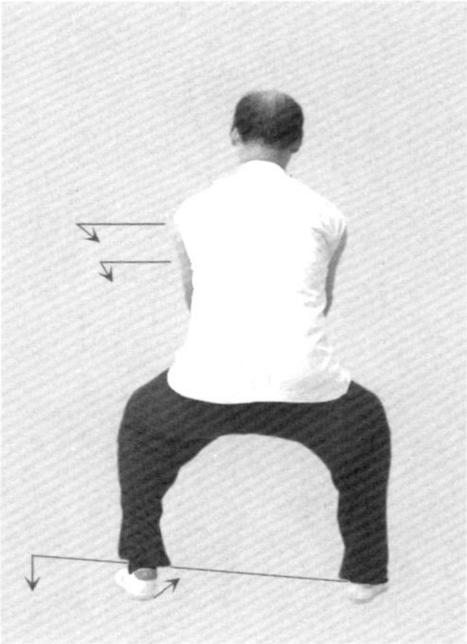

8-13 双杂方裆（背面）

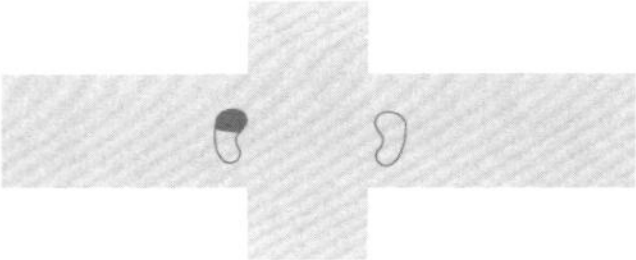

8-13 双杂方裆（正面）

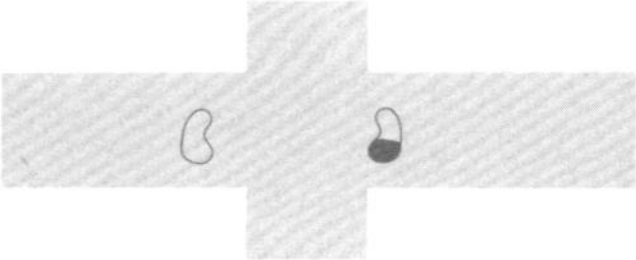

8-14 左上提贴

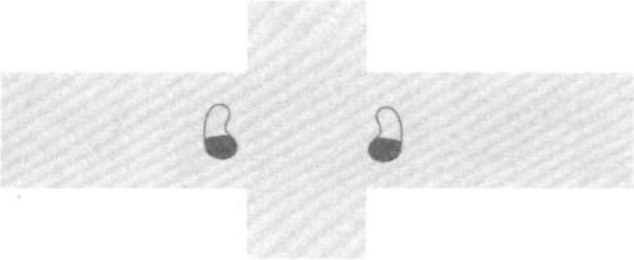

8-15 连环靠打

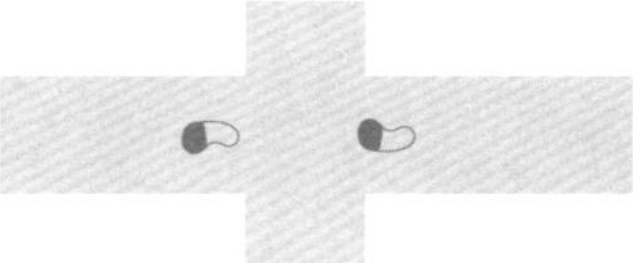

8-16 连环靠打

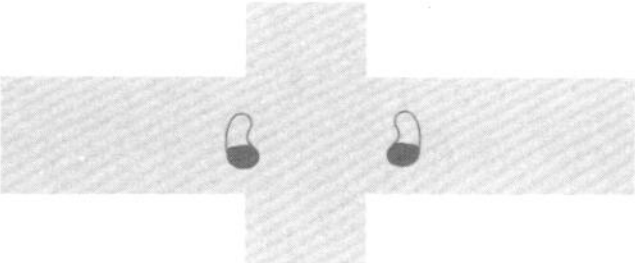

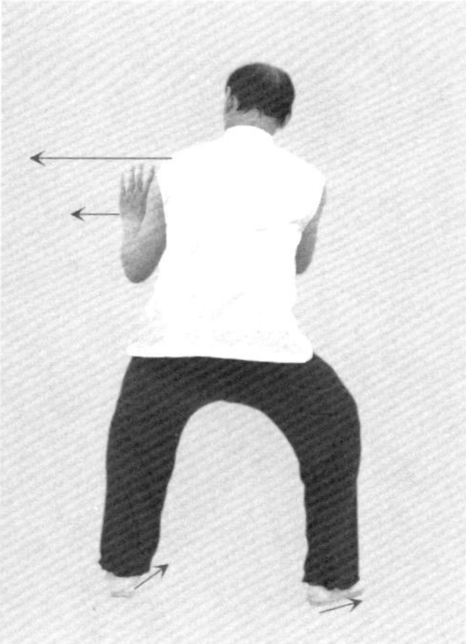

8-17 右上提贴（背面）

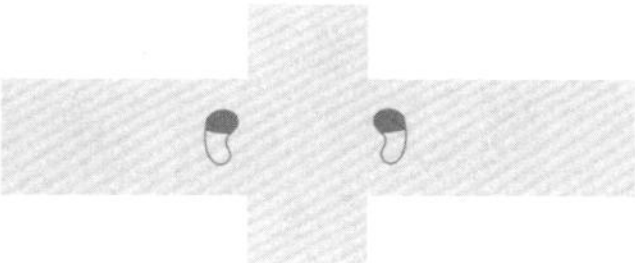

8-17 右上提贴（正面）

8-18 连环靠打

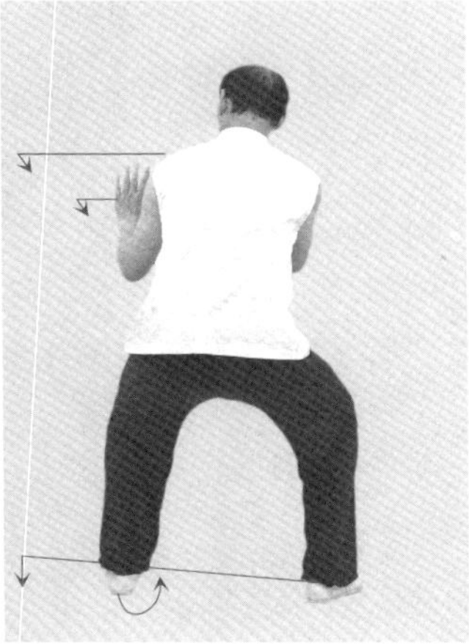

8-19 连环靠打

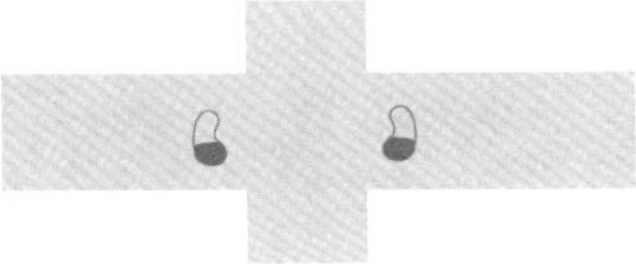

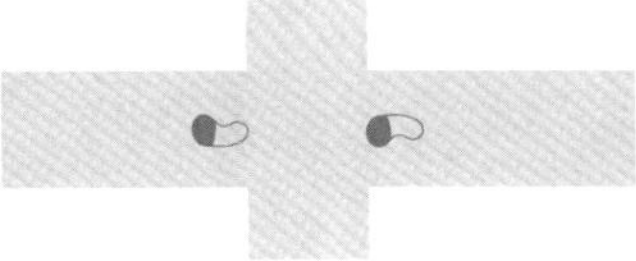

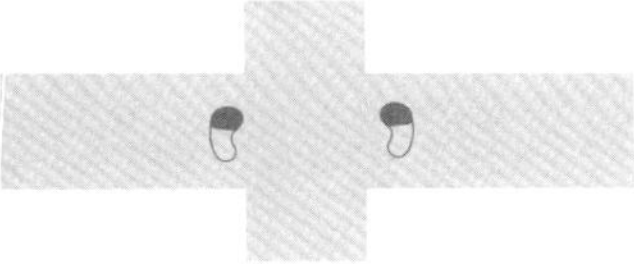

8-20 左上提贴

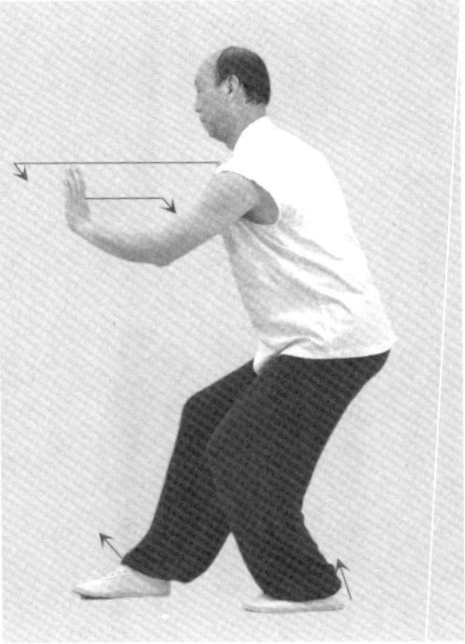

8-21 连环靠打

8-22 连环靠打

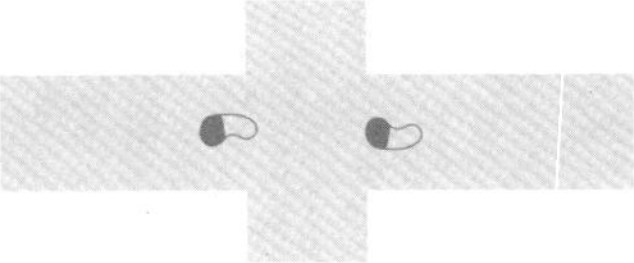

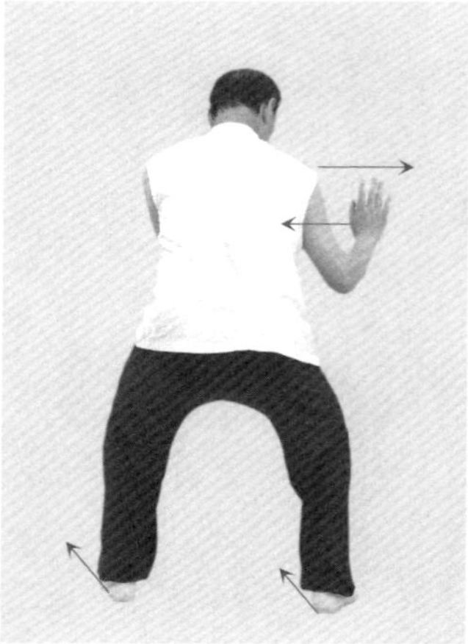
8-23　还身提贴（背面）

8-23　还身提贴（正面）

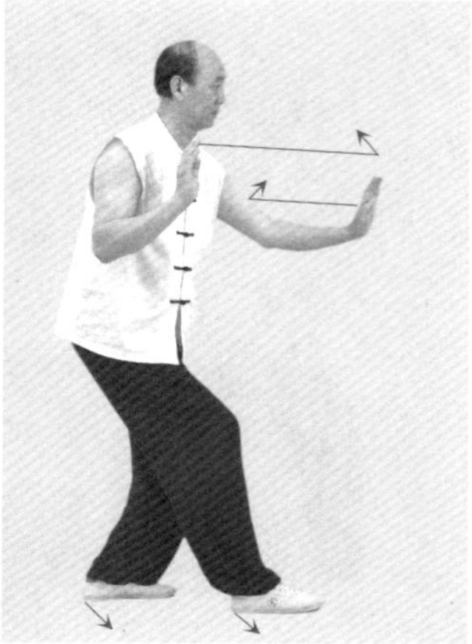
8-24　连环靠打

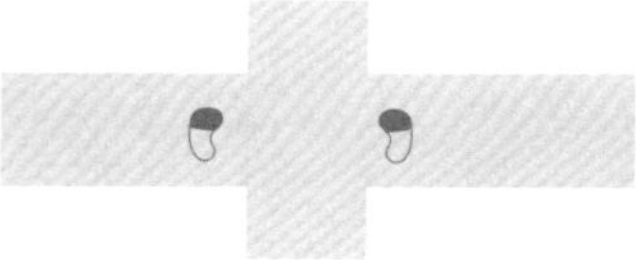

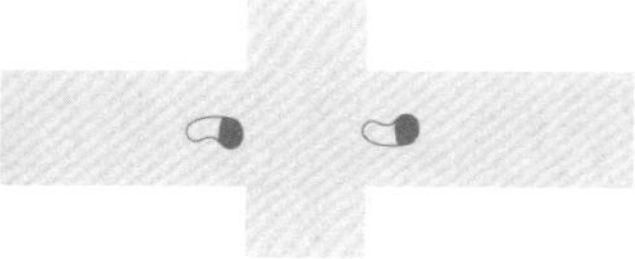

8-25　连环靠打

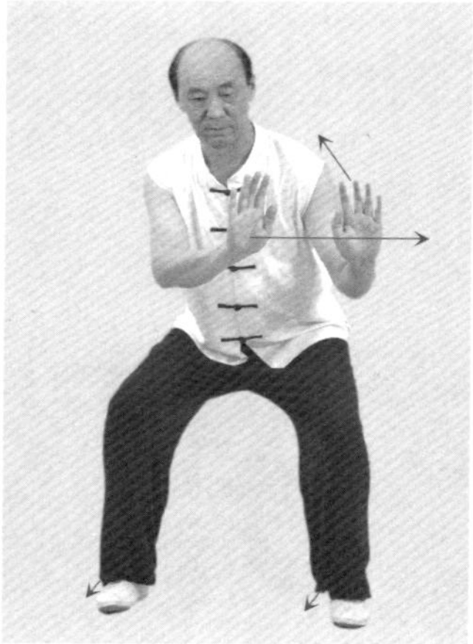
8-26　右上提贴

8-27　连环靠打

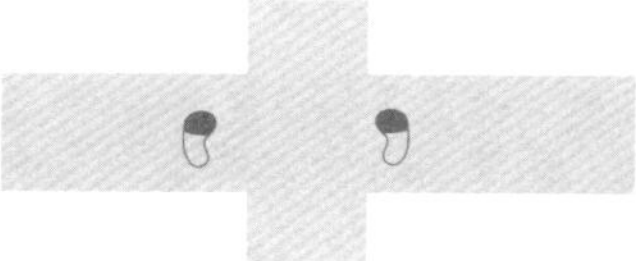

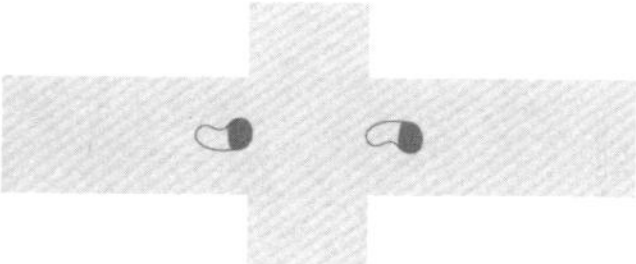

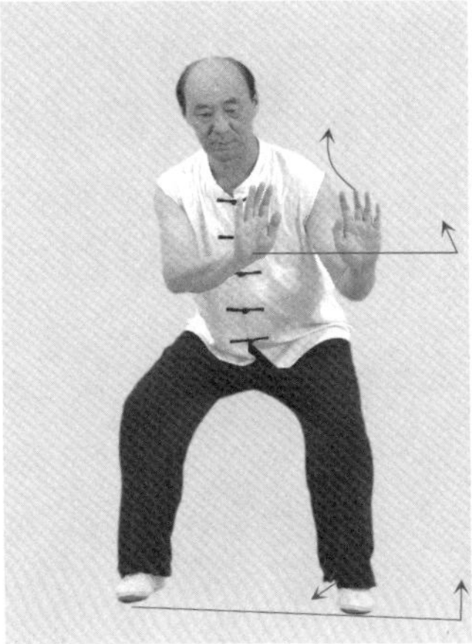

8-28　连环靠打

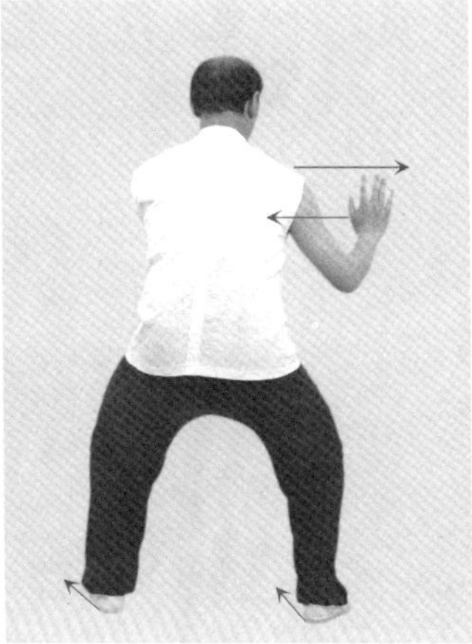

8-29　左上提贴（背面）

8-29　左上提贴（正面）

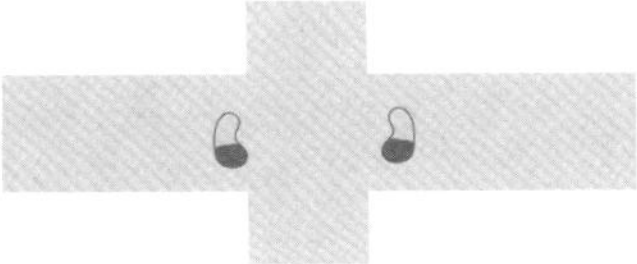

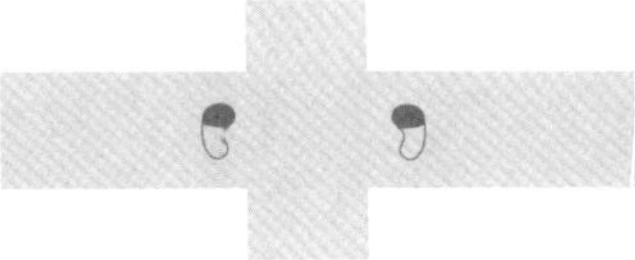

8-30　连环靠打

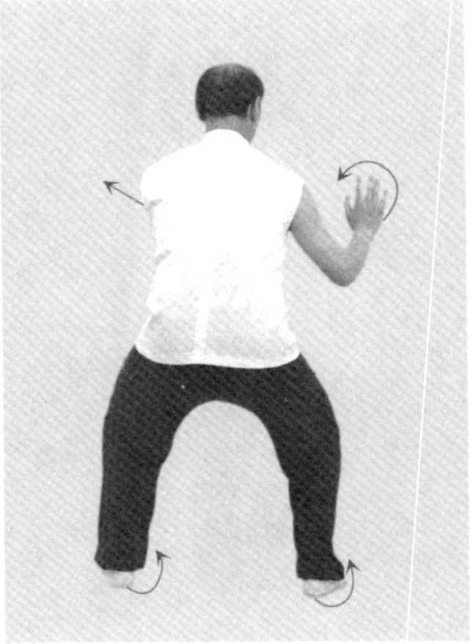

8-31　连环靠打

8-32　还身提挑

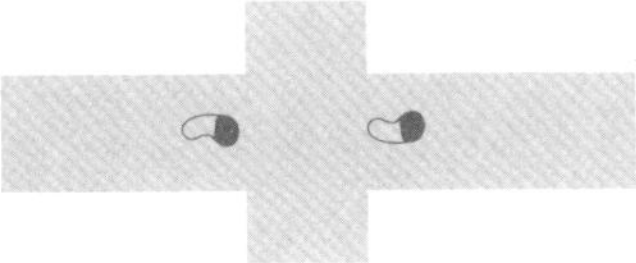

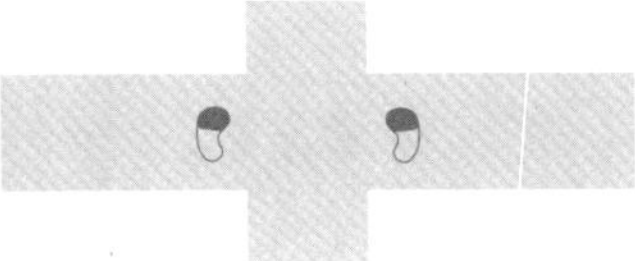

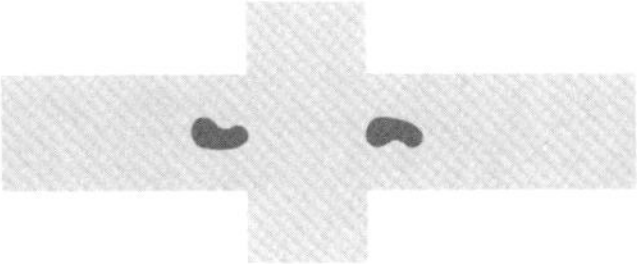

8-33 飞疾开打

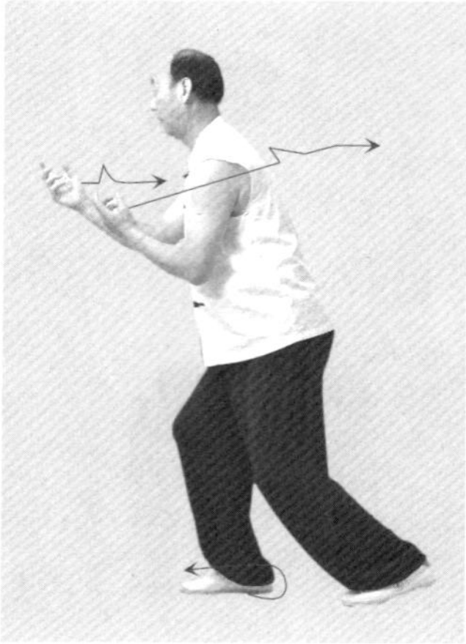

8-34 飞疾开打

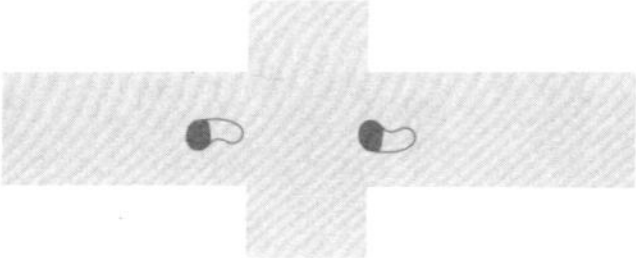

8-35 飞疾开打

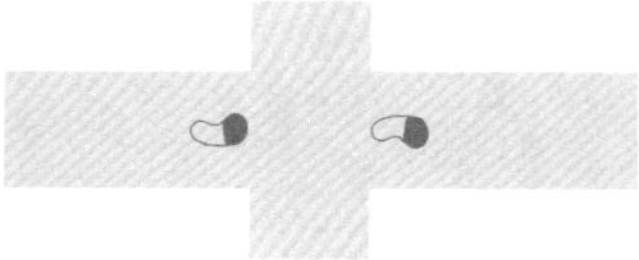

8-36 收身方裆

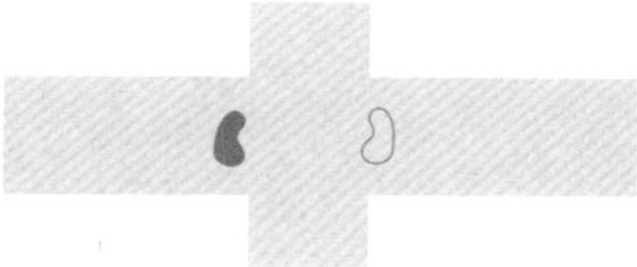

8-37 收身方裆

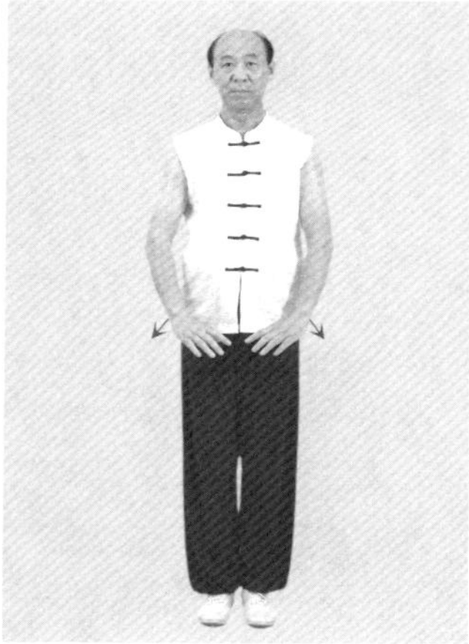

8-38 收身方裆

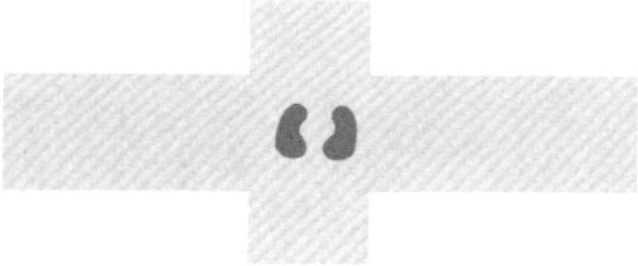

8-39　收式

第九节　柳叶定心掌

9-1　预备式

9-2　足齐拘手

9-3　抱打英烈（背面）

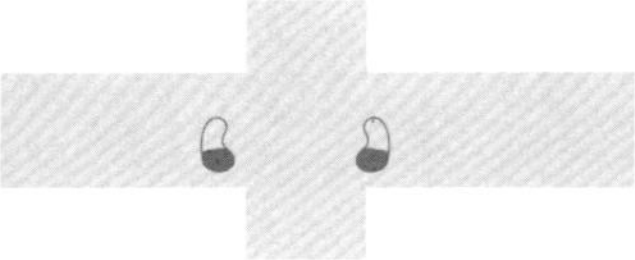

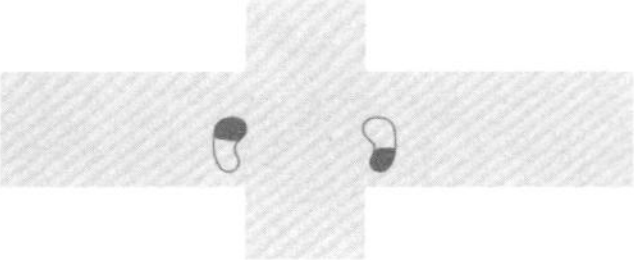

9-3　抱打英烈（正面）

9-4　剪打下还

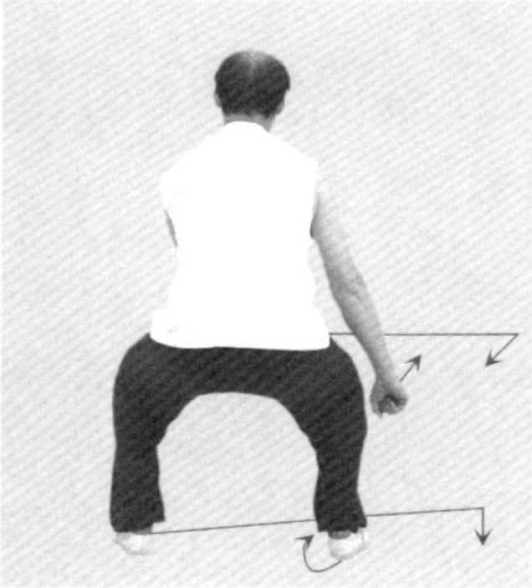

9-5　剪打下还（背面）

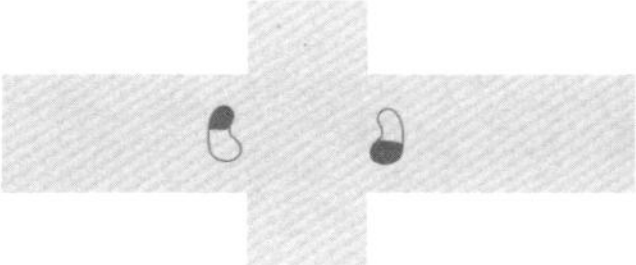

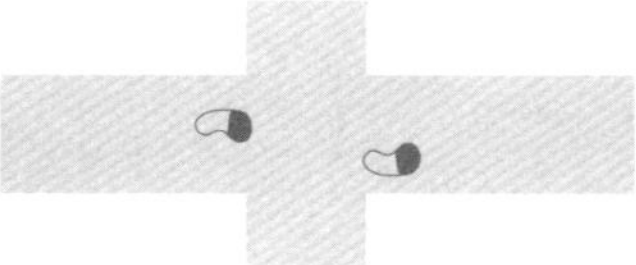

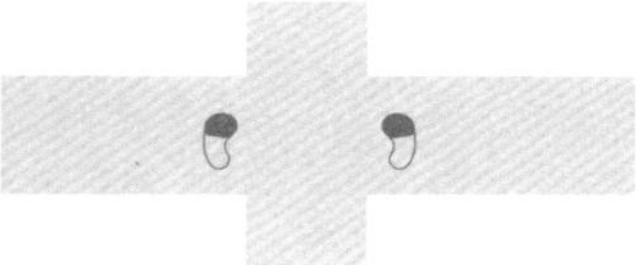

9-5　剪打下还（正面）

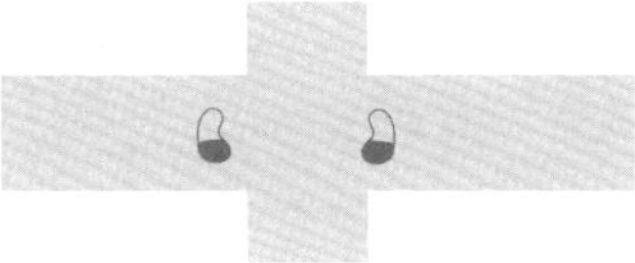

9-6　剪打下还

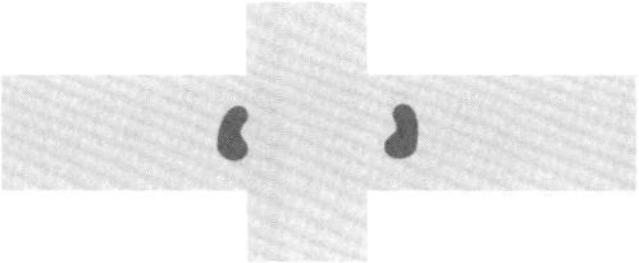

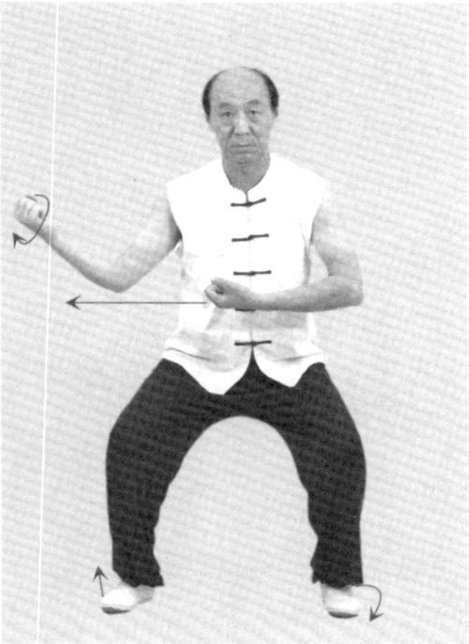

9-7　方裆反背

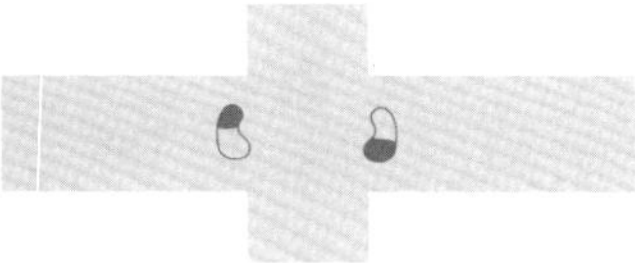

9-8　斜身抱剪

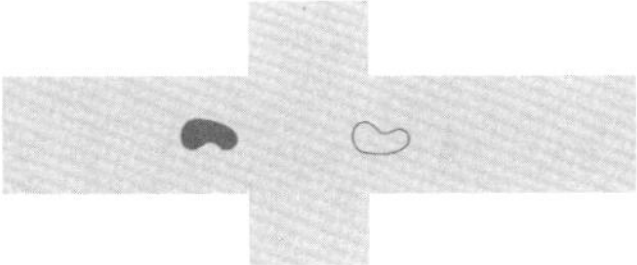

9-9　杂定跳踢

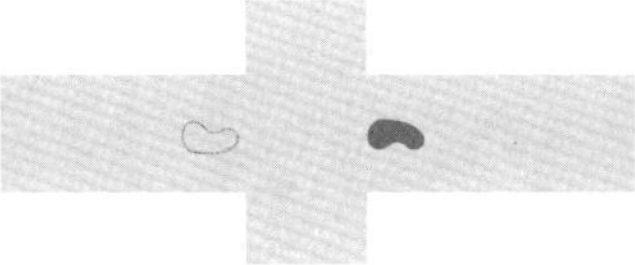

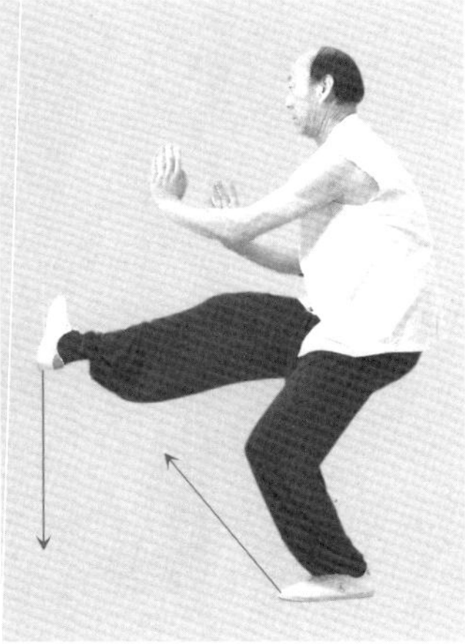

9-10　杂定跳踢

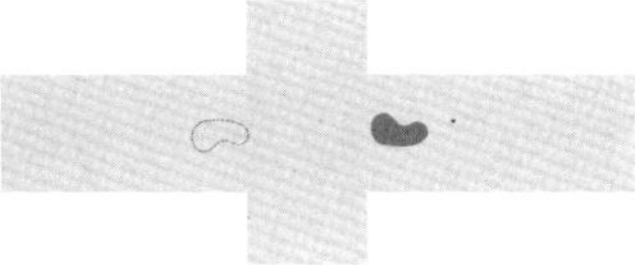

9-11 杂定跳踢

9-12 方裆劈掌（背面）

9-12 方裆劈掌（正面）

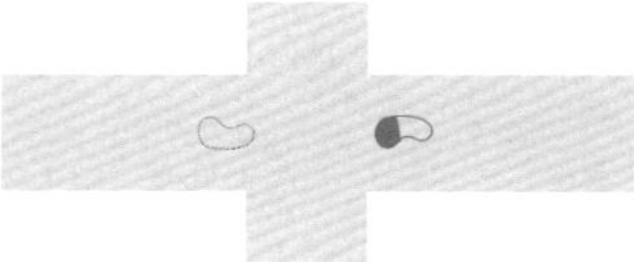

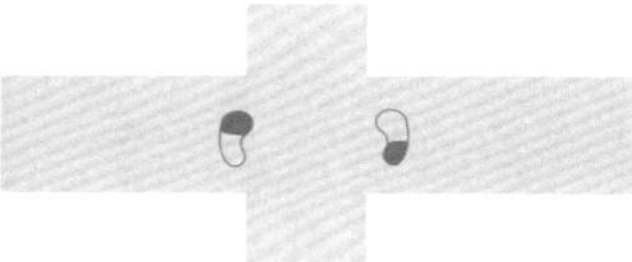

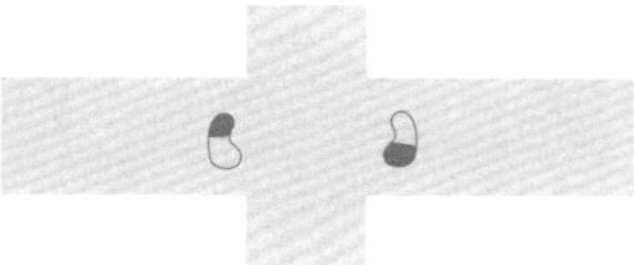

9-13 右横上步

9-14 方裆定心捶

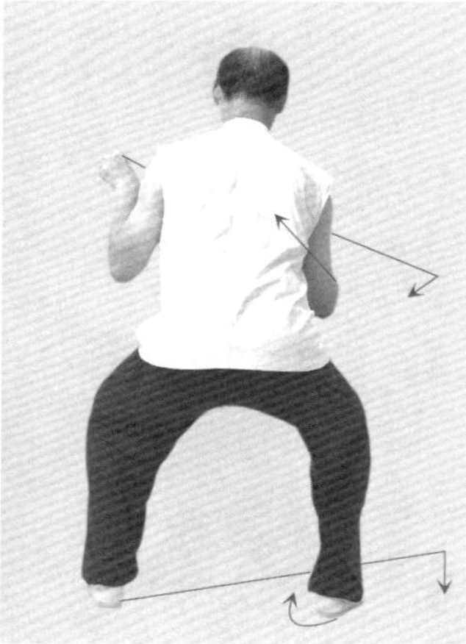

9-15 方裆定心捶（背面）

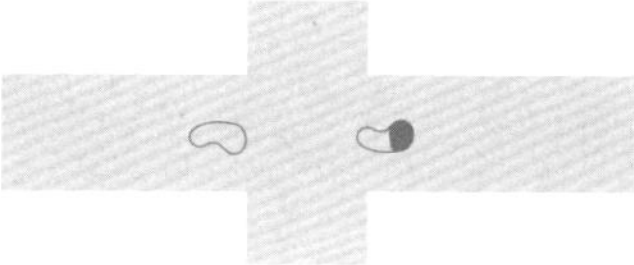

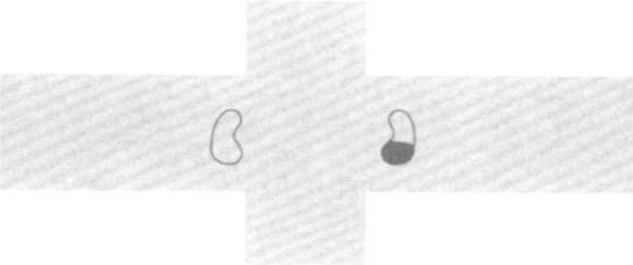

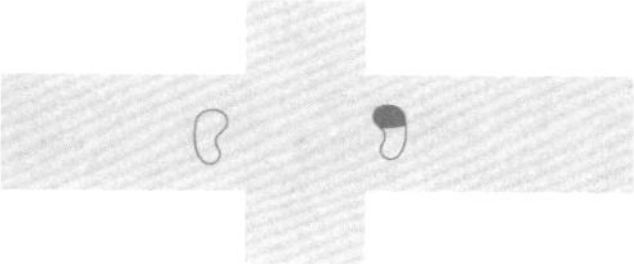

9-15　方裆定心捶（正面）

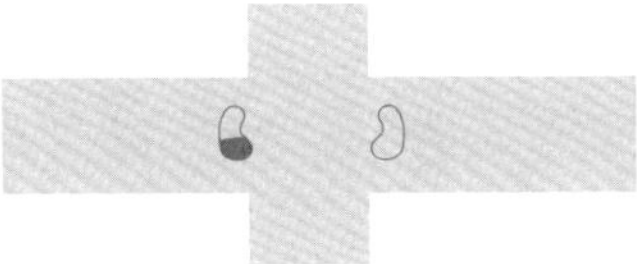

9-16　方裆定心捶

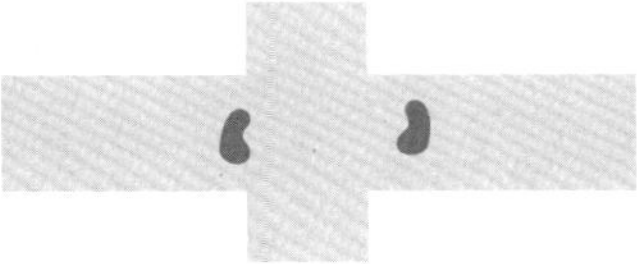

9-17　方裆架拦

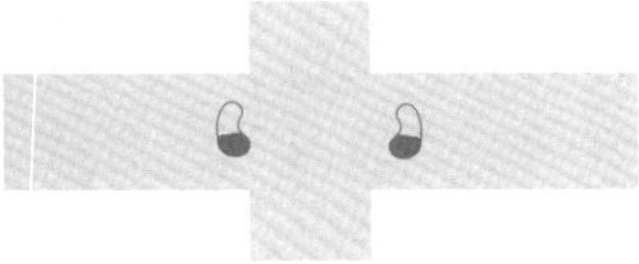

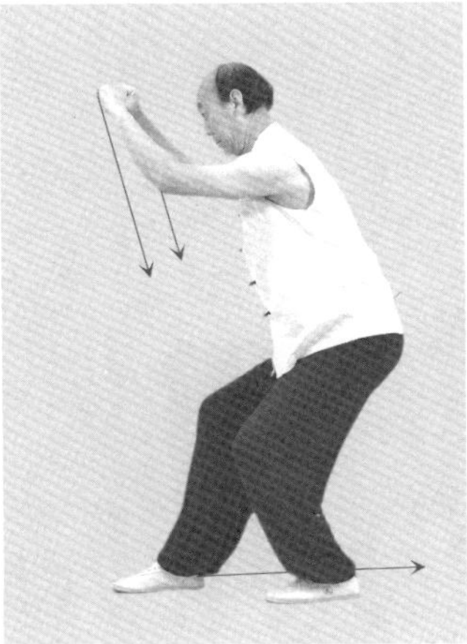

9-18　方裆架拦

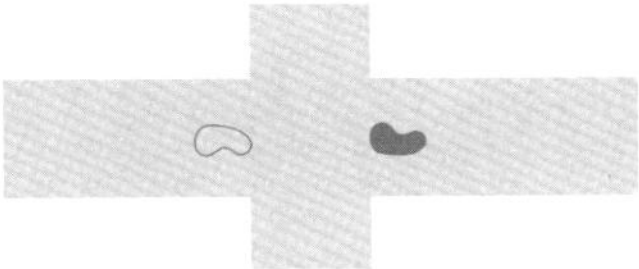

9-19　方裆架拦

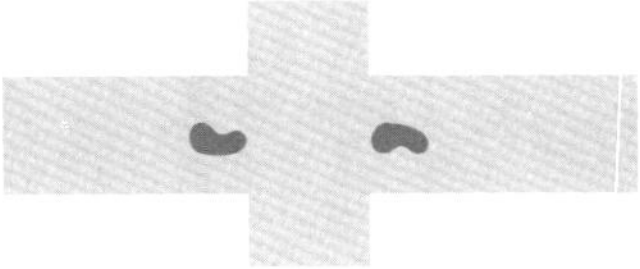

9-20　飞身踪打

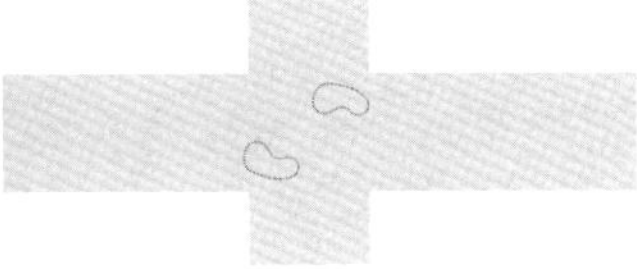

9-21　飞身踪打

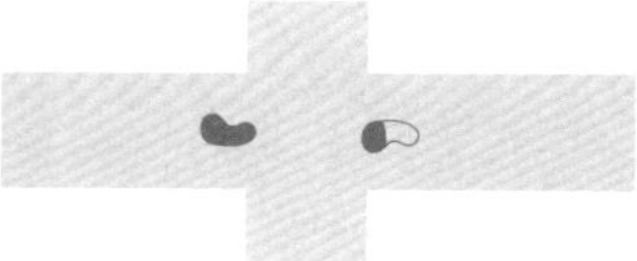

9-22　飞身踪打

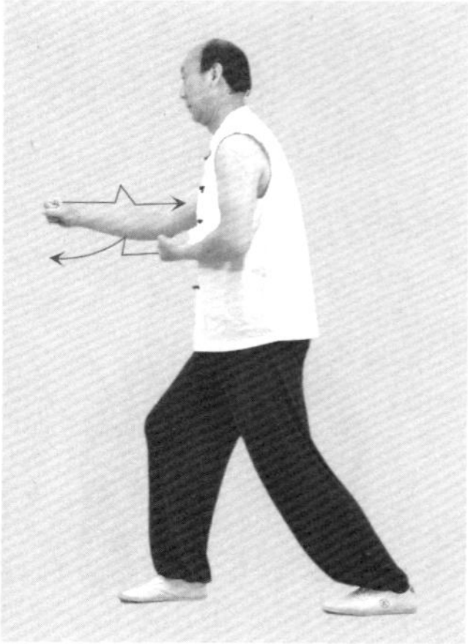

9-23　飞身踪打

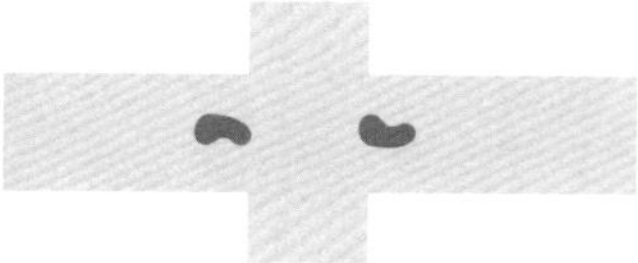

9-24　飞身踪打

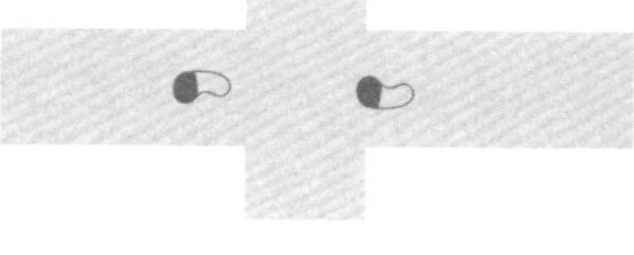

9-25　翻杂收身

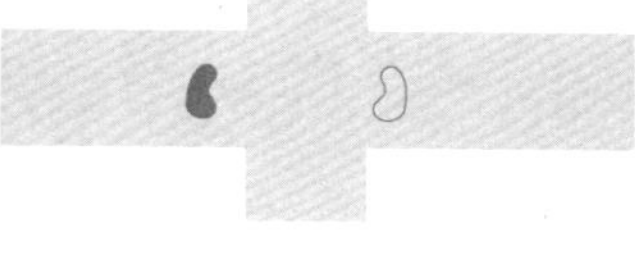

9-26　翻杂收身

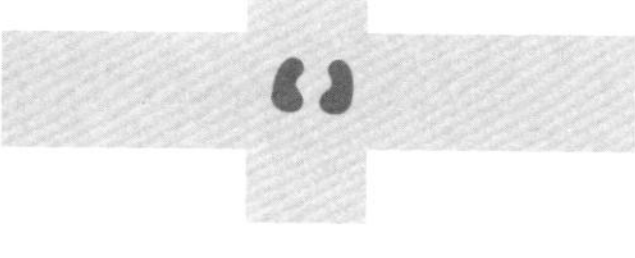

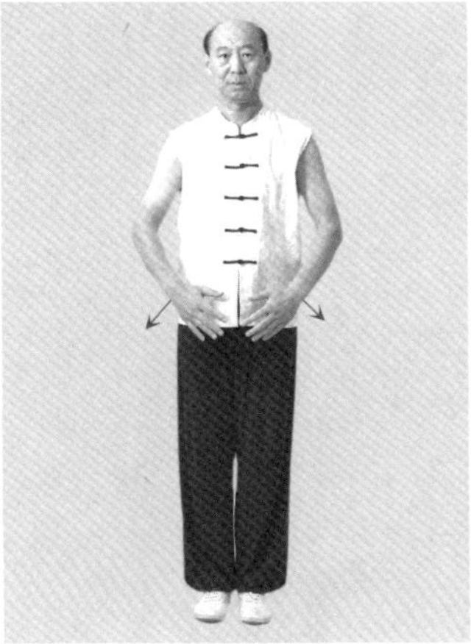

9-27　翻杂收身

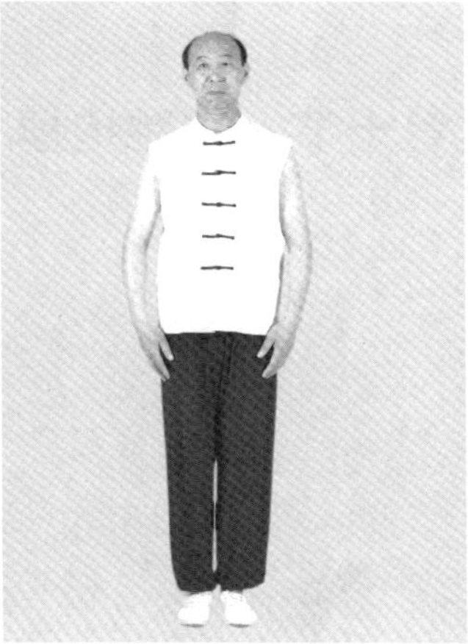

9-28　收式

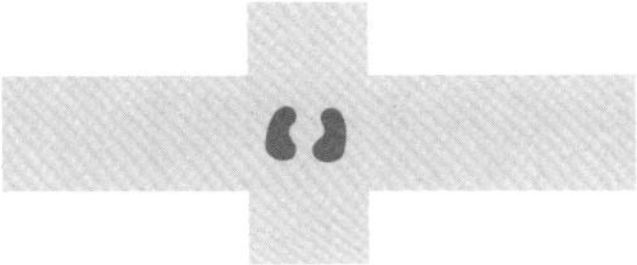

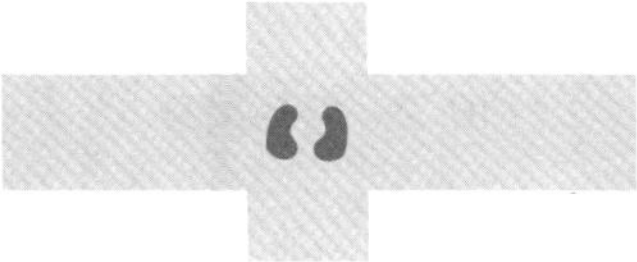

第十节 踪跳抱捶

10-1 预备式

10-2 斜裆出身

10-3 翻捶坐肘

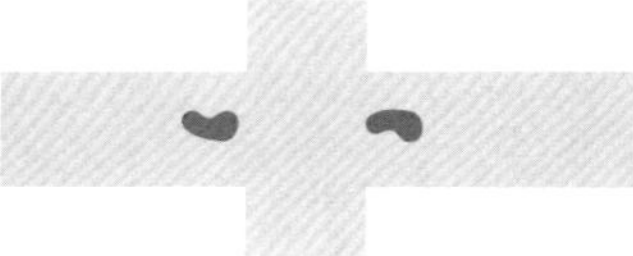

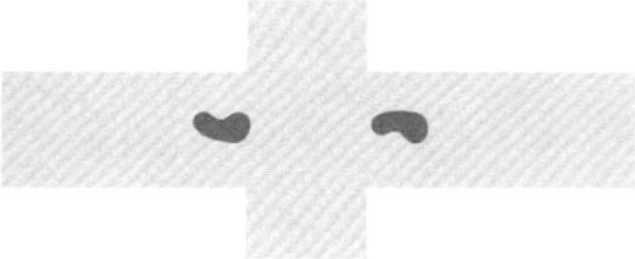

10-4 翻捶坐肘

10-5 转环斜裆

10-6 架挑扬捶

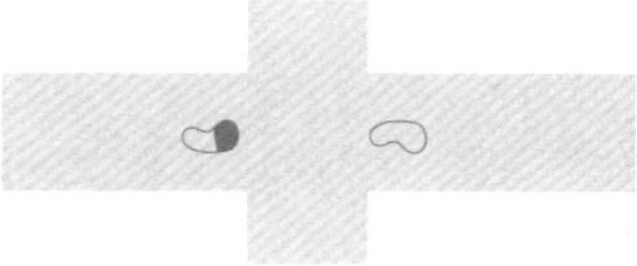

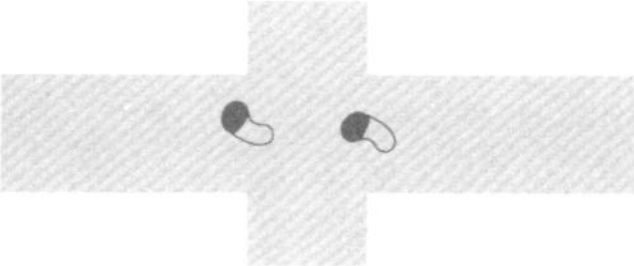

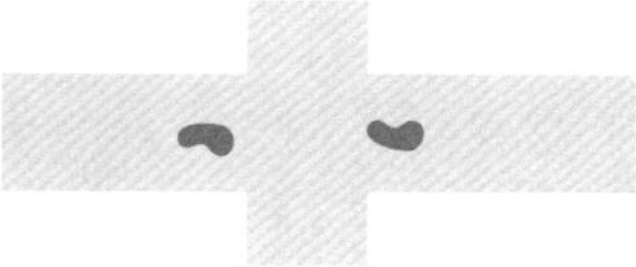

10-7　怀中抱捶

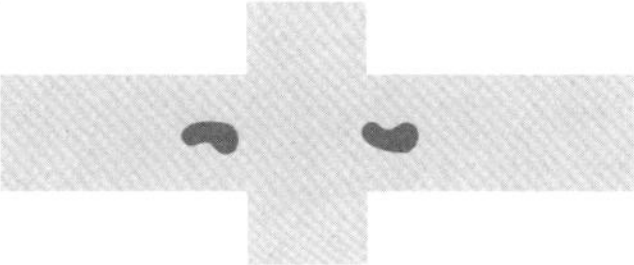

10-8　踪裆引摔

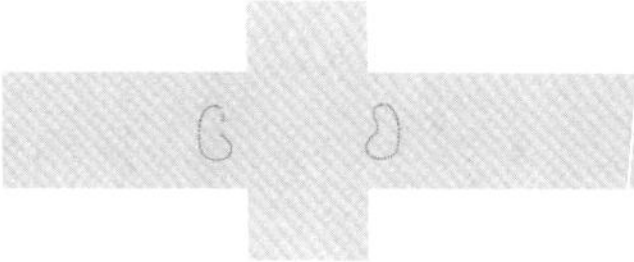

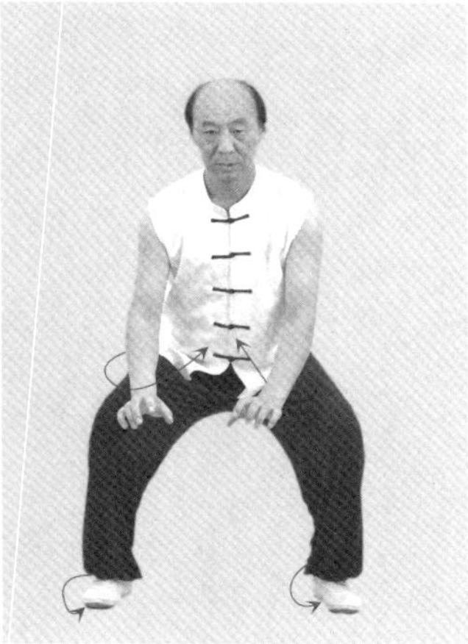
10-9　踪裆引摔

10-10　怀中抱捶

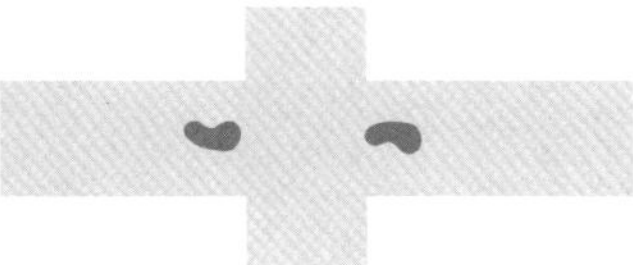

10-11　踪裆引摔

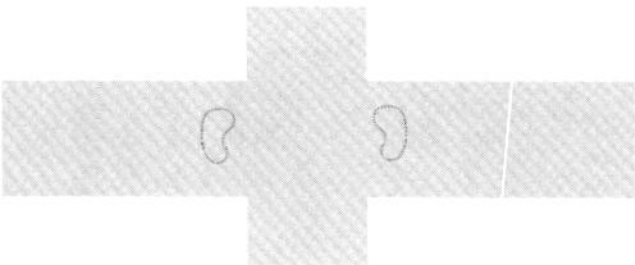

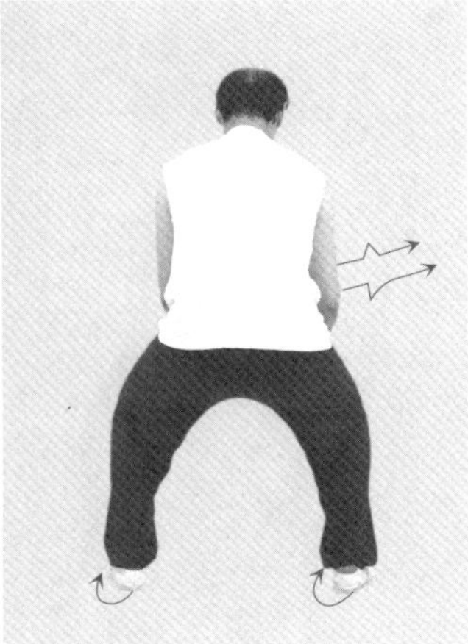
10-12　踪裆引摔（背面）

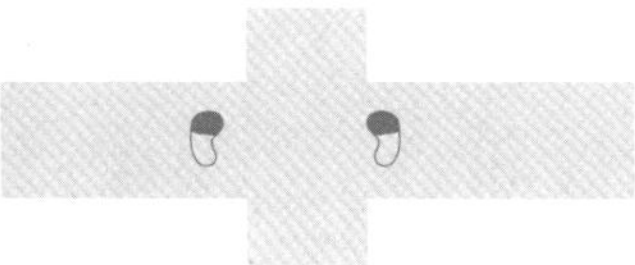

10-12 踪裆引捽（正面）

10-13 怀中抱捶

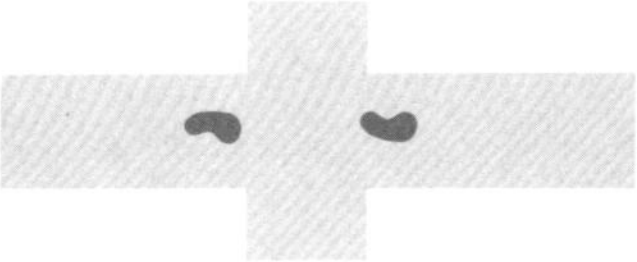

10-14 踪裆引捽

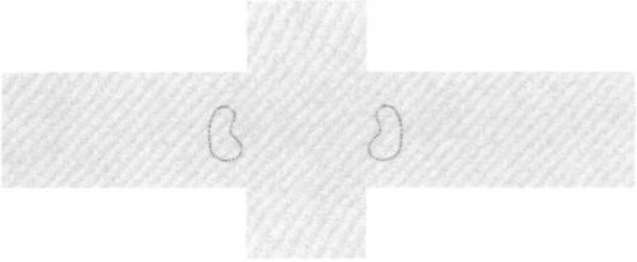

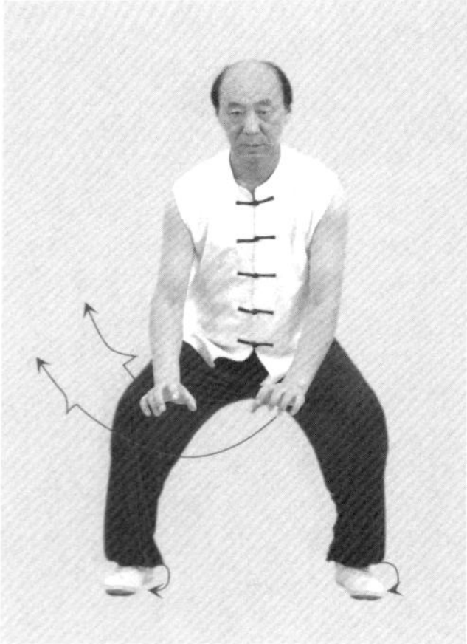

10-15 踪裆引捽

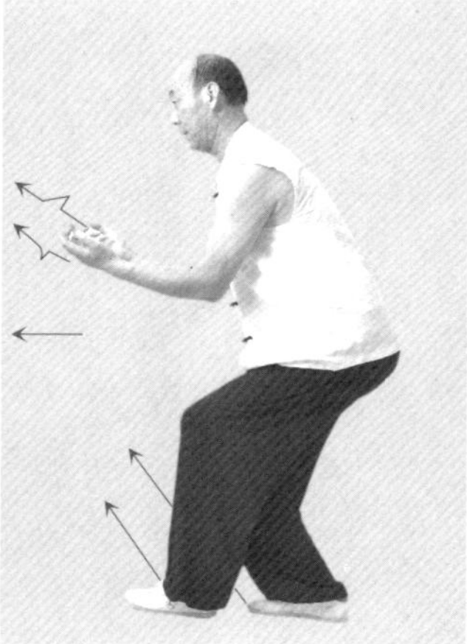

10-16 右横抱捶

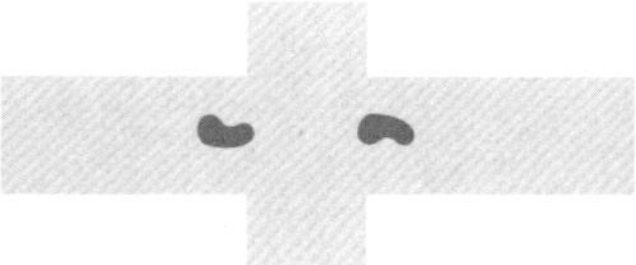

10-17 踪裆引捽

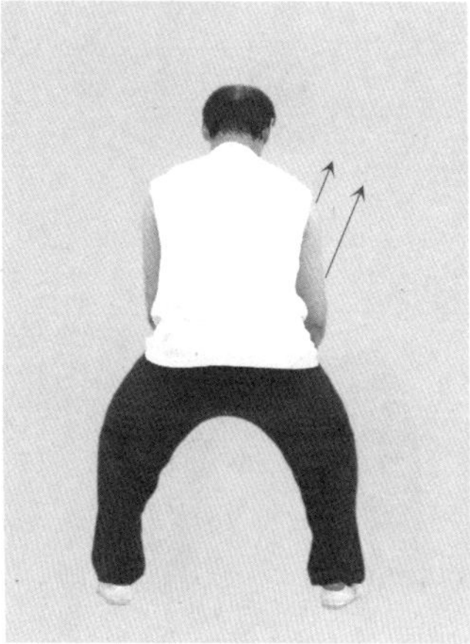

10-18　踪裆引摔（背面）

10-18　踪裆引摔（正面）

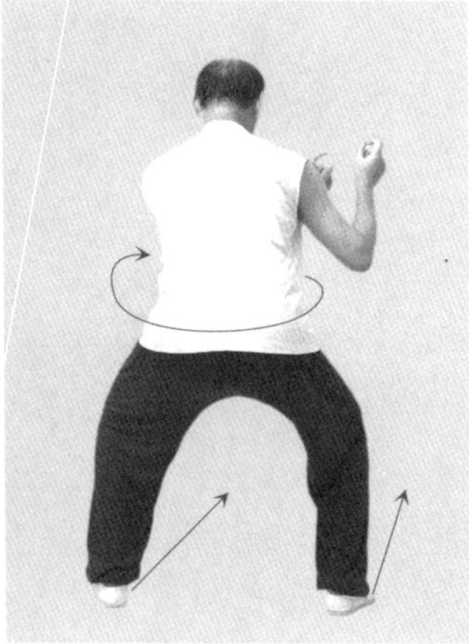

10-19　双提双坎

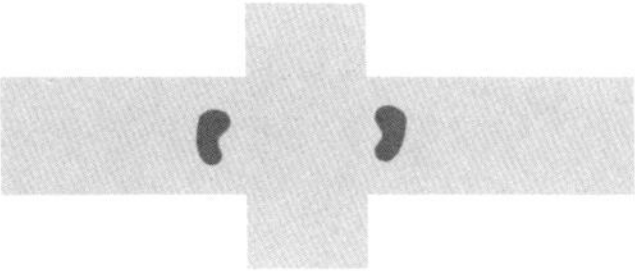

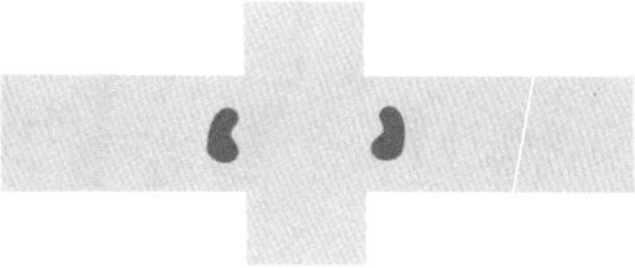

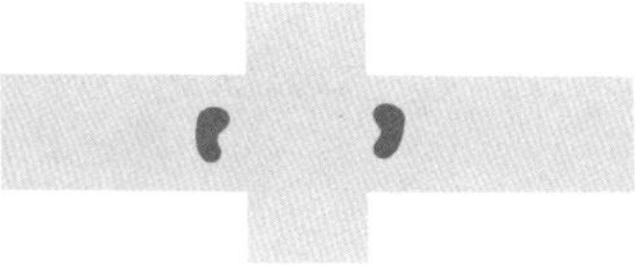

10-20　双提双坎

10-21　双提双坎

10-22　双提双坎

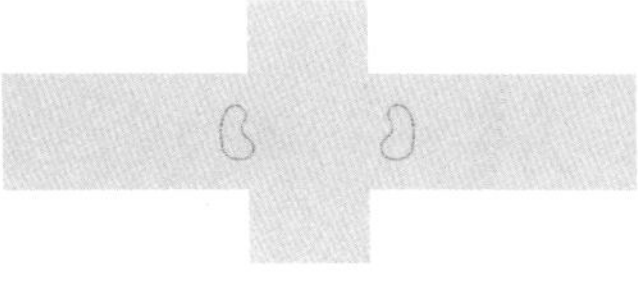

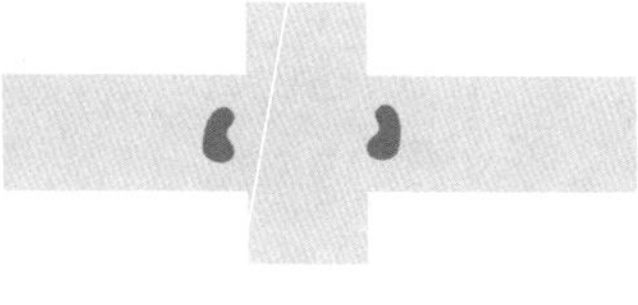

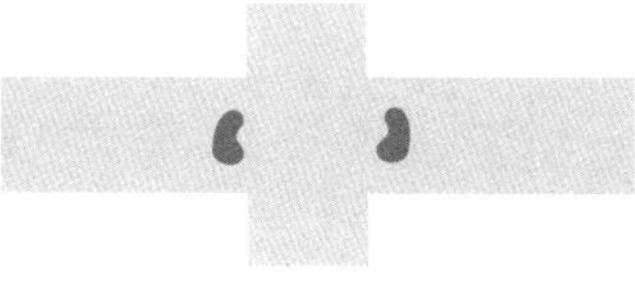

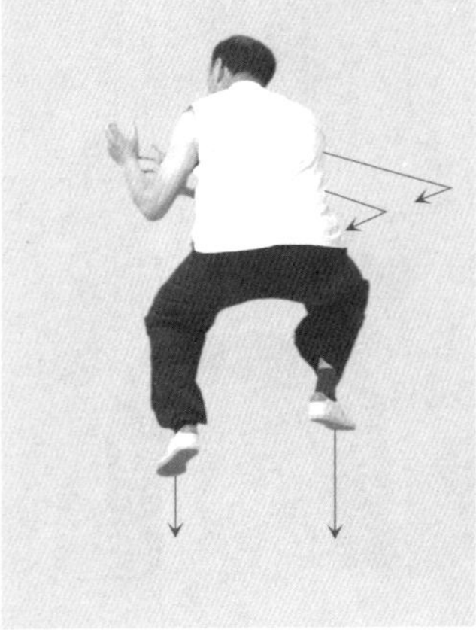

10-23 双提双坎

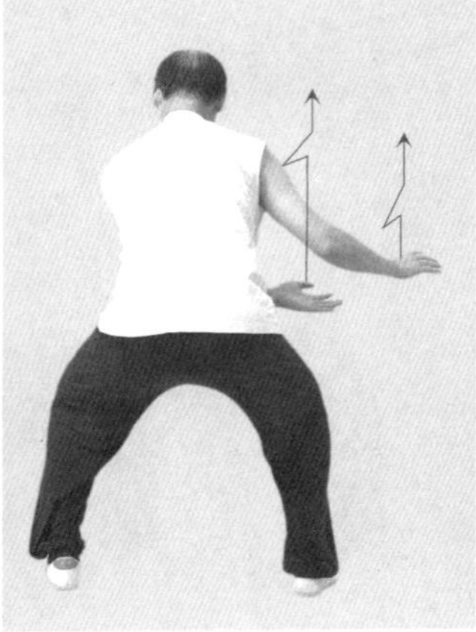

10-24 双提双坎

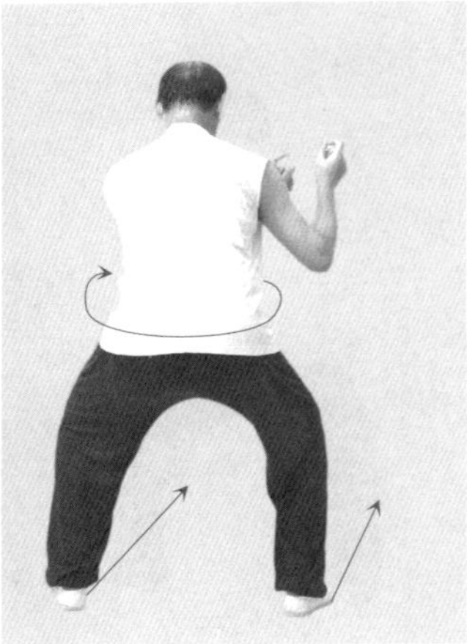

10-25 双提双坎

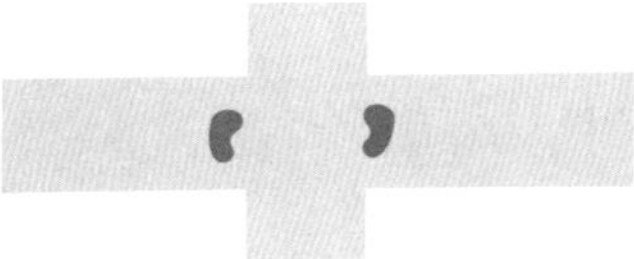

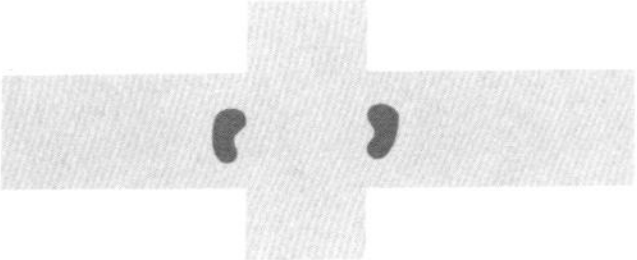

10-26 双提双坎

10-27 双提双坎

10-28 右横疾踪

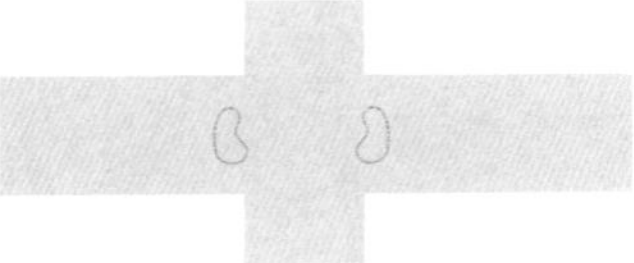

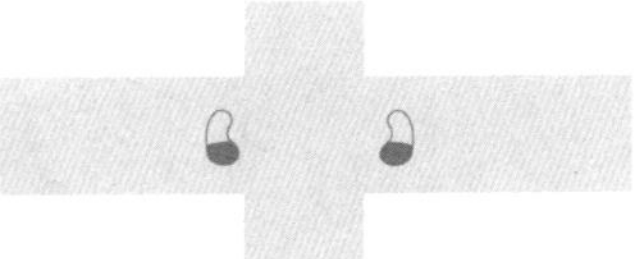

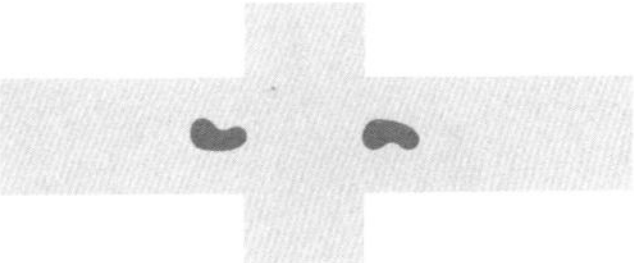

10-29　飞身提坎

10-30　飞身提坎

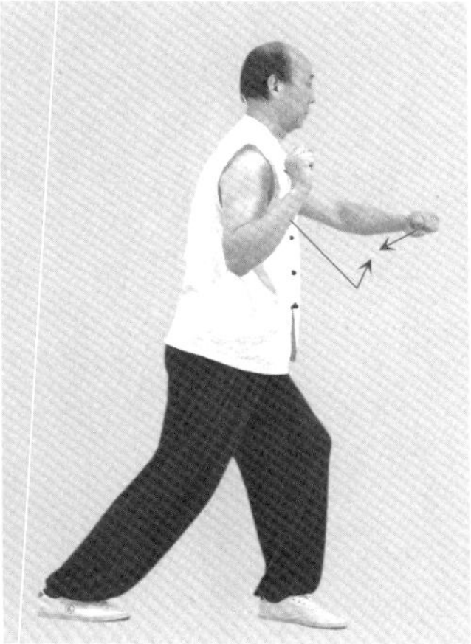

10-31　左横挑打

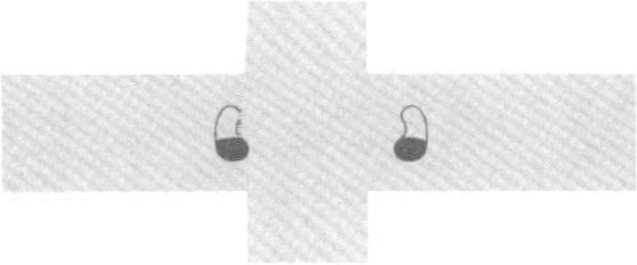

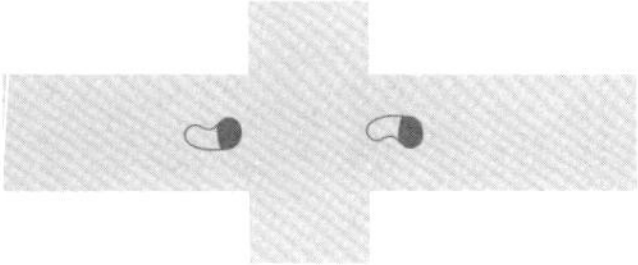

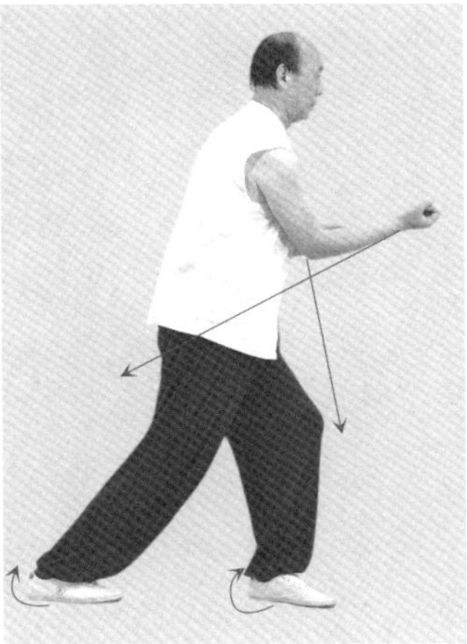

10-32　切打收身

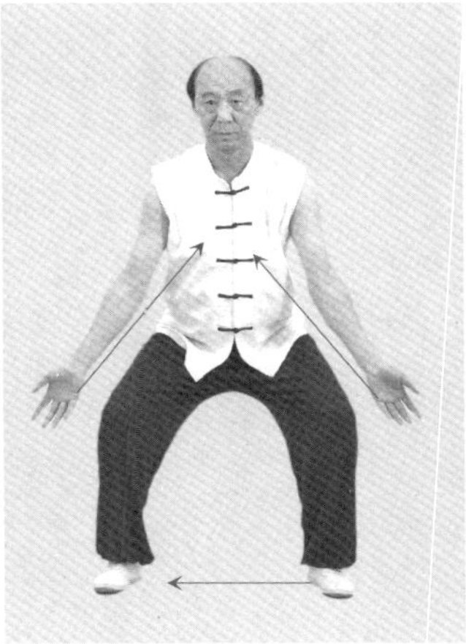

10-33　切打收身

10-34　切打收身

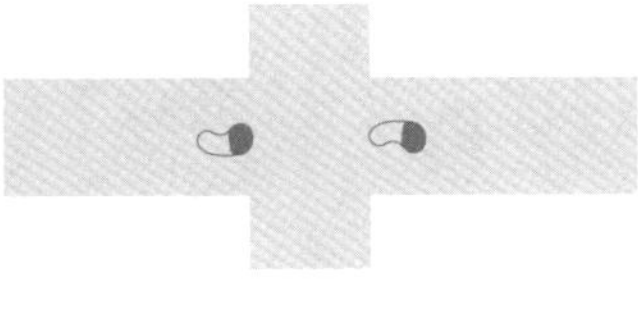

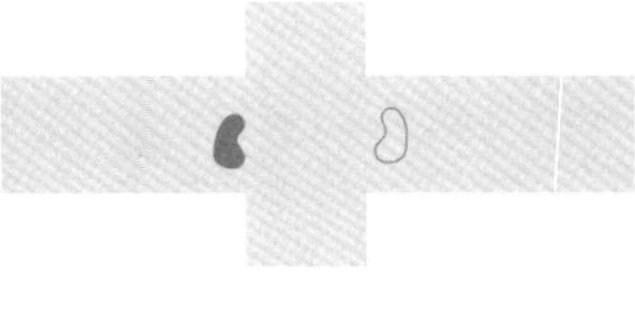

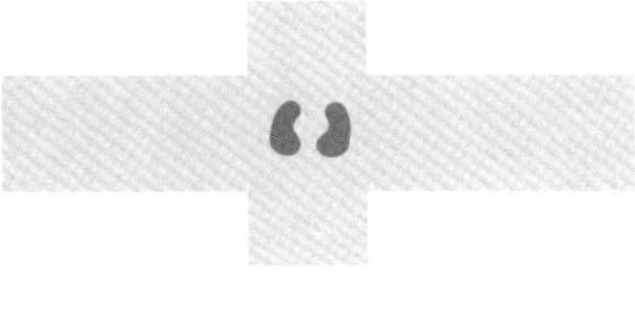

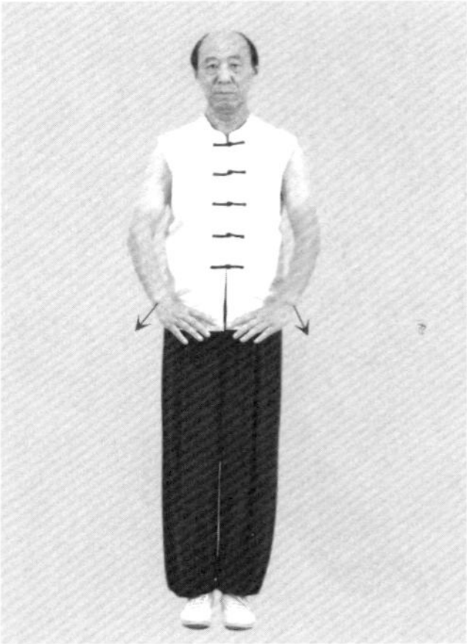

10-35 切打收身

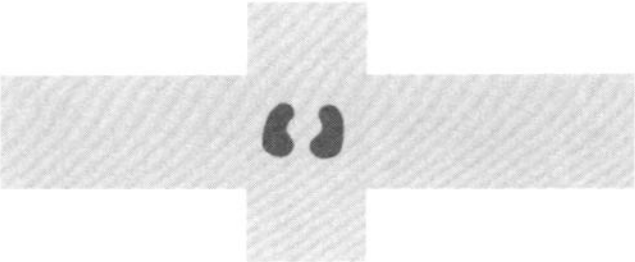

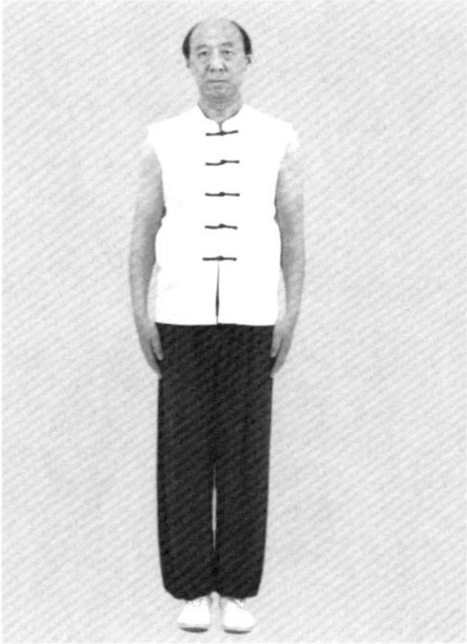

10-36 收式

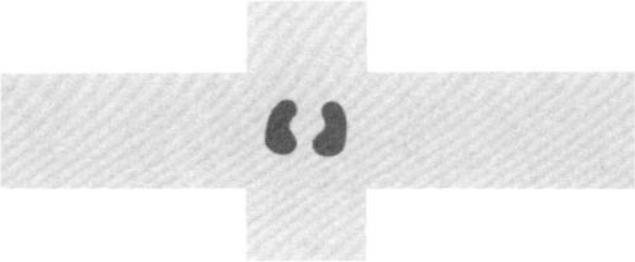

第十一节 风砂荷叶掌

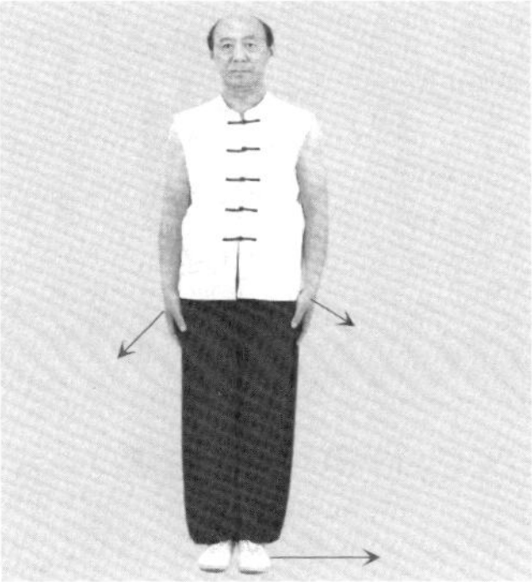
11-1 预备式
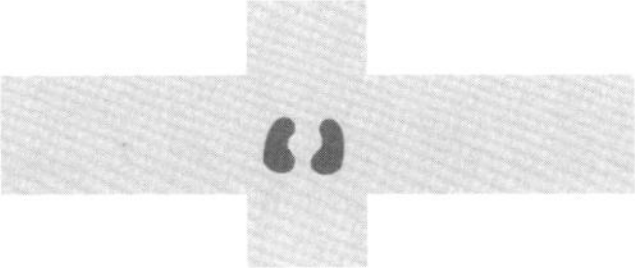

11-2 方裆拖拱
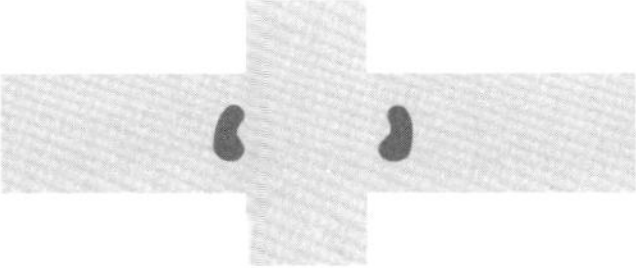

11-3 方裆拖拱
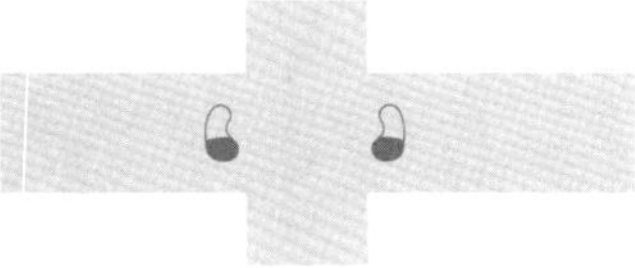

11-4 单剪单摘
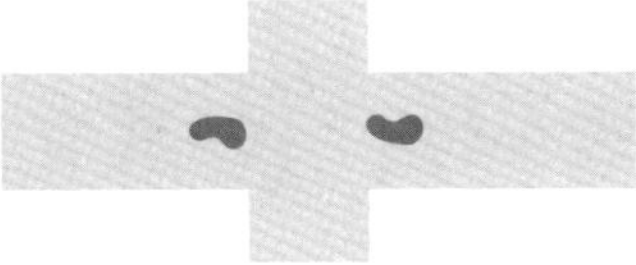

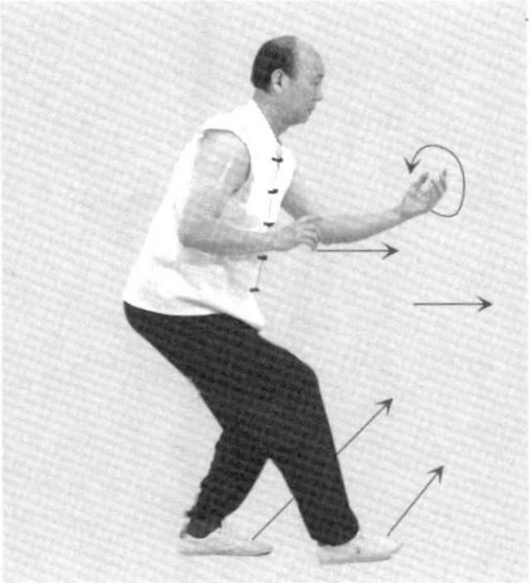
11-5 单剪单摘
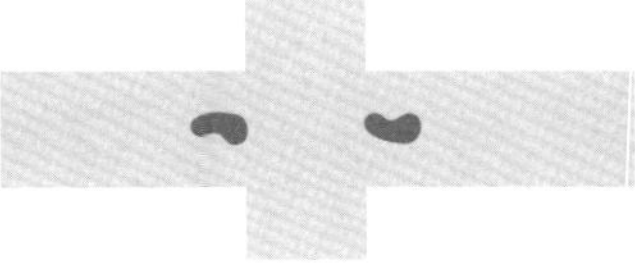

11-6 飞身卧云
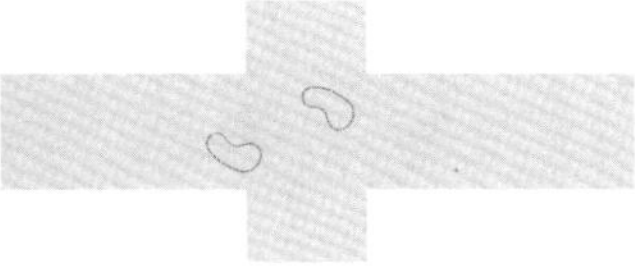

11-7 飞身卧云

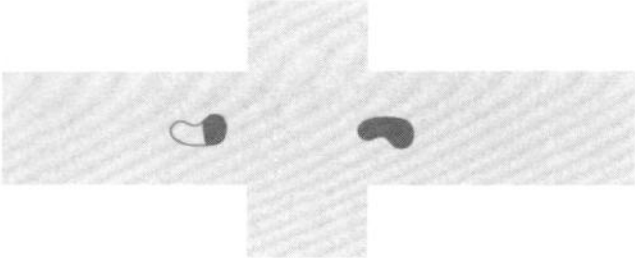

11-8 飞身卧云

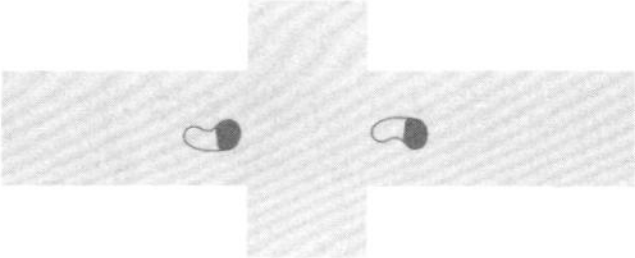

11-9 荷叶盘掌

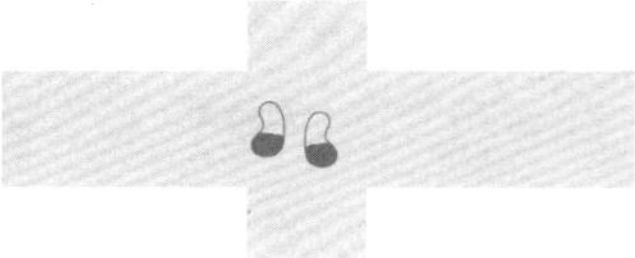

11-10 还身抱剪

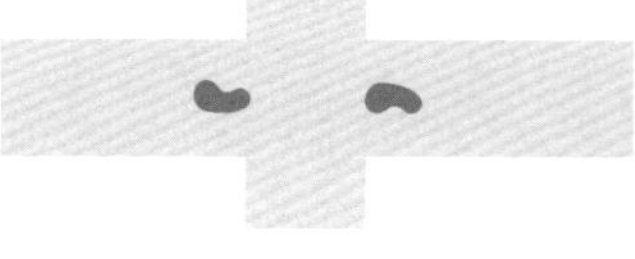

11-11 飞身卧云

11-12 飞身卧云

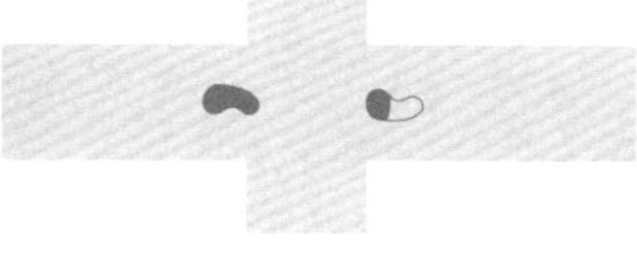

11-13　飞身卧云

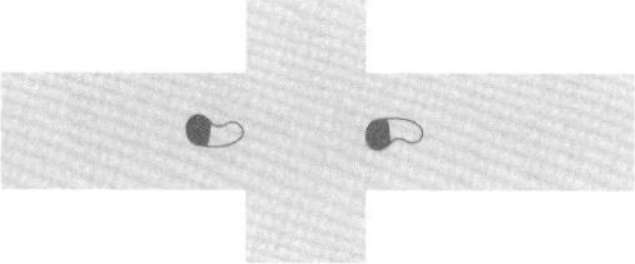

11-14　荷叶盘掌

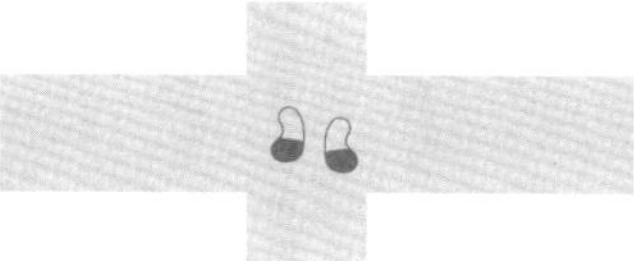

11-15　还身抱剪

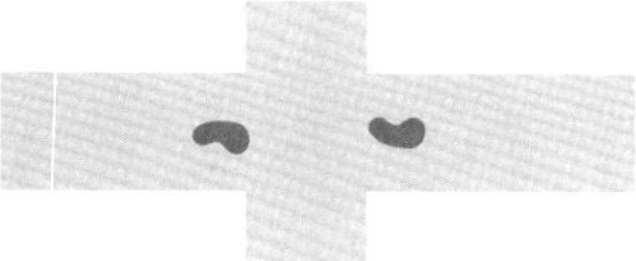

11-16　踪打单捶

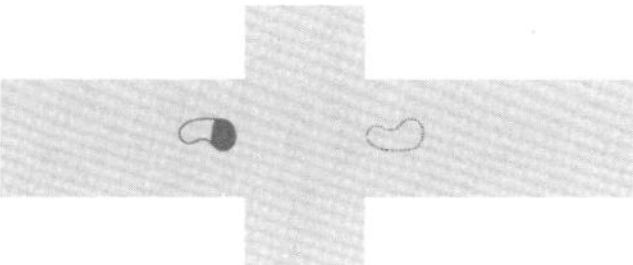

11-17　踪打单捶

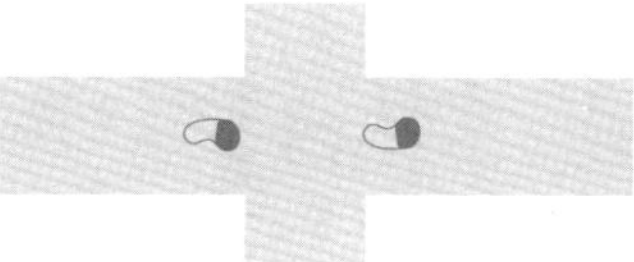

11-18　还身抱剪

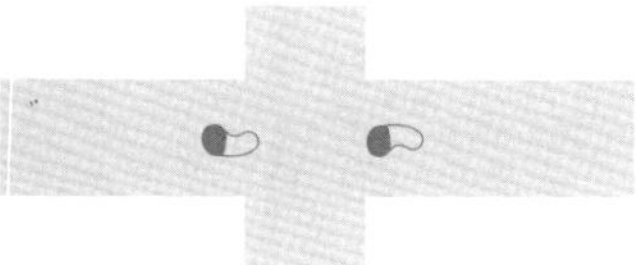

11-19 飞身踪跳

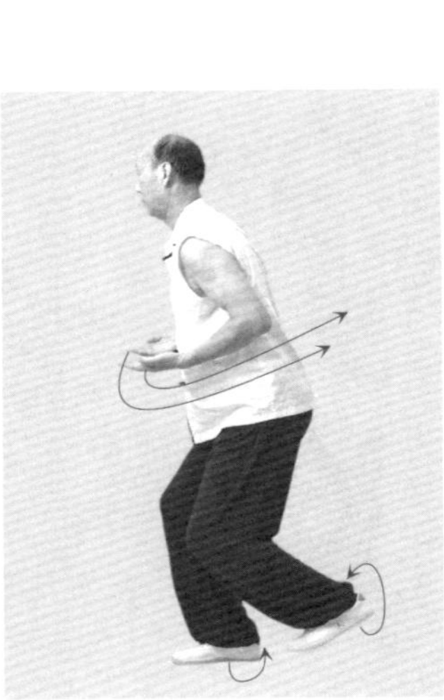

11-20 飞身踪跳

11-21 鸳鸯叠云

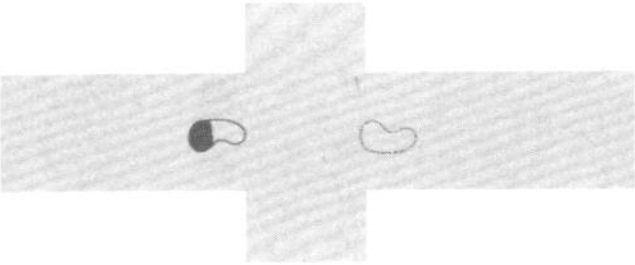

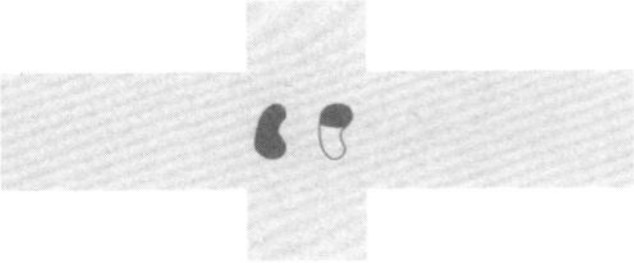

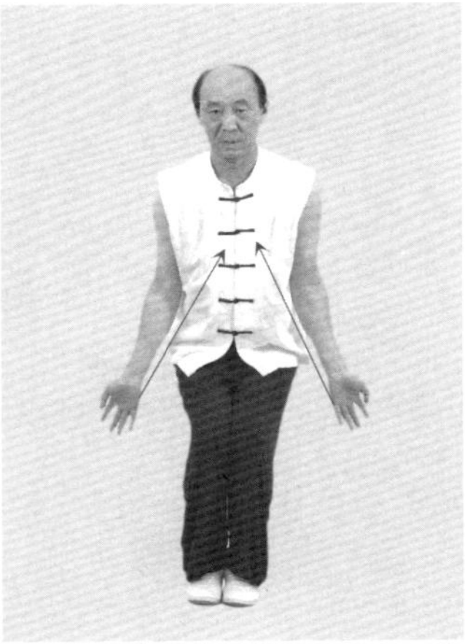

11-22 并齐收身

11-23 并齐收身

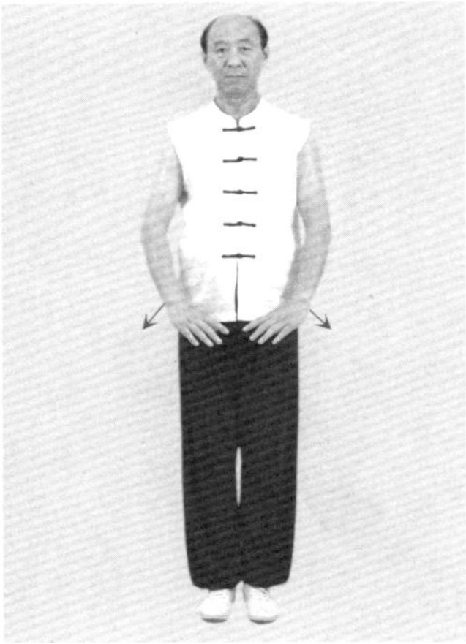

11-24 并齐收身

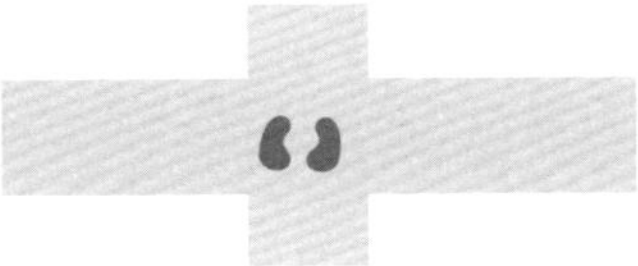

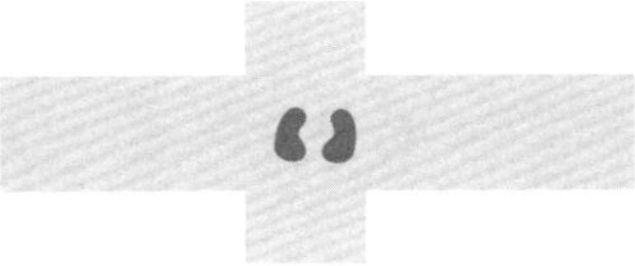

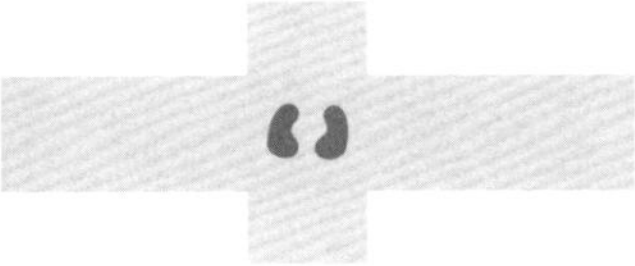

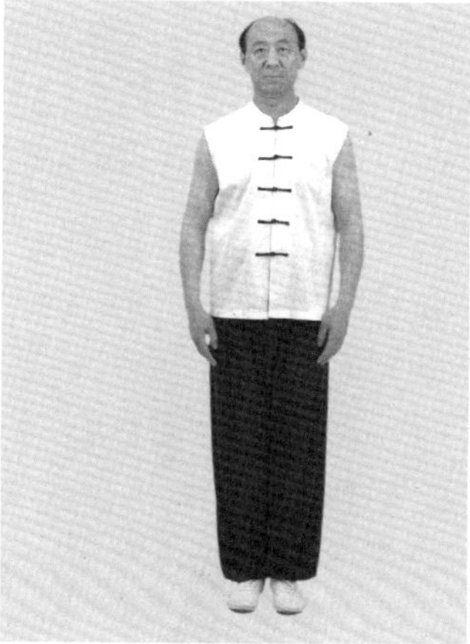

11-25　收式

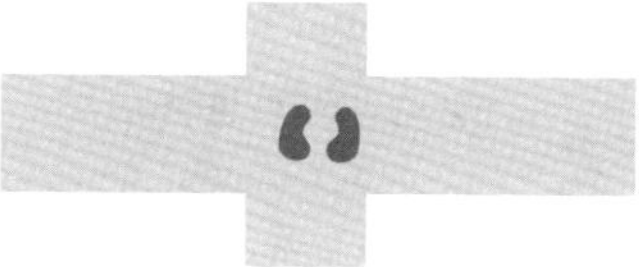

第十二节 摔拿绕身

12-1 预备式

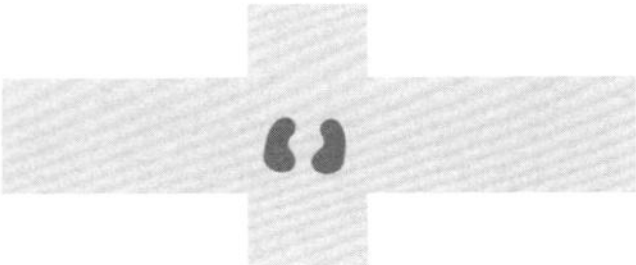

12-2 斜身连还

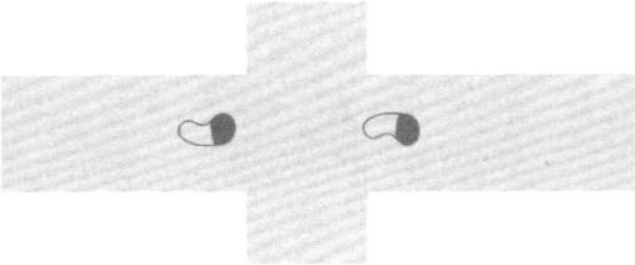

12-3 斜身连还

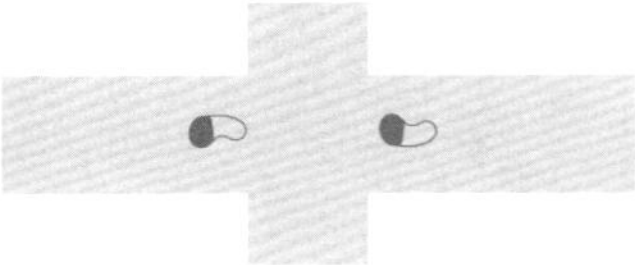

12-4 斜身连还

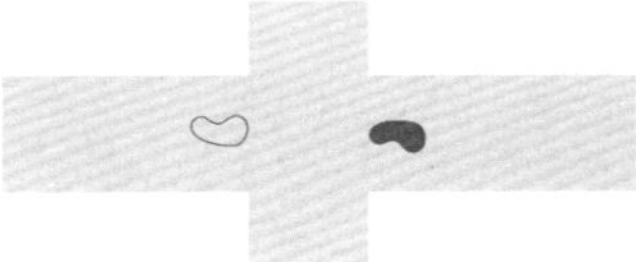

12-5 追打风河

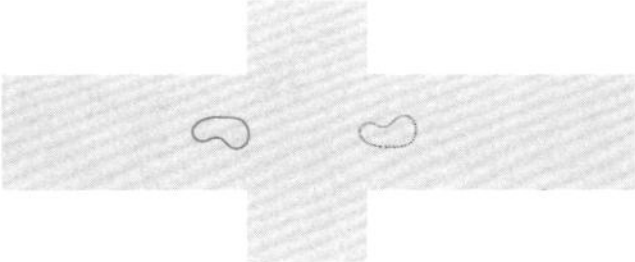

12-6 追打风河

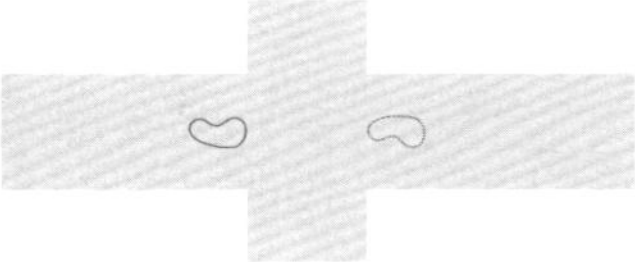

12-7　追打风河

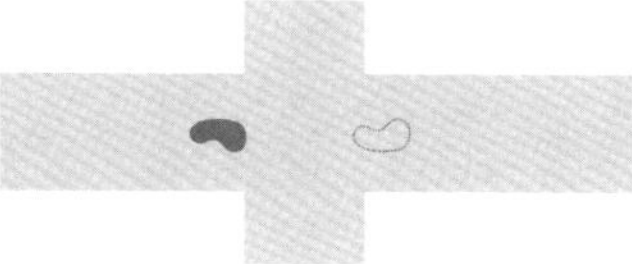

12-8　斜裆回身

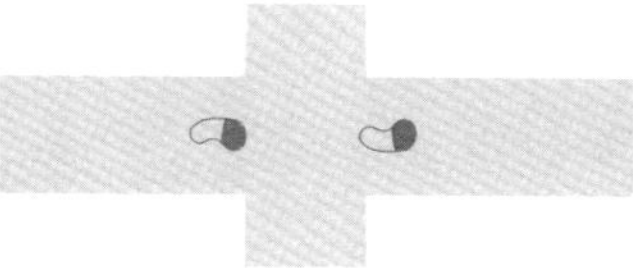

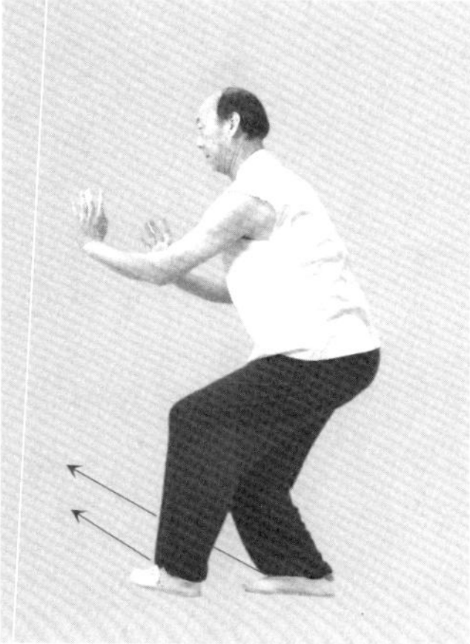

12-9　斜裆回身

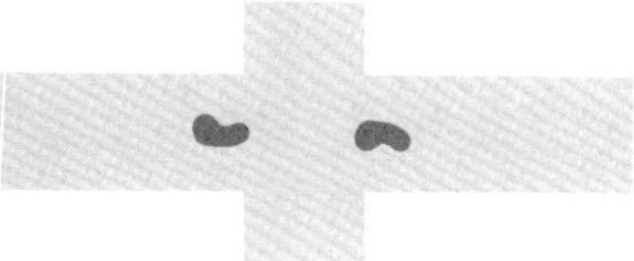

12-10　飞身绕跃

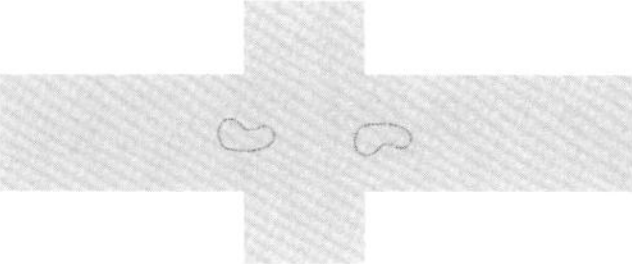

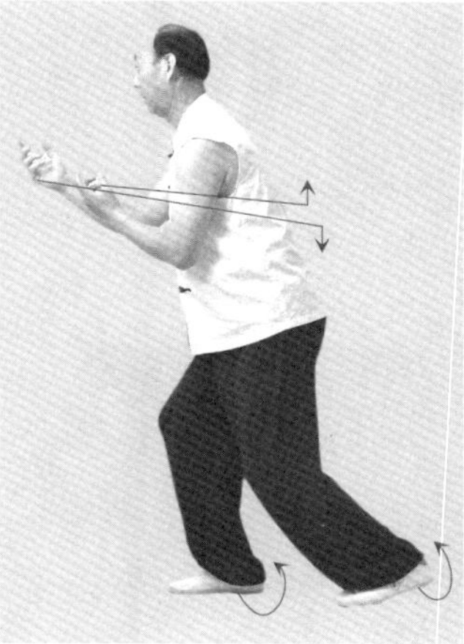

12-11　飞身绕跃

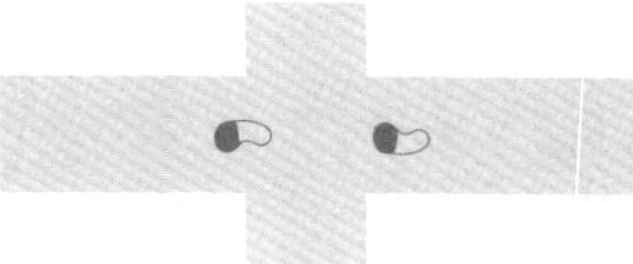

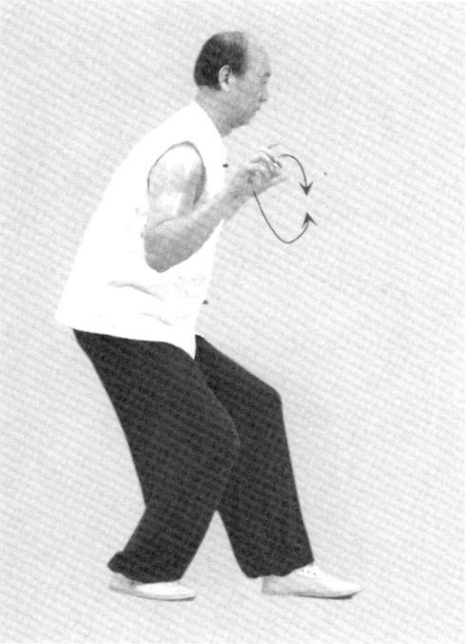

12-12　捭拿荷叶

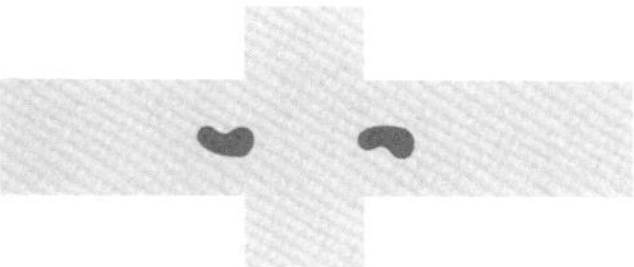

12-13 捭拿荷叶

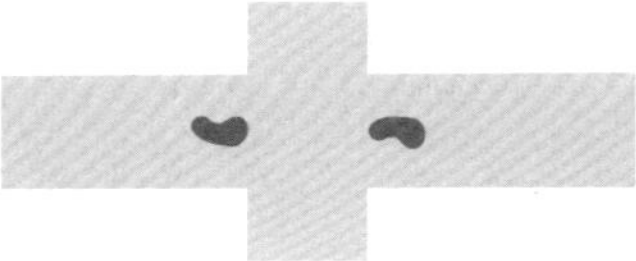

12-14 飞身绕跃

12-15 飞身绕跃

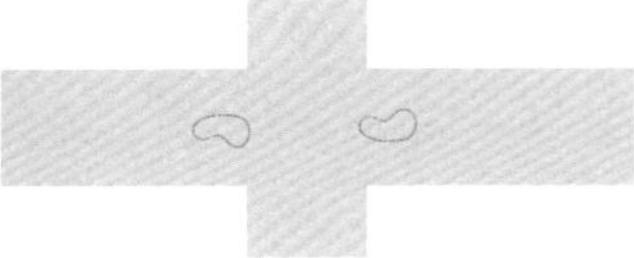

12-16 捭拿荷叶

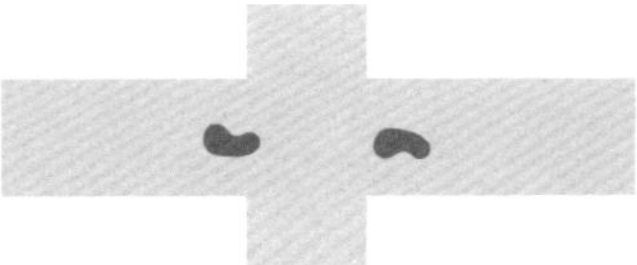

12-17 捭拿荷叶

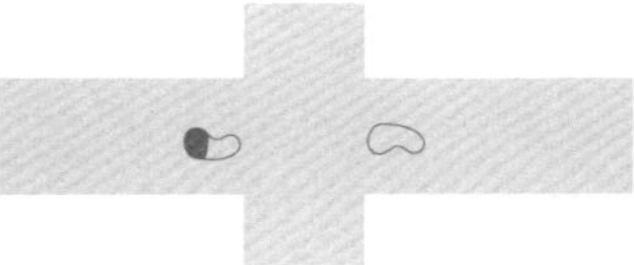

12-18 含揉蛇行

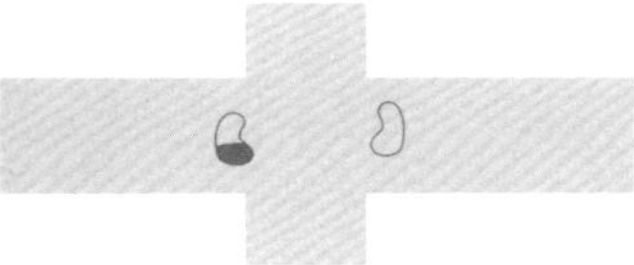

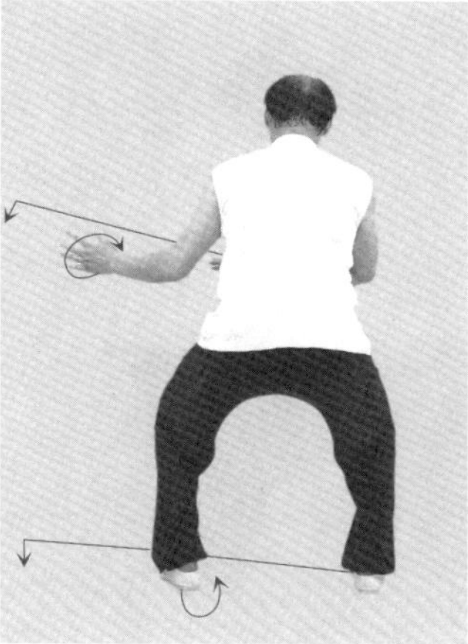

12-19　含揉蛇行（背面）

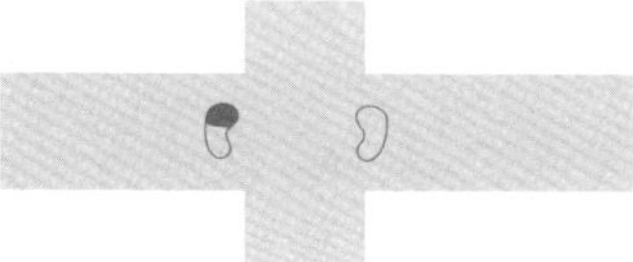

12-19　含揉蛇行（正面）

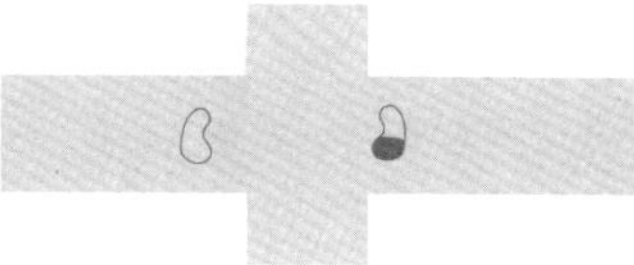

12-20　含揉蛇行

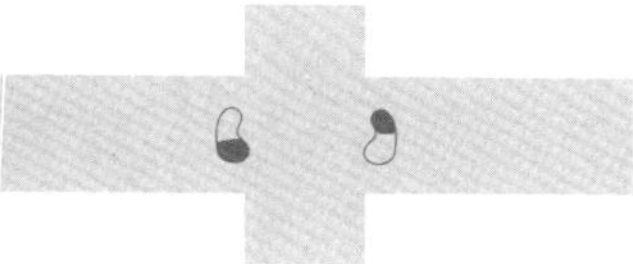

12-21　左横斜身

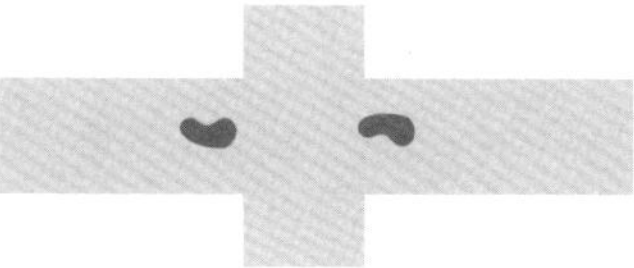

12-22　飞身独先

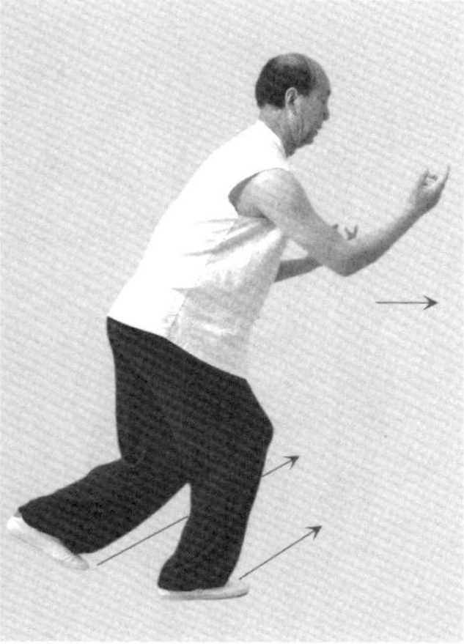

12-23　飞身独先

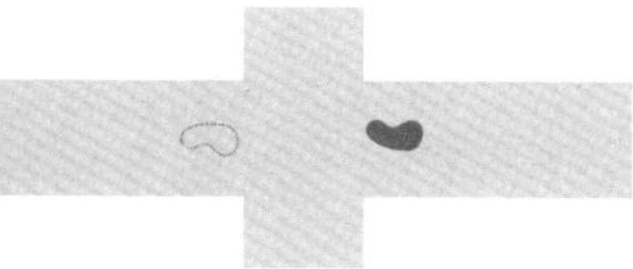

12-24 飞身独先

12-25 飞身独先

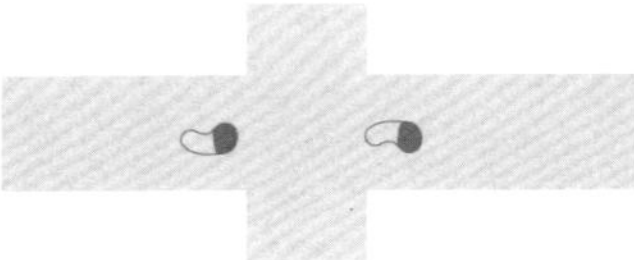

12-26 飞身独先

12-27 金刚献背

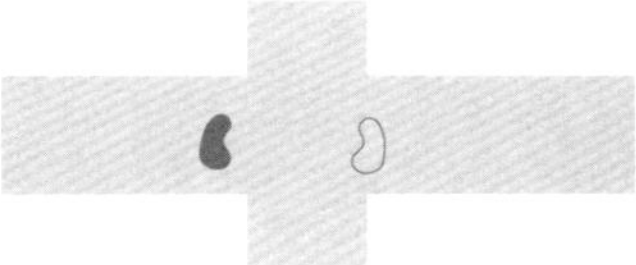

12-28 金刚献背

12-29 金刚献背

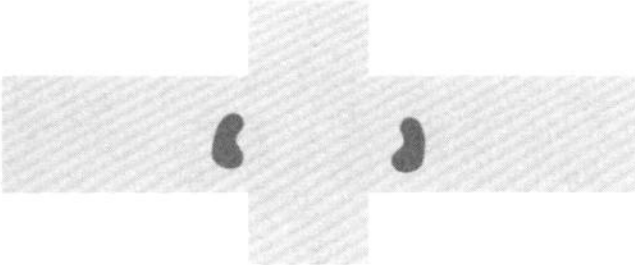

12-30　双拘收身

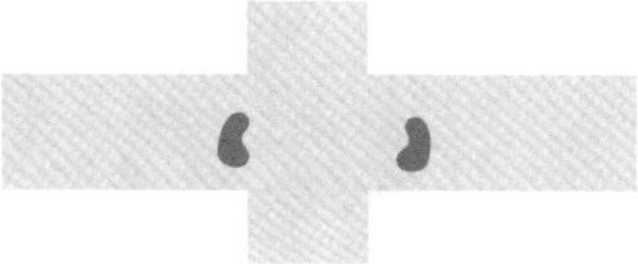

12-31　双拘收身

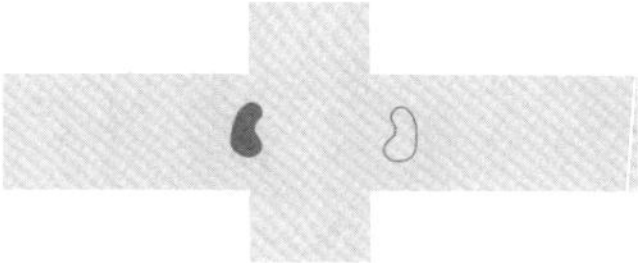

12-32　双拘收身

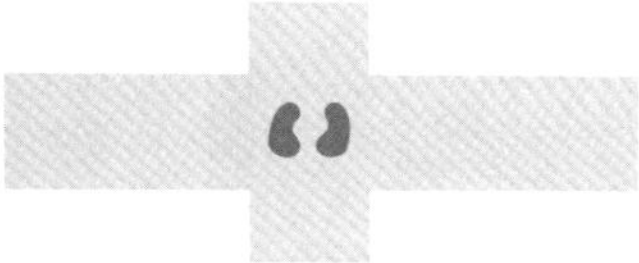

12-33　双拘收身

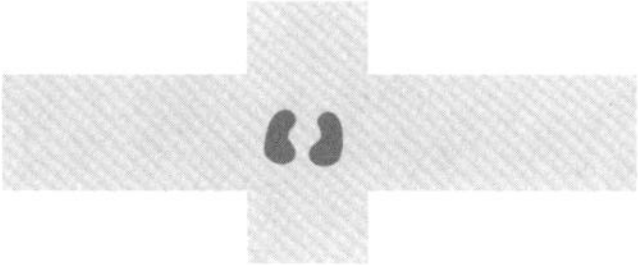

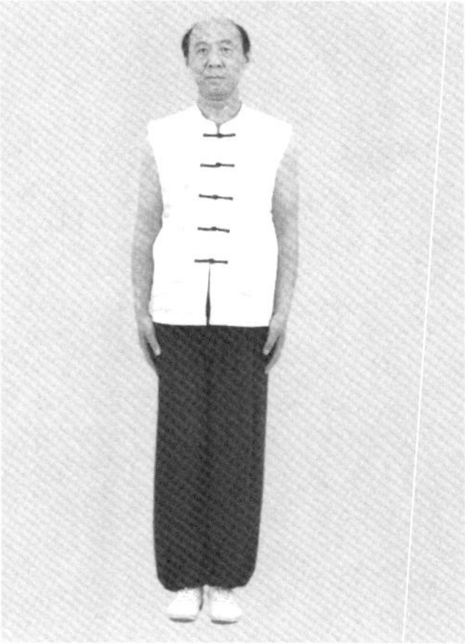

12-34　收式

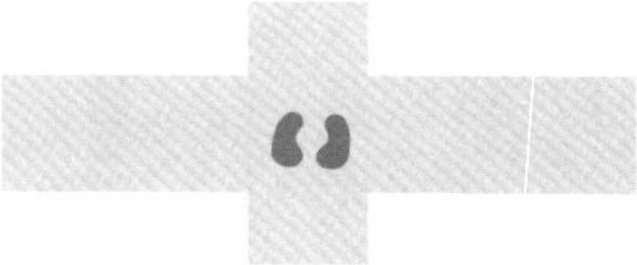

第九章　器械演示

第一节　（小）护手双钩

1-1　预备式

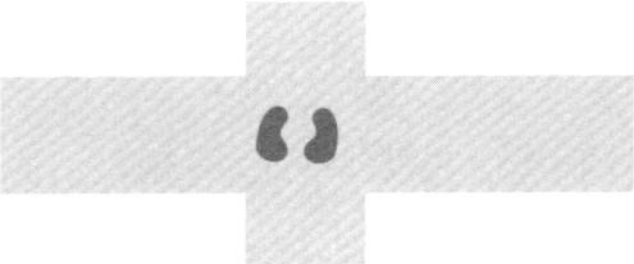

1-2　方裆比钩

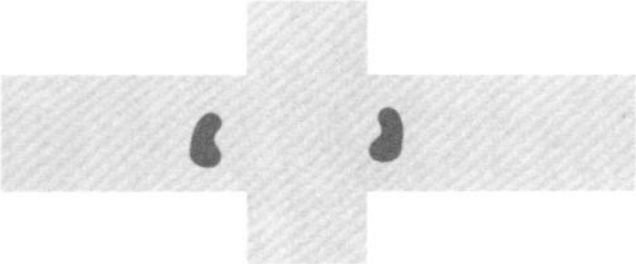

1-3　反走撩阴

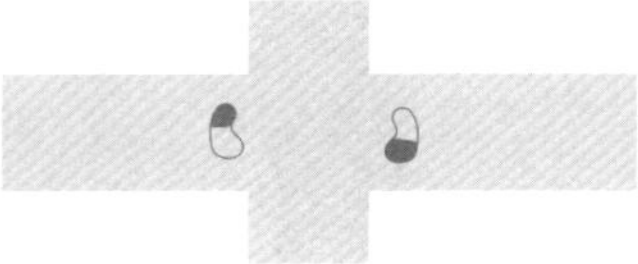

1-4　上步推钩

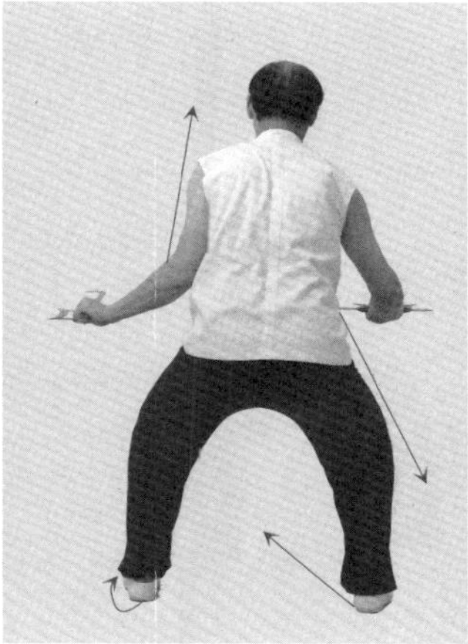

1-5　上步推钩（背面）

1-5　上步推钩（正面）

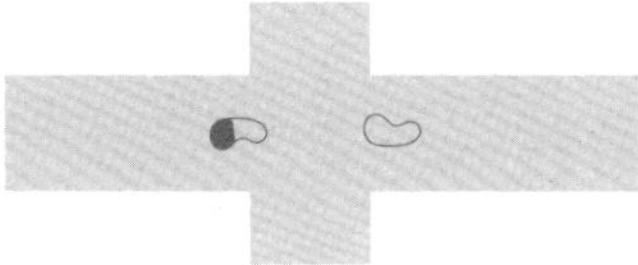

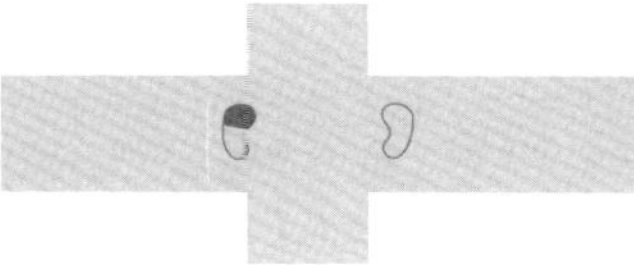

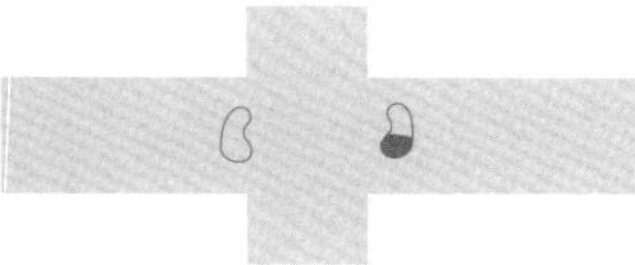

1-6　还身下代

1-7　单背单坎

1-8　单背单坎

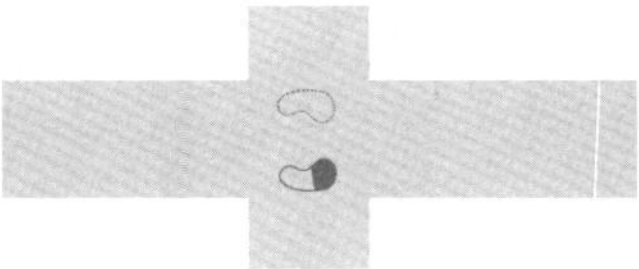

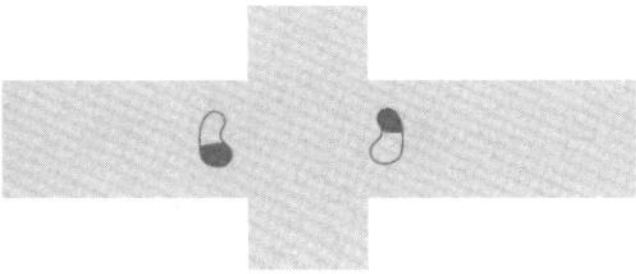

1-9 单背单坎

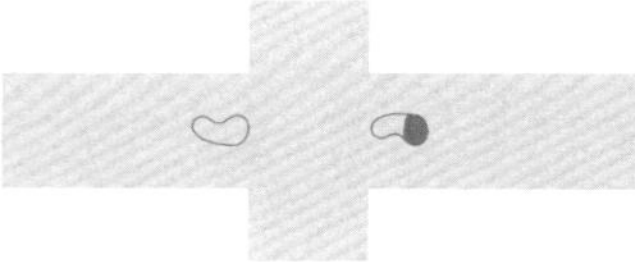

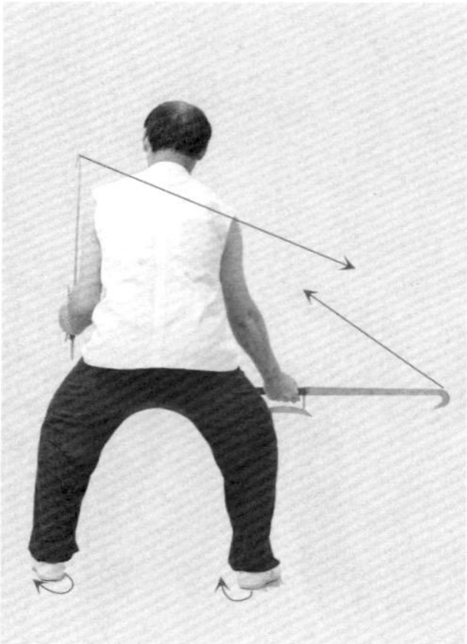

1-10 单背单坎

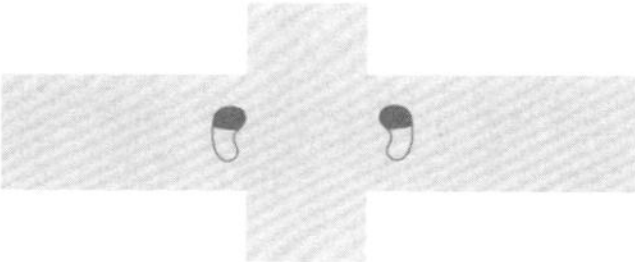

1-11 单背单坎

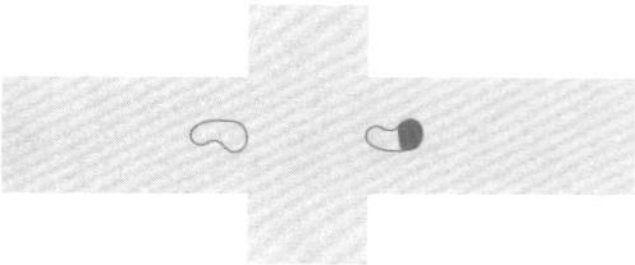

1-12 单背单坎

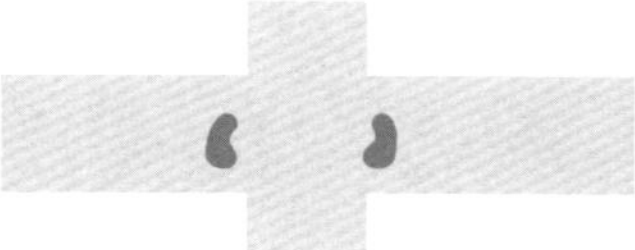

1-13 方裆并钩

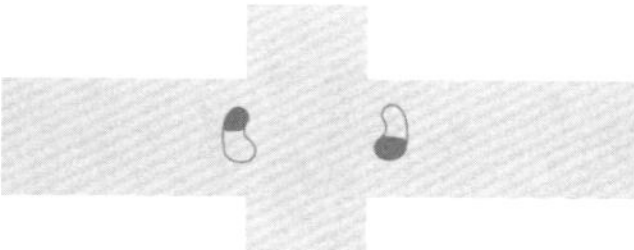

1-14 双背双坎

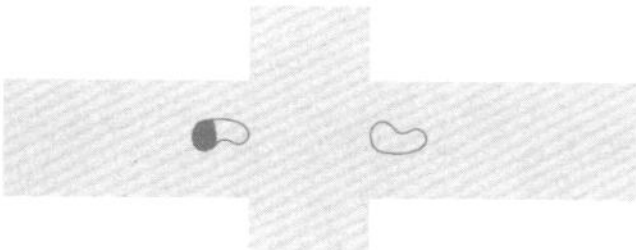

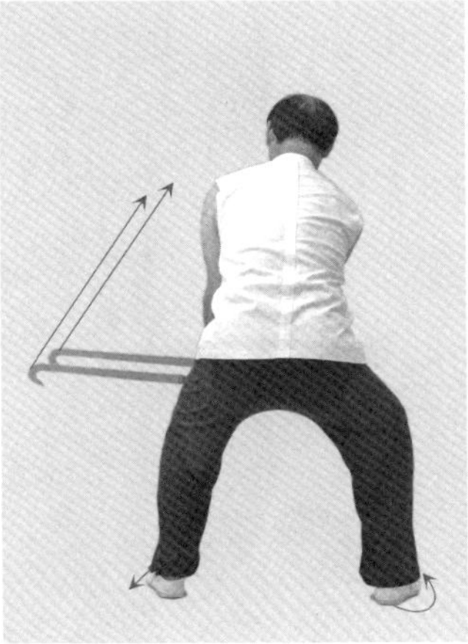

1-15 双背双坎

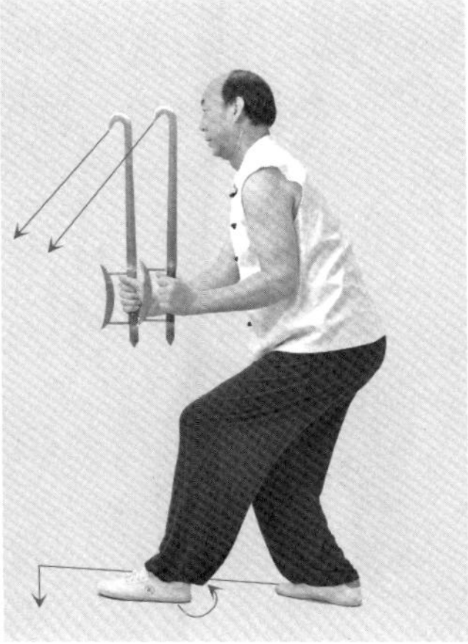

1-16 双背双坎

1-17 双背双坎

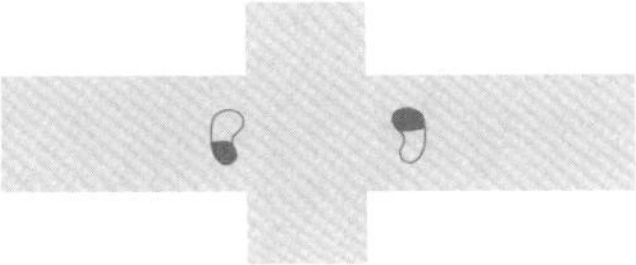

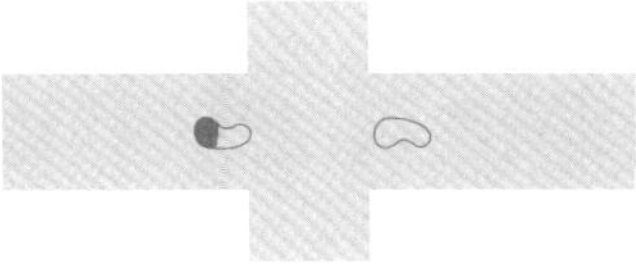

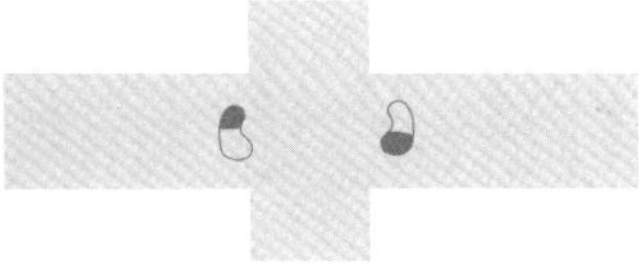

1-18 双背双坎

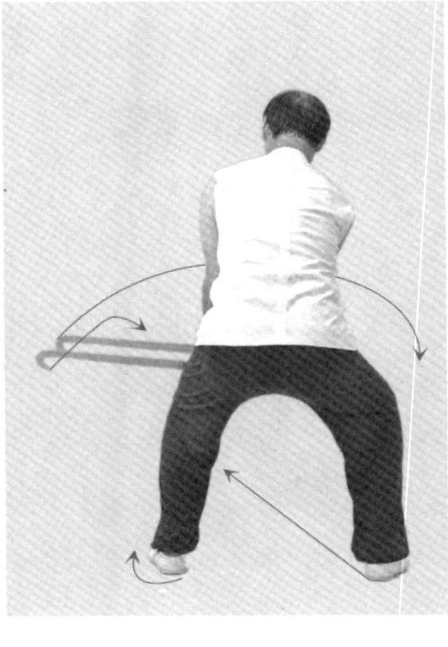

1-19 双背双坎

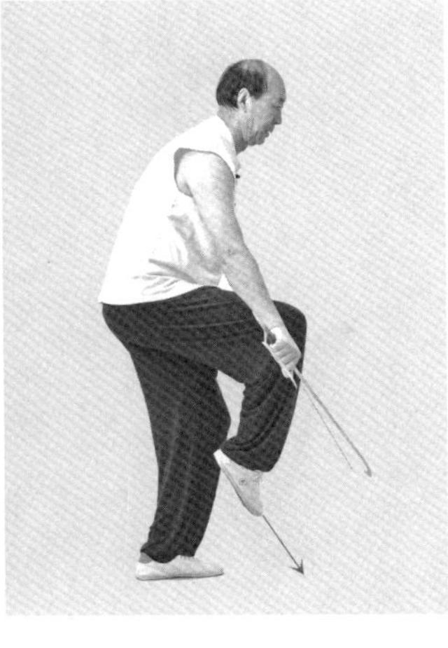

1-20 独立下代

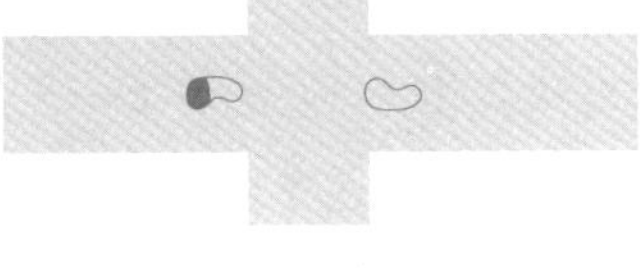

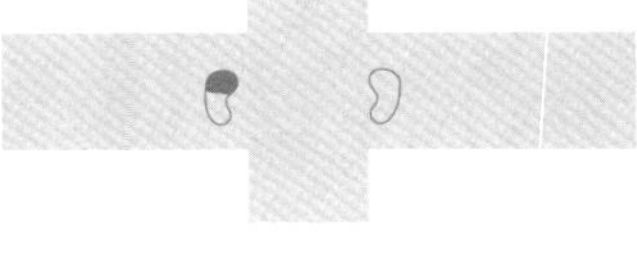

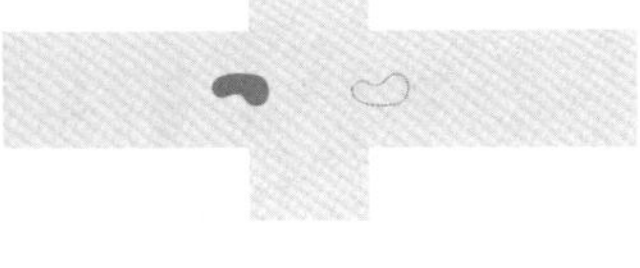

1-21 踪步里外练

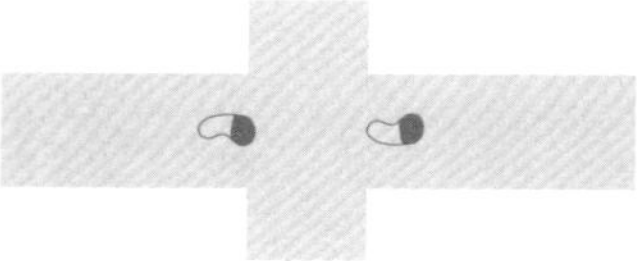

1-22 踪步里外练

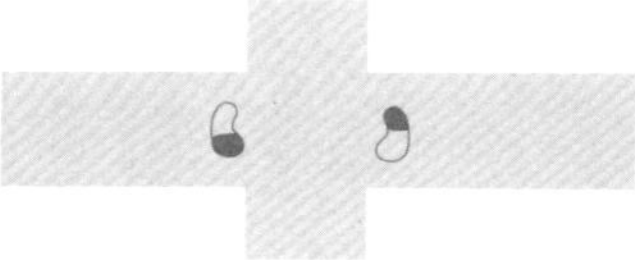

1-23 踪步里外练

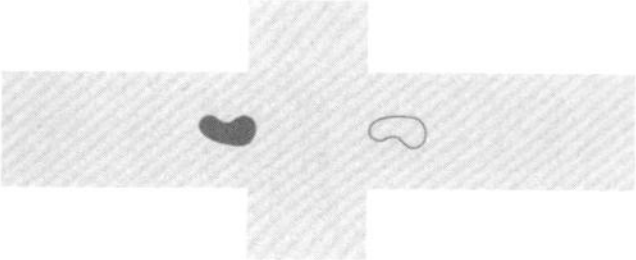

1-24 独立下代

1-25 踪步里外练

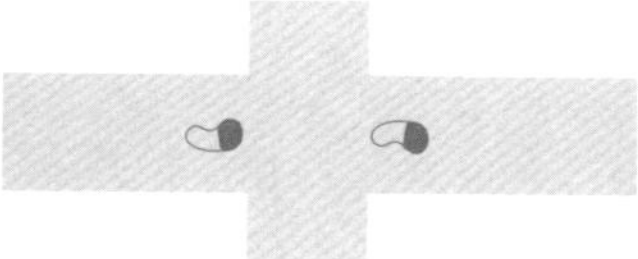

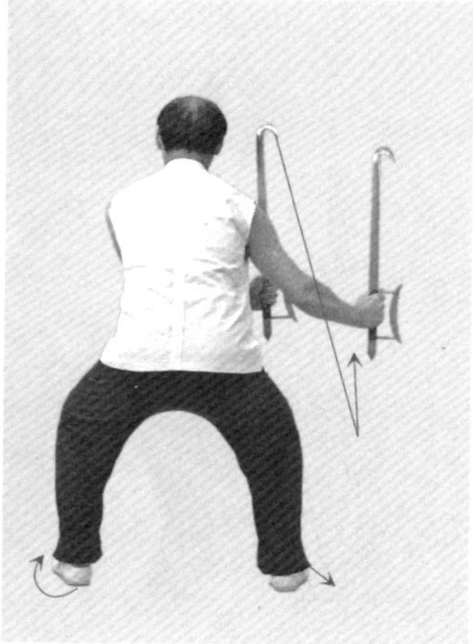

1-26 踪步里外练

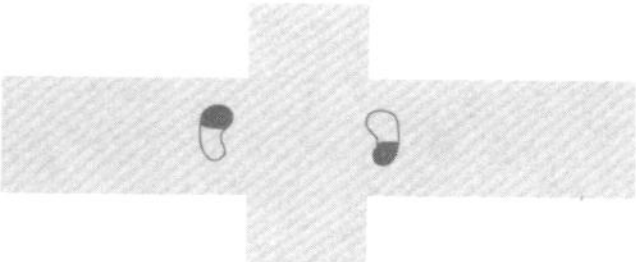

1-27　踪步里外练

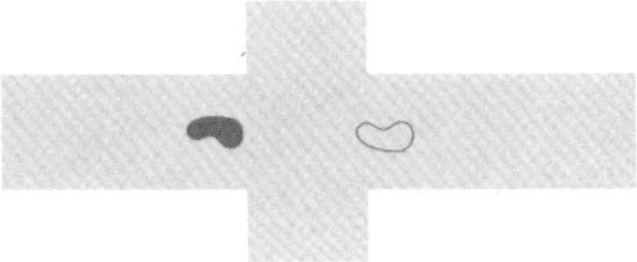

1-28　独立下代

1-29　踪步里外练

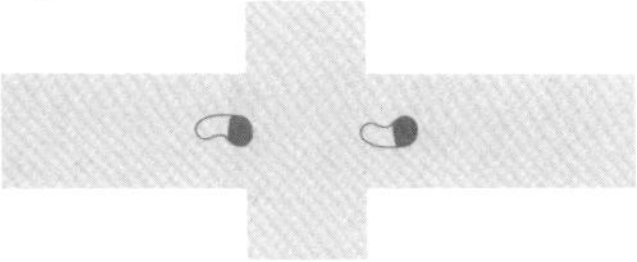

1-30　踪步里外练

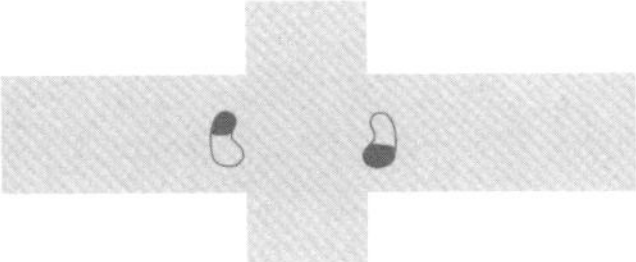

1-31　还身扬钩

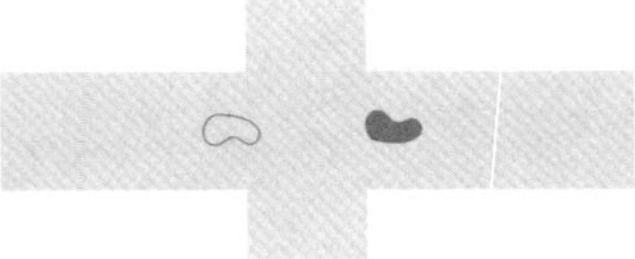

1-32　十字叉架

1-33　十字叉架

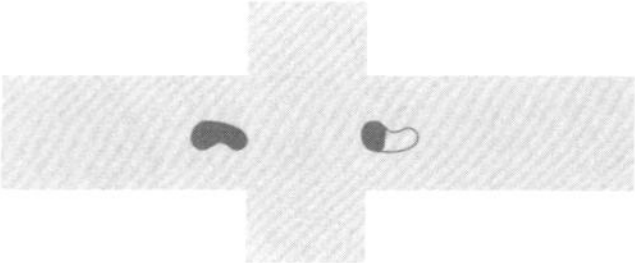

1-34　十字叉架

1-35　十字叉架

1-36　十字叉架

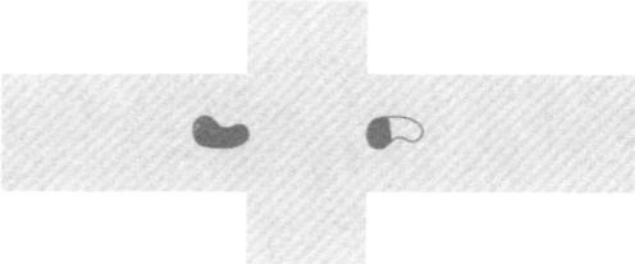

1-37　十字叉架

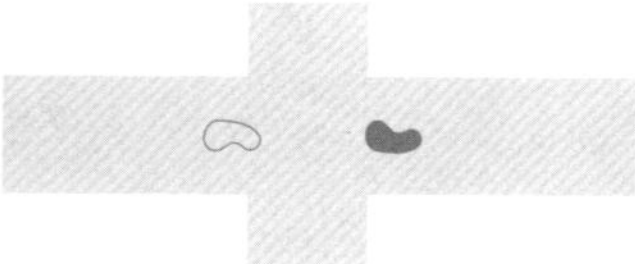

1-38　十字叉架

1-39　十字叉架

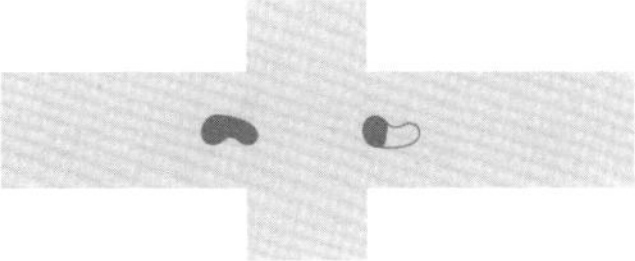

1-40　十字叉架

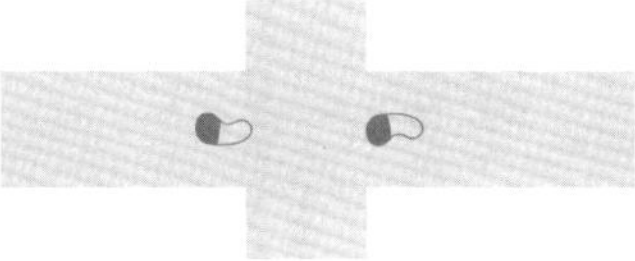

1-41　还身斜裆

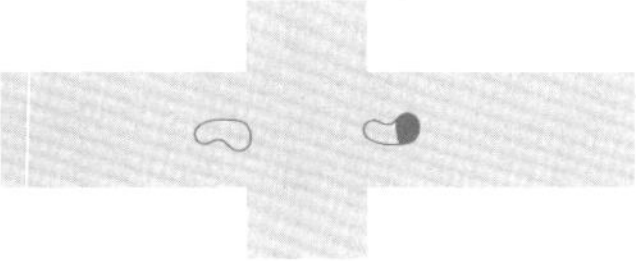

1-42　单背单撇

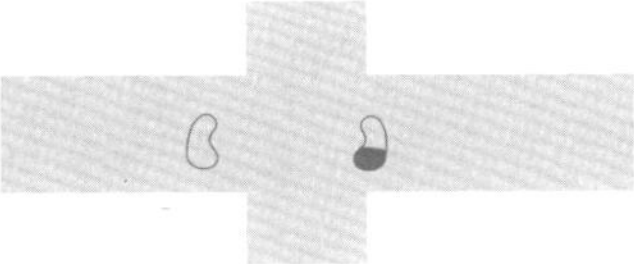

1-43　单背单撇

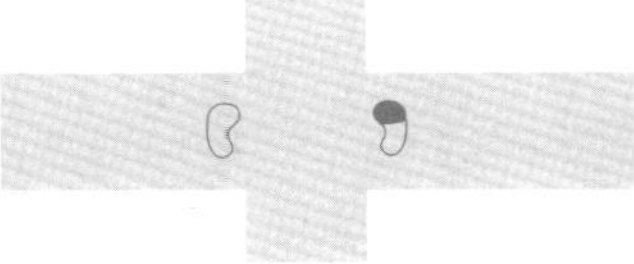

1-44　单背单撇

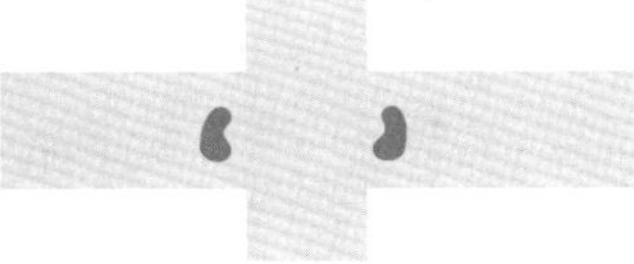

1-45 单背单撇　　1-46 双背双撇　　1-47 双背双撇

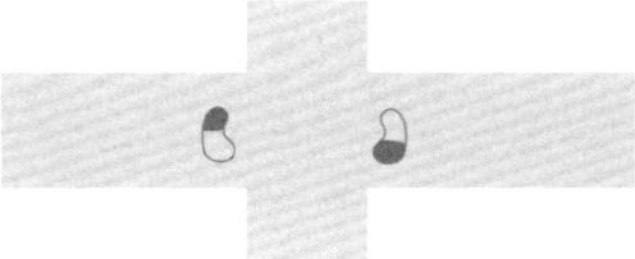

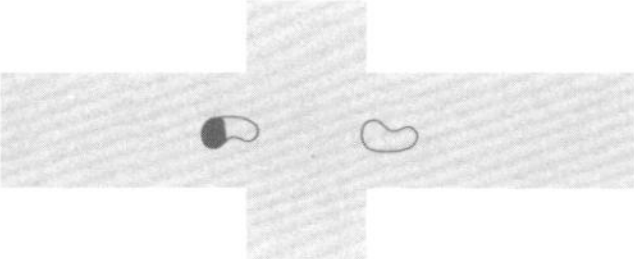

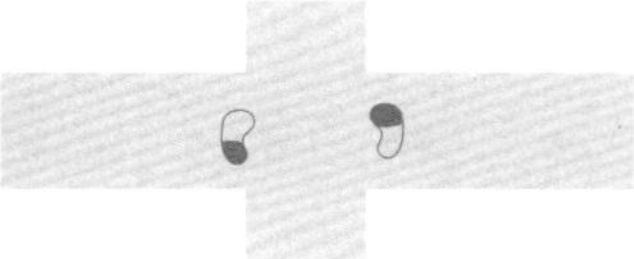

1-48 双背双撇　　1-49 双背双撇　　1-50 双背双撇

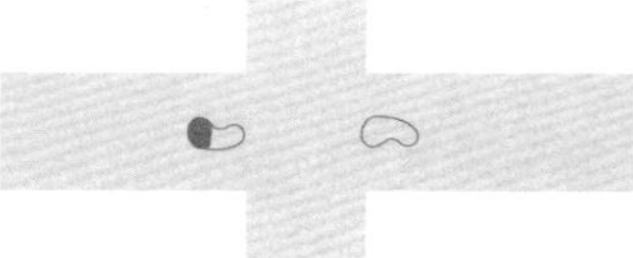

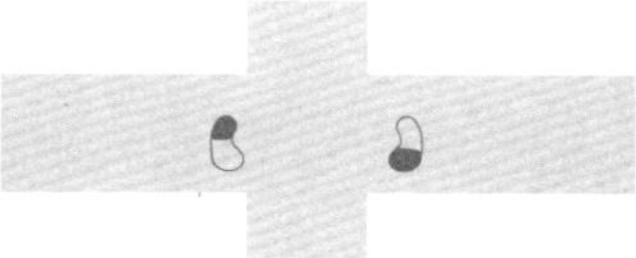

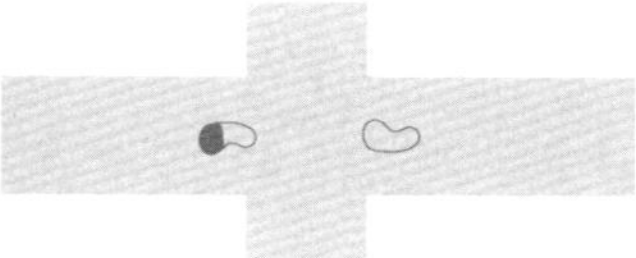

1-51　双背双撇

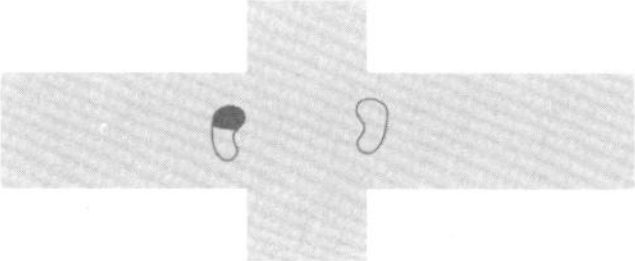

1-52　抄挑打虎

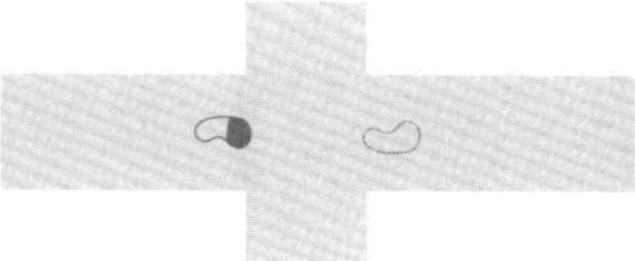

1-53　抄挑打虎

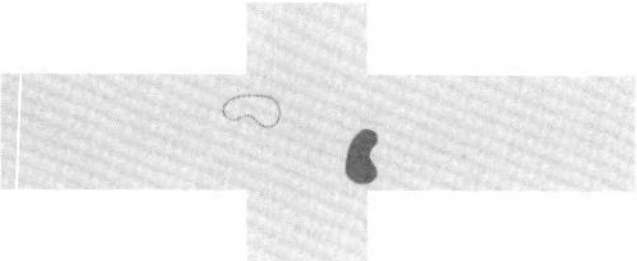

1-54　抄挑打虎

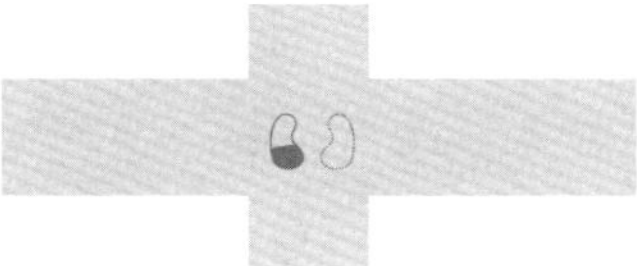

1-55　抄挑打虎

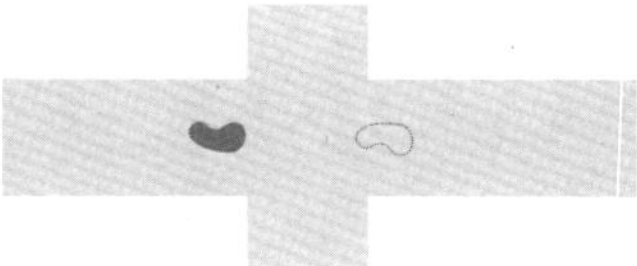

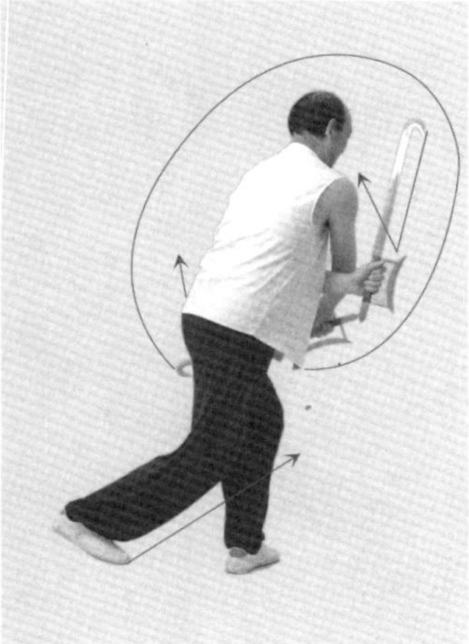
1-56　抄挑打虎

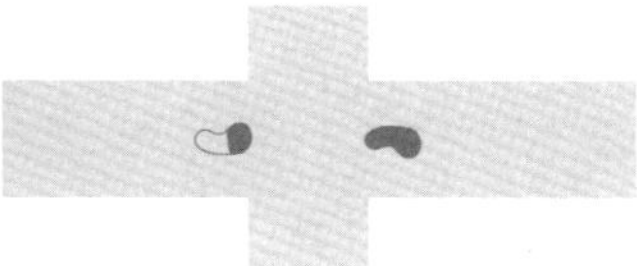

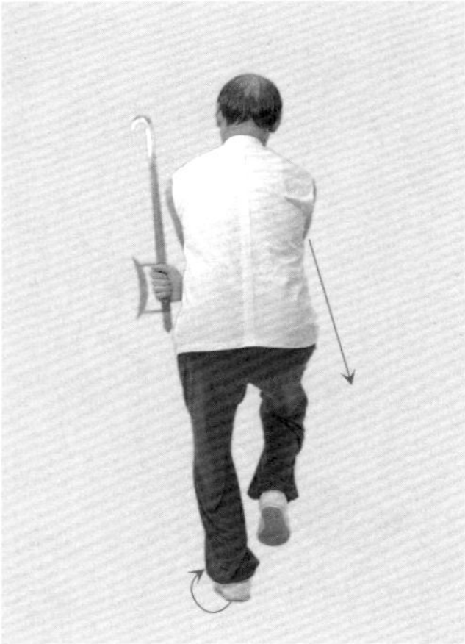

1-57　抄挑打虎（背面）

1-57　抄挑打虎（正面）

1-58　抄挑打虎

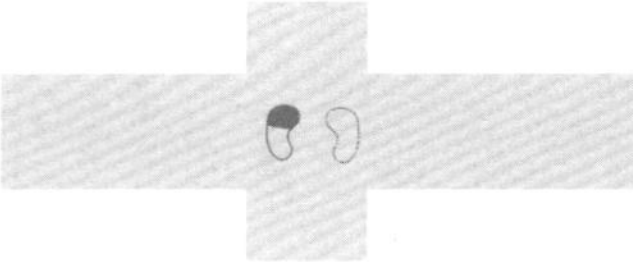

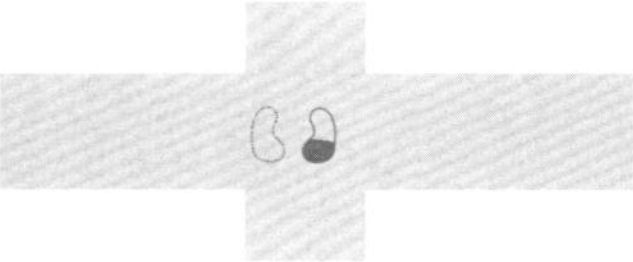

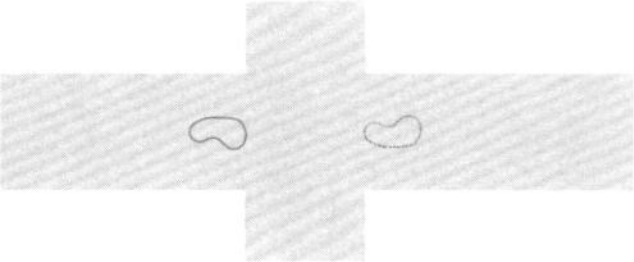

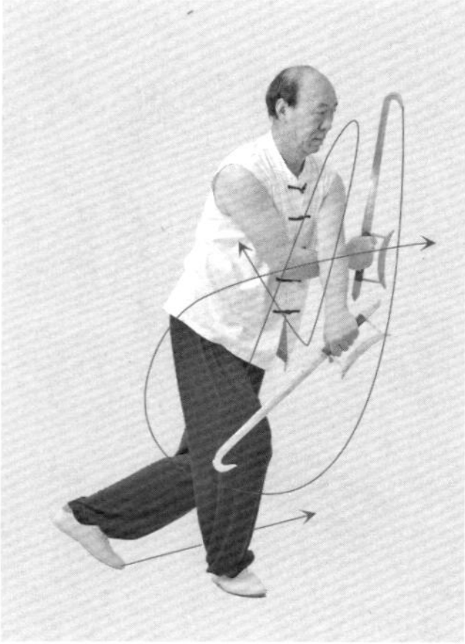

1-59　抄挑打虎

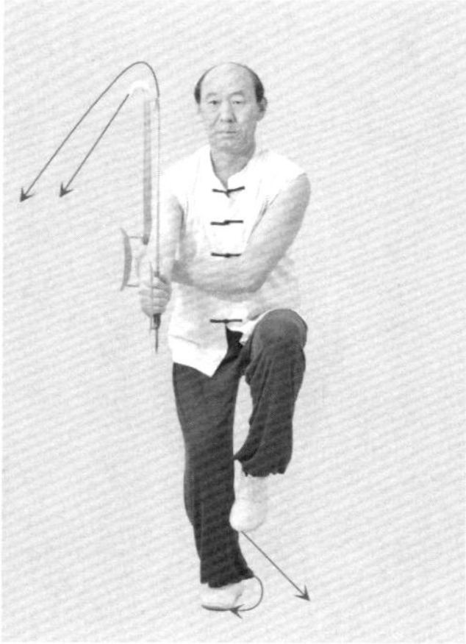

1-60　抄挑打虎

1-61　右横斜裆

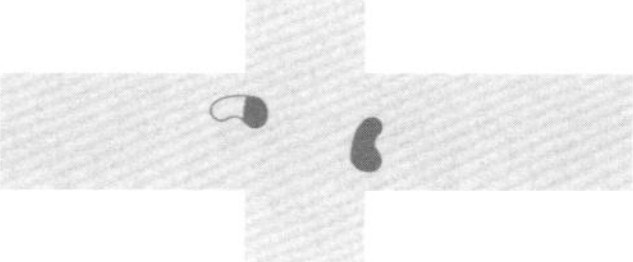

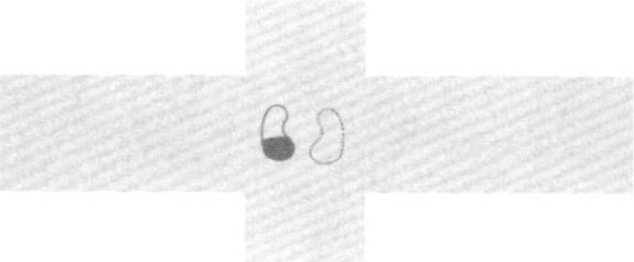

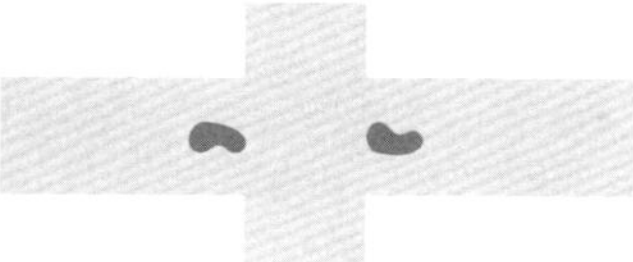

1-62　金鱼护麟

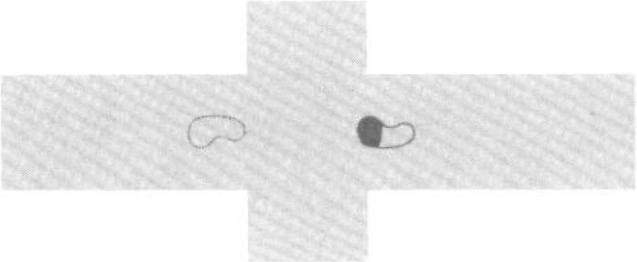

1-63　金鱼护麟

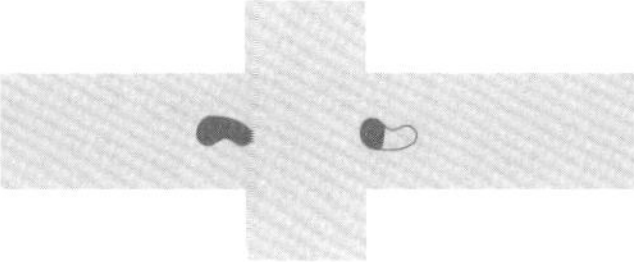

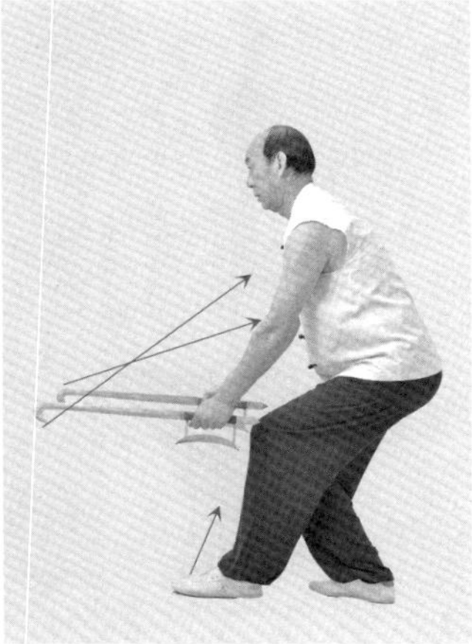

1-64　金鱼护麟

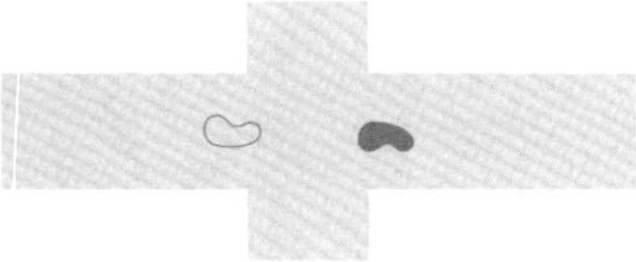

1-65　金鱼护麟

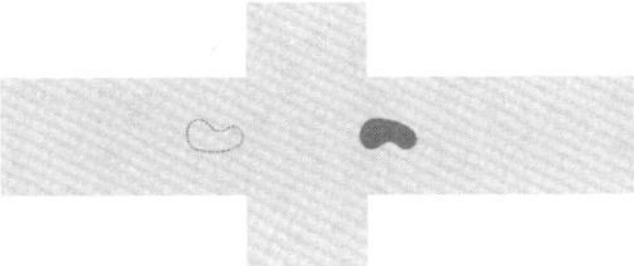

1-66　金鱼护麟

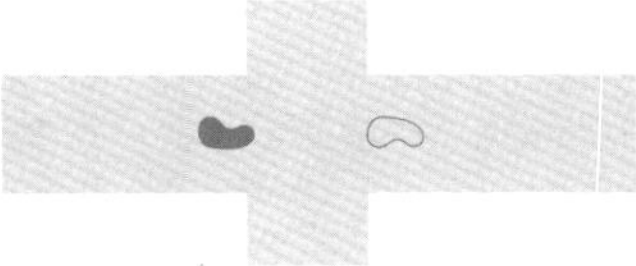

1-67　金鱼护麟

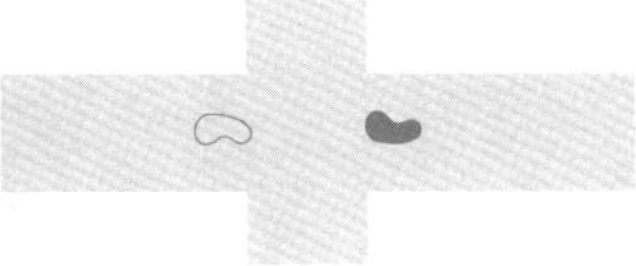

1-68　金鱼护麟

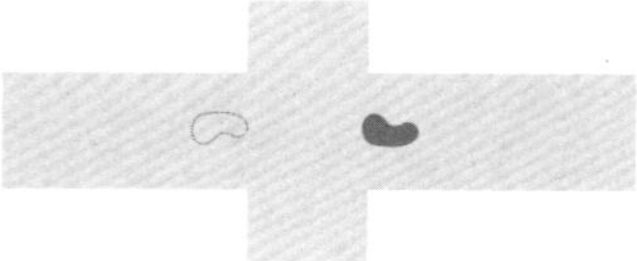

1-69　金鱼护麟

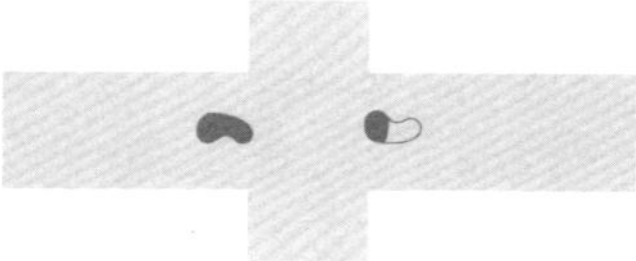

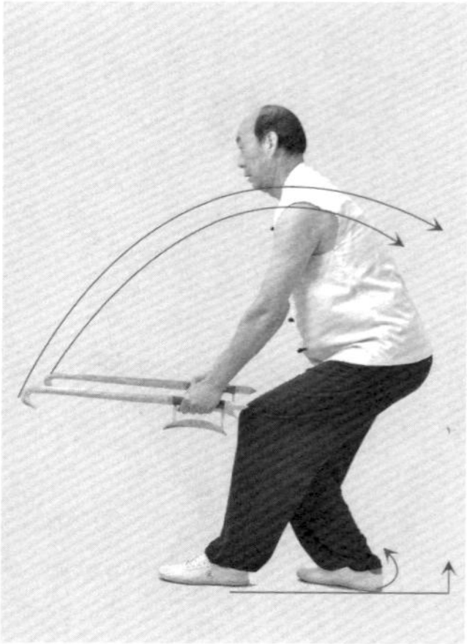

1-70　金鱼护麟

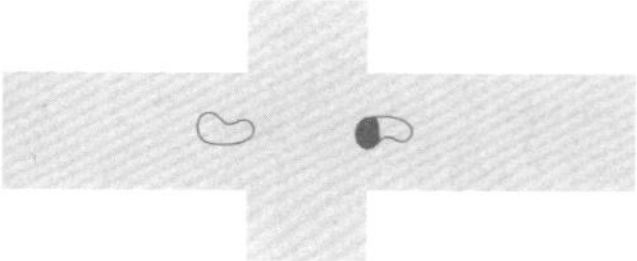

1-71　翻身击地

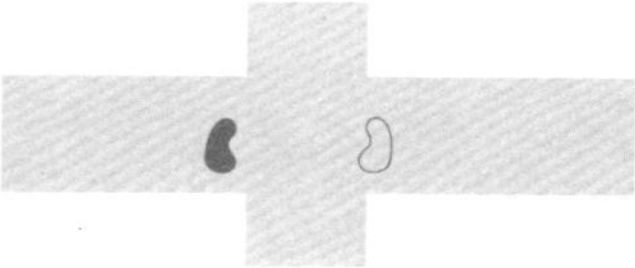

1-72　背提独立

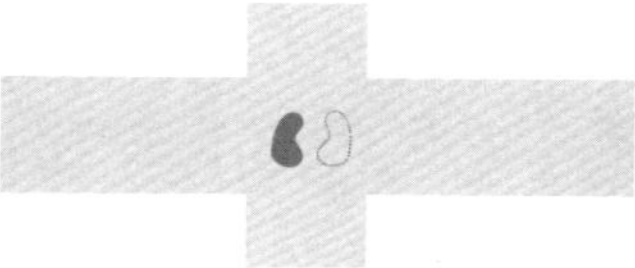

1-73　方裆击地

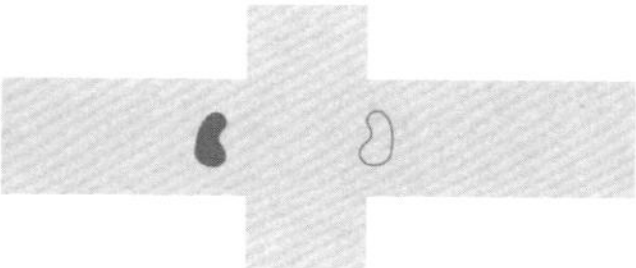

1-74 收式

第二节　春秋（大）刀

2-1　预备式

2-2　方裆捋刀

2-3　方裆反剁

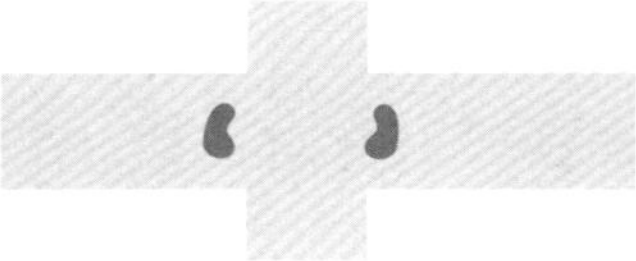

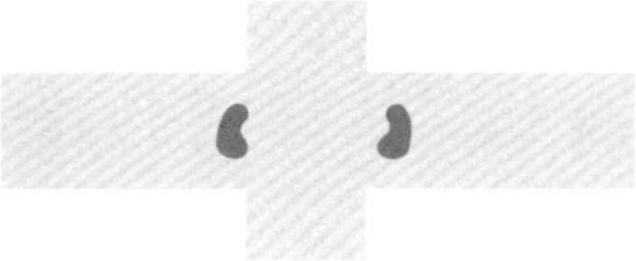

2-4　方裆绞刀

2-5　上步撩刀

2-6　上步撩刀

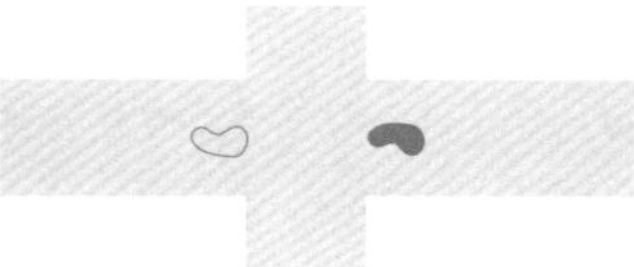

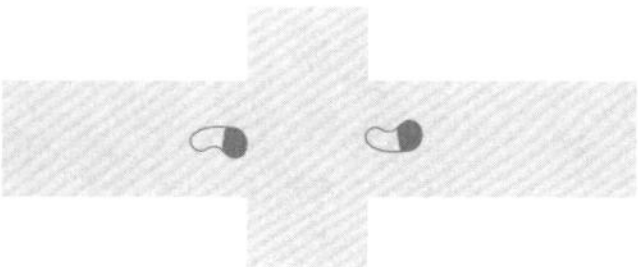

2-7　左横背刀

2-8　左横背刀

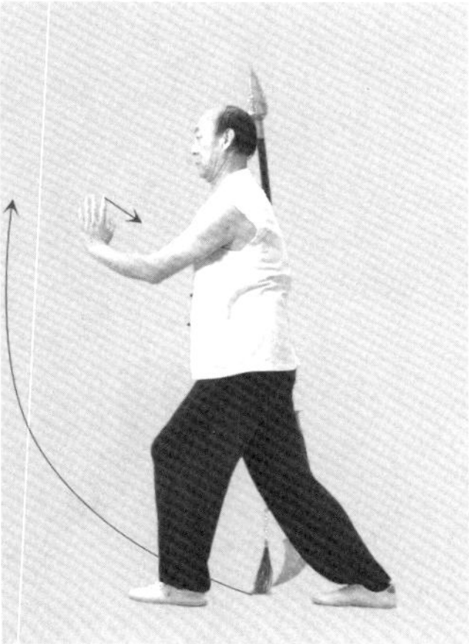

2-9　左横背刀

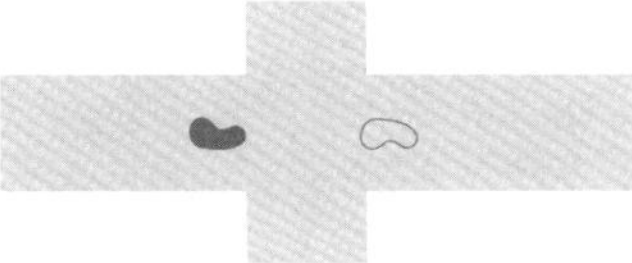

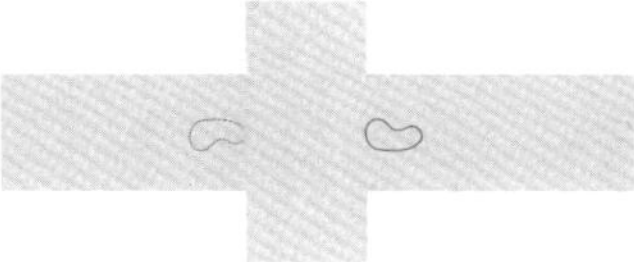

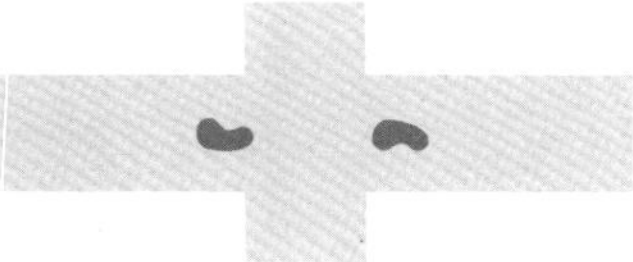

2-10　斜裆挑刀

2-11　弓步撇刀

2-12　弓步撇刀

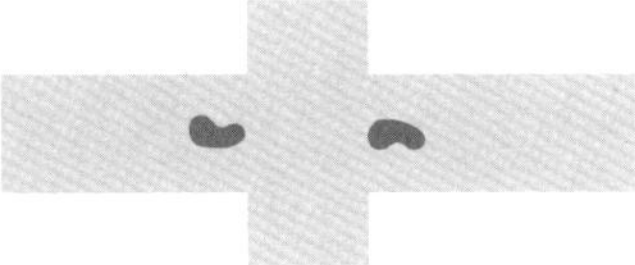

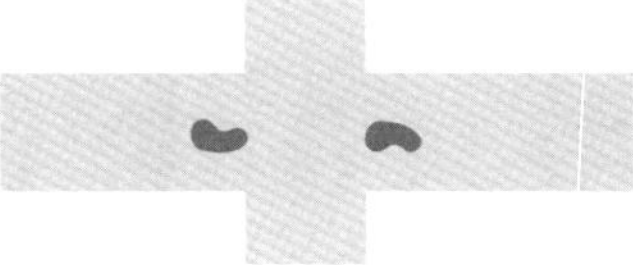

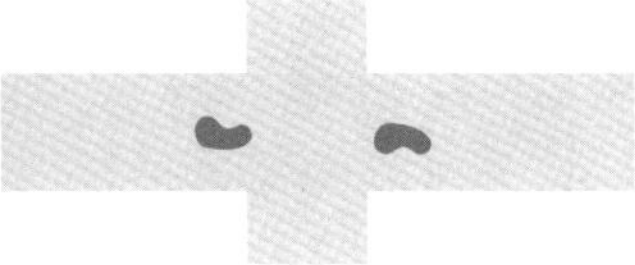

2-13　还身反斩

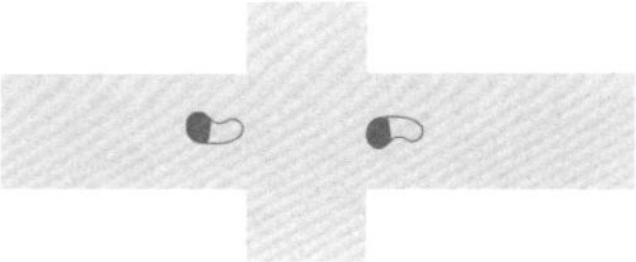

2-14　还身反斩

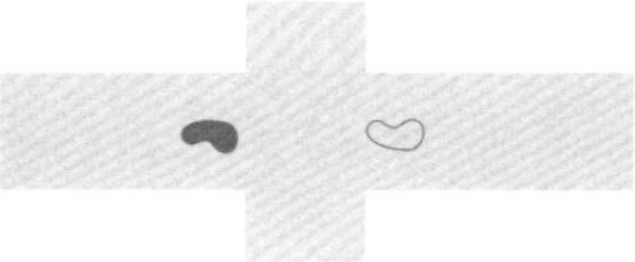

2-15　抽拔背刀

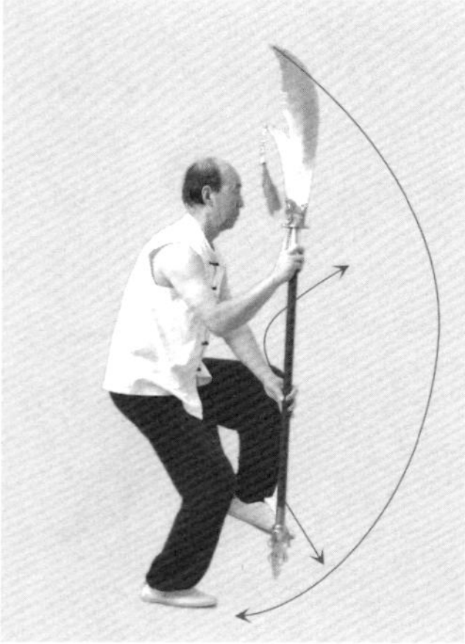

2-16　抽拔背刀

2-17　抽拔背刀

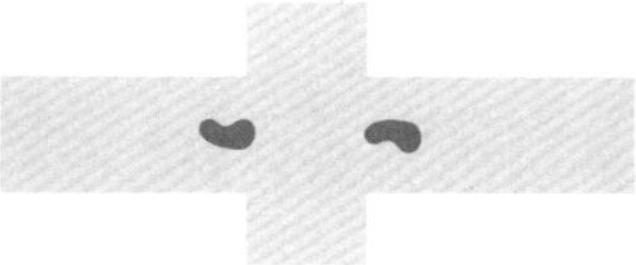

2-18　斜裆挑刀

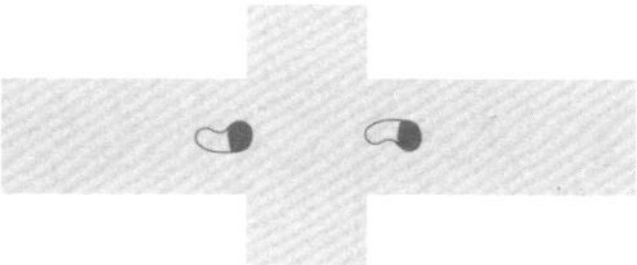

2-19　方裆舞刀

2-20　方裆舞刀

2-21　方裆舞刀

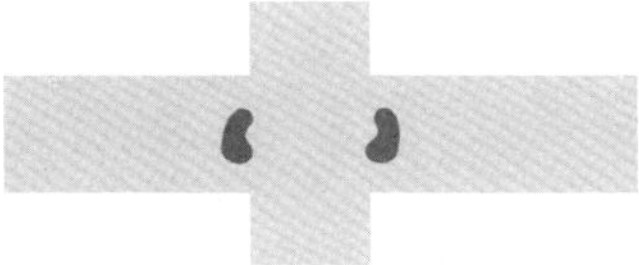

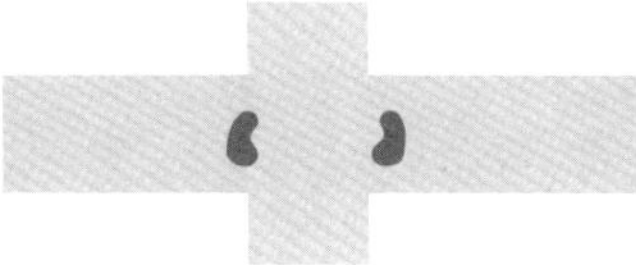

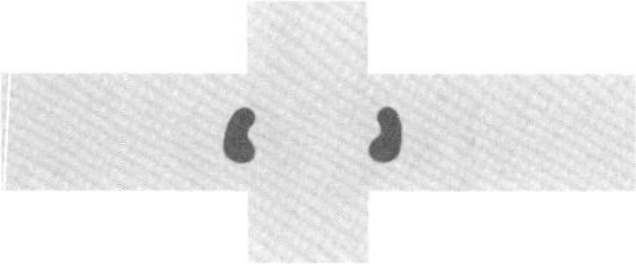

2-22　方裆舞刀

2-23　左横下拦

2-24　方裆舞刀（背面）

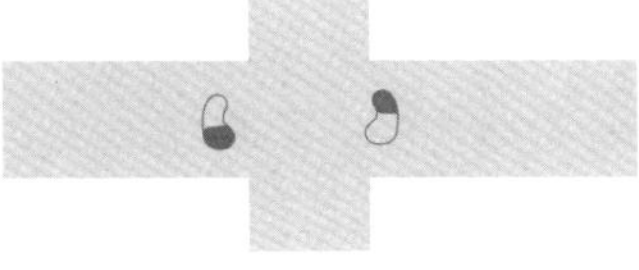

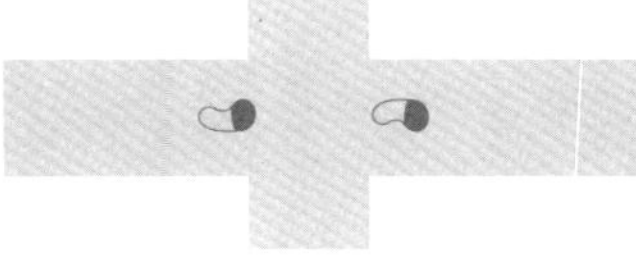

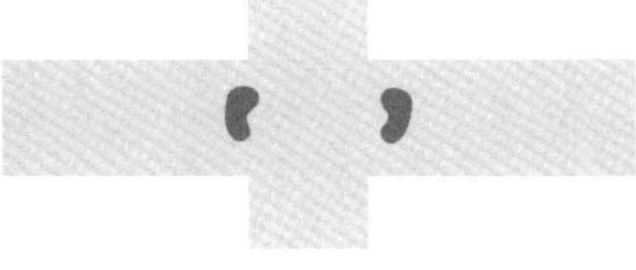

2-24　方裆舞刀（正面）

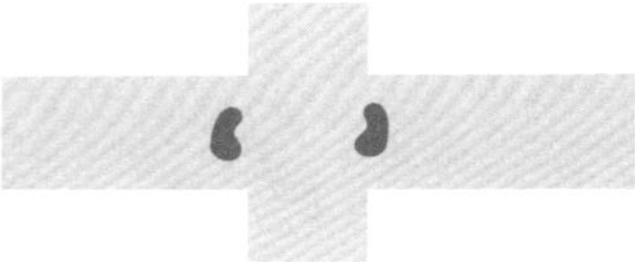

2-25　方裆舞刀（背面）

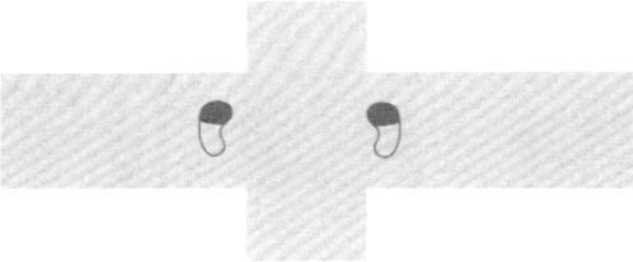

2-25　方裆舞刀（正面）

2-26　右横平刀

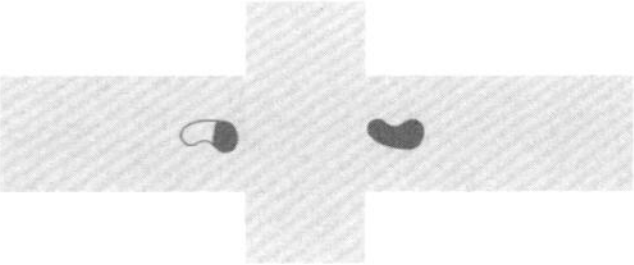

2-27　上步反砸

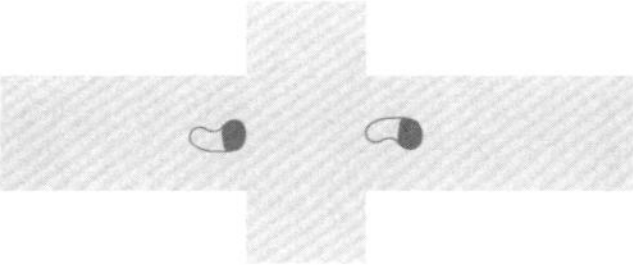

2-28　上步反砸

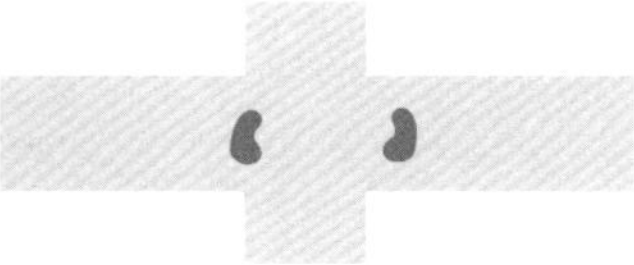

2-29　左横下拦

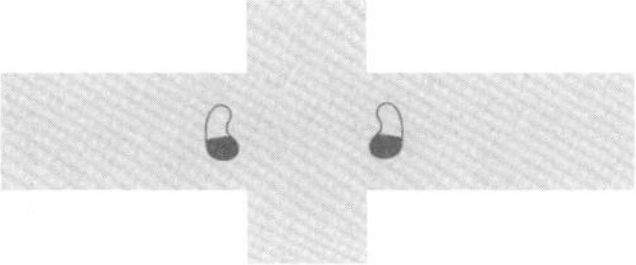

2-30　左横下拦

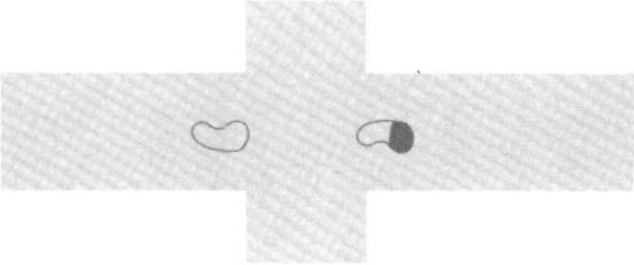

2-31　方裆舞刀（背面）

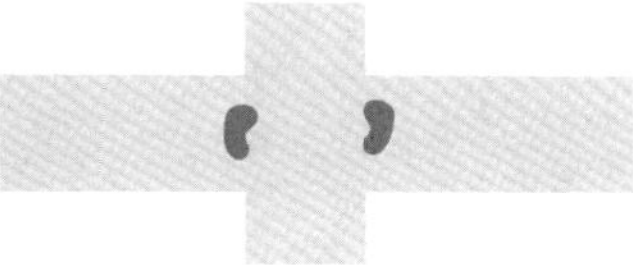

2-31　方裆舞刀（正面）

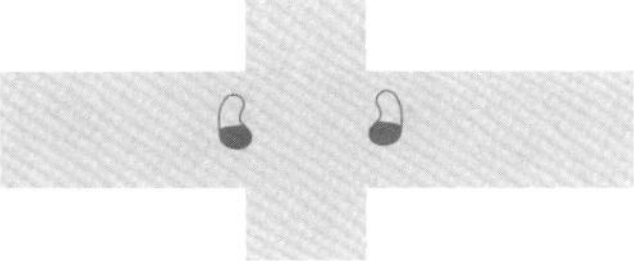

2-32　方裆舞刀（背面）

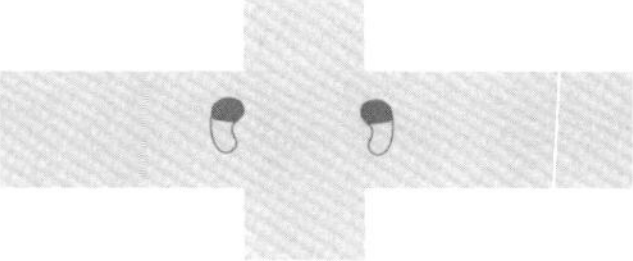

2-32　方裆舞刀（正面）

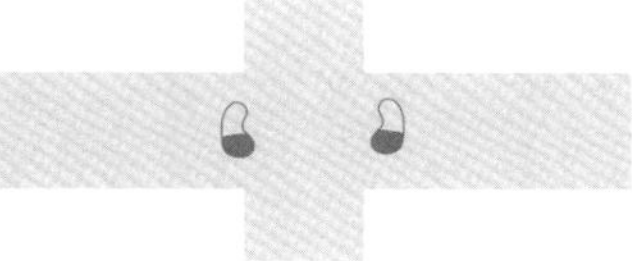

2-33 右横平刀

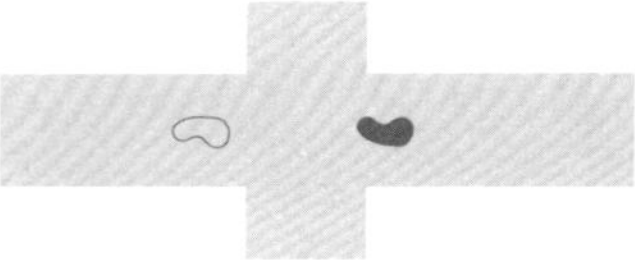

2-34 上步反砸

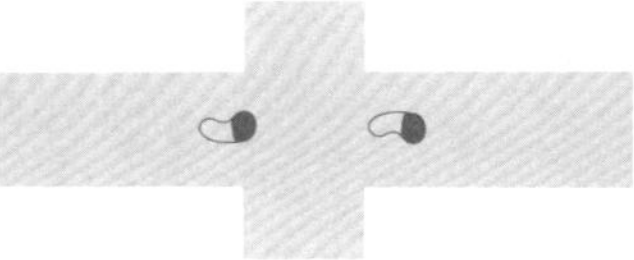

2-35 上步反砸

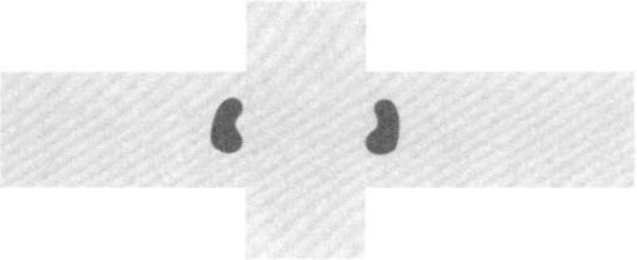

2-36 左横下拦

2-37 左横下拦

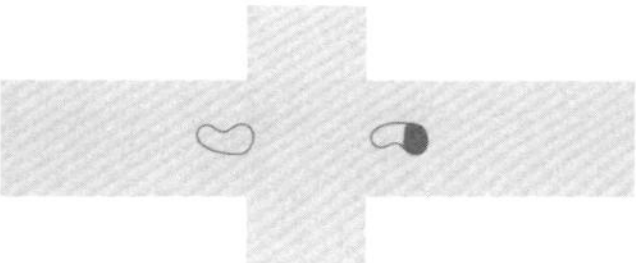

2-38 方裆舞刀（背面）

2-38　方裆舞刀（正面）

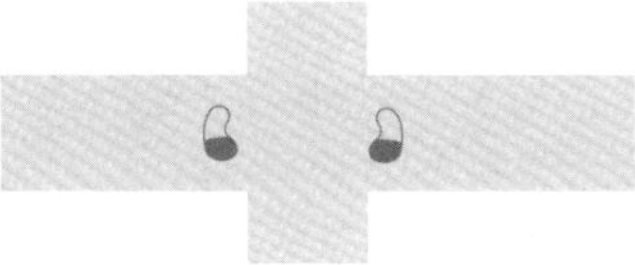

2-39　方裆舞刀

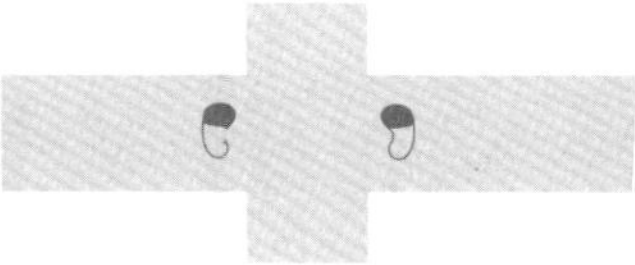

2-40　右横平刀

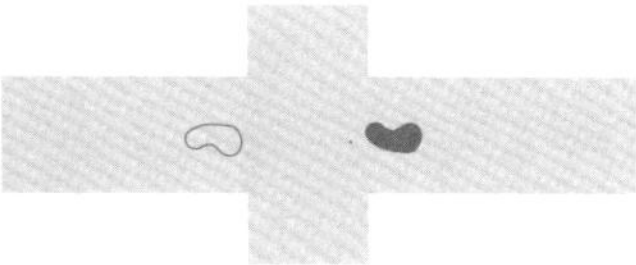

2-41　上步反砸

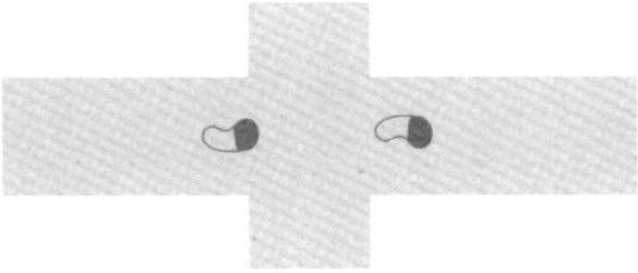

2-42　上步反砸

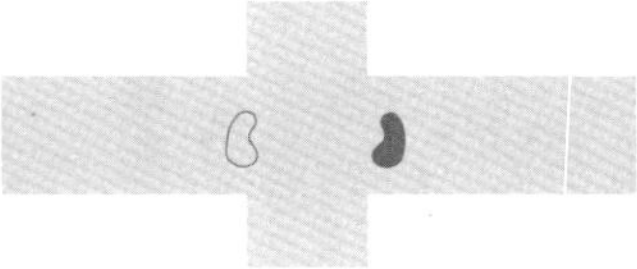

2-43　踪步献樽

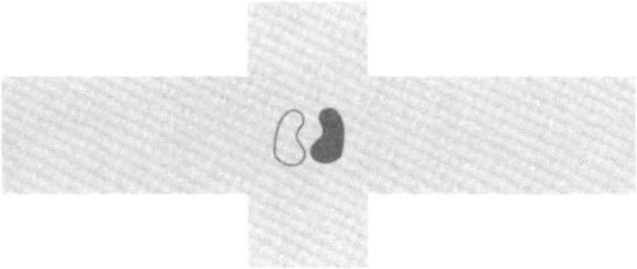

2-44 踪步献樽

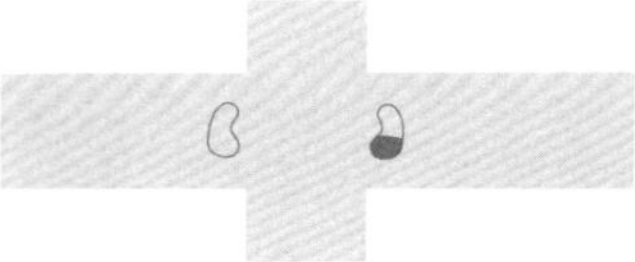

2-45 上步剁刀

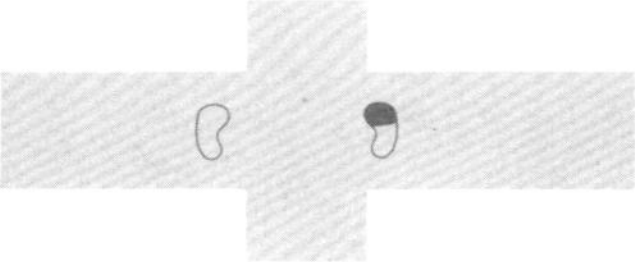

2-46 翻身剁刀

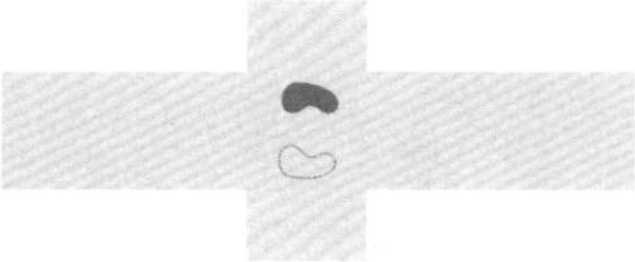

2-47 翻身剁刀

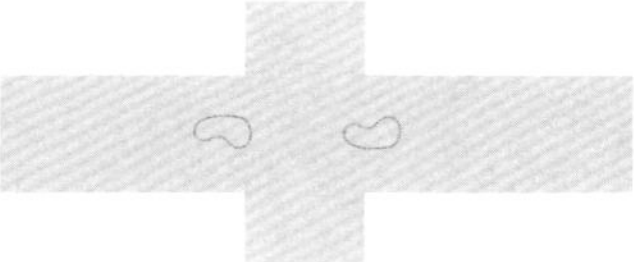

2-48 翻身剁刀

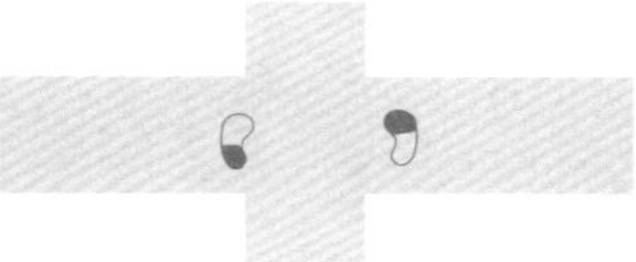

2-49 左横背刀

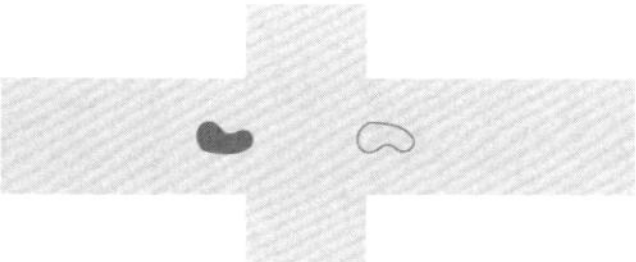

2-50　左横背刀

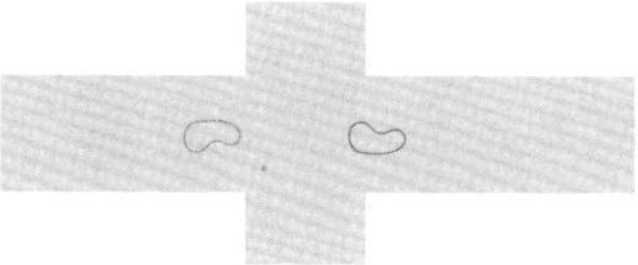

2-51　左横背刀

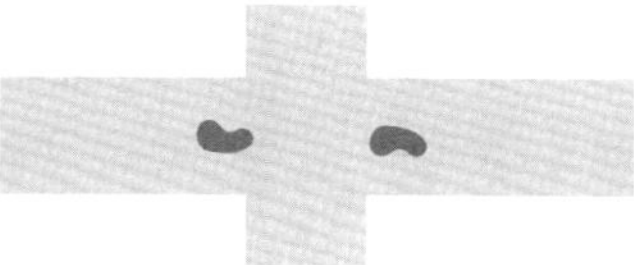

2-52　斜裆挑刀

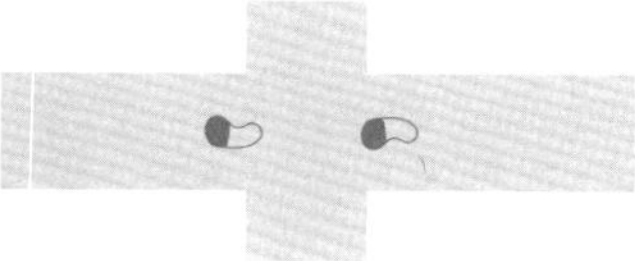

2-53　斜裆挑刀

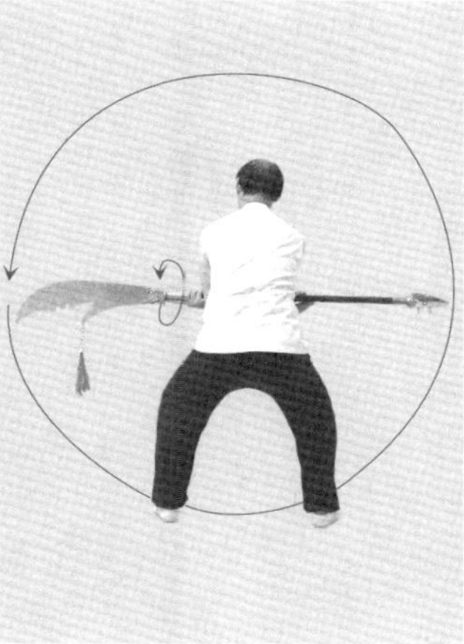

2-54　方裆舞刀（背面）

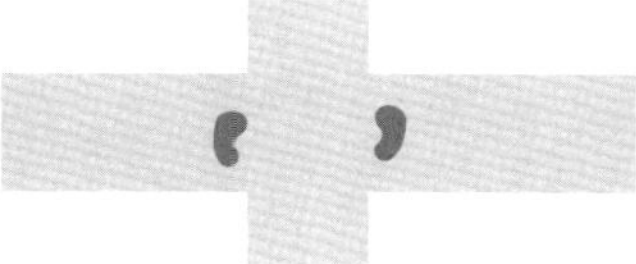

2-54　方裆舞刀（正面）

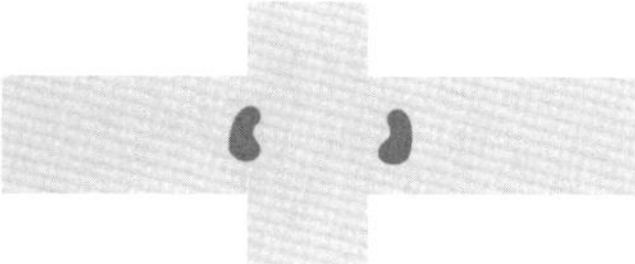

2-55　方裆舞刀（背面）

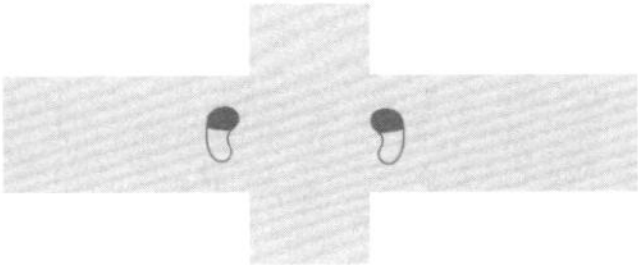

2-55　方裆舞刀（正面）

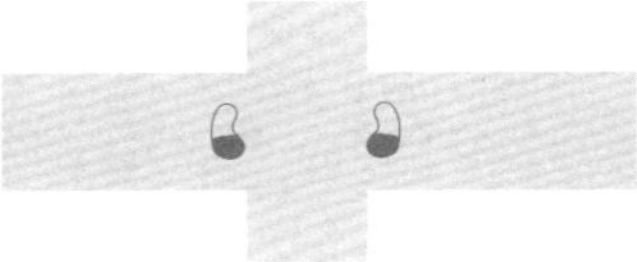

2-56　左横下拦

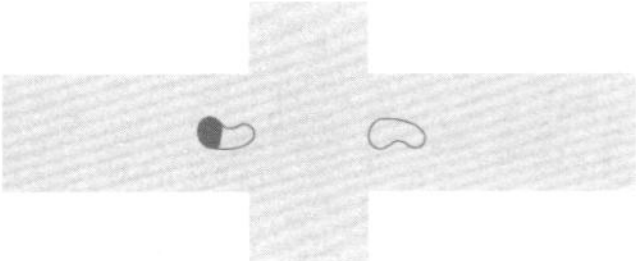

2-57　方裆舞刀

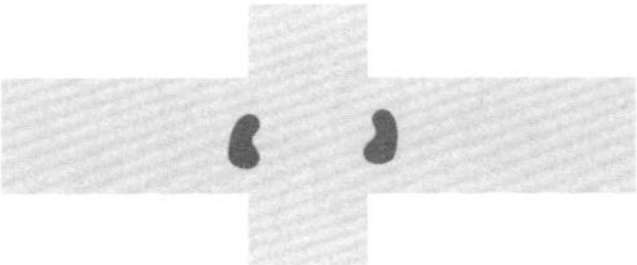

2-58　方裆舞刀

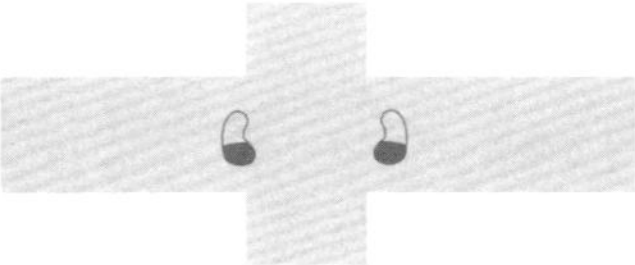

2-59　右横平刀

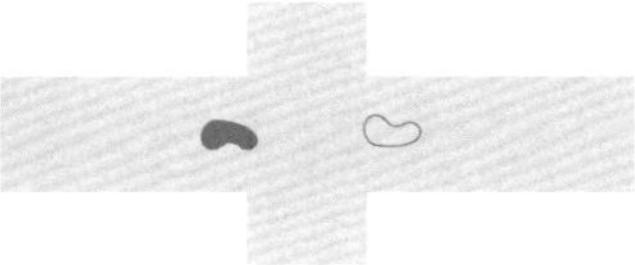

2-60　上步反砸

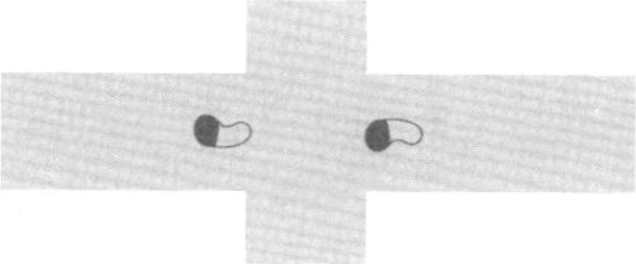

2-61　上步反砸

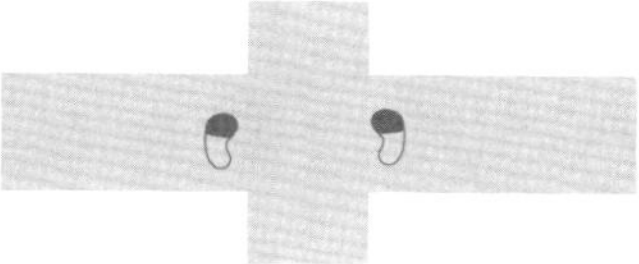

2-62　左横下拦

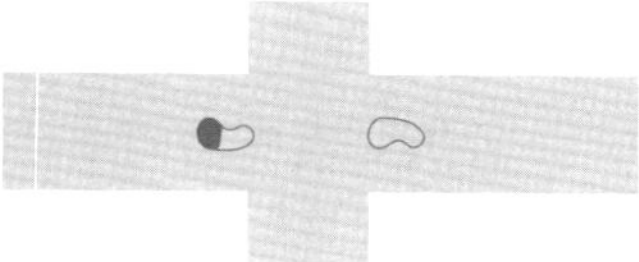

2-63　方裆舞刀

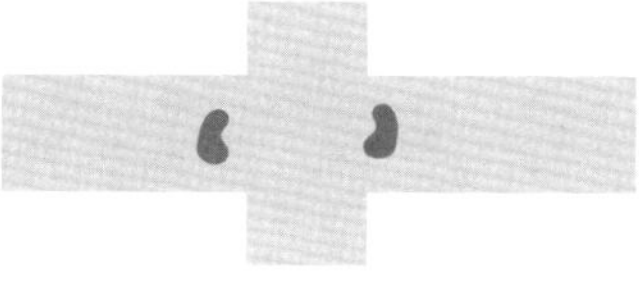

2-64　方裆舞刀

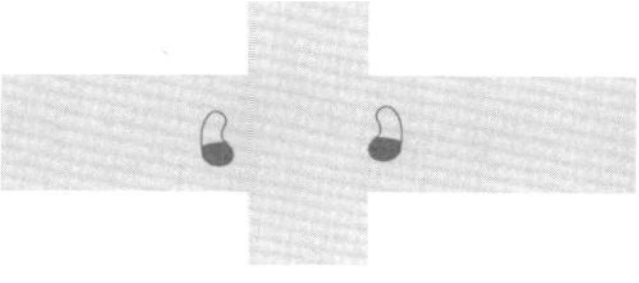

2-65　右横平刀

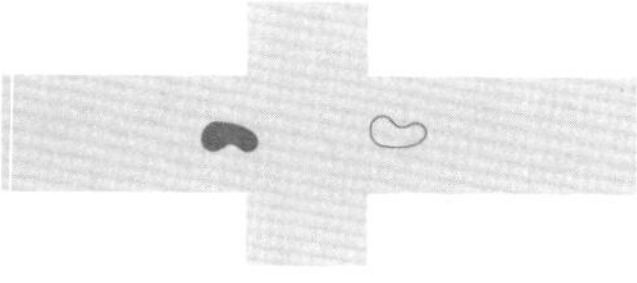

2-66　上步反砸

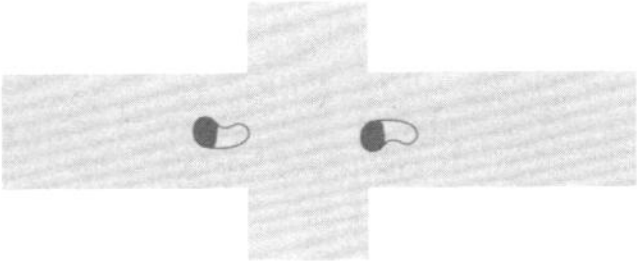

2-67　上步反砸

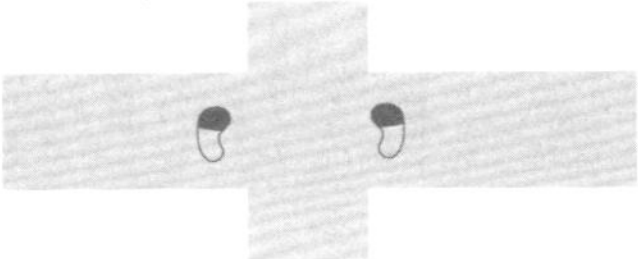

2-68　左横下拦

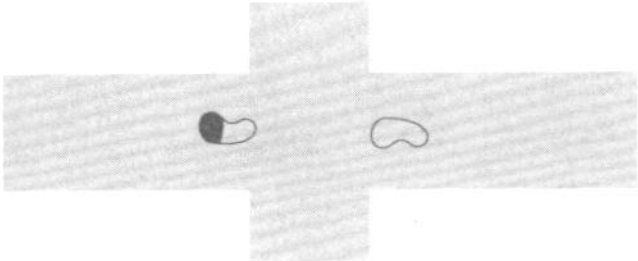

2-69　方裆舞刀

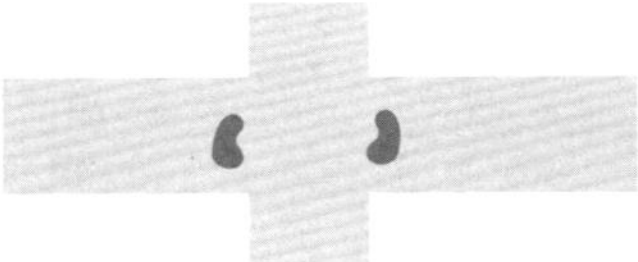

2-70　方裆舞刀

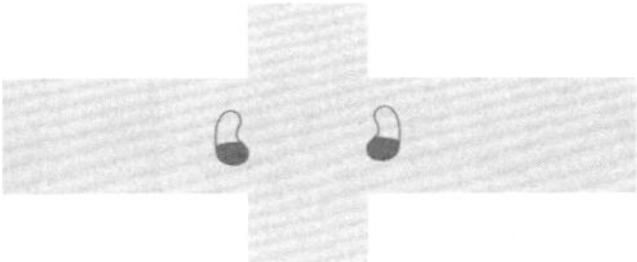

2-71　右横平刀

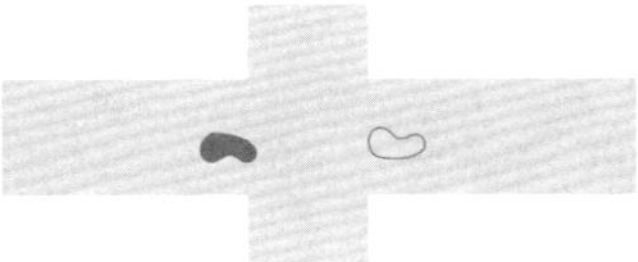

2-72 上步反砸

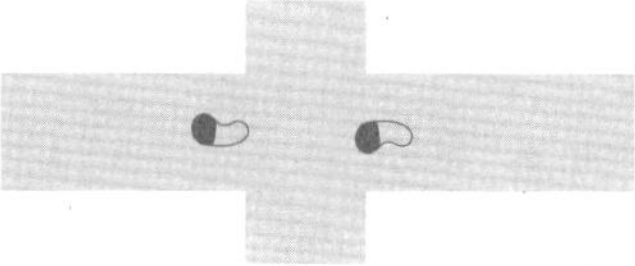

2-73 上步反砸

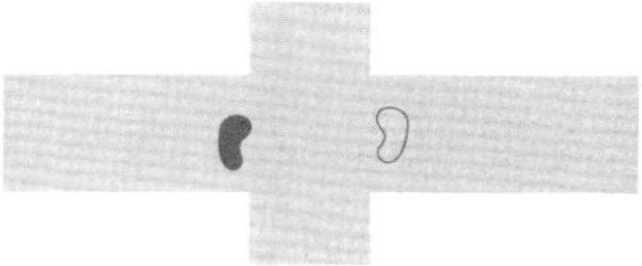

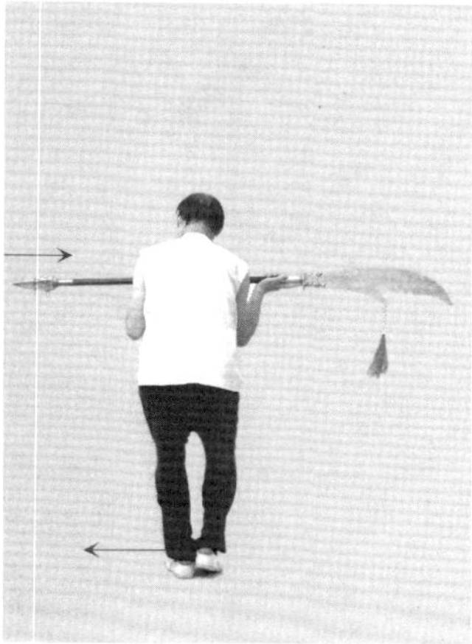

2-74 踪步献樽

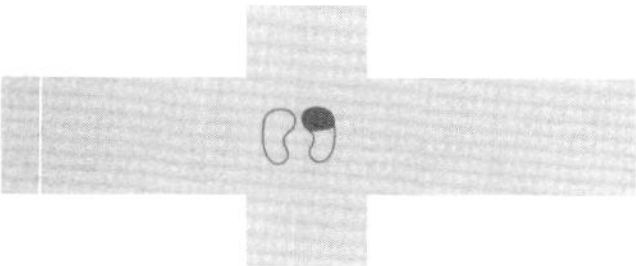

2-75 踪步献樽

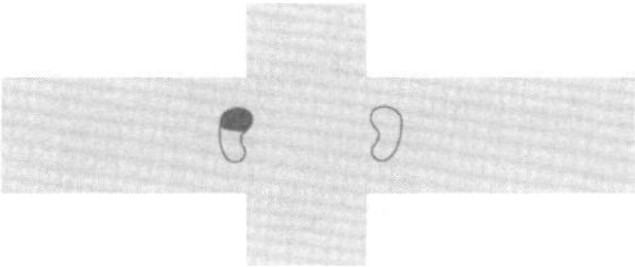

2-76 上步剁刀

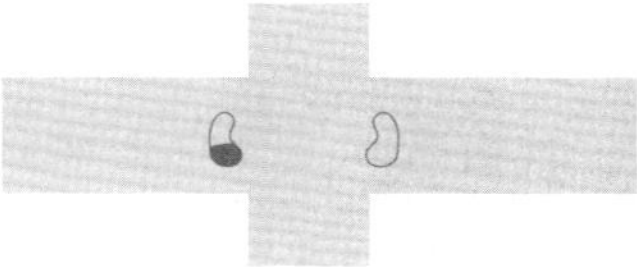

2-77 翻身剁刀

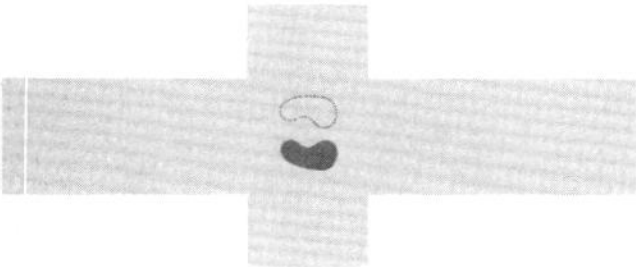

2-78 翻身剁刀

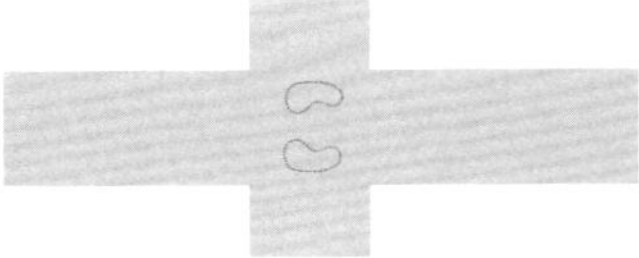

2-79 翻身剁刀

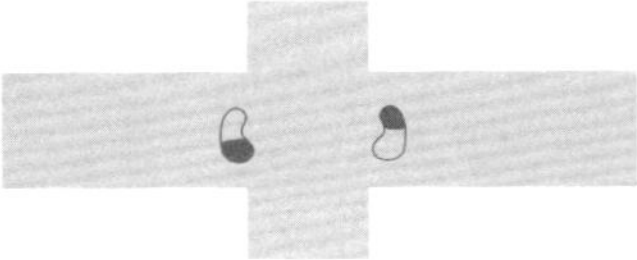

2-80 左横背刀

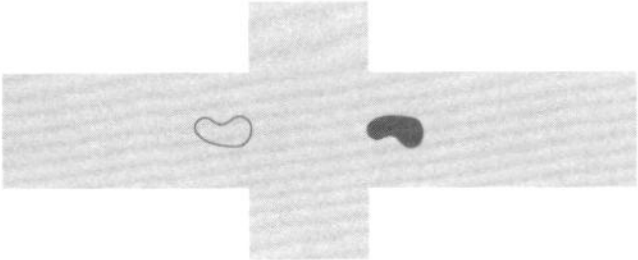

2-81 左横背刀

2-82 左横背刀

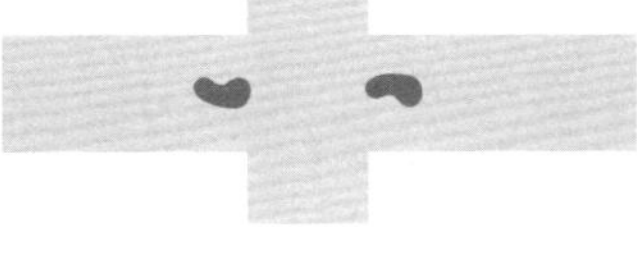

2-83 斜裆挑刀

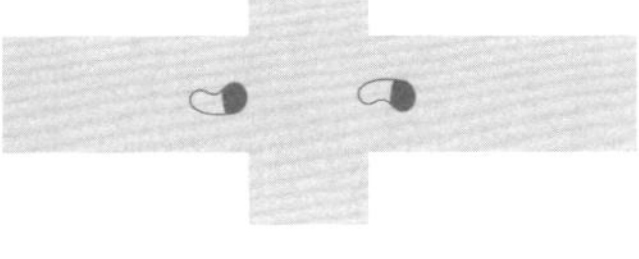

2-84 方裆舞刀

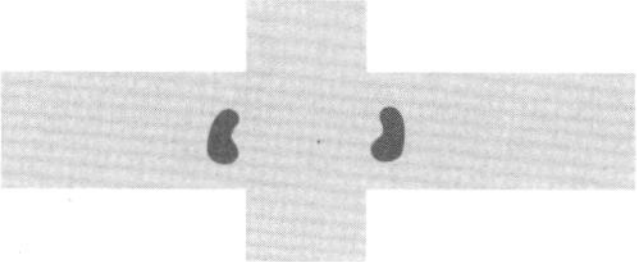

2-85 方裆舞刀

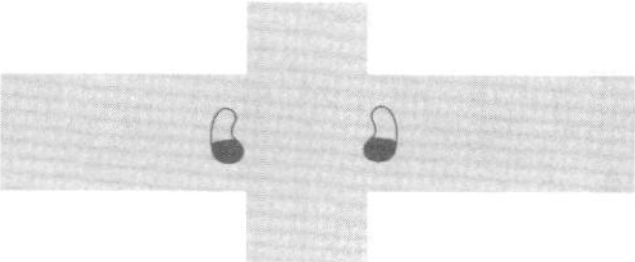

2-86 左横下拦

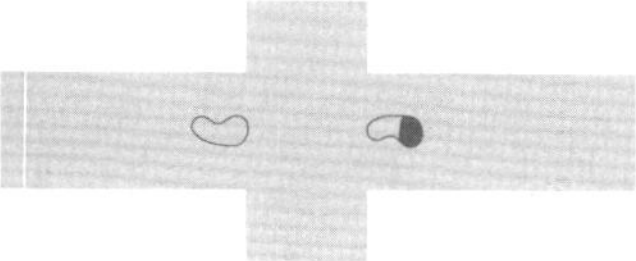

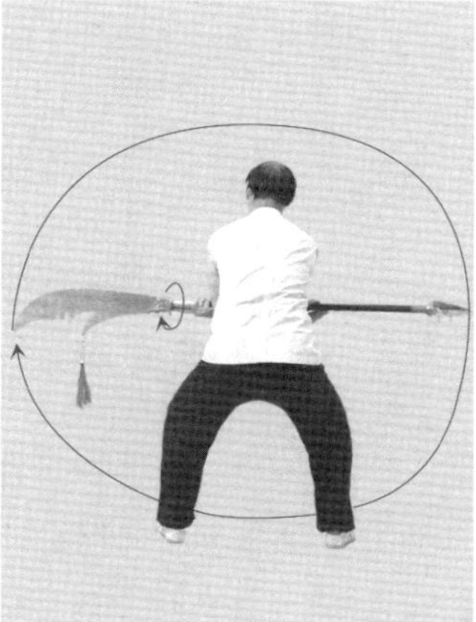

2-87 方裆舞刀（背面）

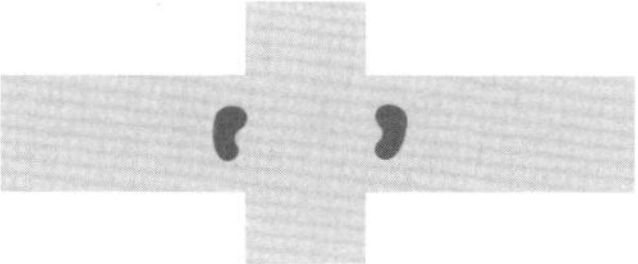

2-87 方裆舞刀（正面）

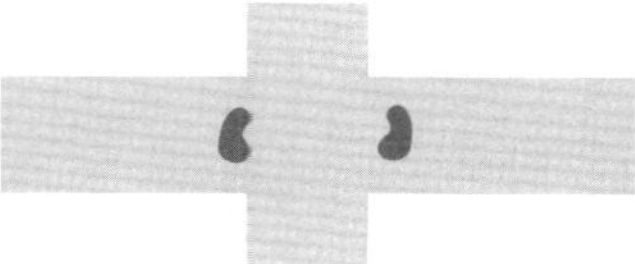

2-88 方裆舞刀

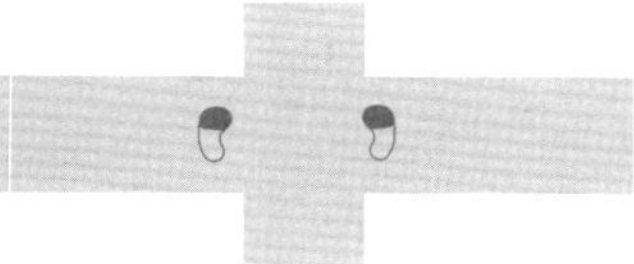

2-89　右横平刀

2-90　上步反砸

2-91　上步反砸

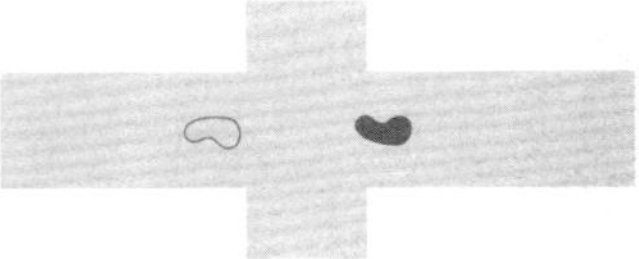

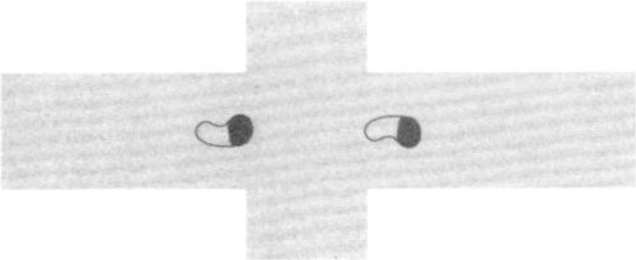

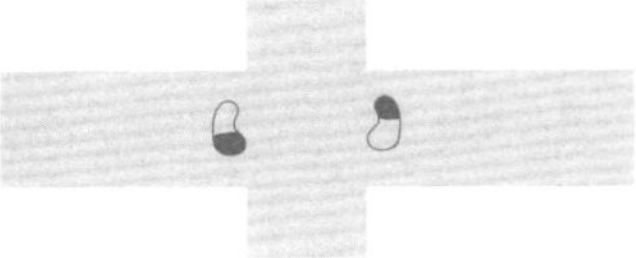

2-92　左横下拦

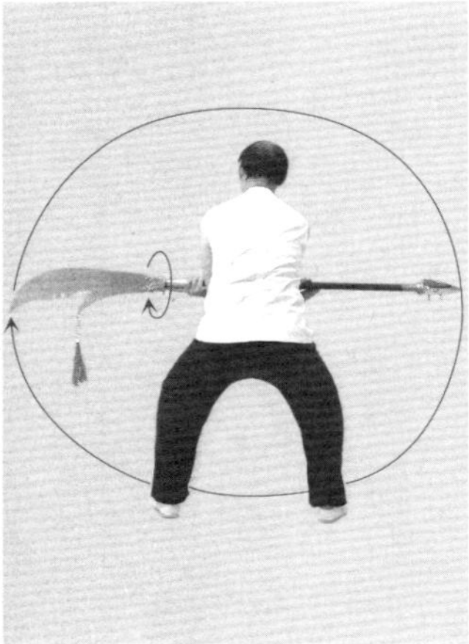

2-93　方裆舞刀（背面）

2-93　方裆舞刀（正面）

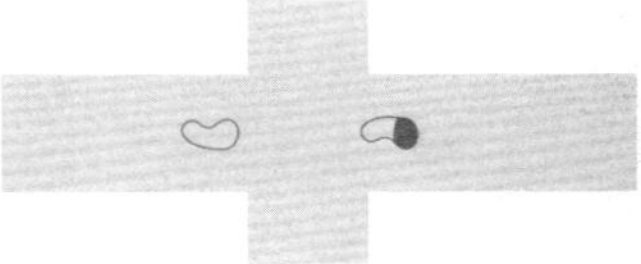

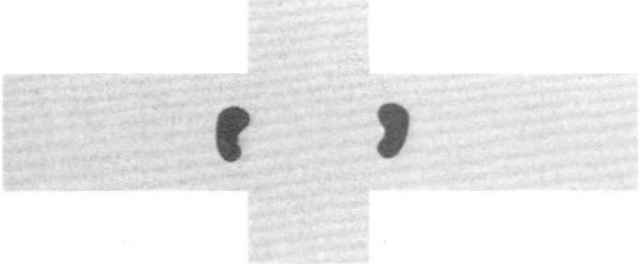

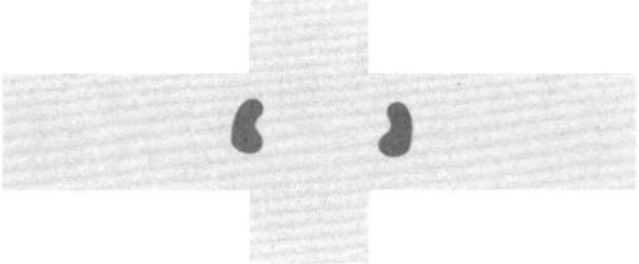

2-94　方裆舞刀

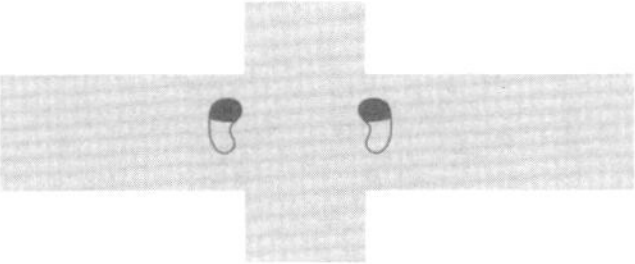

2-95　右横平刀

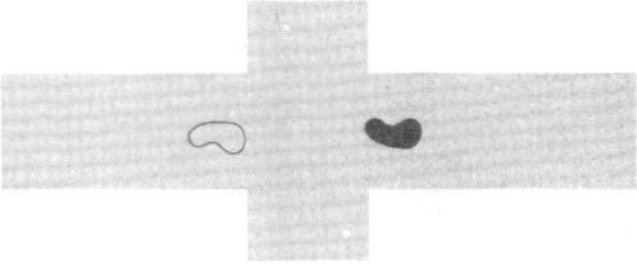

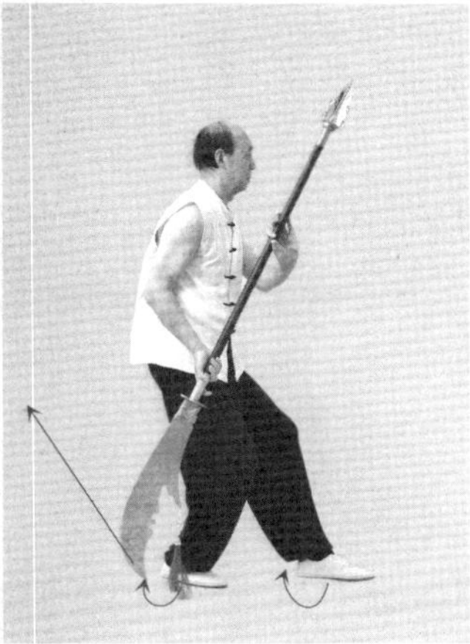

2-96　上步反砸

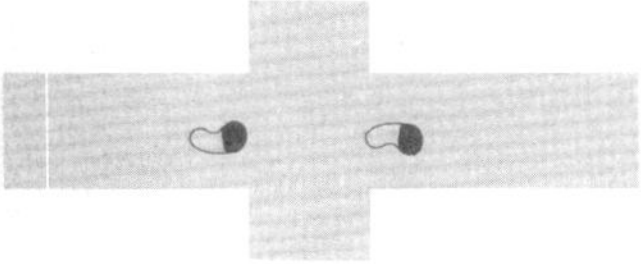

2-97　上步反砸

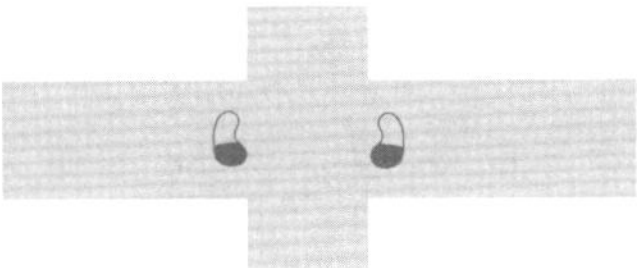

2-98　左横下拦

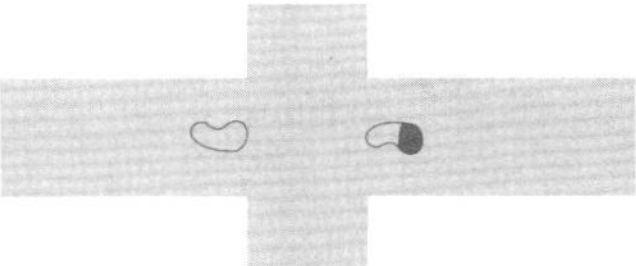

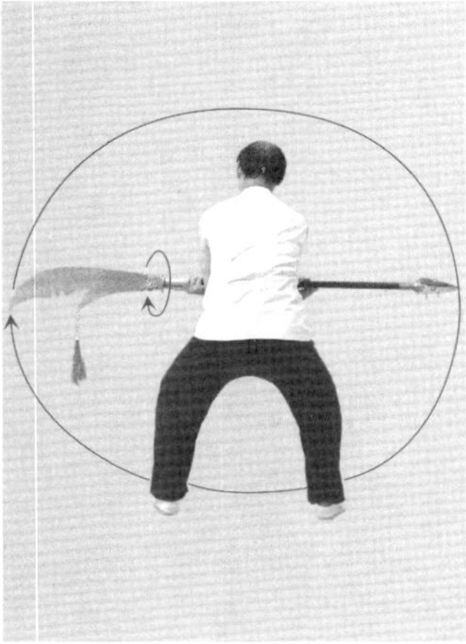

2-99　方裆舞刀（背面）

2-99 方裆舞刀（正面）

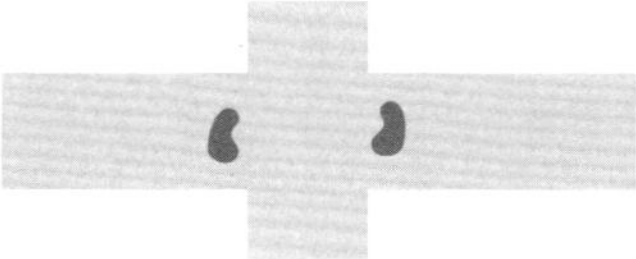

2-100 方裆舞刀

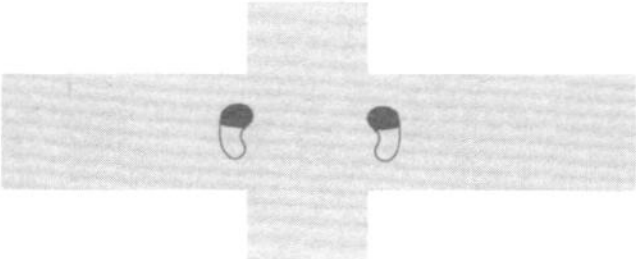

2-101 右横平刀

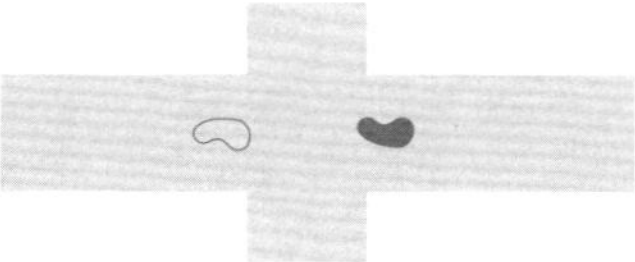

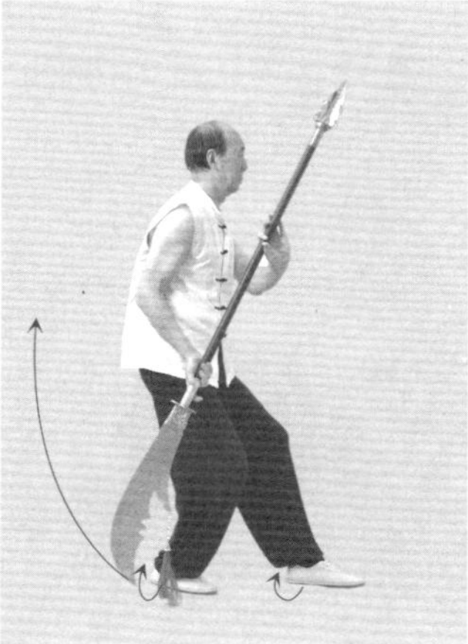

2-102 上步反砸

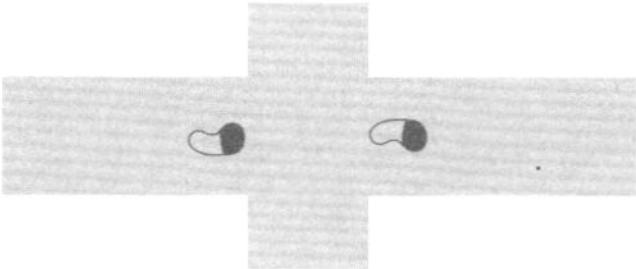

2-103 上步反砸

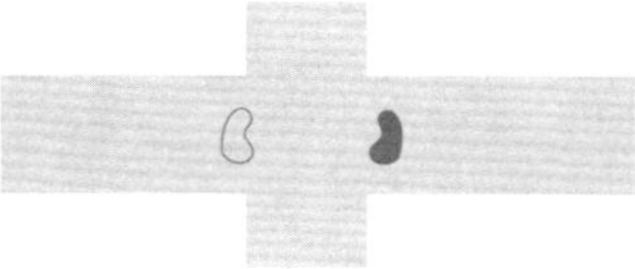

2-104 踪步献樽

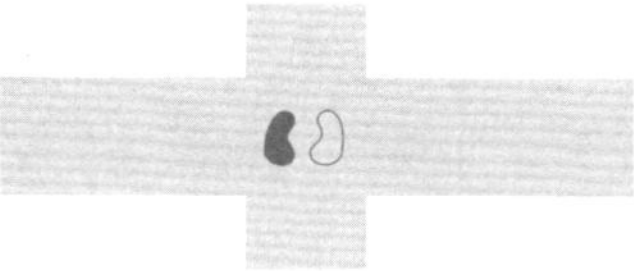

2-105　踪步献樽

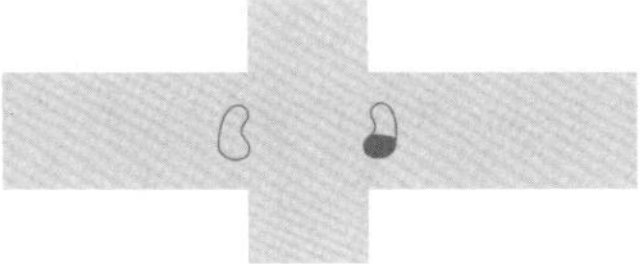

2-106　方裆剁刀

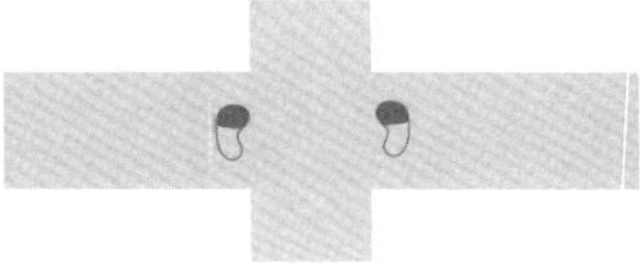

2-107　右横提刀

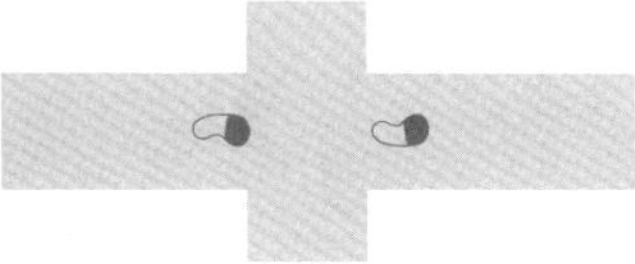

2-108　方裆绞樽

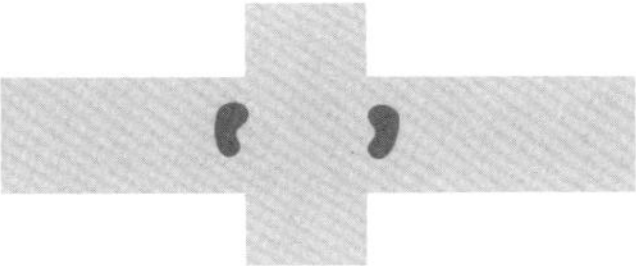

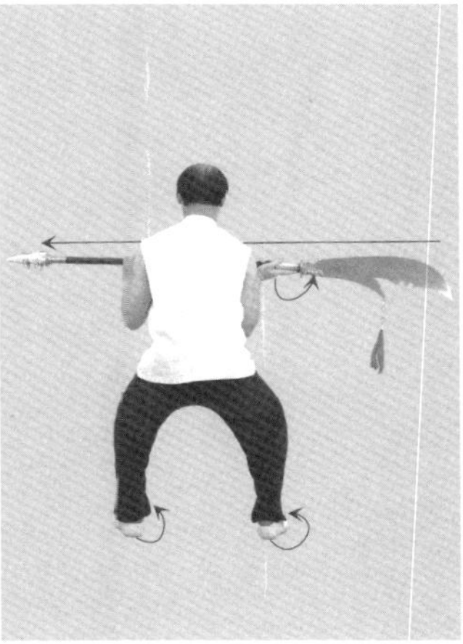

2-109　方裆绞樽

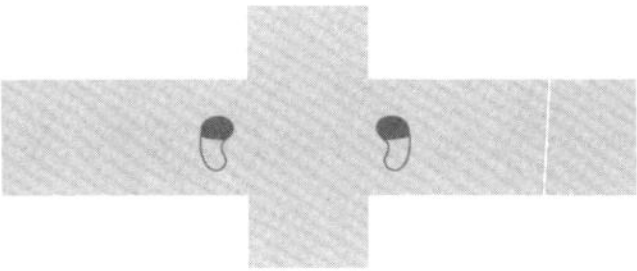

2-110　左横撇刀

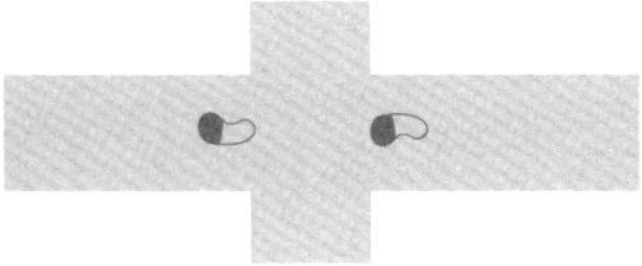

2-111　还身败刀

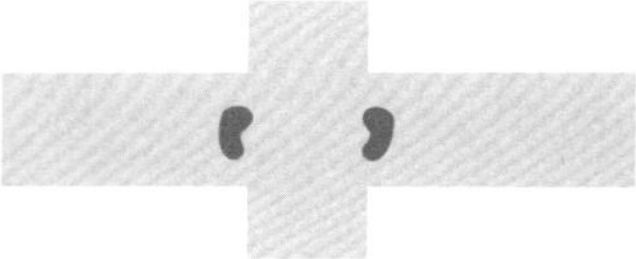

2-112　还身败刀

2-113　斜身托刀

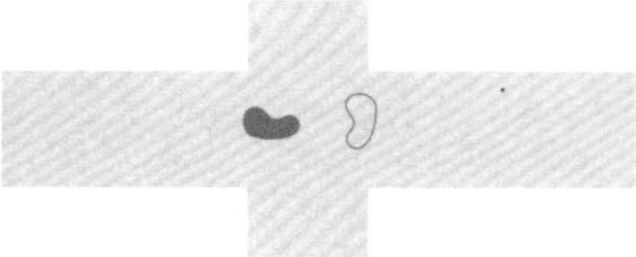

2-114　疾踪献樽

2-115　疾踪献樽

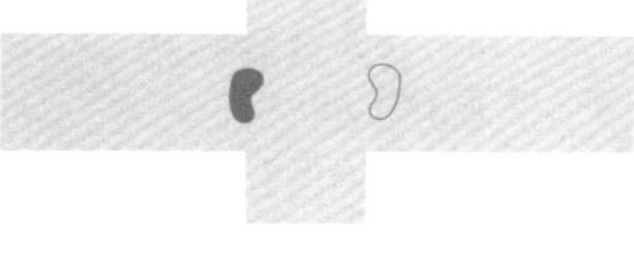

2-116　疾踪献樽

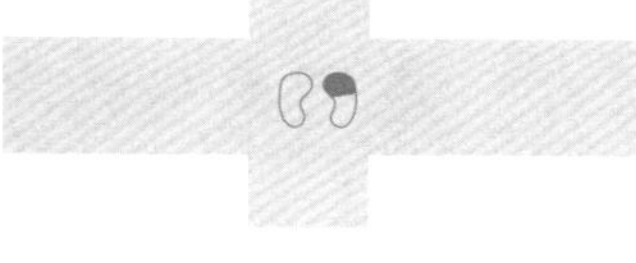

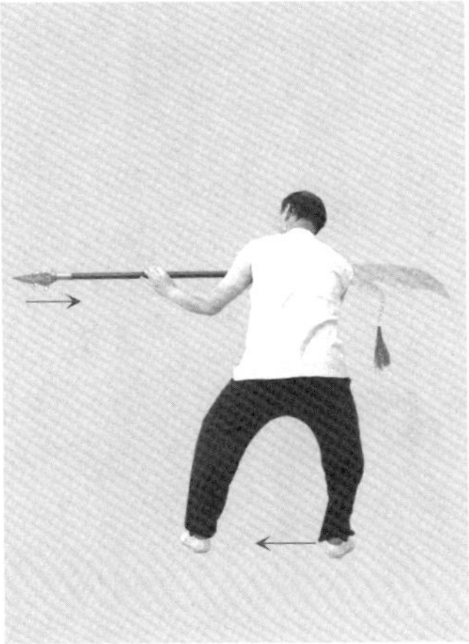

2-117　疾踪献樽

2-118　疾踪献樽

2-119　疾踪献樽

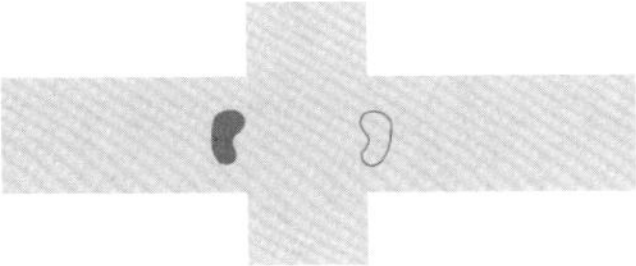

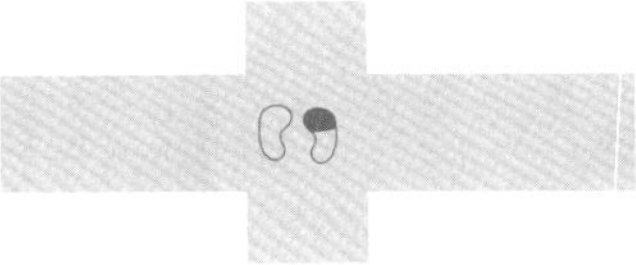

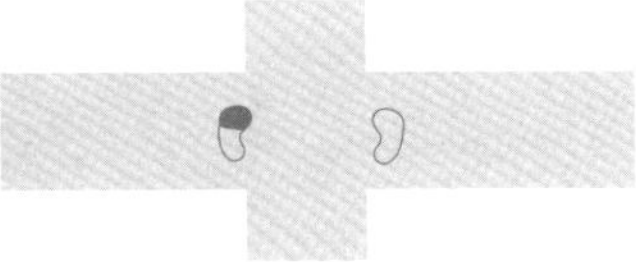

2-120　方裆剁刀

2-121　左横撇刀

2-122　转身云刀

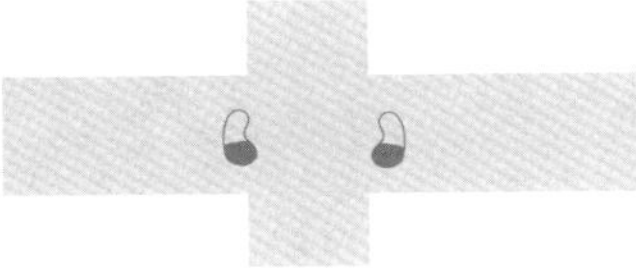

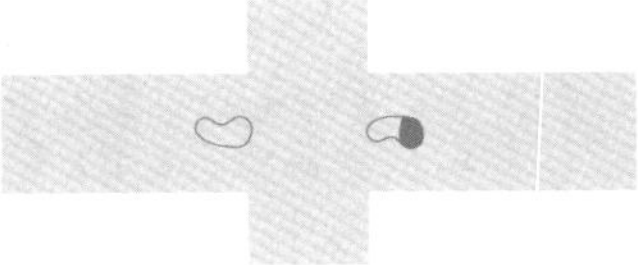

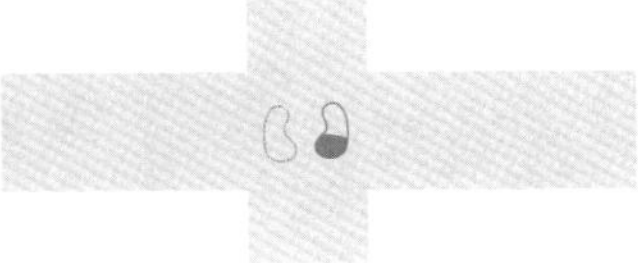

2-123 转身云刀

2-124 转身云刀

2-125 转身云刀

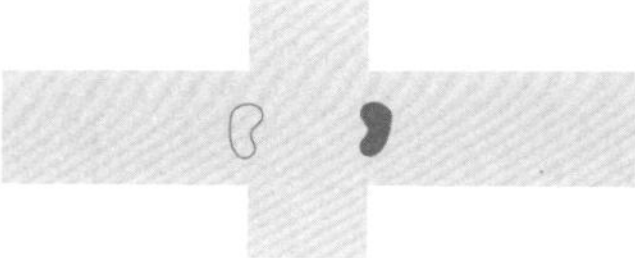

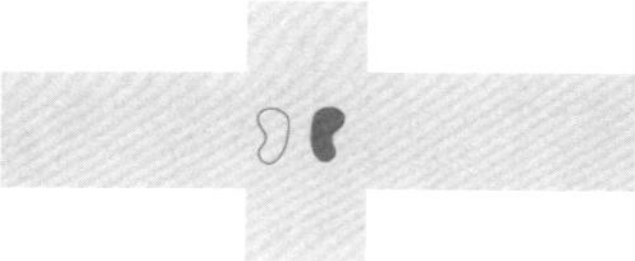

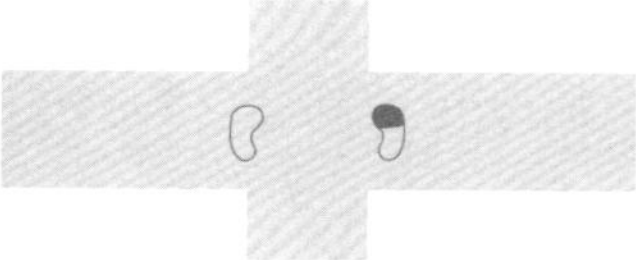

2-126 抽拔下拦

2-127 抽拔下拦

2-128 抽拔下拦

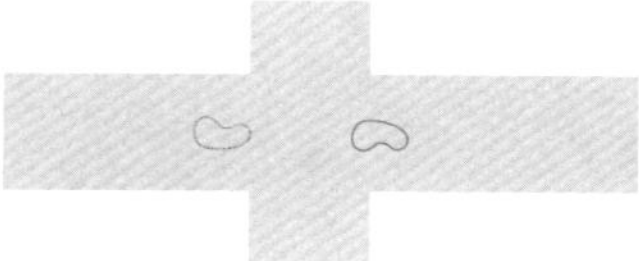

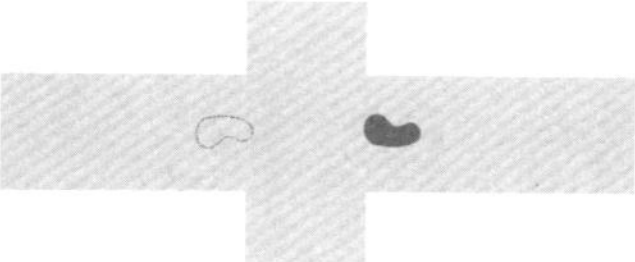

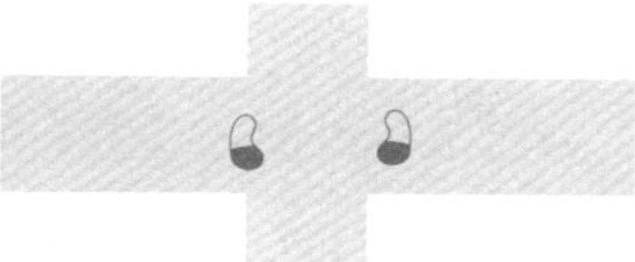

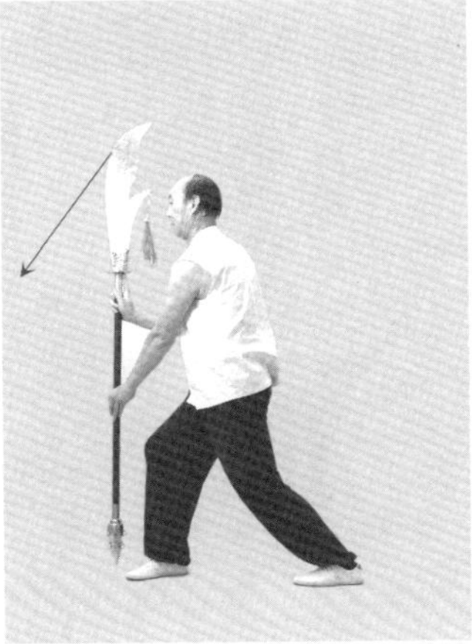

2-129 右横提刀

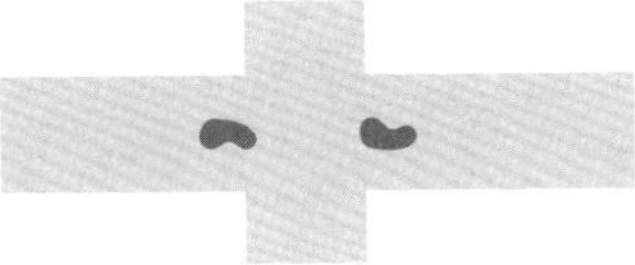

2-130 一马三刀

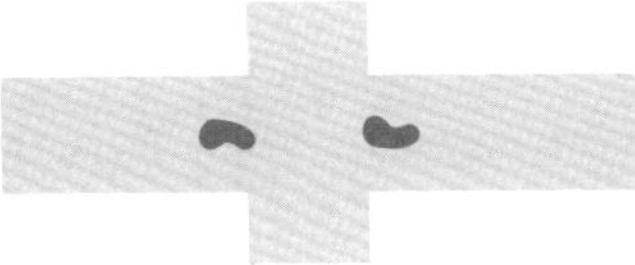

2-131 一马三刀

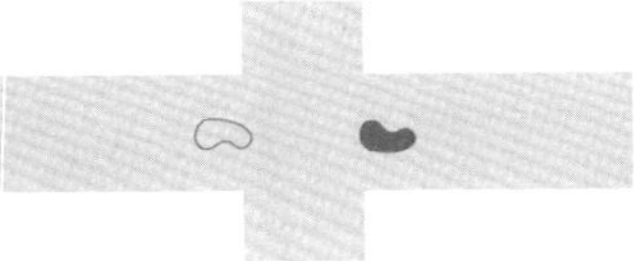

2-132 一马三刀

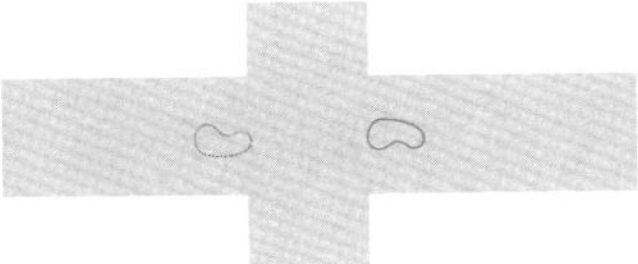

2-133 一马三刀

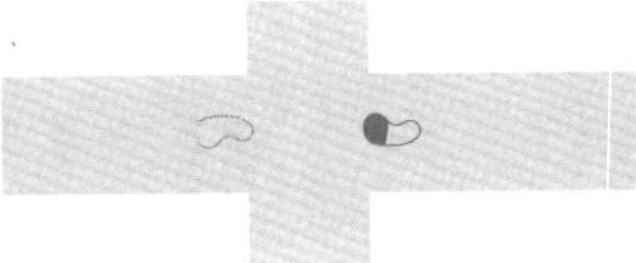

2-134 方裆剁刀

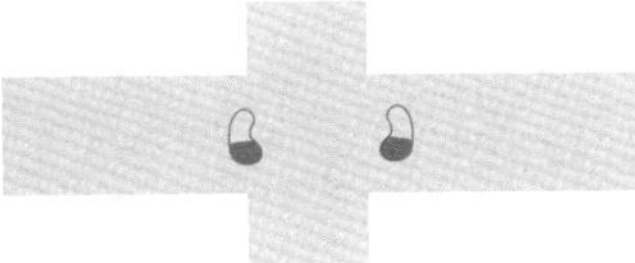

2-135 左横撇刀

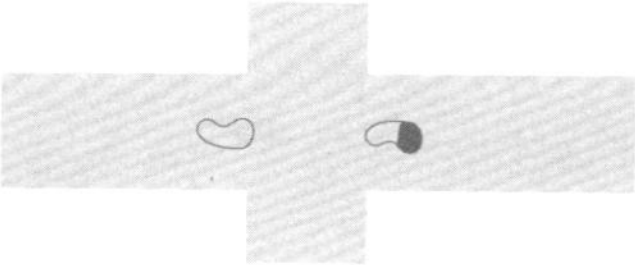

2-136 转环反撇

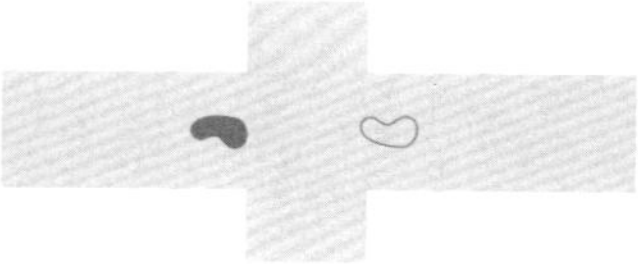

2-137 抽拔背刀

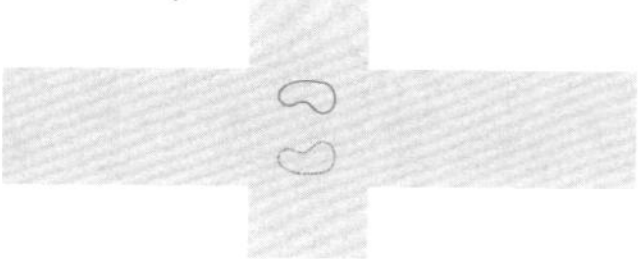

2-138 抽拔背刀

2-139 抽拔背刀

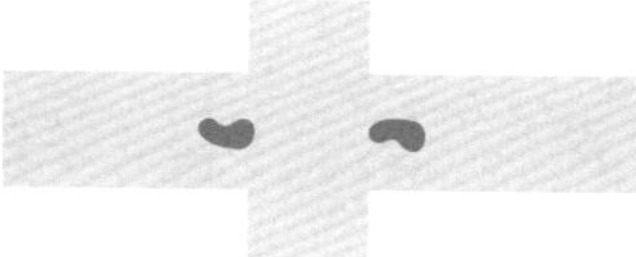

2-140 叠云翻拦

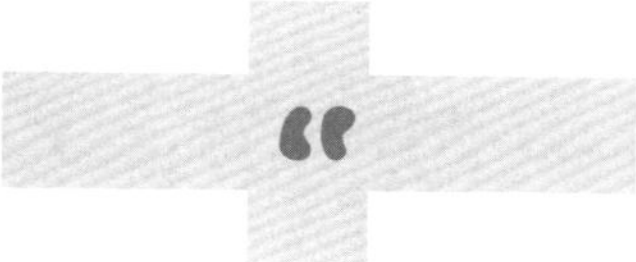

2-141　金刚献刀

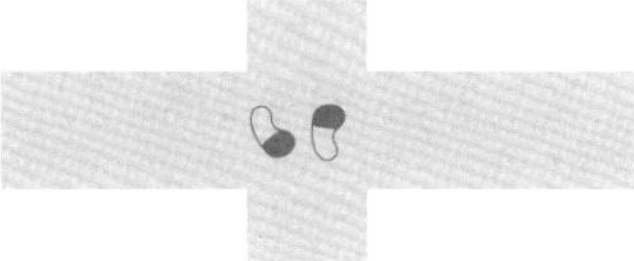

2-142　并齐收身

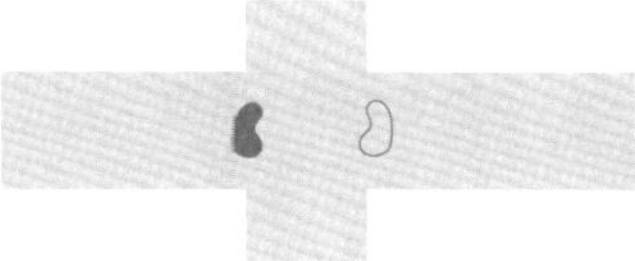

2-143　并齐收身

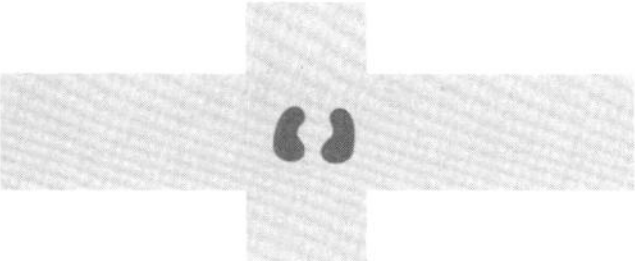

2-144　并齐收身

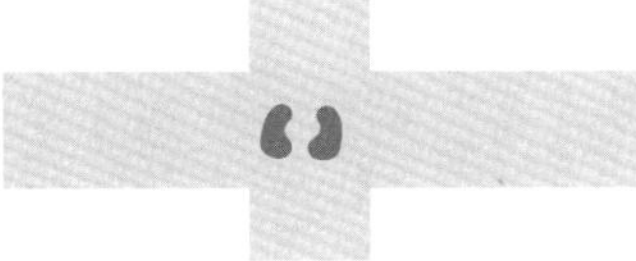

2-145　收式

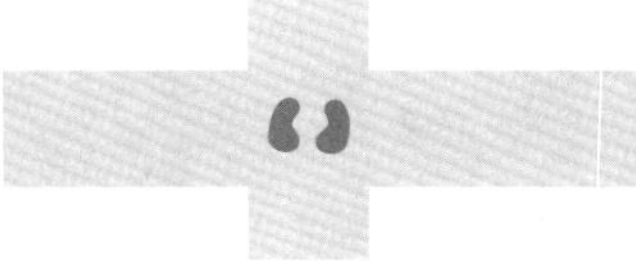

第三节　绵掌刀

3-1　预备式

3-2　斜身出捶

3-3　斜身出捶

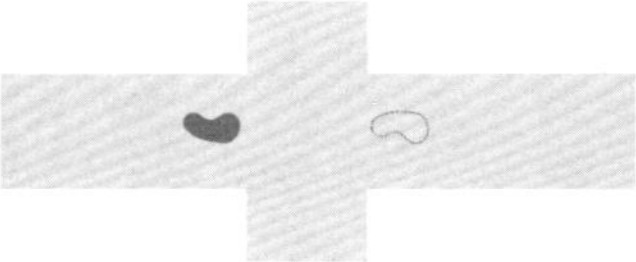

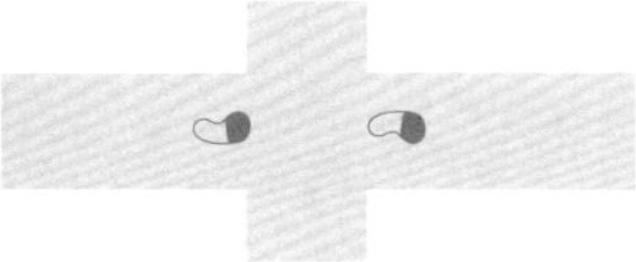

3-4　打虎方裆

3-5　独立接刀

3-6　上步压刀

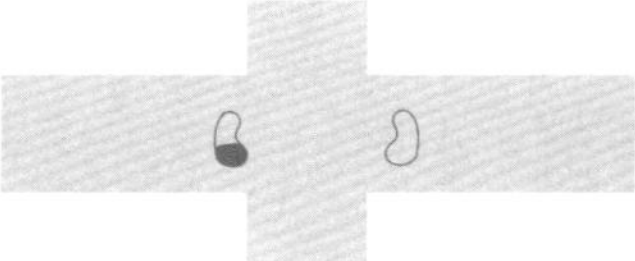

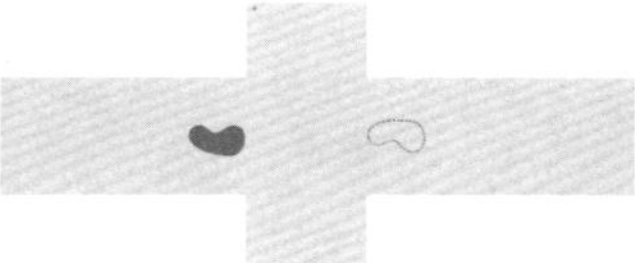

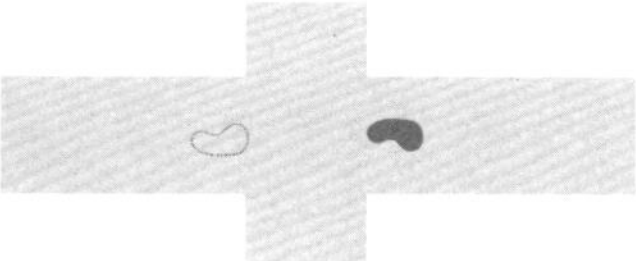

3-7 上步压刀

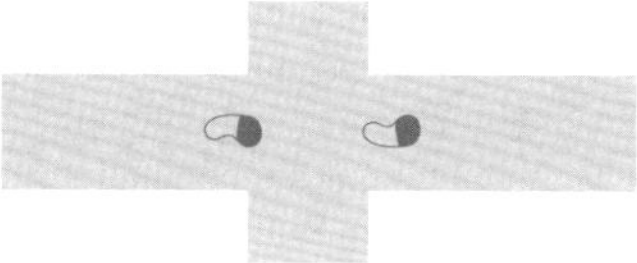

3-8 上步压刀

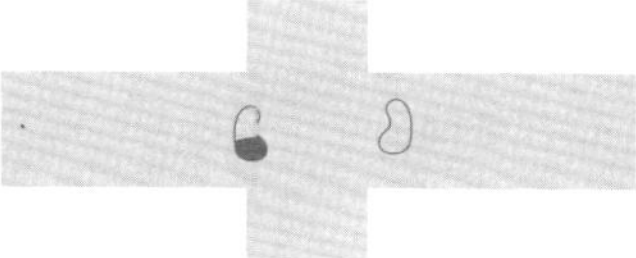

3-9 拥刀独立

3-10 拥刀独立

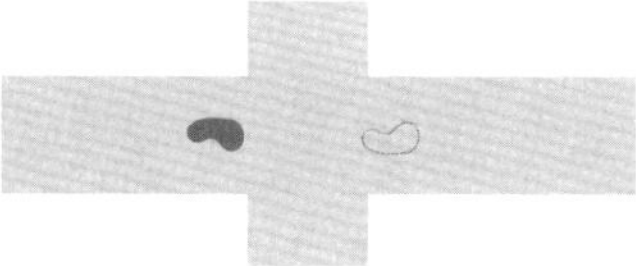

3-11 转环推刀

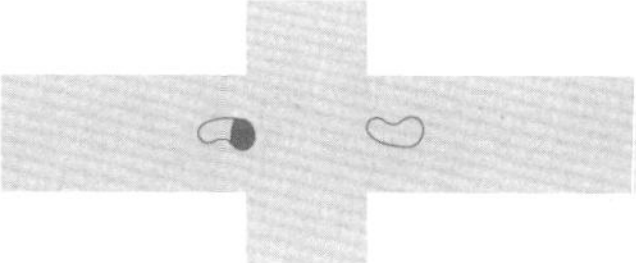

3-12 转环推刀

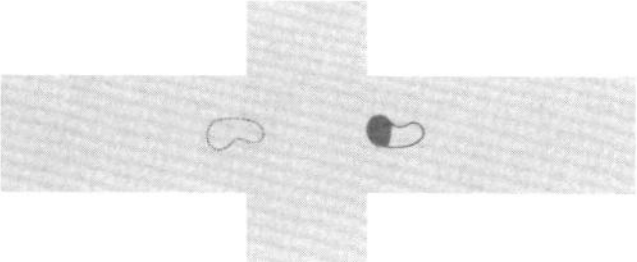

3-13　转环推刀

3-14　下拦还身

3-15　独立翻拍

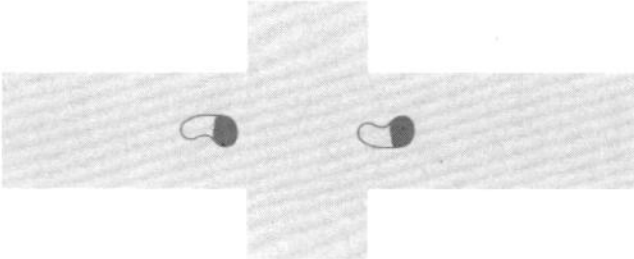

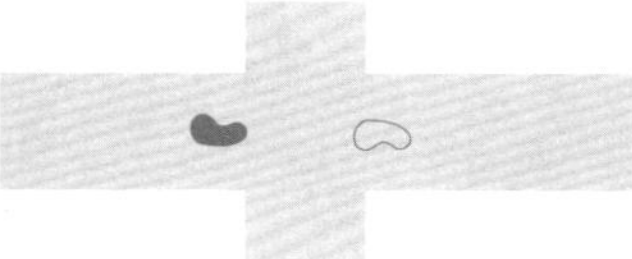

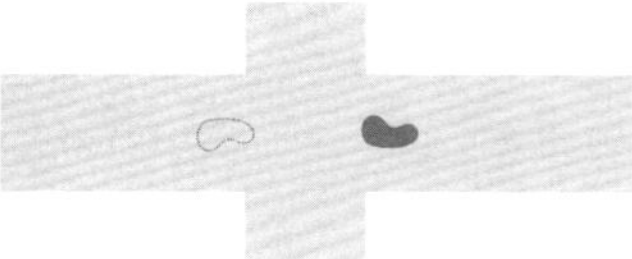

3-16　独立翻拍

3-17　转身压刀

3-18　转身压刀

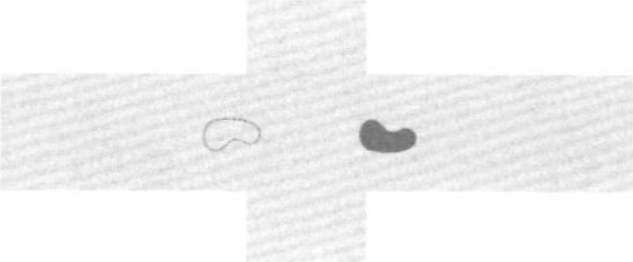

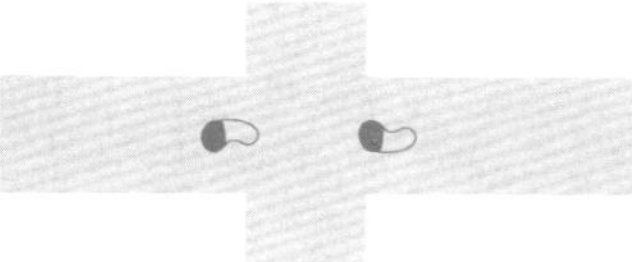

3-19　半步撑刀

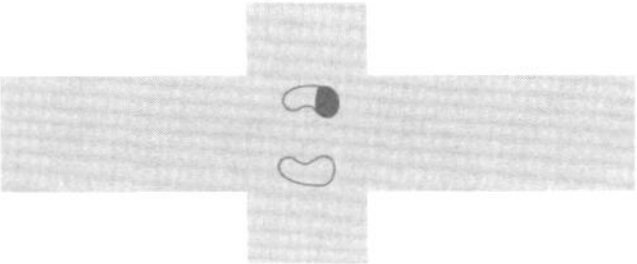

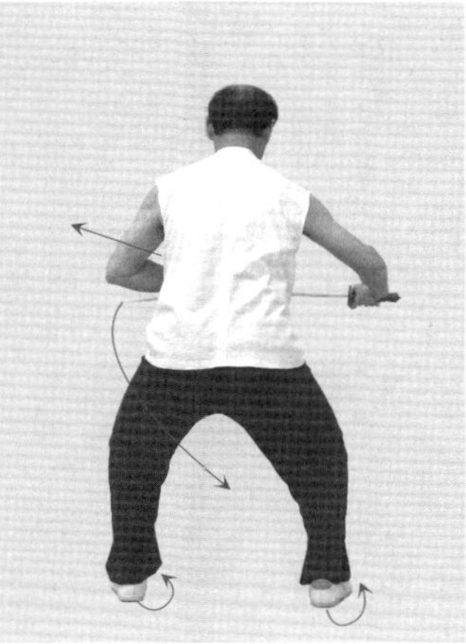

3-20　抱刀方裆

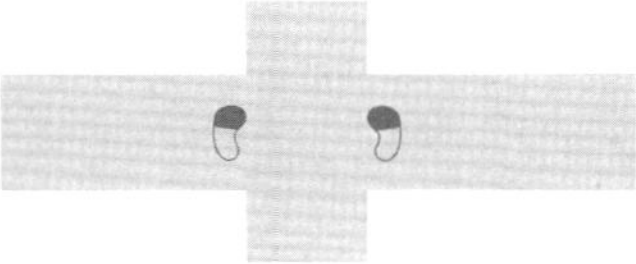

3-21　左横斜裆

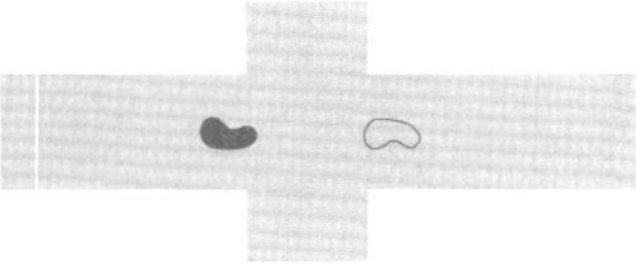

3-22　撩刀平腿

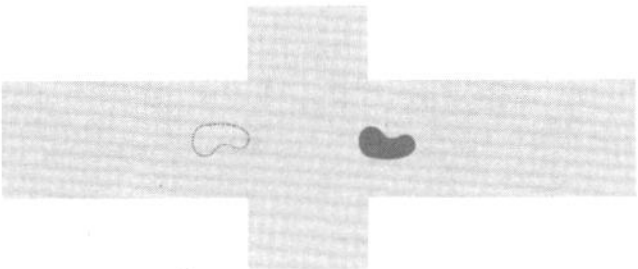

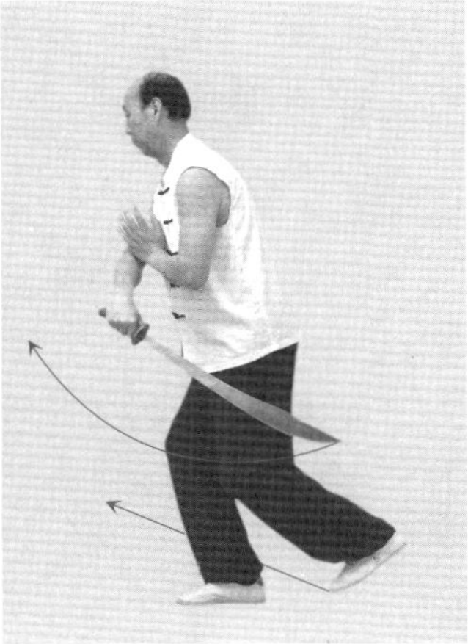

3-23　反撩平腿

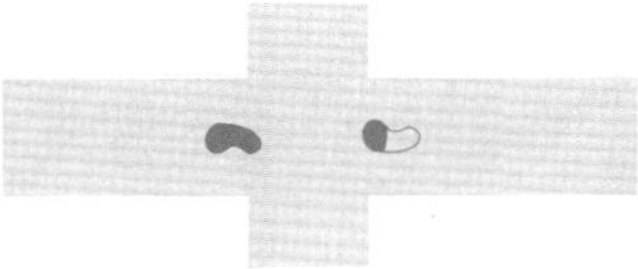

3-24　反撩平腿

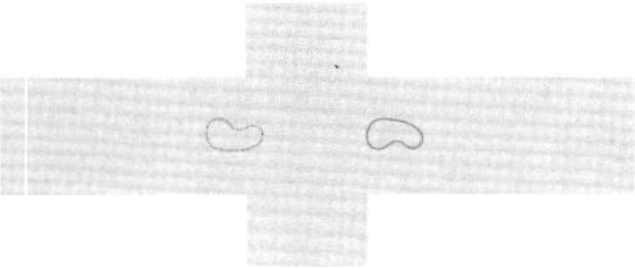

3-25　架刀平腿

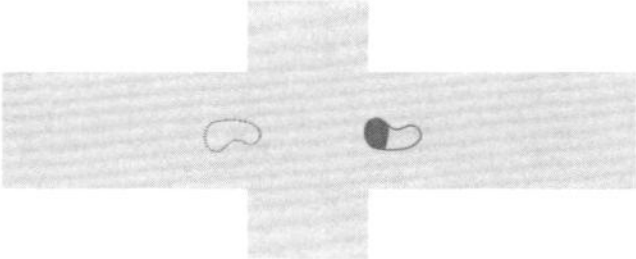

3-26　还身练刀

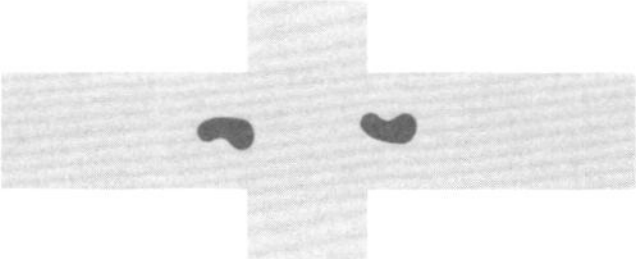

3-27　还身练刀

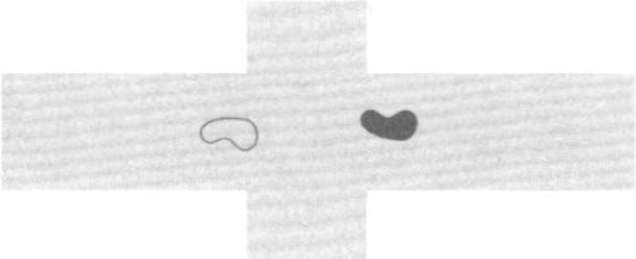

3-28　踪步立刀

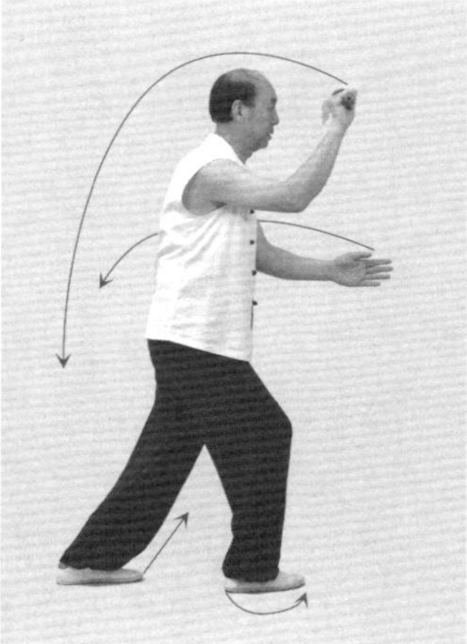

3-29　扬刀出捶

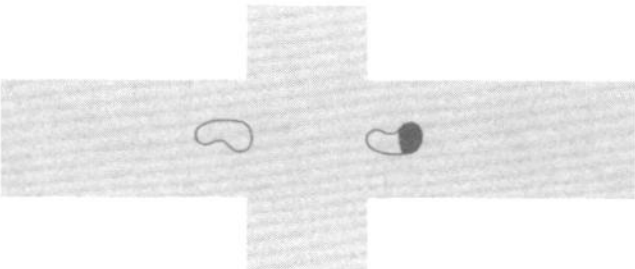

3-30　回身摞手

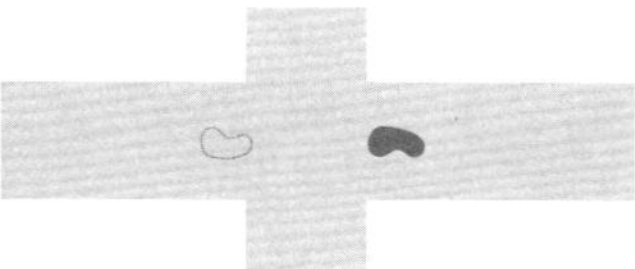

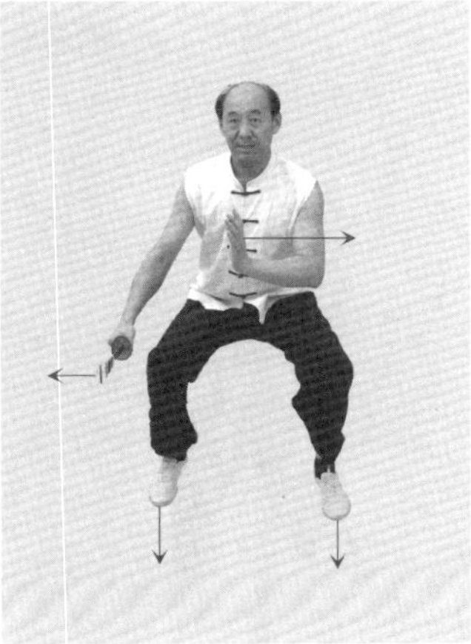

3-31 扫刀献背　　3-32 扫刀献背　　3-33 扫刀献背

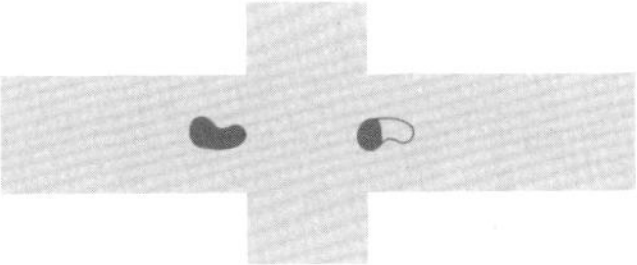
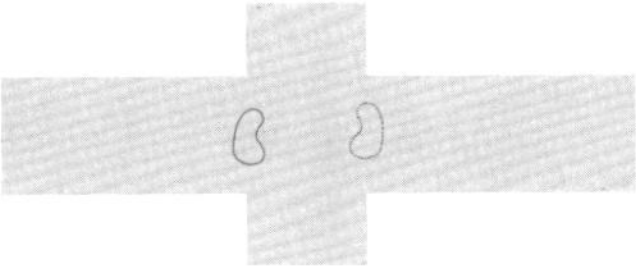
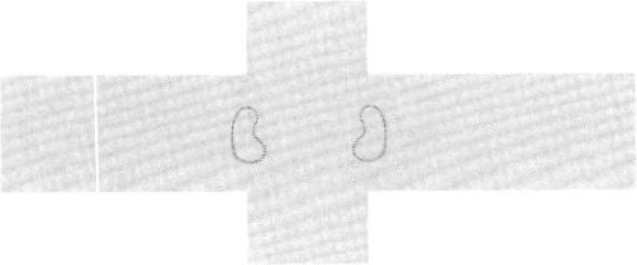

3-34 扫刀献背　　3-35 横身下拦　　3-36 翻拦上步

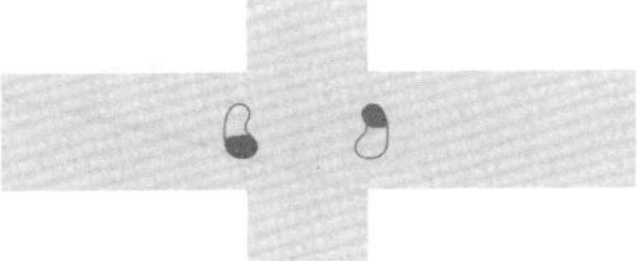
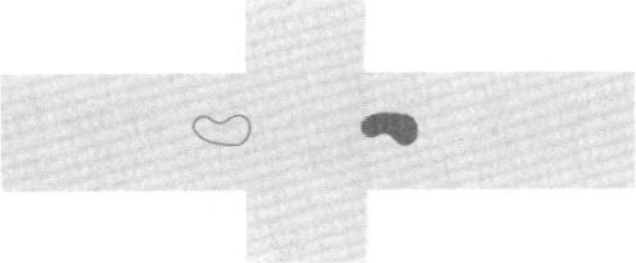
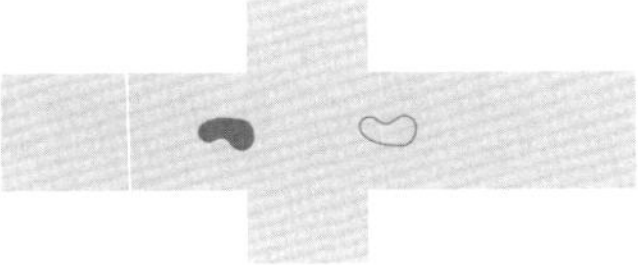

3-37 后踢坐刀

3-38 斜裆刺刀

3-39 左手接刀

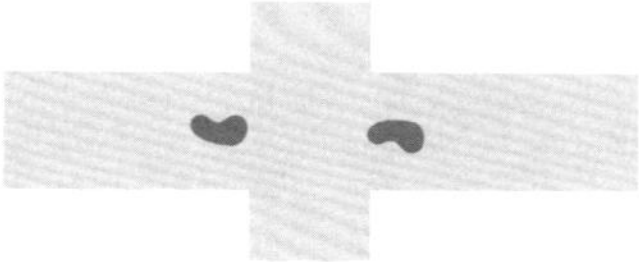

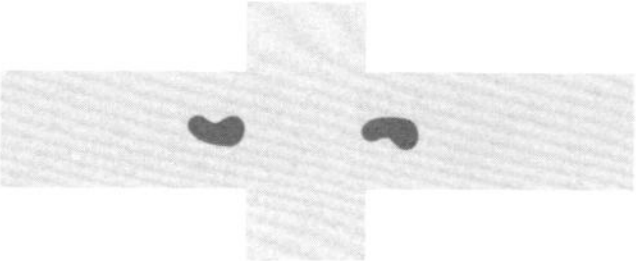

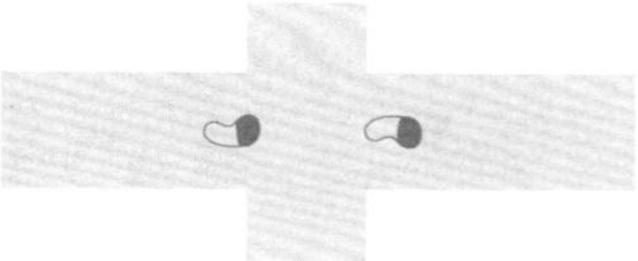

3-40 方裆贯捶

3-41 并齐收身

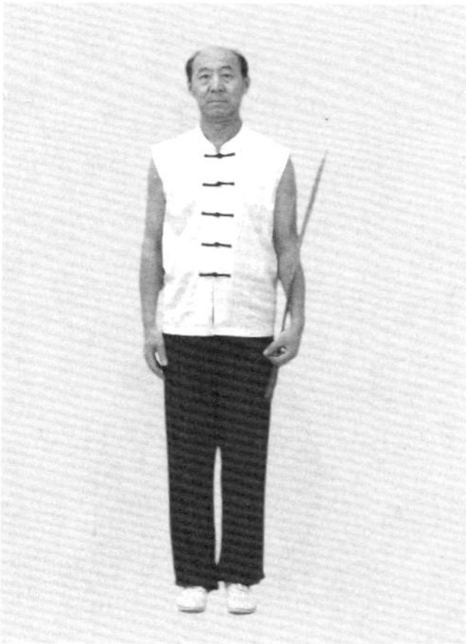

3-42 并齐收身

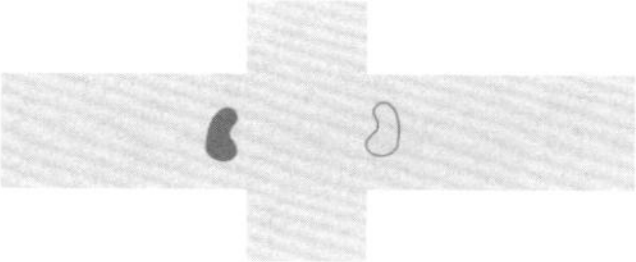

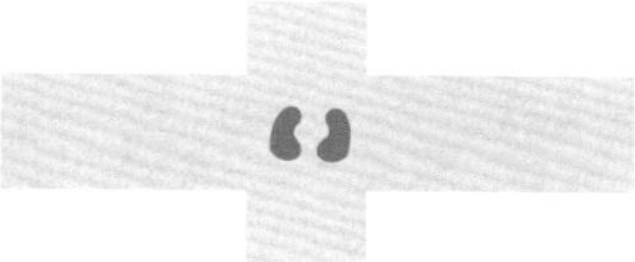

第四节　劈手杆

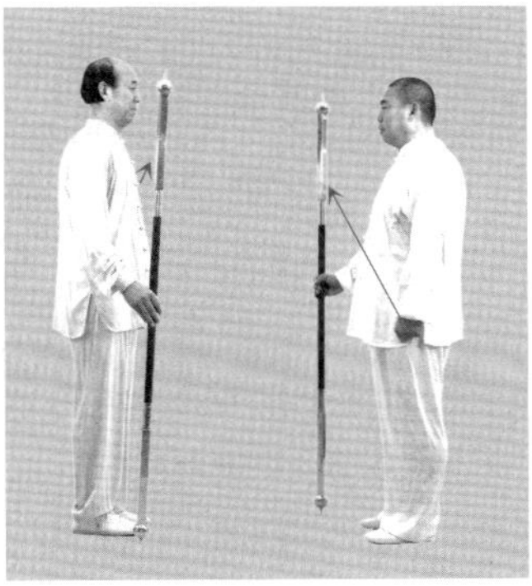

4-1　预备式

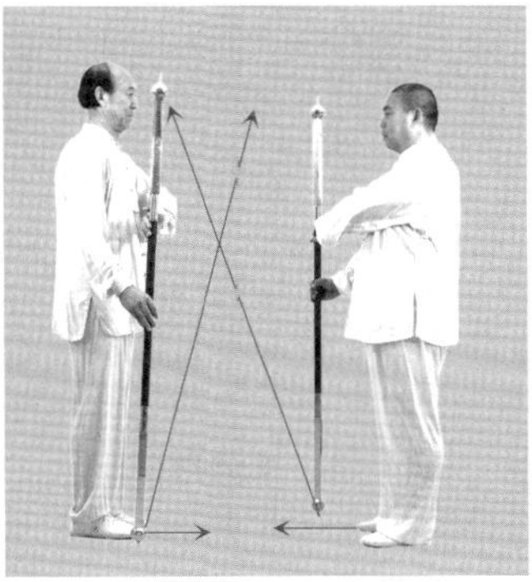

4-2　起式

4-3　甲乙对进

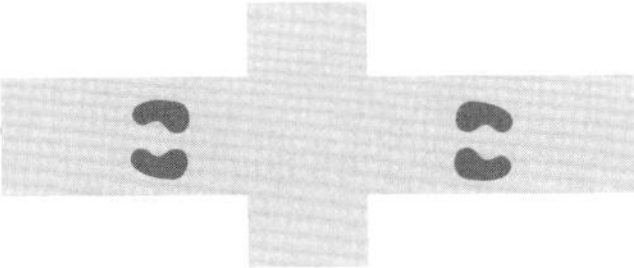

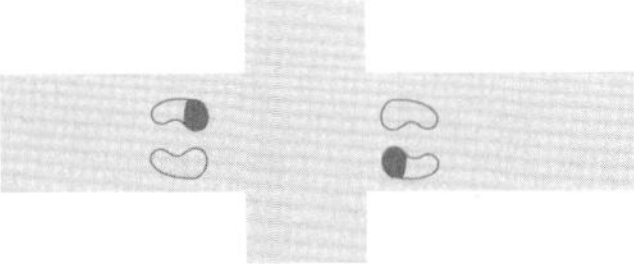

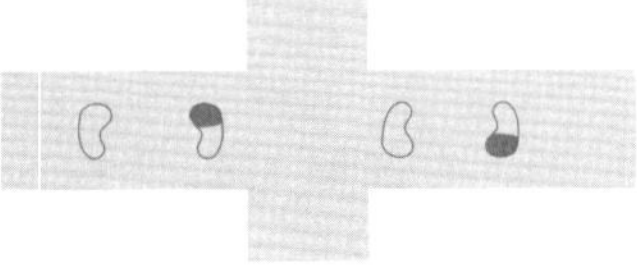

4-4　甲进对杆

4-5　甲进对杆

4-6　甲进对杆

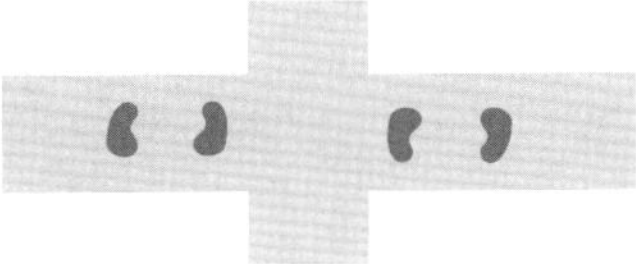

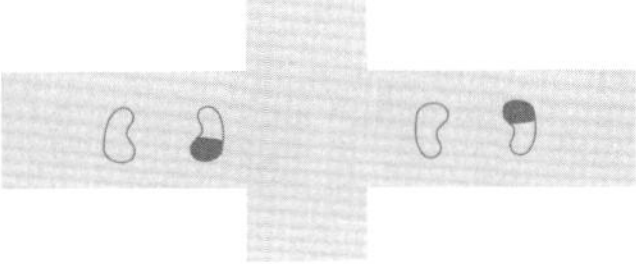

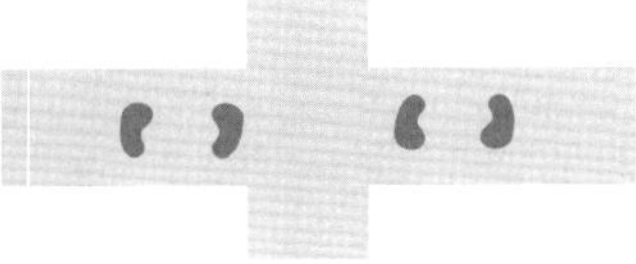

4-7　甲进对杆

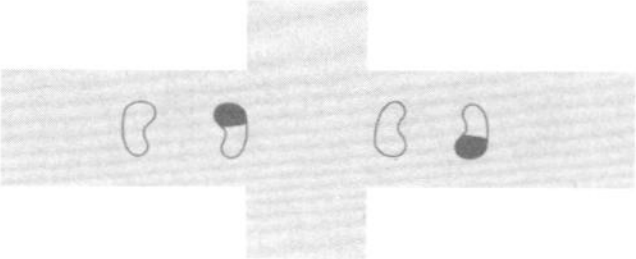

4-8　甲进对杆

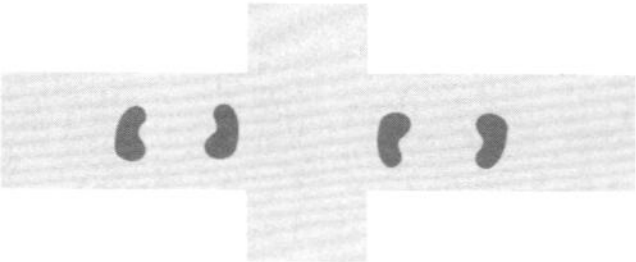

4-9　甲进对杆

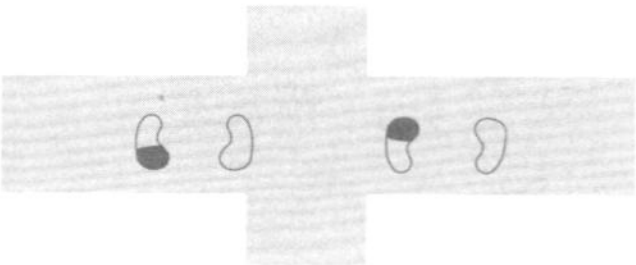

4-10　乙进对杆

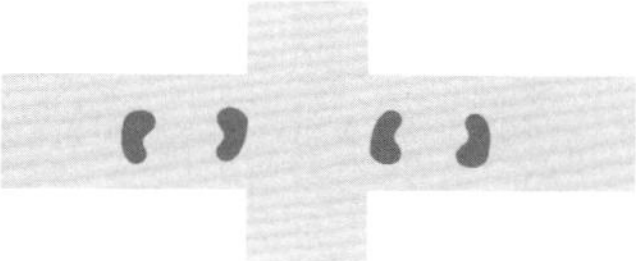

4-11　乙进对杆

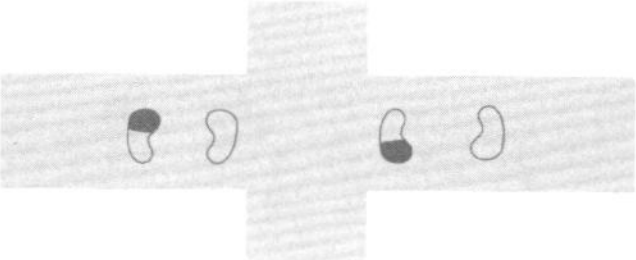

4-12　乙进对杆

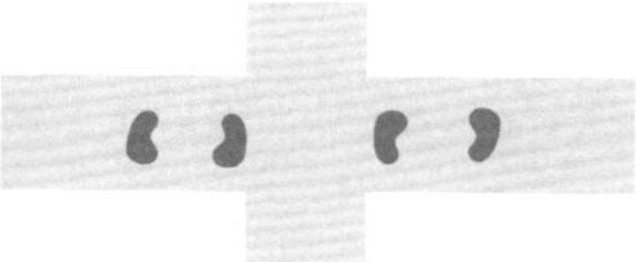

4-13　乙进对杆

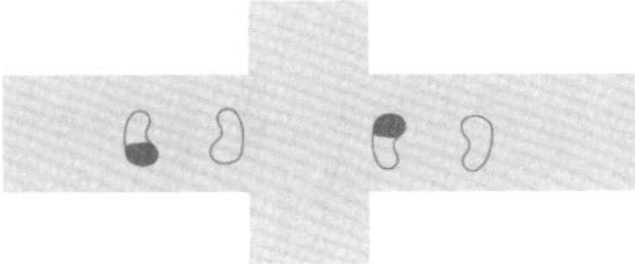

4-14　乙进对杆

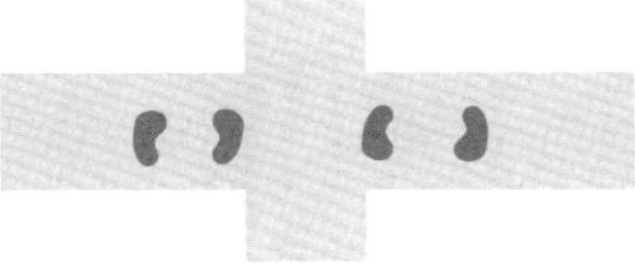

4-15　乙进对杆

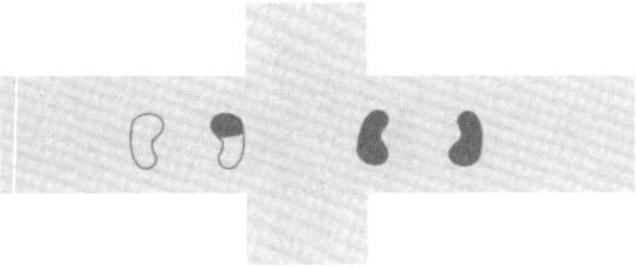

4-16　甲进涮把

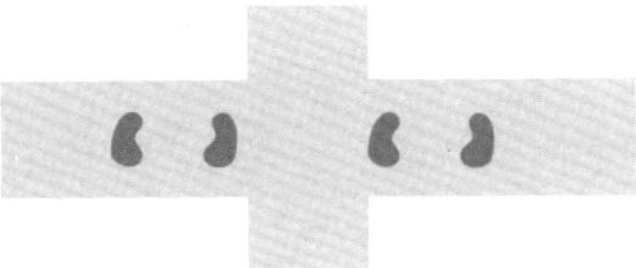

4-17　甲进涮把

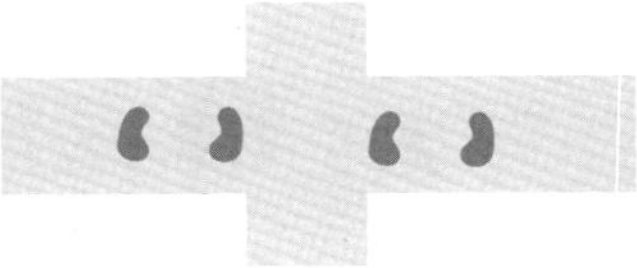

4-18　甲进涮把

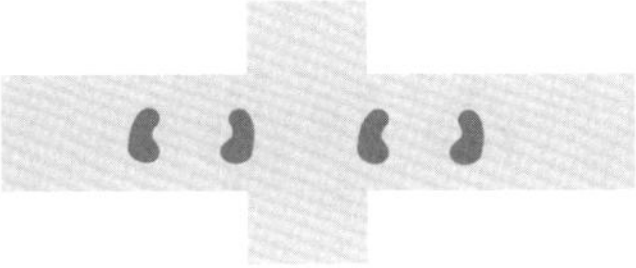

4-19 甲进涮把

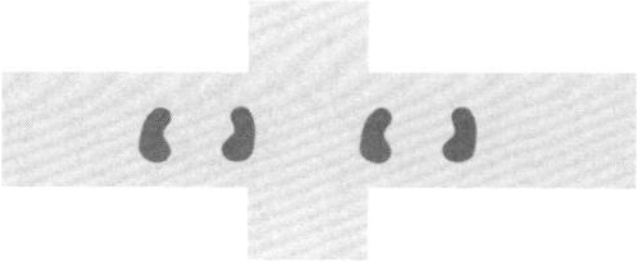

4-20 甲进涮把

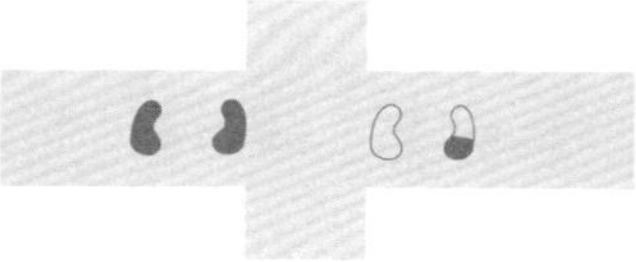

4-21 甲进涮把

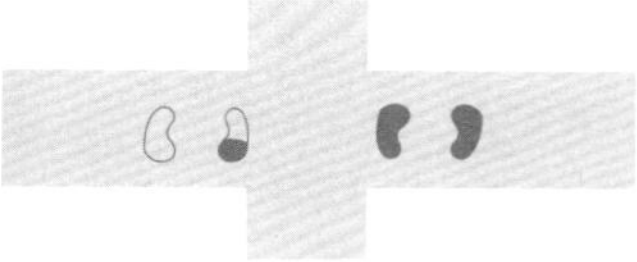

4-22 甲进涮把

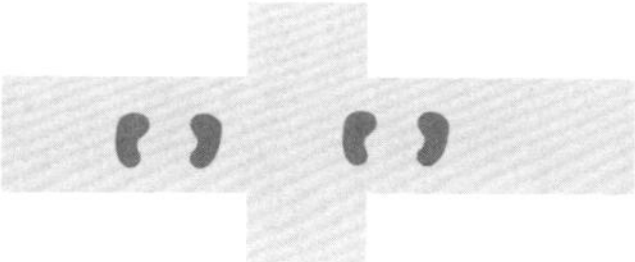

4-23 甲进涮把

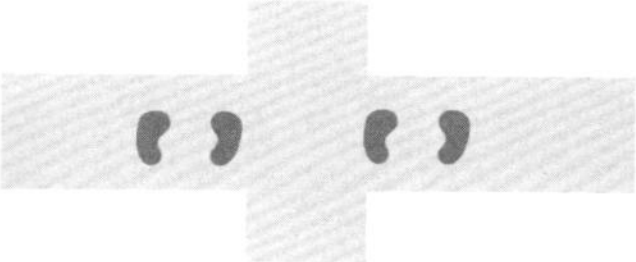

4-24 甲进涮把

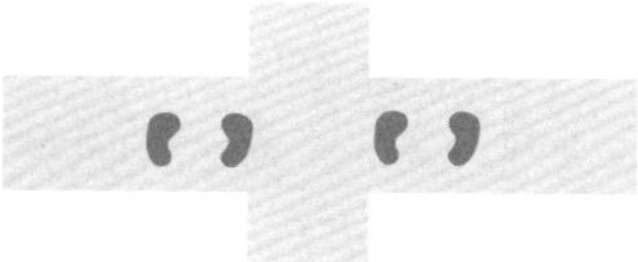

4-25　甲进涮把

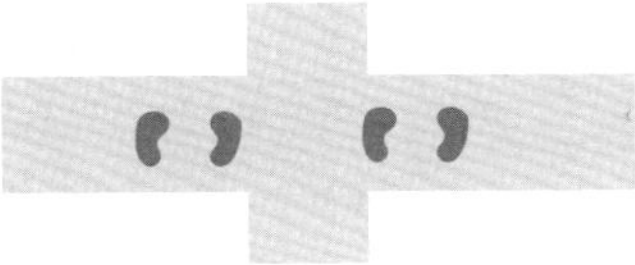

4-26　甲进涮把

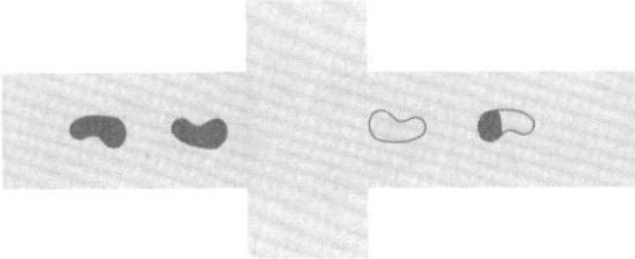

4-27　甲进涮把

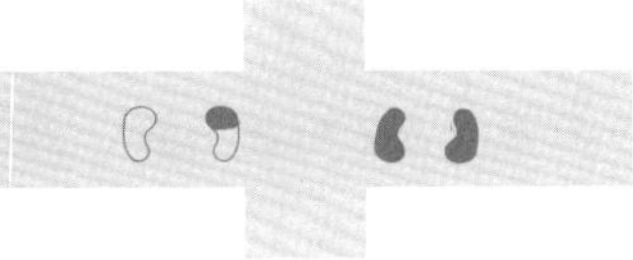

4-28　甲进涮把

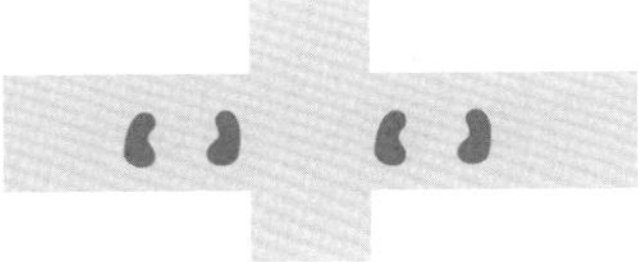

4-29　甲进涮把

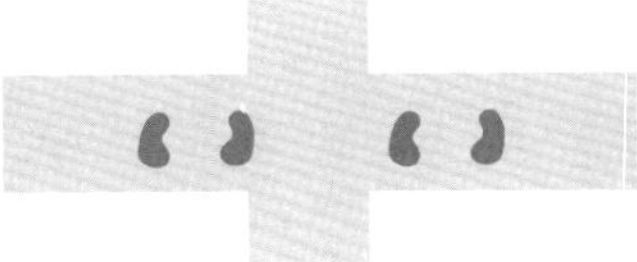

4-30　甲进涮把

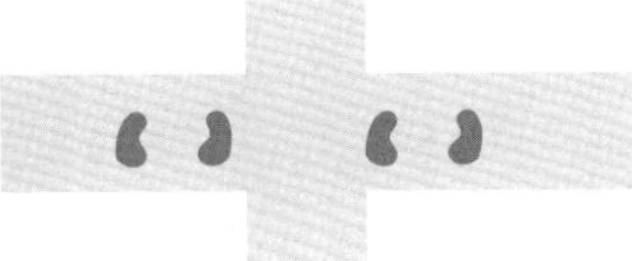

4-31 甲进涮把

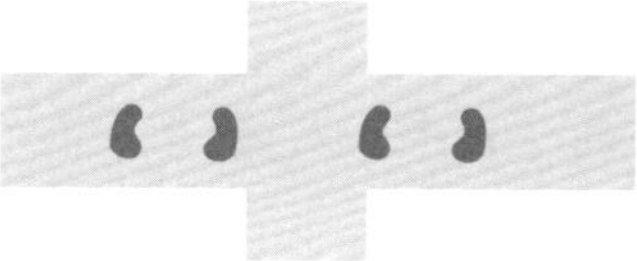

4-32 甲进涮把

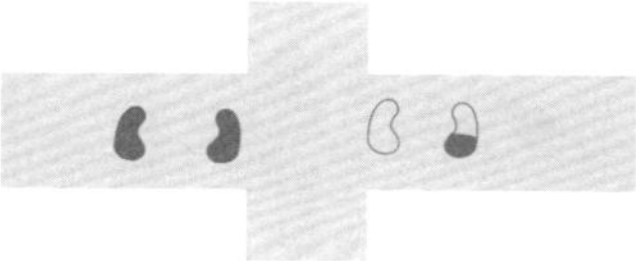

4-33 甲进涮把

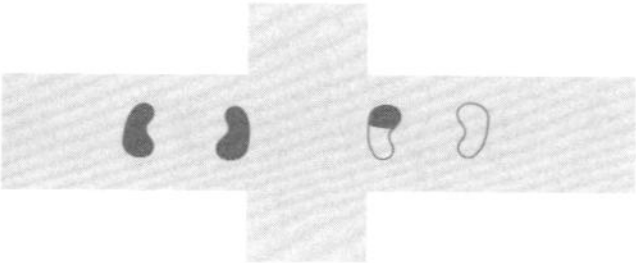

4-34 乙进涮把

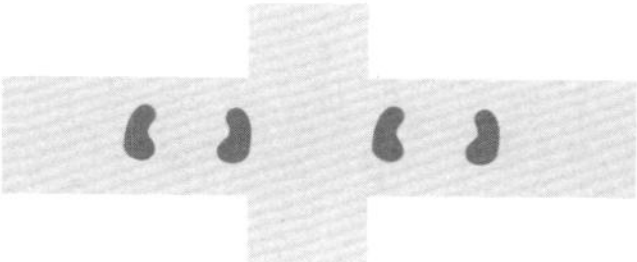

4-35 乙进涮把

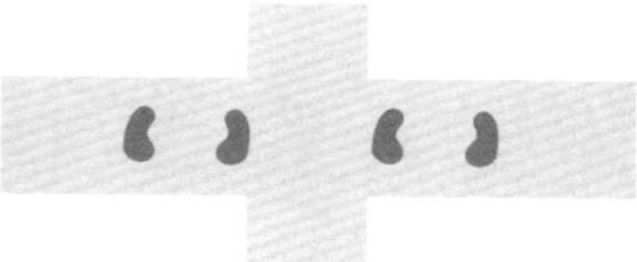

4-36 乙进涮把

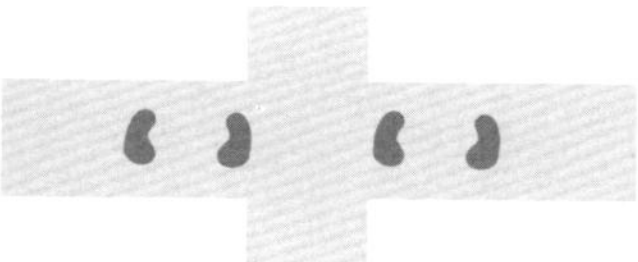

4-37　乙进涮把

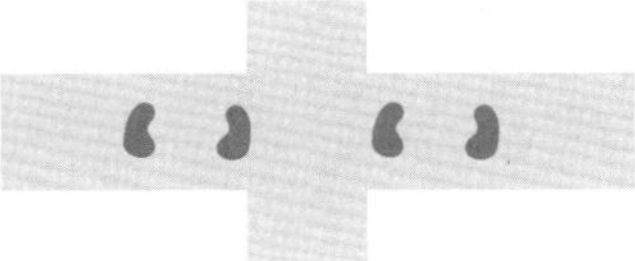

4-38　乙进涮把

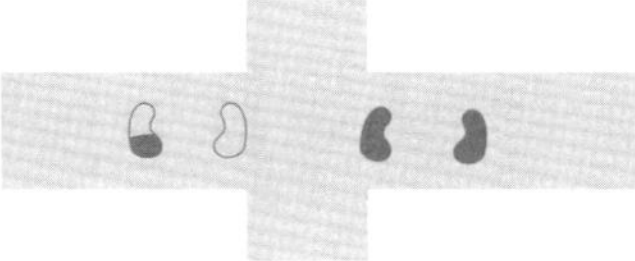

4-39　乙进涮把

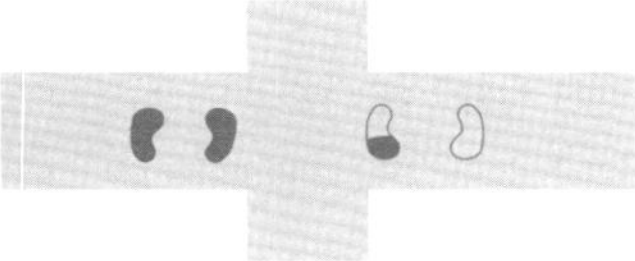

4-40　乙进涮把

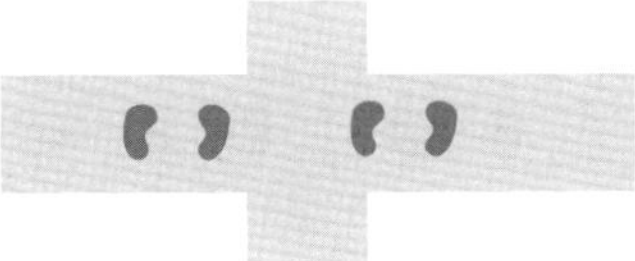

4-41　乙进涮把

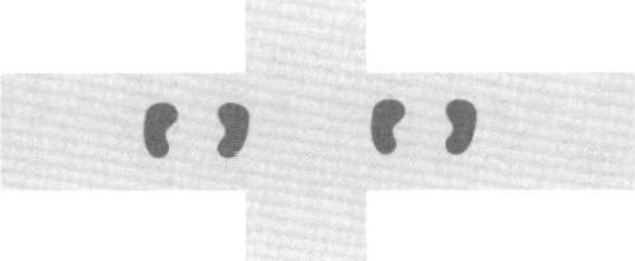

4-42　乙进涮把

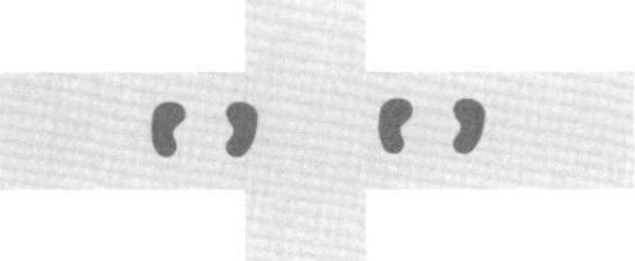

4-43 乙进涮把

4-44 乙进涮把

4-45 乙进涮把

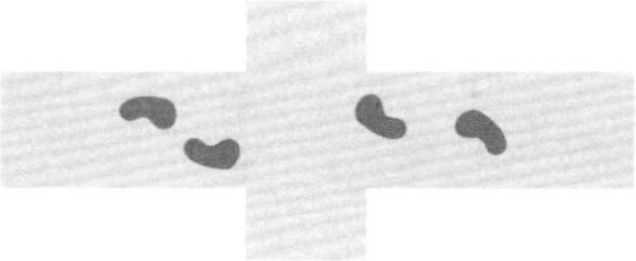

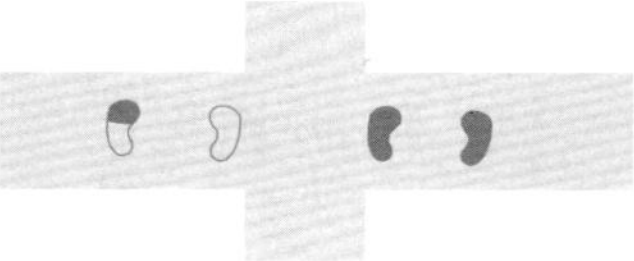

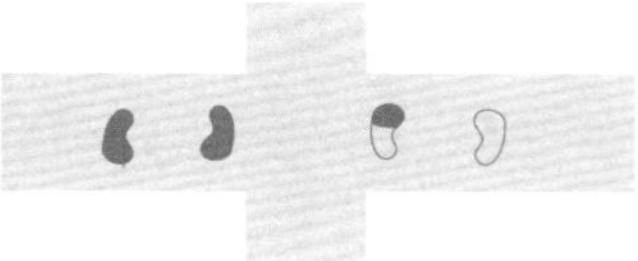

4-46 乙进涮把

4-47 乙进涮把

4-48 乙进涮把

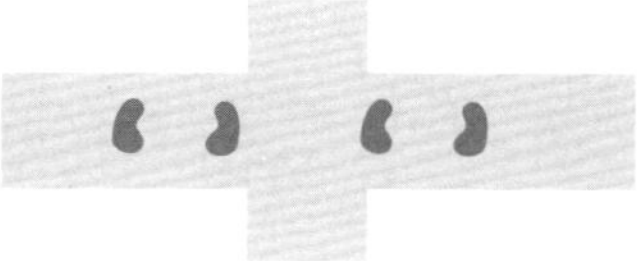

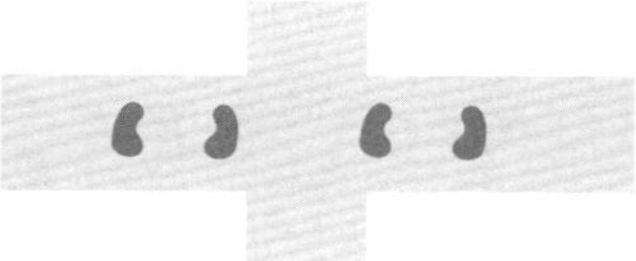

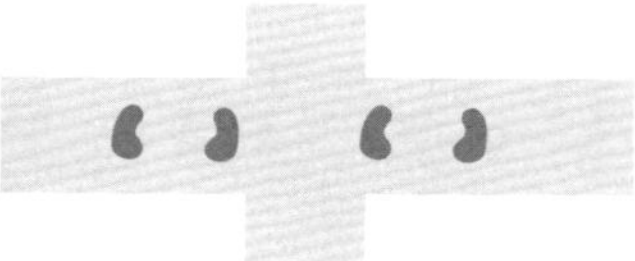

4-49 乙进涮把

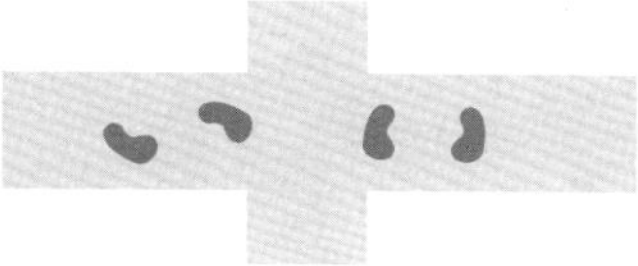

4-50 乙进涮把

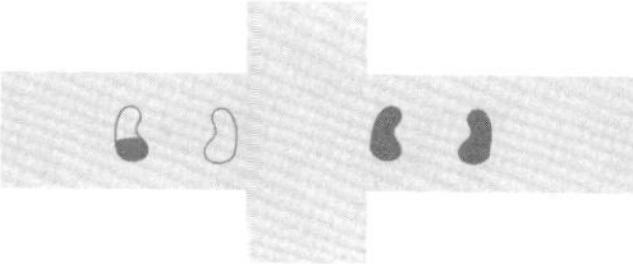

4-51 乙进涮把

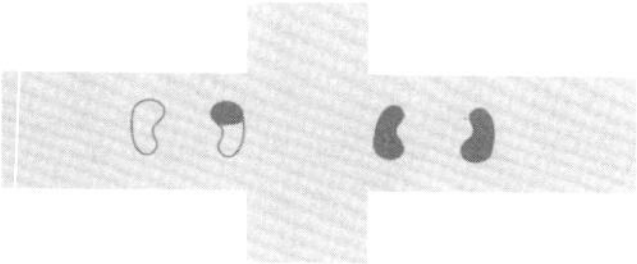

4-52 甲进搂脖

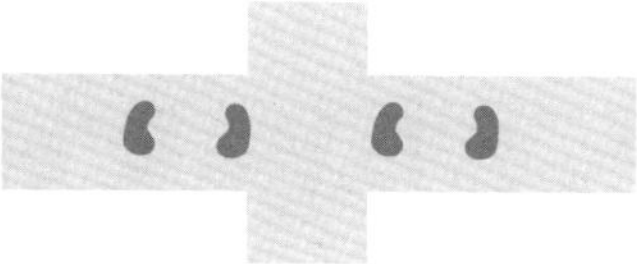

4-53 甲进搂脖

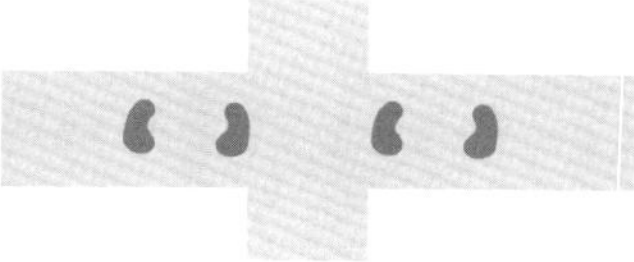

4-54 甲进搂脖

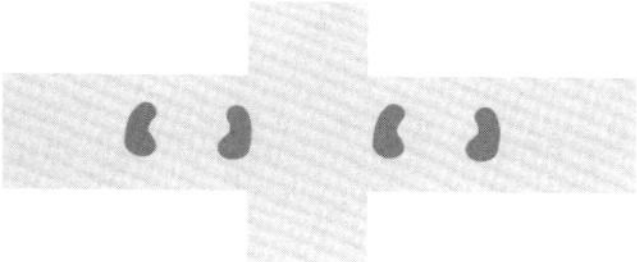

4-55 甲进搂脖

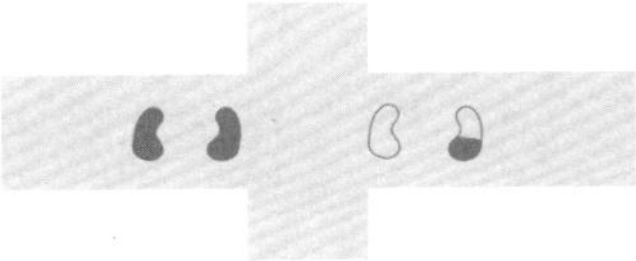

4-56 甲进搂脖

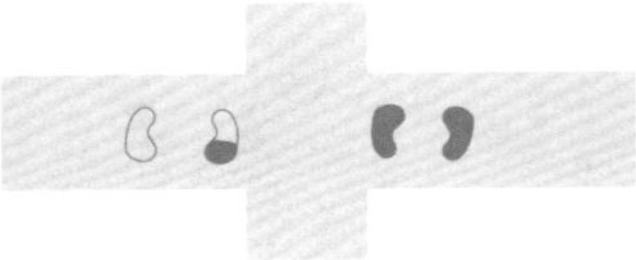

4-57 甲进搂脖

4-58 甲进搂脖

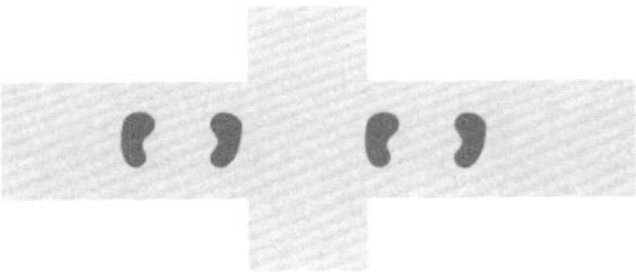

4-59 甲进搂脖

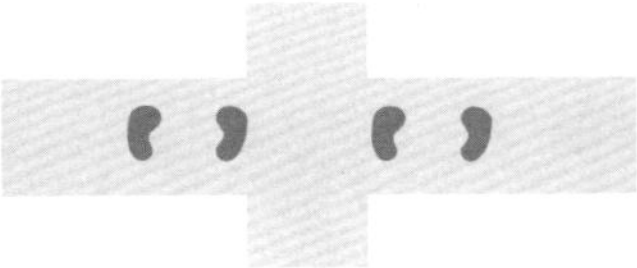

4-60 甲进搂脖

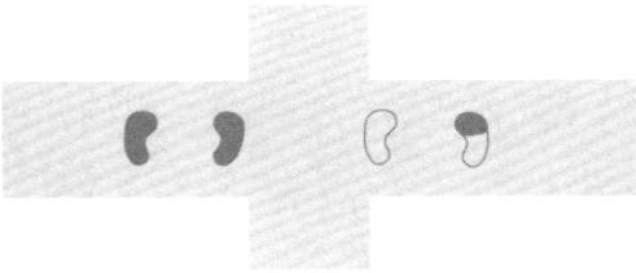

4-61　甲进搂脖

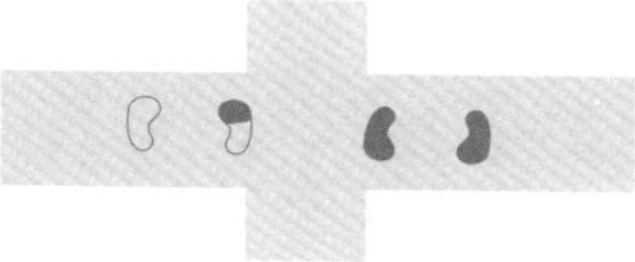

4-62　甲进搂脖

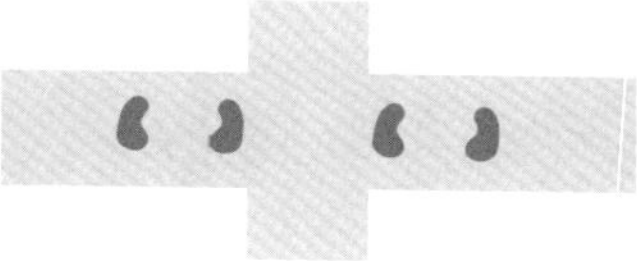

4-63　甲进搂脖

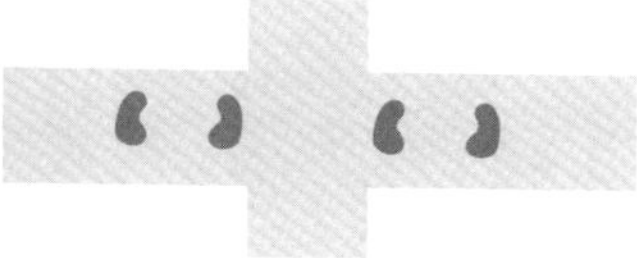

4-64　甲进搂脖

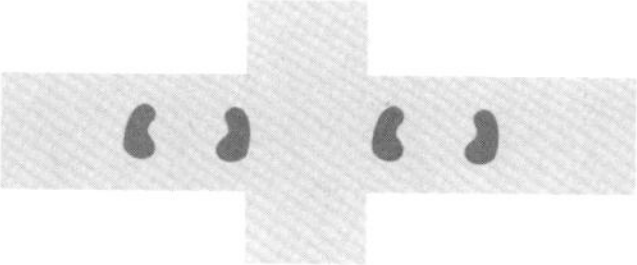

4-65　甲进搂脖

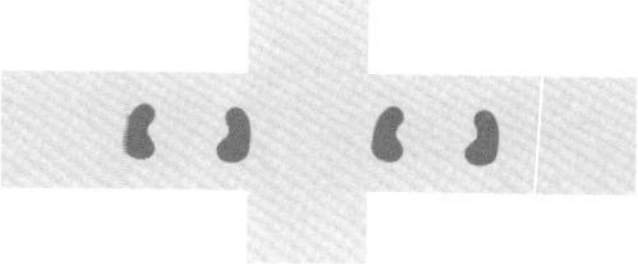

4-66　甲进搂脖

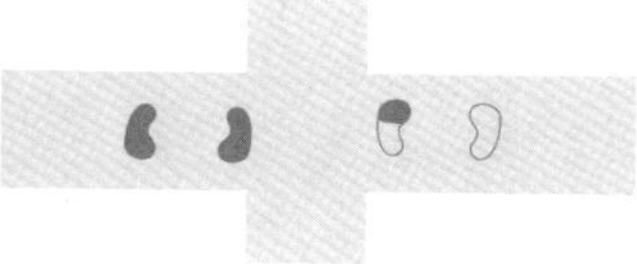

4-67　乙进搂脖

4-68　乙进搂脖

4-69　乙进搂脖

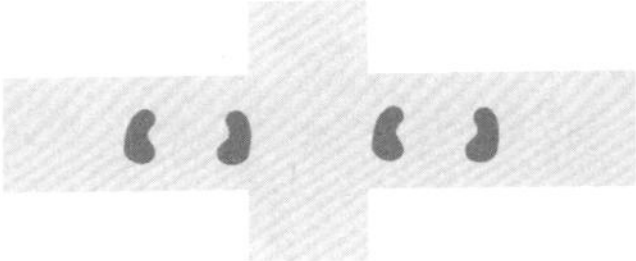

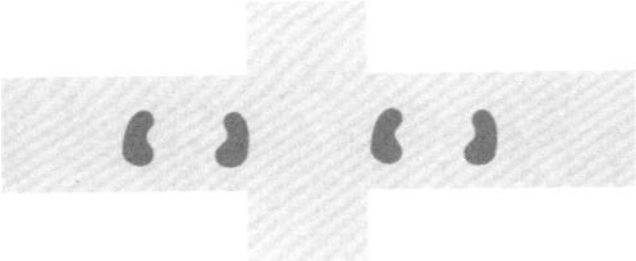

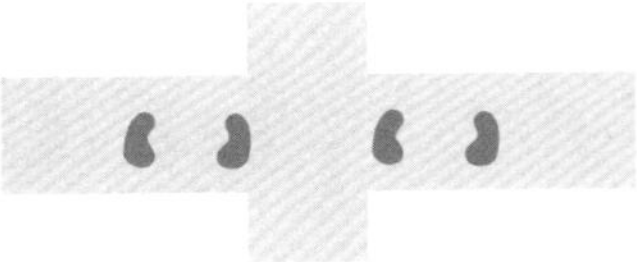

4-70　乙进搂脖

4-71　乙进搂脖

4-72　乙进搂脖

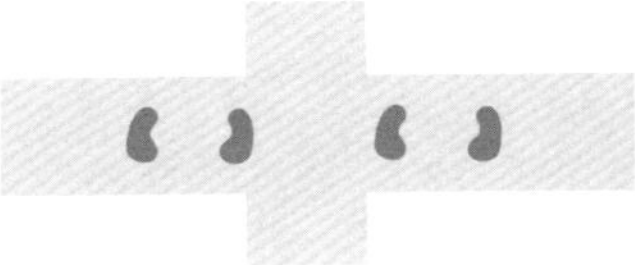

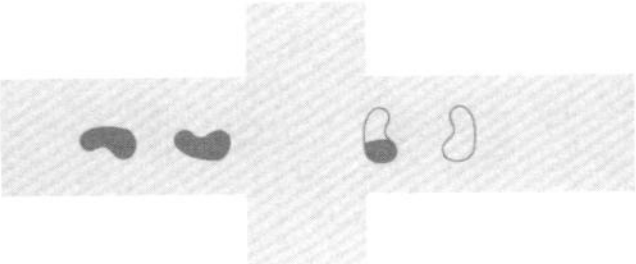

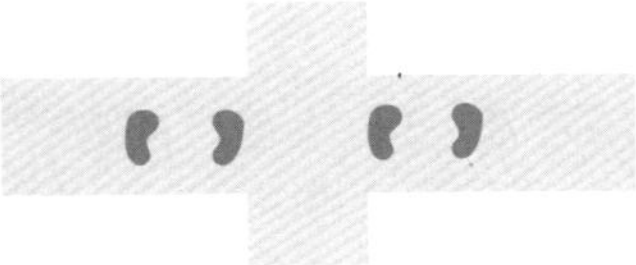

4-73 乙进搂脖

4-74 乙进搂脖

4-75 乙进搂脖

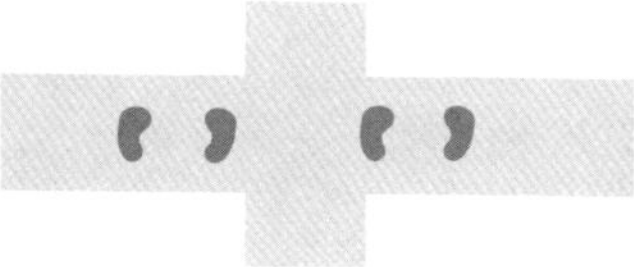

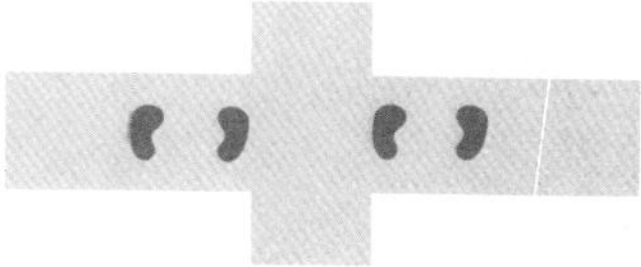

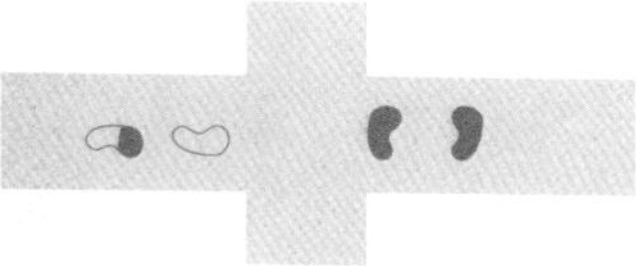

4-76 乙进搂脖

4-77 乙进搂脖

4-78 乙进搂脖

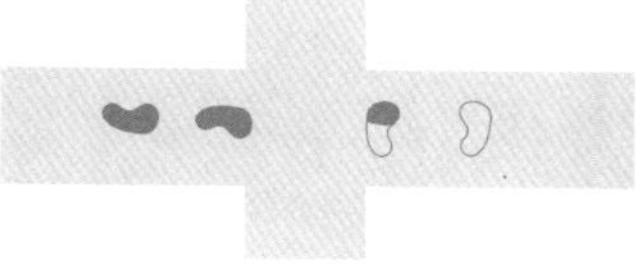

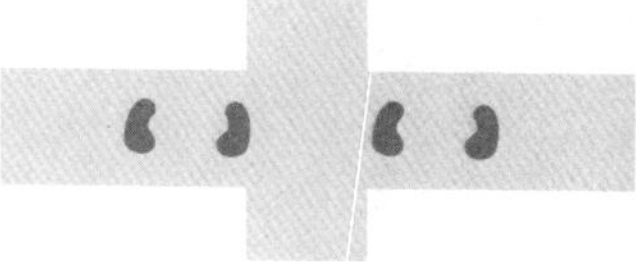

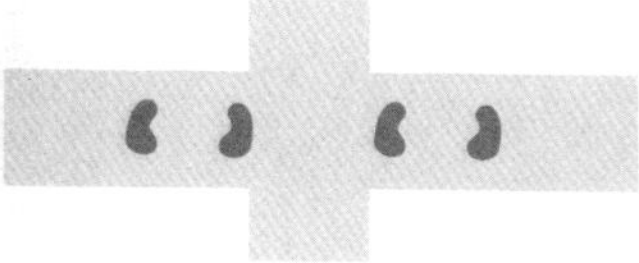

4-79 乙进搂脖

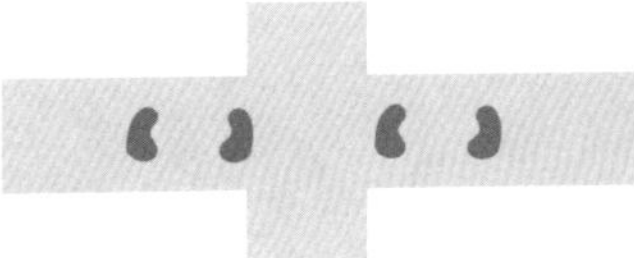

4-80 乙进搂脖

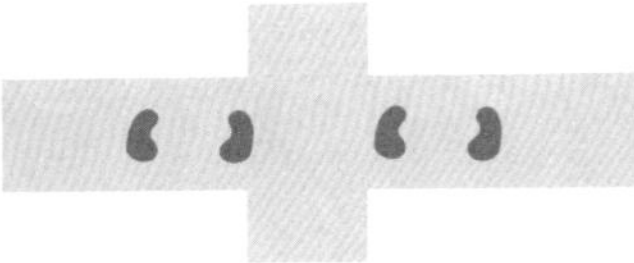

4-81 乙进搂脖

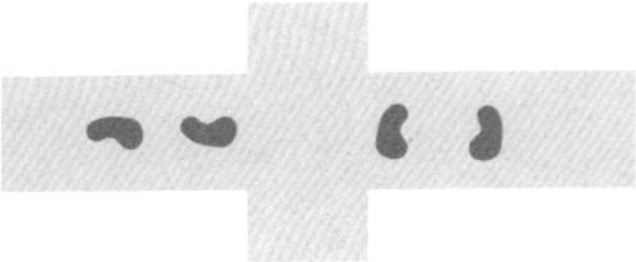

4-82 甲进携腰

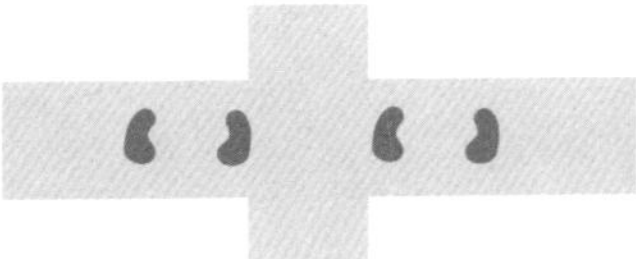

4-83 甲进携腰

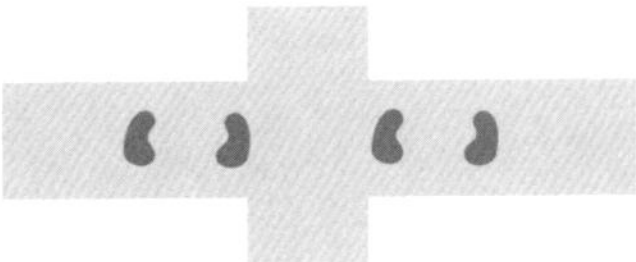

4-84 甲进携腰

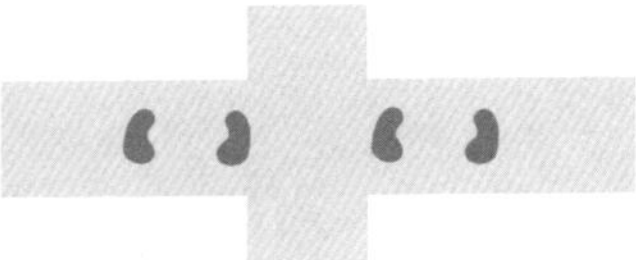

4-85　甲进携腰

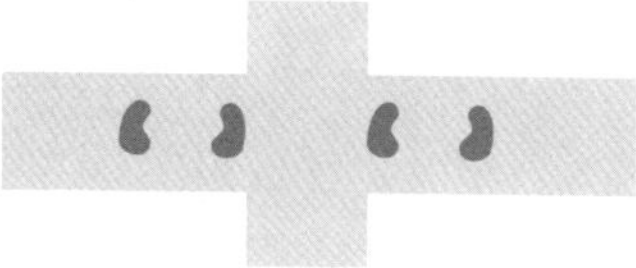

4-86　甲进携腰

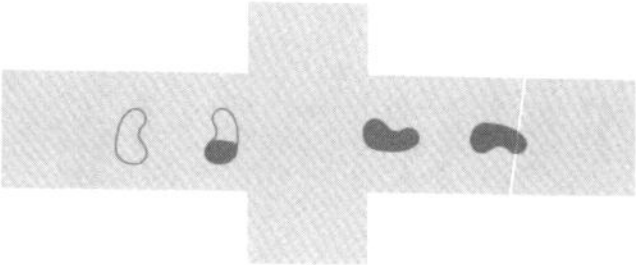

4-87　甲进携腰

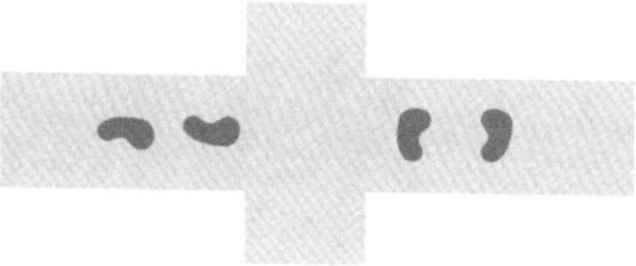

4-88　甲进携腰

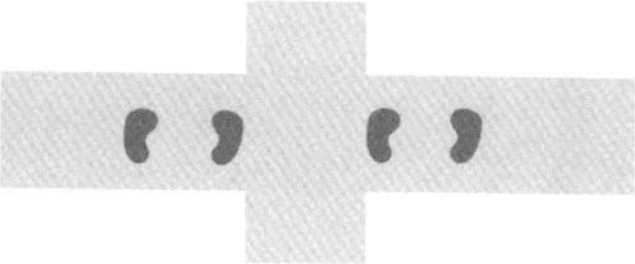

4-89　甲进携腰

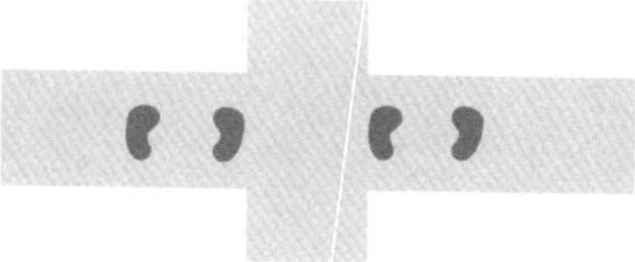

4-90　甲进携腰

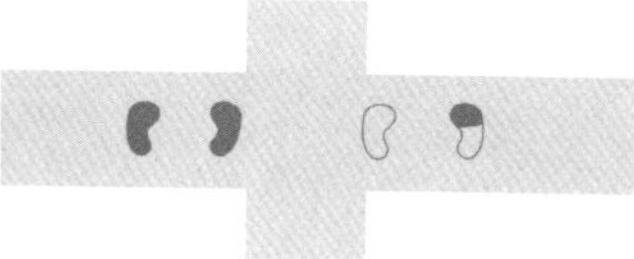

4-91　甲进携腰

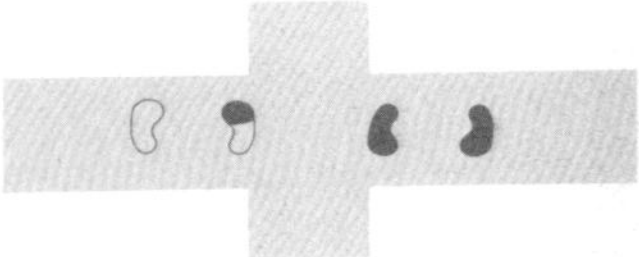

4-92　甲进携腰

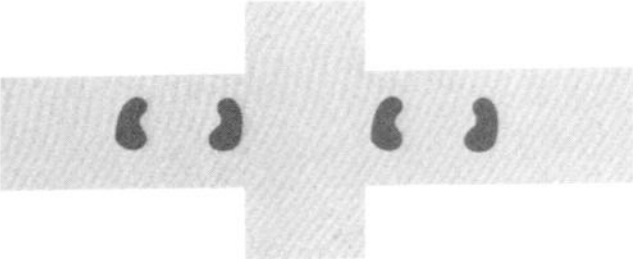

4-93　甲进携腰

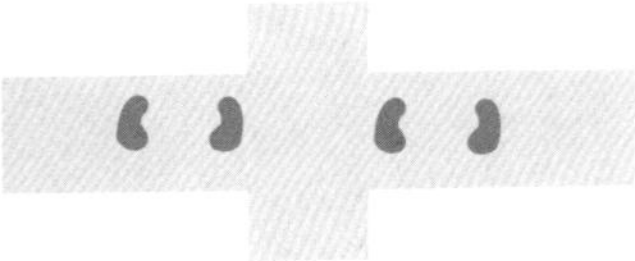

4-94　甲进携腰

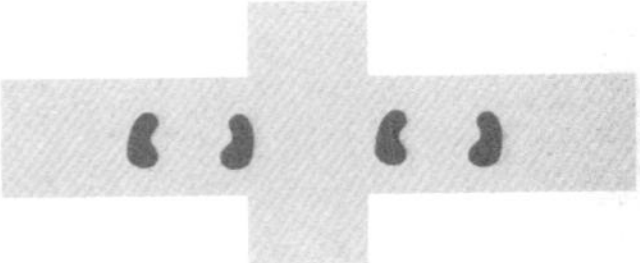

4-95　甲进携腰

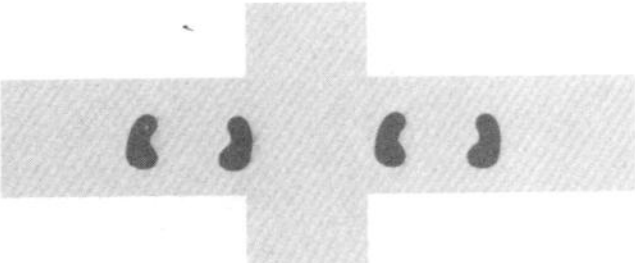

4-96　甲进携腰

4-97　乙进携腰

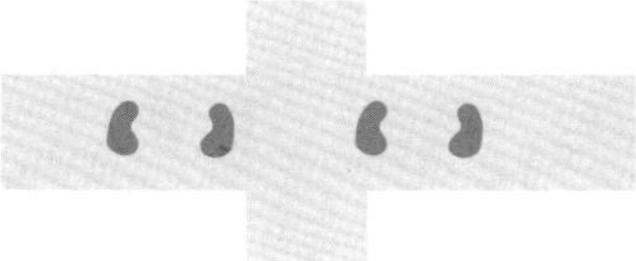

4-98　乙进携腰

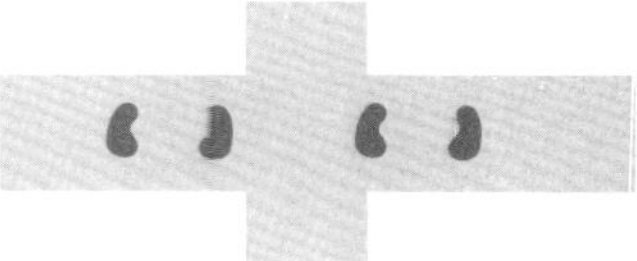

4-99　乙进携腰

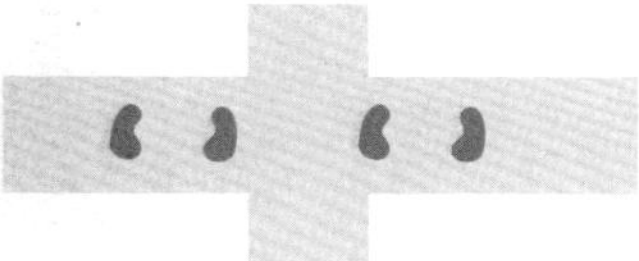

4-100　乙进携腰

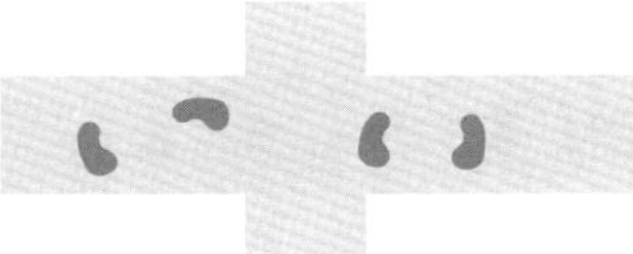

4-101　乙进携腰

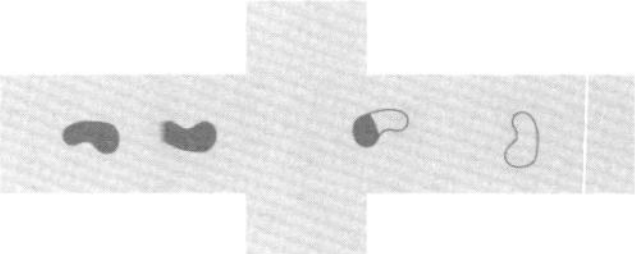

4-102　乙进携腰

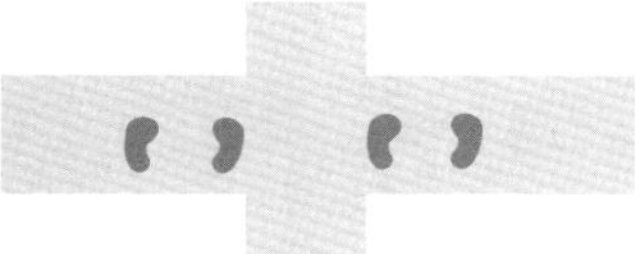

4-103　乙进携腰

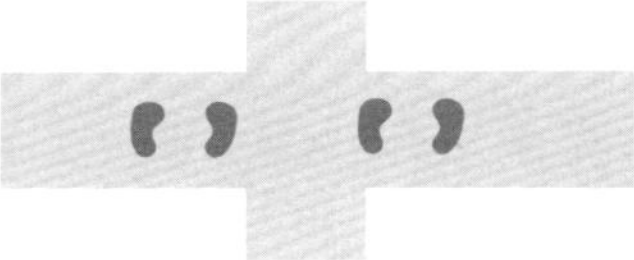

4-104　乙进携腰

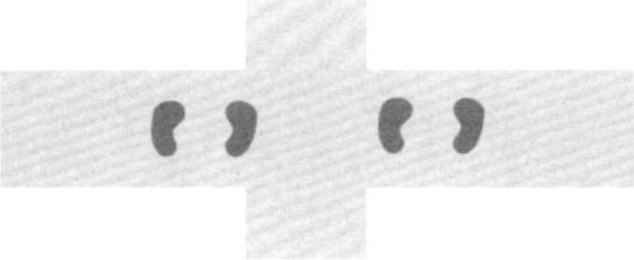

4-105　乙进携腰

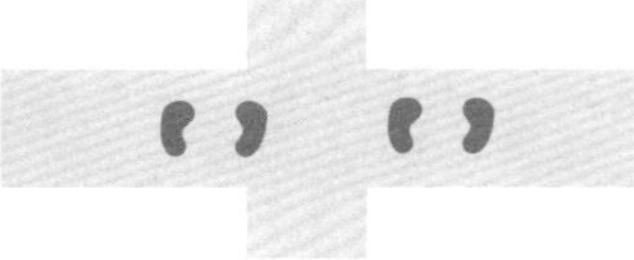

4-106　乙进携腰

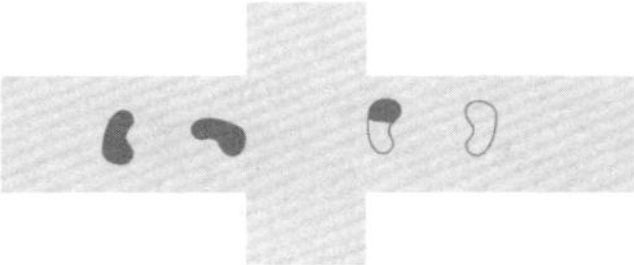

4-107　乙进携腰

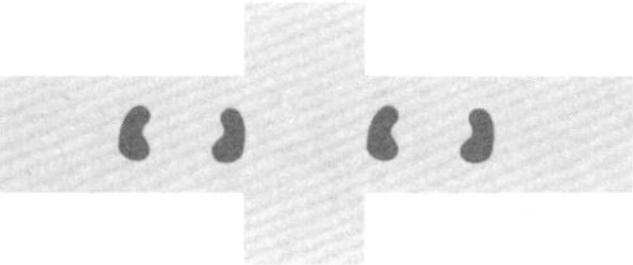

4-108　乙进携腰

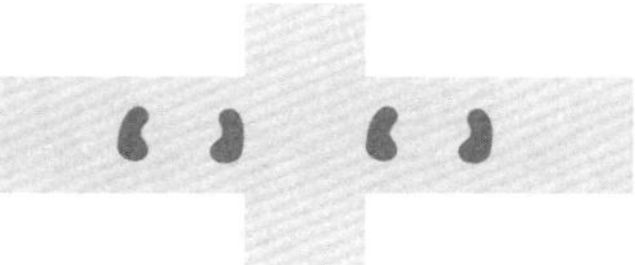

4-109　乙进携腰
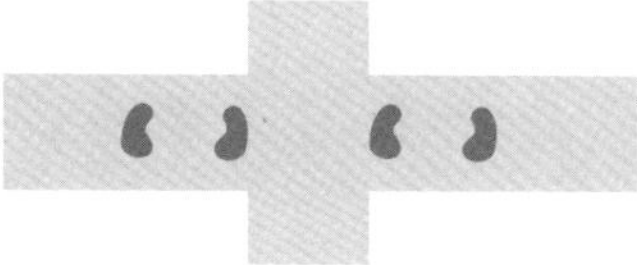

4-110　乙进携腰
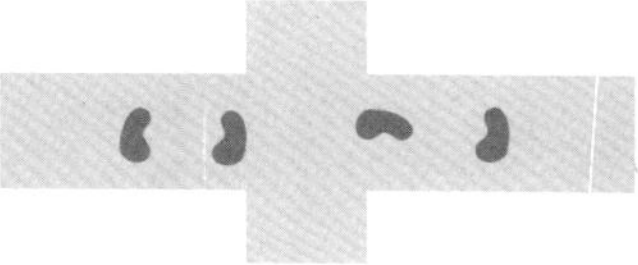

4-111　乙进携腰
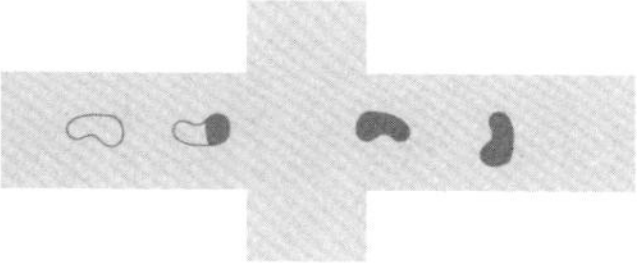

4-112　甲进擢裆
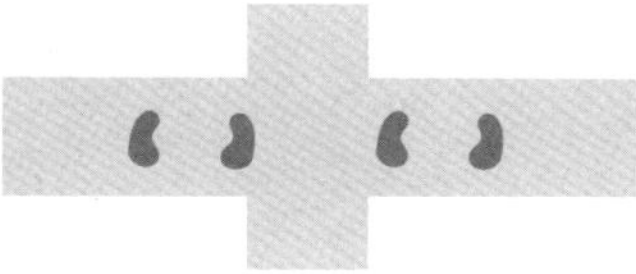

4-113　甲进擢裆
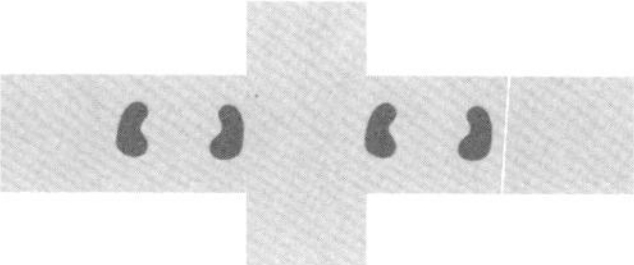

4-114　甲进擢裆
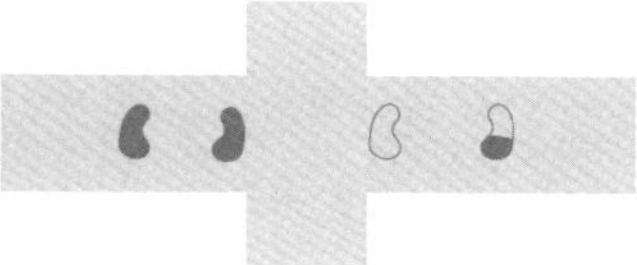

4-115　甲进擢裆

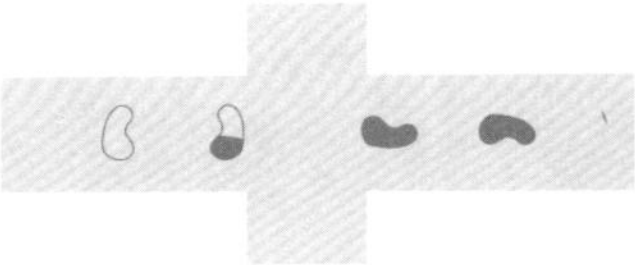

4-116　甲进擢裆

4-117　甲进擢裆

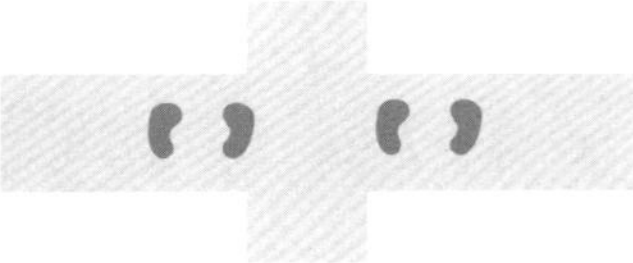

4-118　甲进擢裆

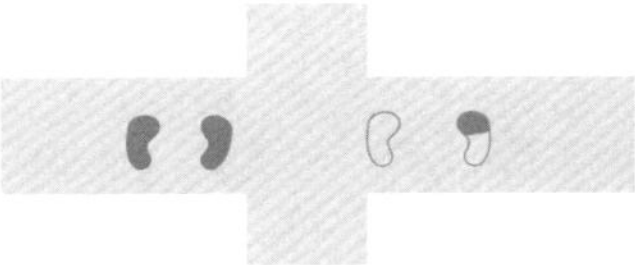

4-119　甲进擢裆

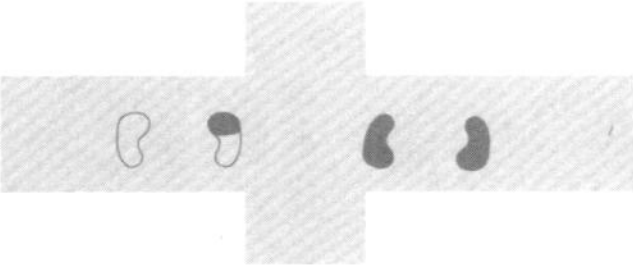

4-120　甲进擢裆

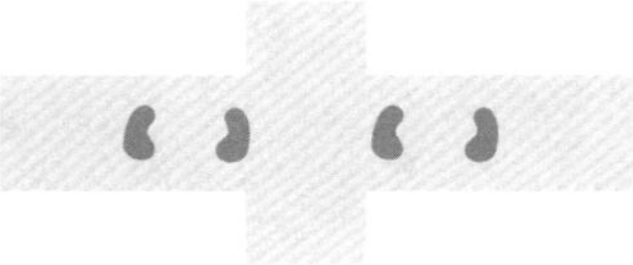

4-121　甲进擢裆

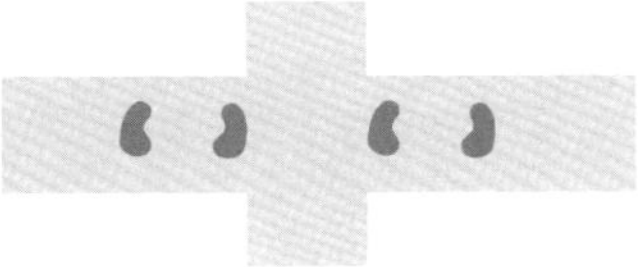

4-122　甲进擢裆

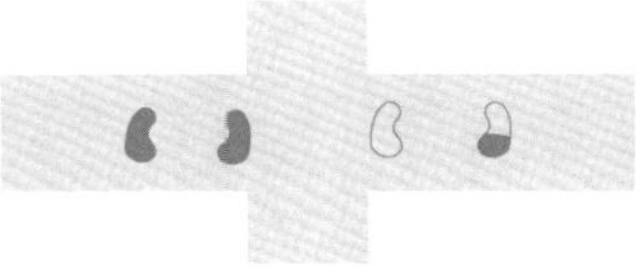

4-123　甲进擢裆

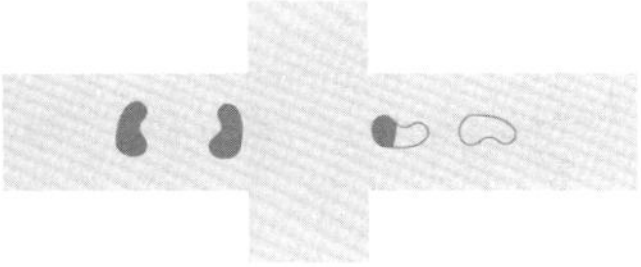

4-124　乙进擢裆

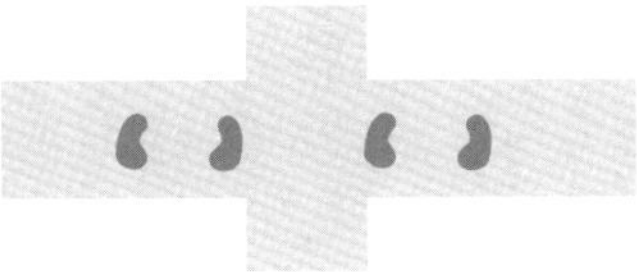

4-125　乙进擢裆

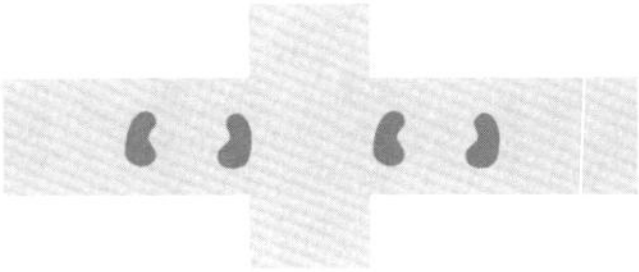

4-126　乙进擢裆

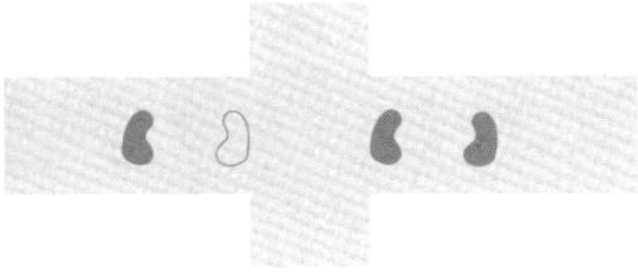

4-127　乙进擢裆

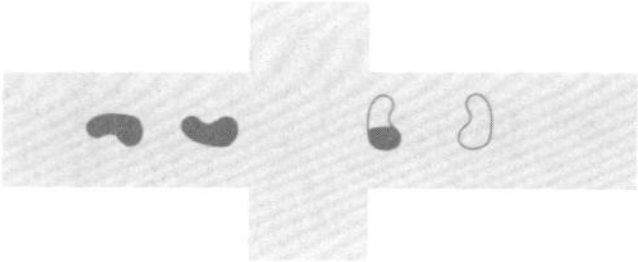

4-128　乙进擢裆

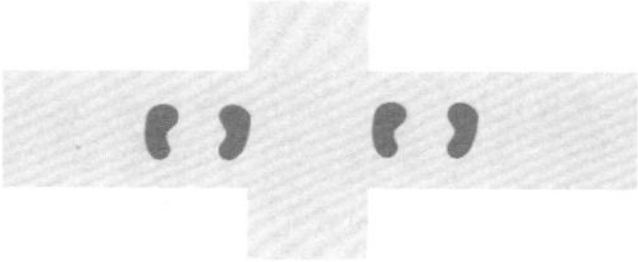

4-129　乙进擢裆

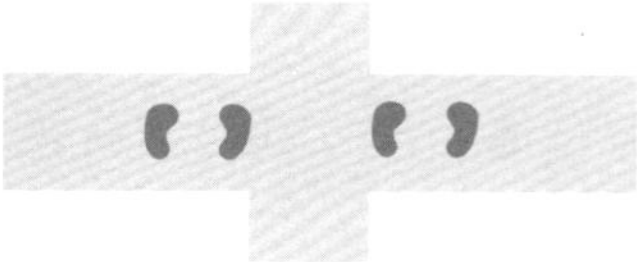

4-130　乙进擢裆

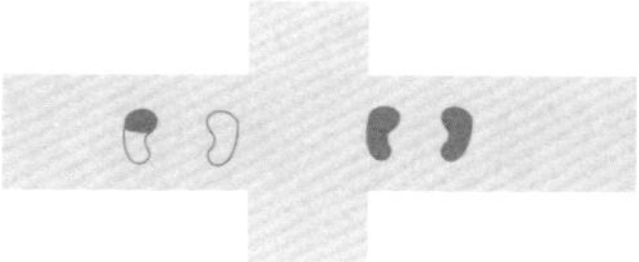

4-131　乙进擢裆

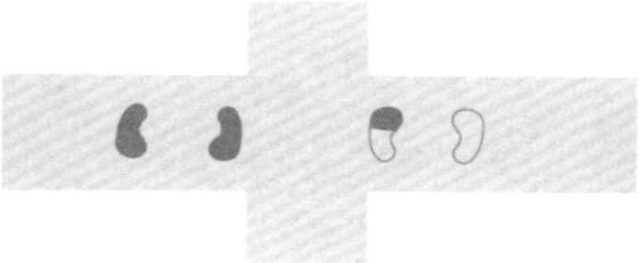

4-132　乙进擢裆

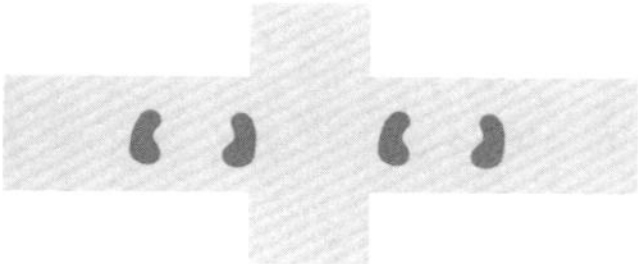

4-133 乙进擢裆

4-134 乙进擢裆

4-135 乙进擢裆

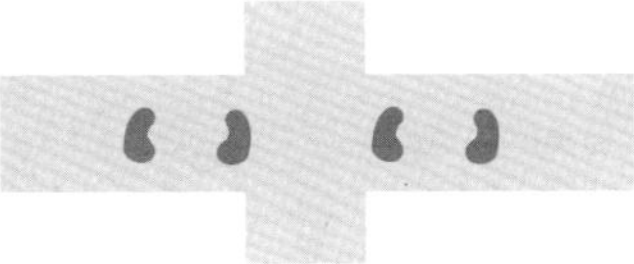

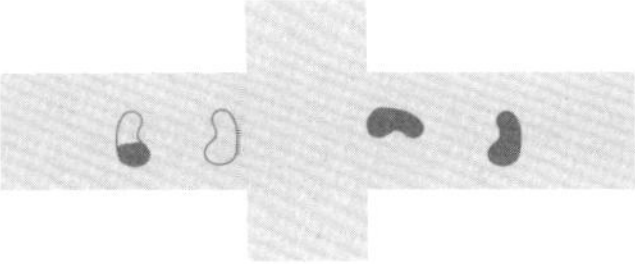

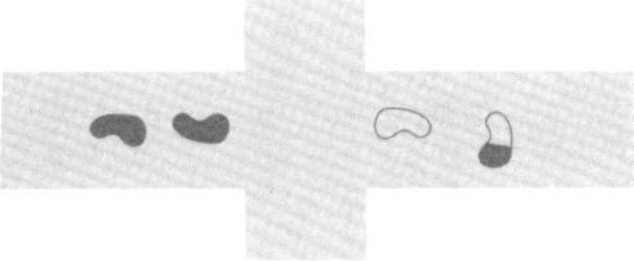

4-136 甲进败杆

4-137 甲进败杆

4-138 甲进败杆

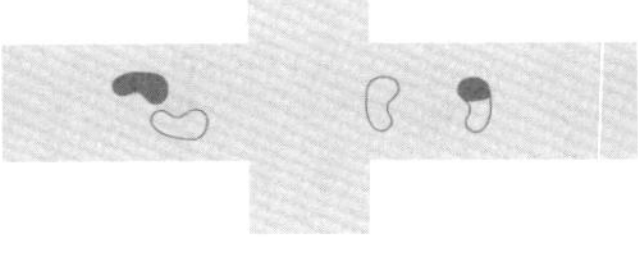

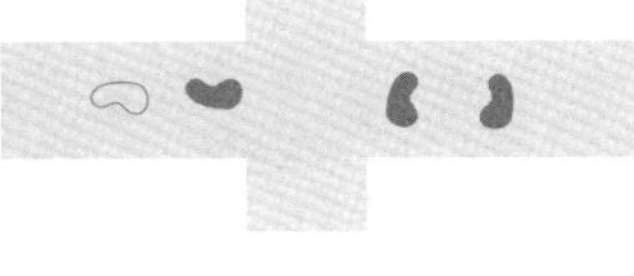

4-139　甲进败杆

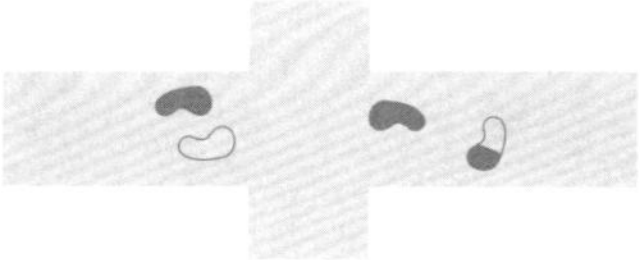

4-140　甲进败杆

4-141　乙进败杆

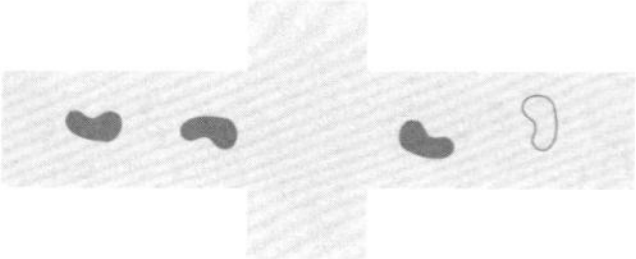

4-142　乙进败杆

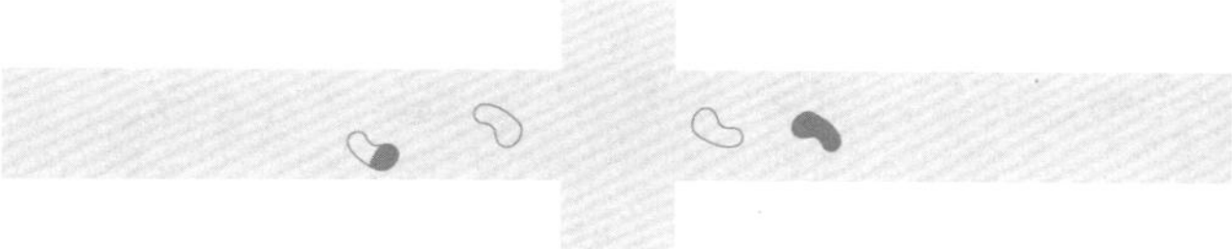

4-143　乙进败杆

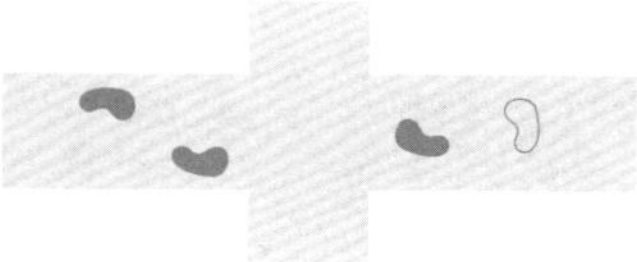

4-144 乙进败杆

4-145 乙进败杆

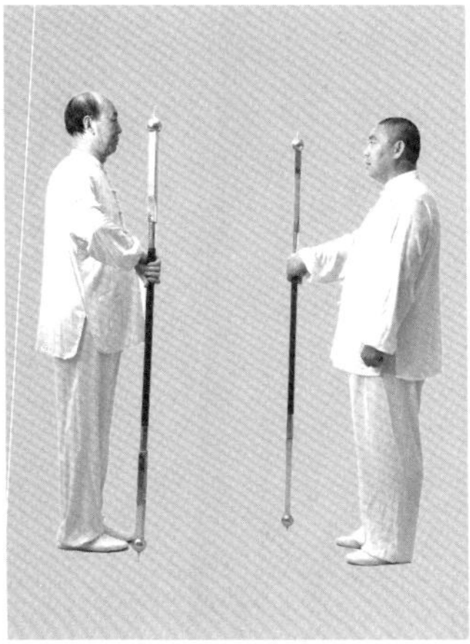

4-146 收式

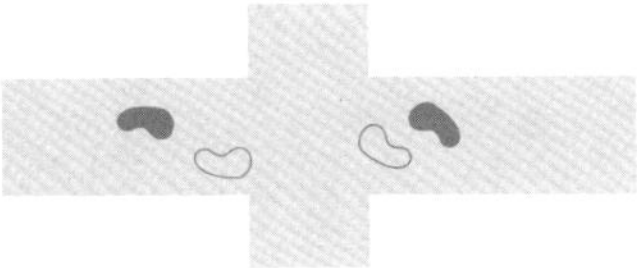

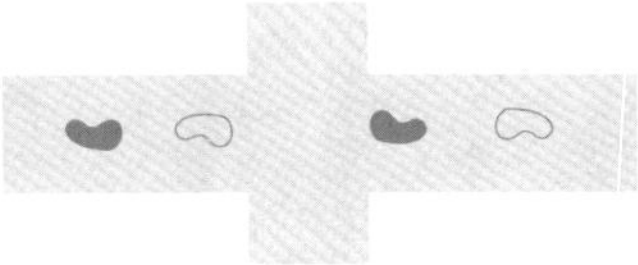

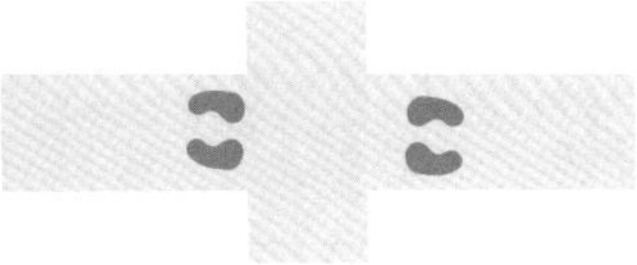

第五节　双刀跳八卦

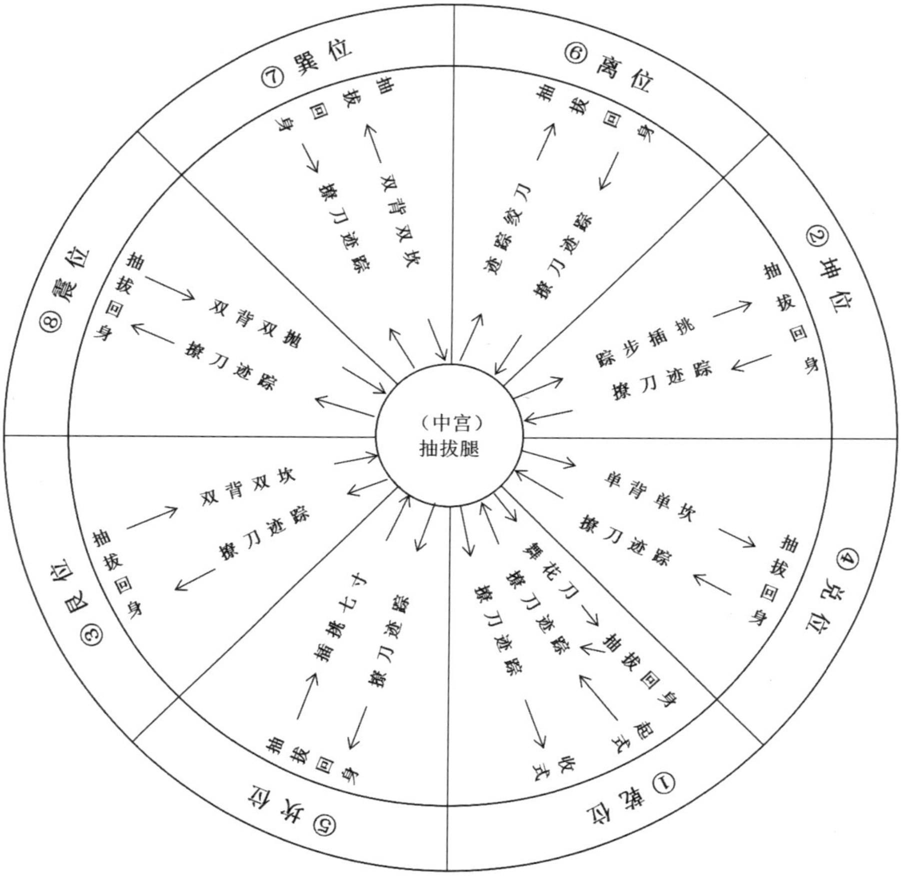

双刀跳八卦方位、顺序练习图

5-1　预备式(在乾位面向南方）

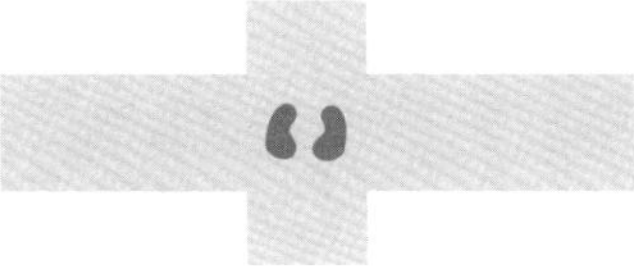

5-2　方裆双剁

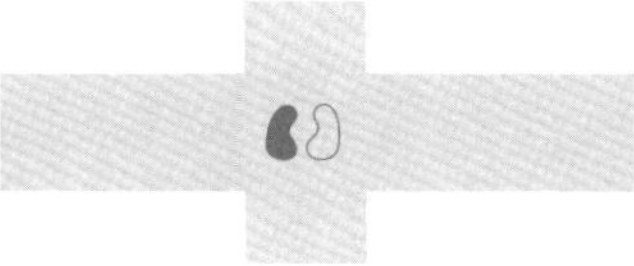

5-3　方裆双剁

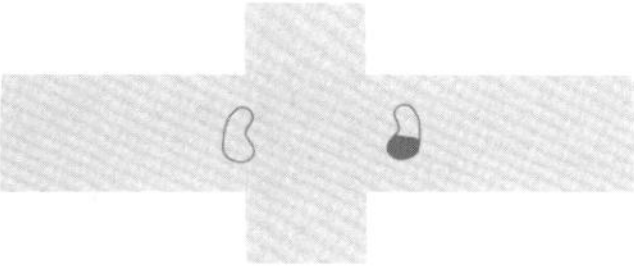

5-4　撩刀迹踪 1(进入中宫)

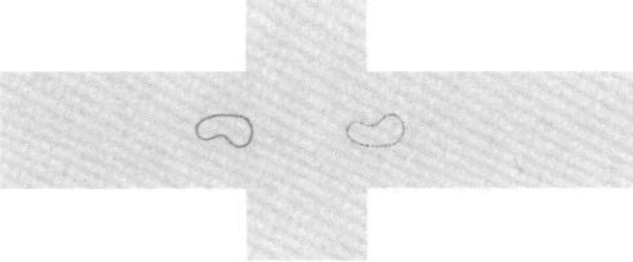

5-5　撩刀迹踪

5-6　撩刀迹踪

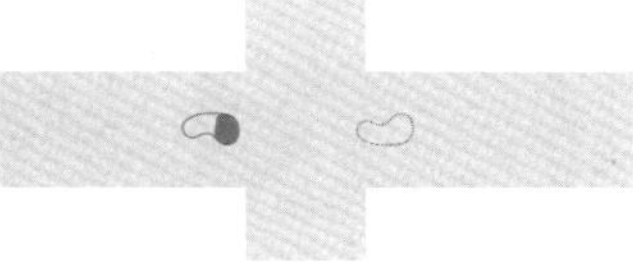

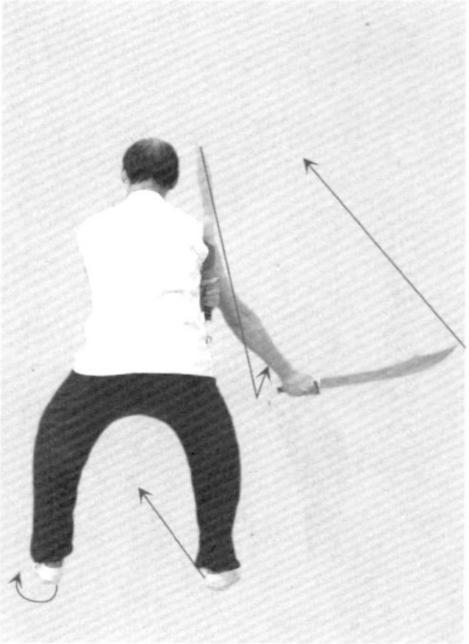

5-7　撩刀迹踪

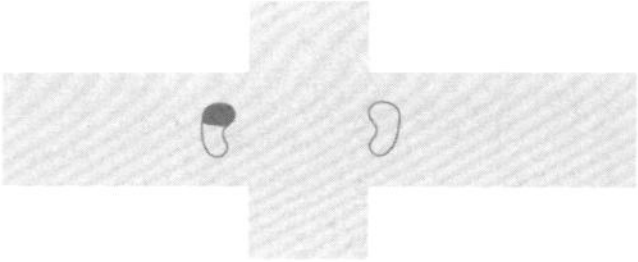

5-8　抽拔腿(指向乾位)

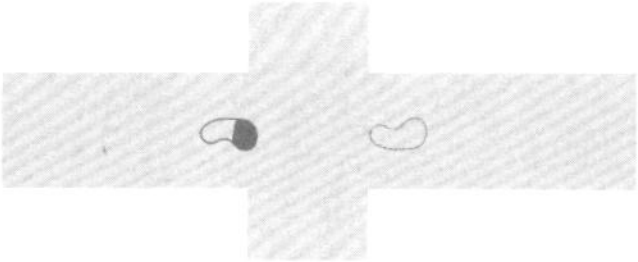

5-9　抽拔腿

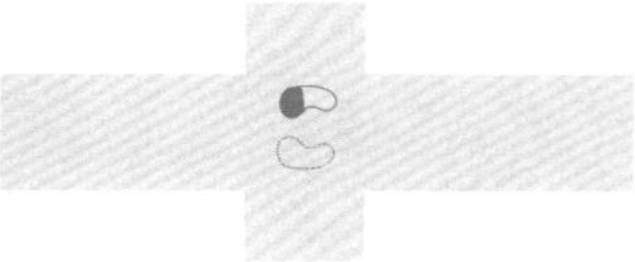

5-10　抽拔腿

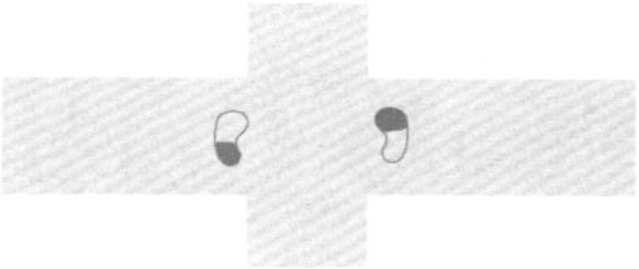

5-11　左横斜裆(进入乾位)

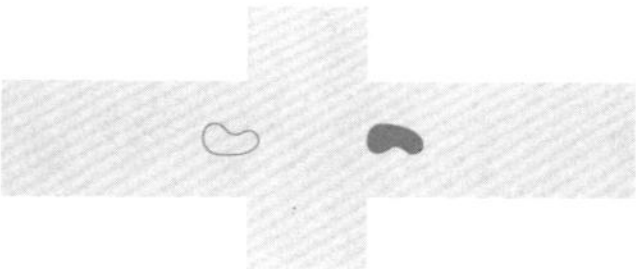

5-12　舞花刀

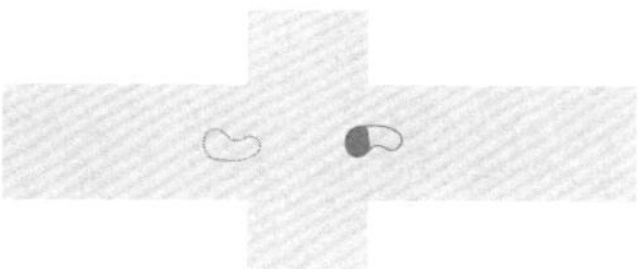

5-13 舞花刀

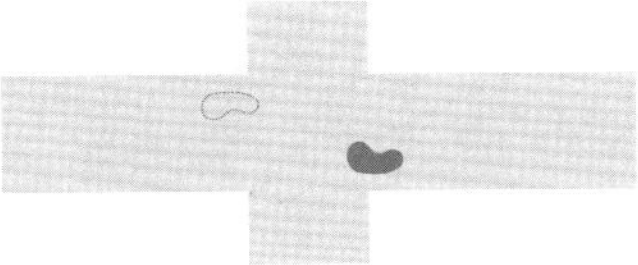

5-14 舞花刀

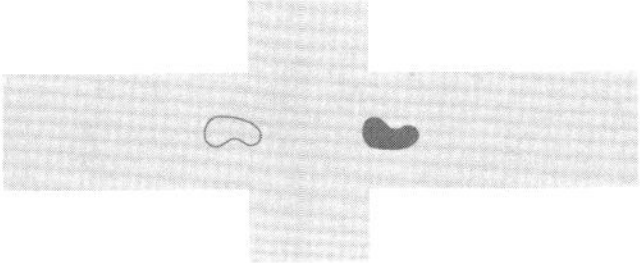

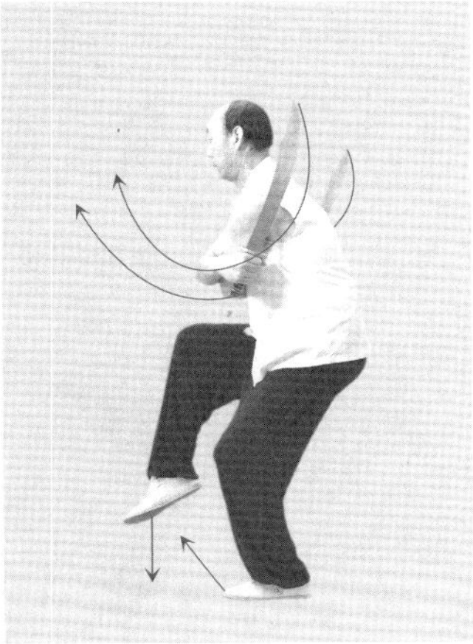

5-15 舞花刀

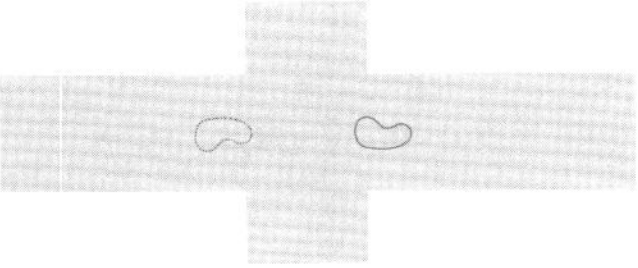

5-16 舞花刀

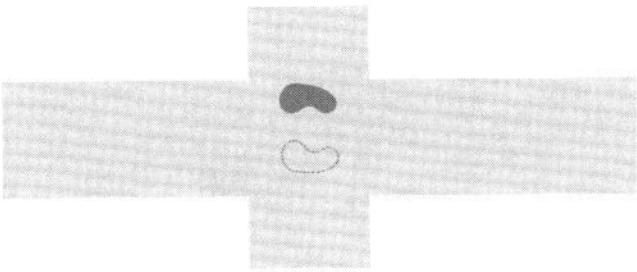

5-17 舞花刀

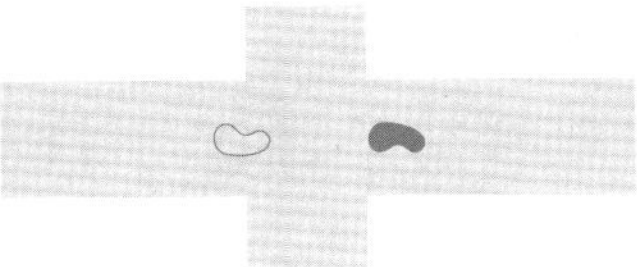

5-18 舞花刀

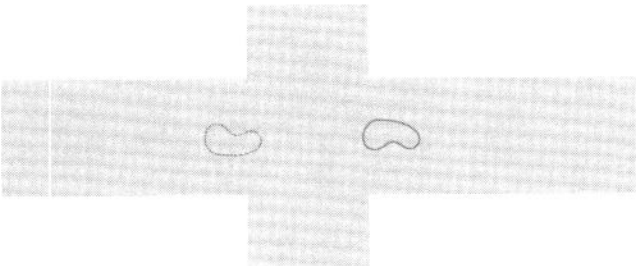

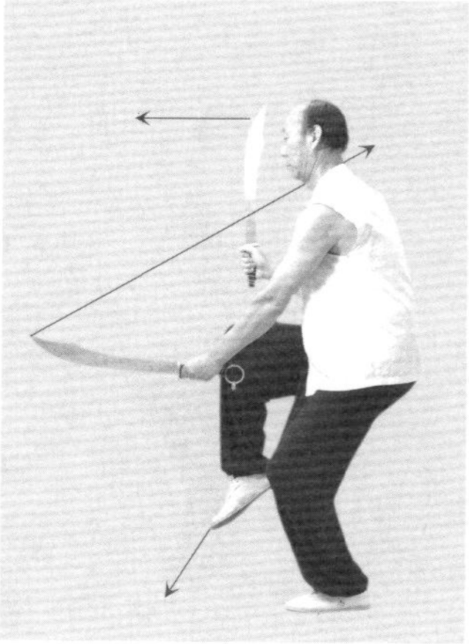
5-19　舞花刀

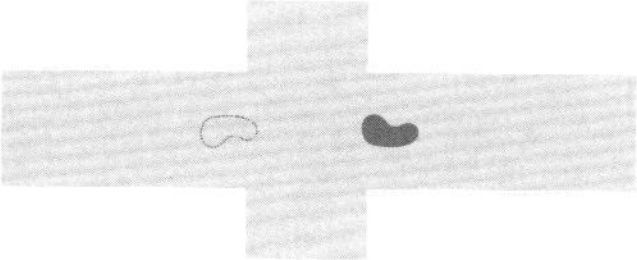

5-20　舞花刀

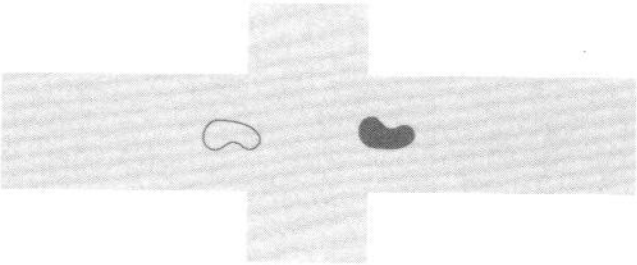

5-21　抽拔回身(指向中宫)

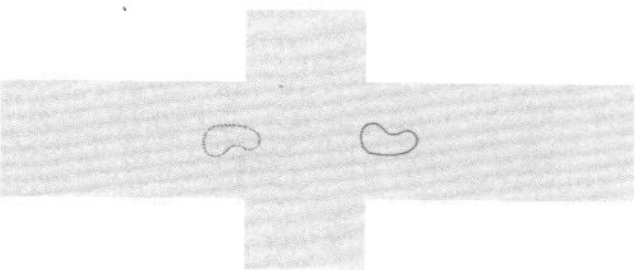

5-22　抽拔回身

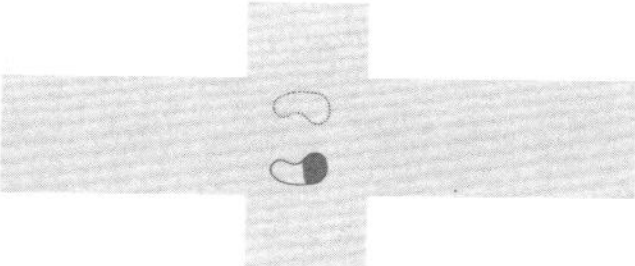

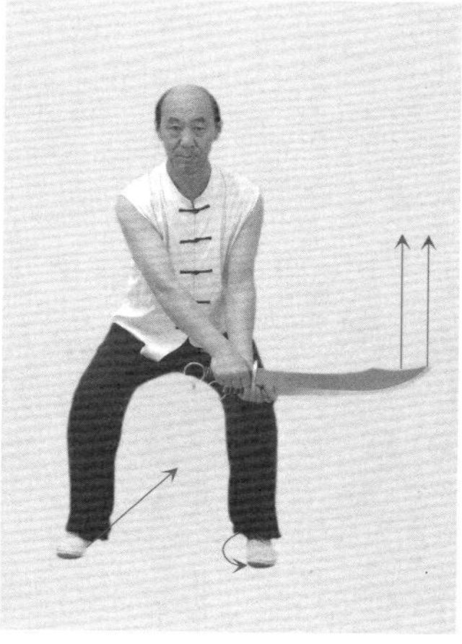
5-23　抽拔回身

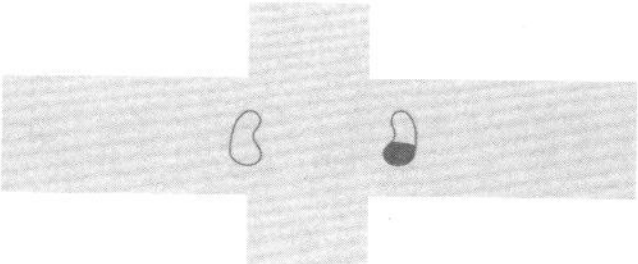

5-24　撩刀迹踪(进入中宫)

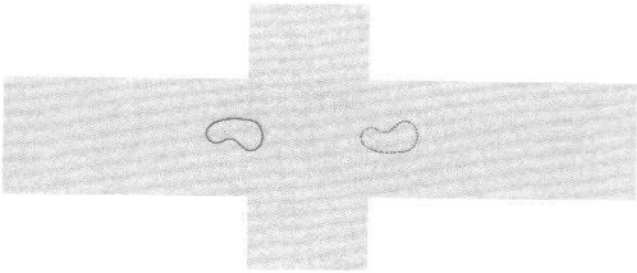

5-25 撩刀迹踪　　5-26 撩刀迹踪　　5-27 撩刀迹踪

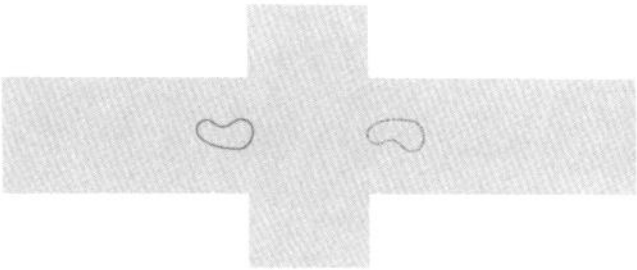
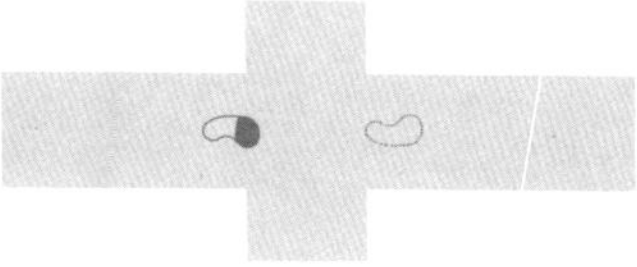
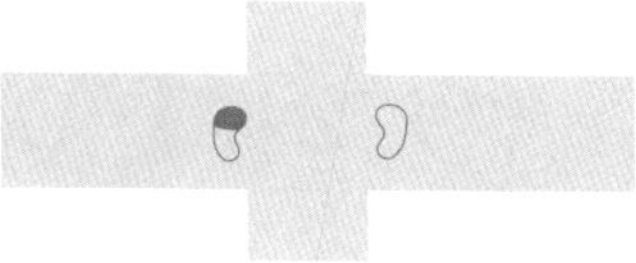

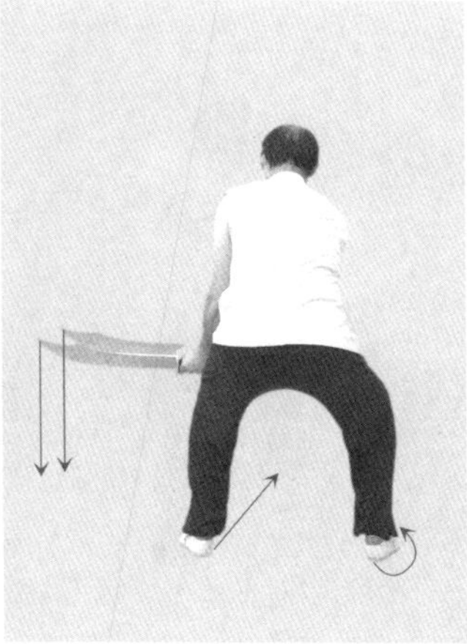

5-28 抽拔腿(指向坤位)　　5-29 抽拔腿　　5-30 抽拔腿

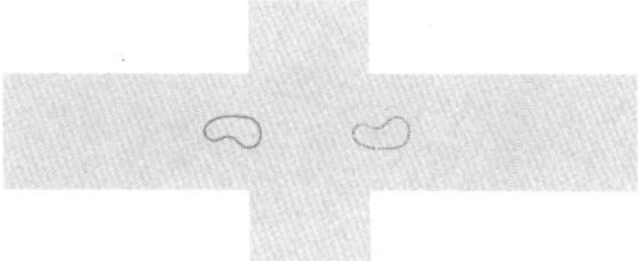
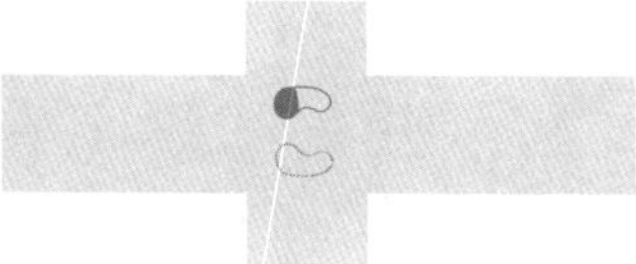
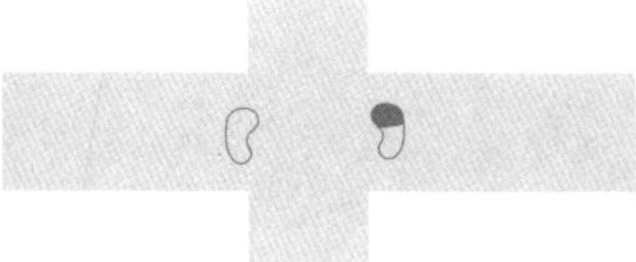

5-31　踪步插踢(进入坤位)

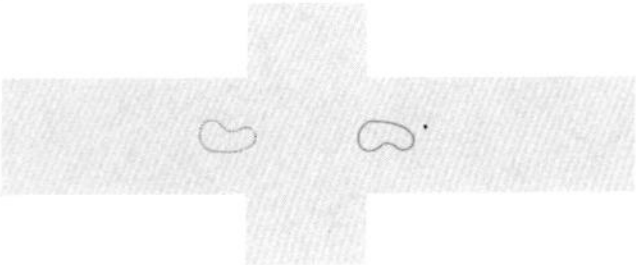

5-32　踪步插踢

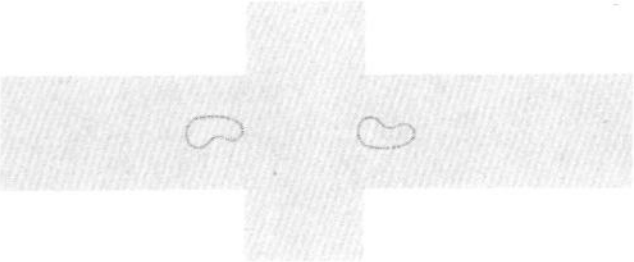

5-33　踪步插踢

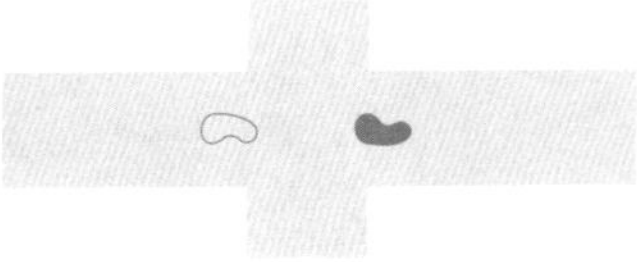

5-34　踪步插踢

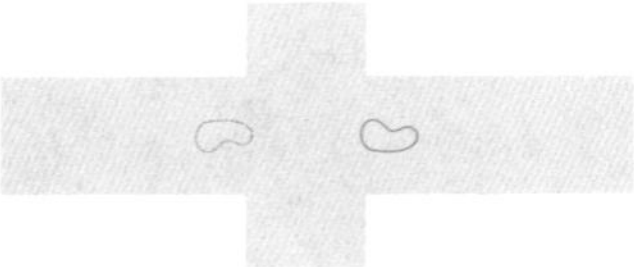

5-35　踪步插踢

5-36　踪步插踢

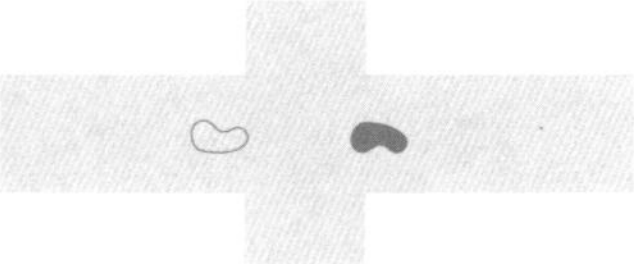

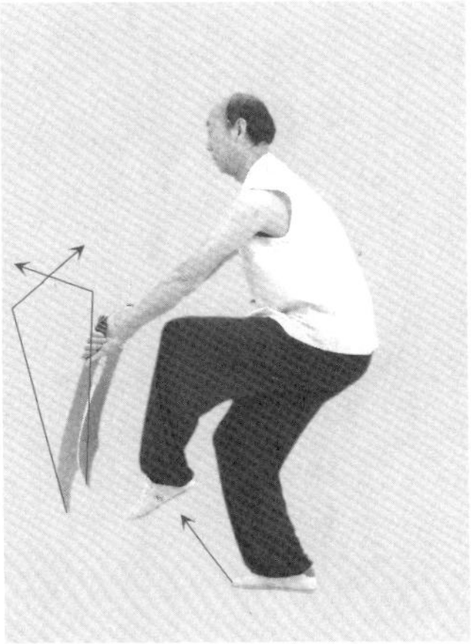

5-37 踪步插踢

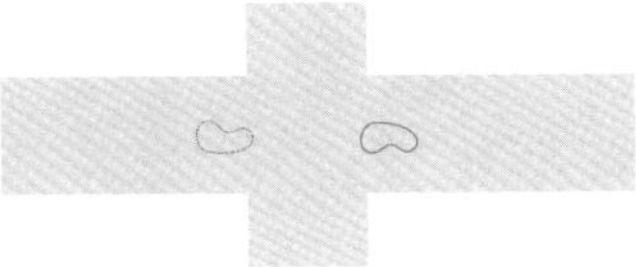

5-38 踪步插踢

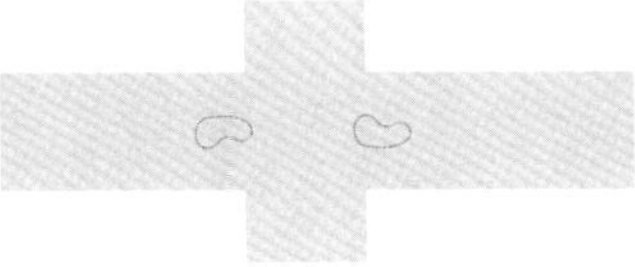

5-39 踪步插踢

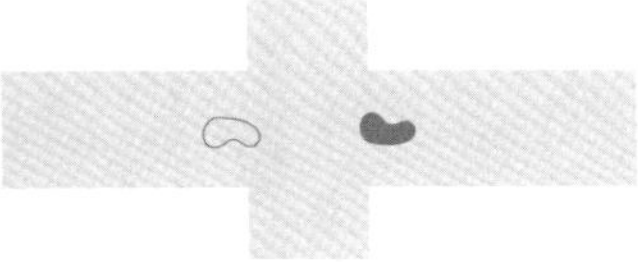

5-40 抽拔转身(指向中宫)

5-41 抽拔转身

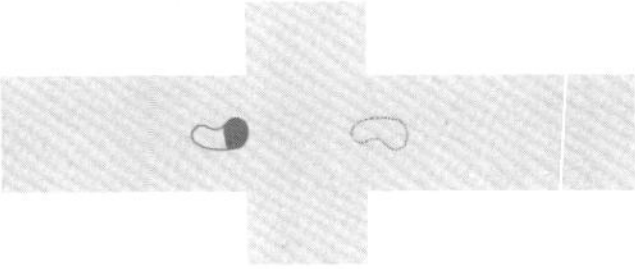

5-42 抽拔转身

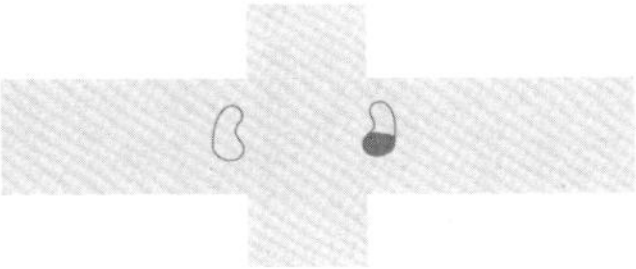

5-43 撩刀迹踪（进入中宫）

5-44 撩刀迹踪

5-45 撩刀迹踪

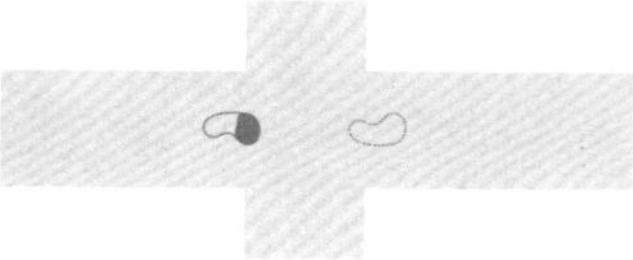

5-46 撩刀迹踪

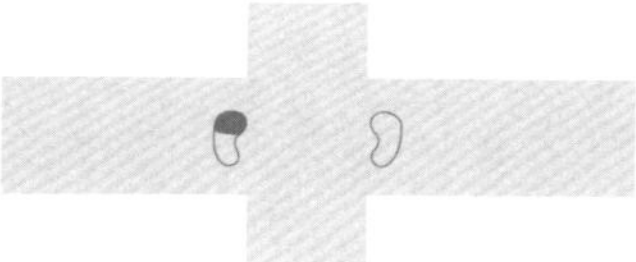

5-47 抽拔腿（指向艮位）

5-48 抽拔腿

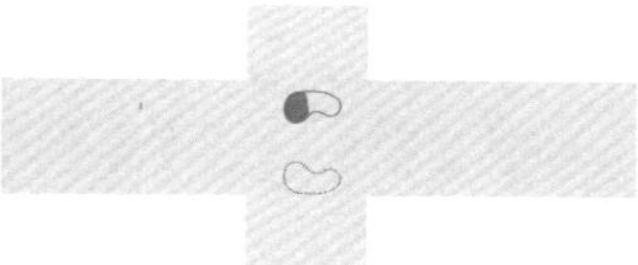

5-49 抽拔腿

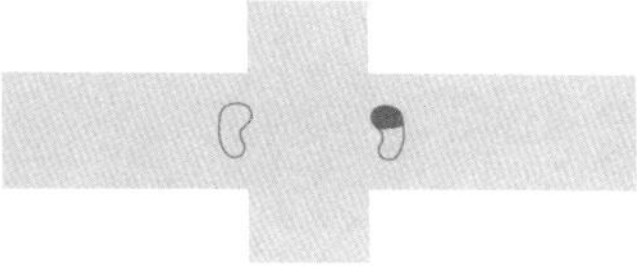

5-50 双背双坎（进入艮位）

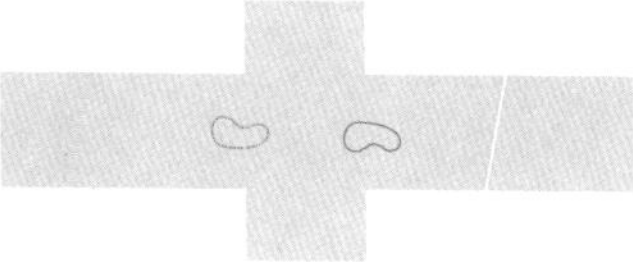

5-51 双背双坎

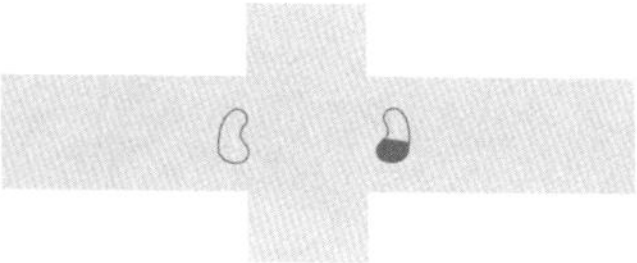

5-52 双背双坎

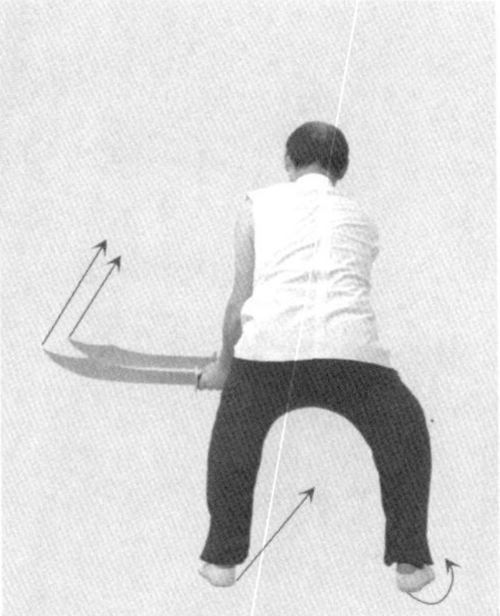

5-53 双背双坎

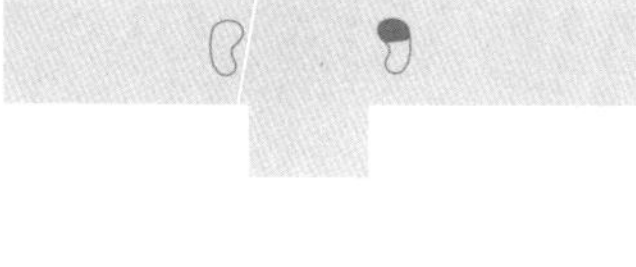

5-54 双背双坎

5-55　双背双坎

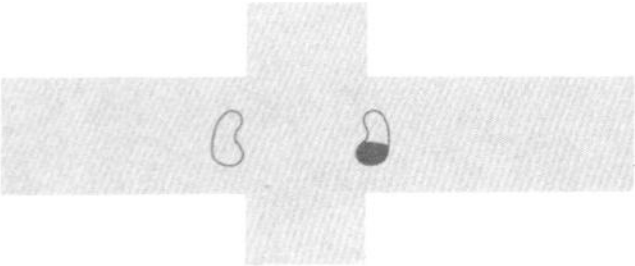

5-56　抽拔转身（指向中宫）

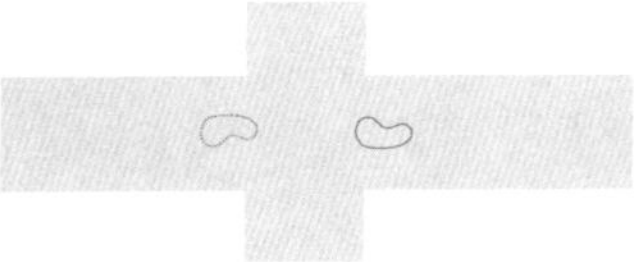

5-57　抽拔转身

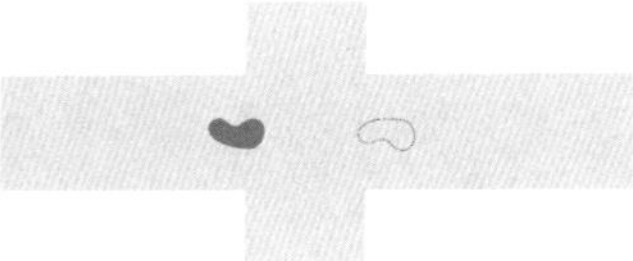

5-58　抽拔转身

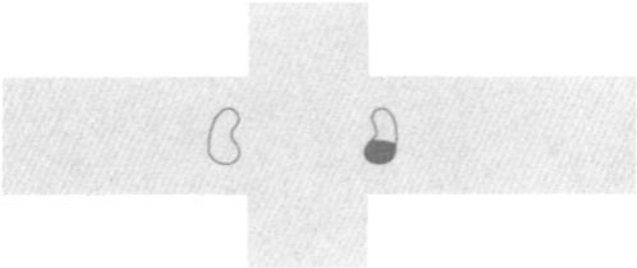

5-59　撩刀迹踪（进入中宫）

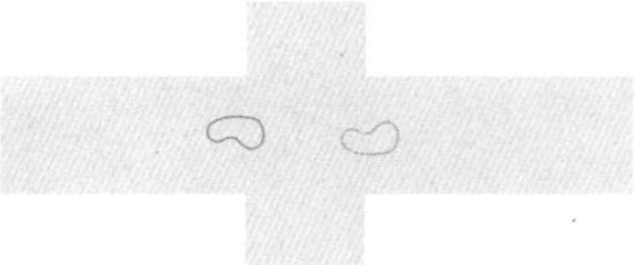

5-60　撩刀迹踪

5-61 撩刀迹踪

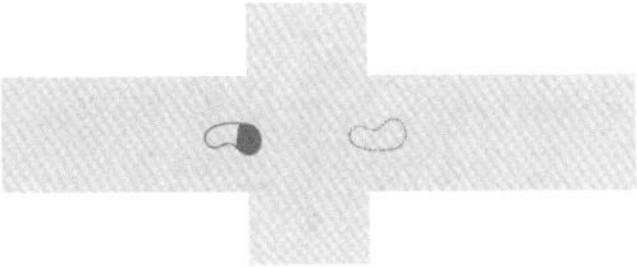

5-62 撩刀迹踪

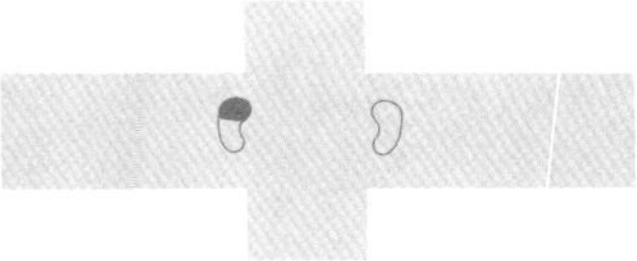

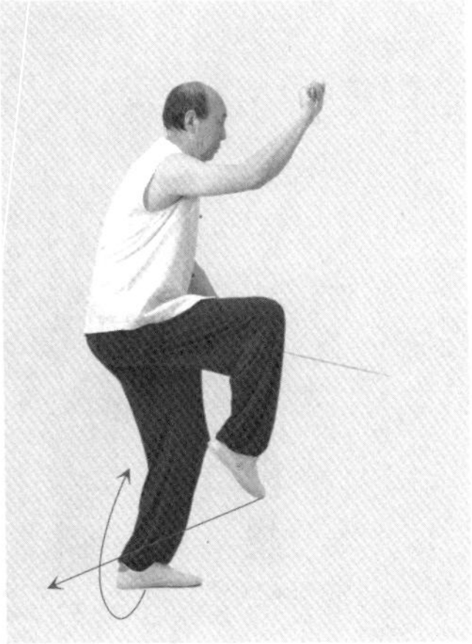

5-63 抽拔腿（指向兑位）

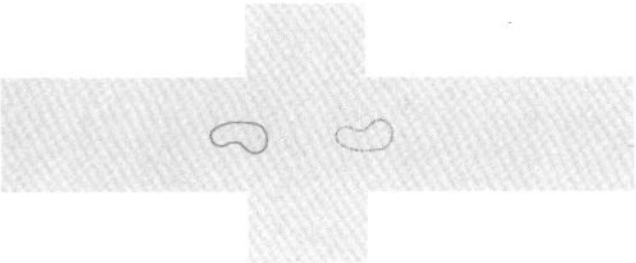

5-64 抽拔腿

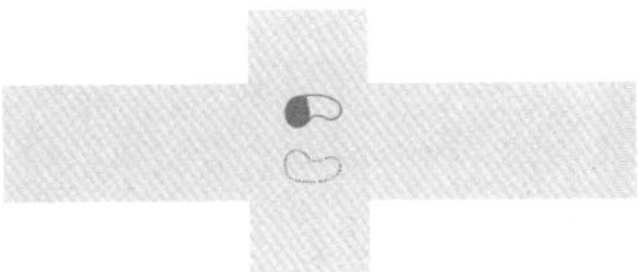

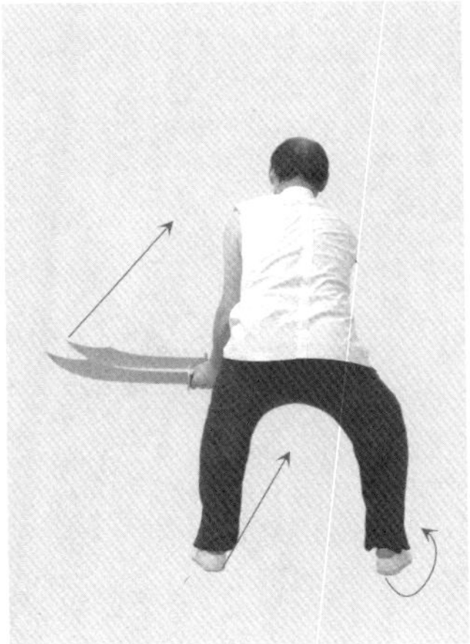

5-65 抽拔腿

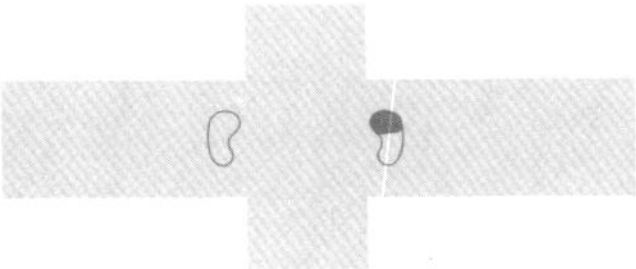

5-66 单背单坎（进入兑位）

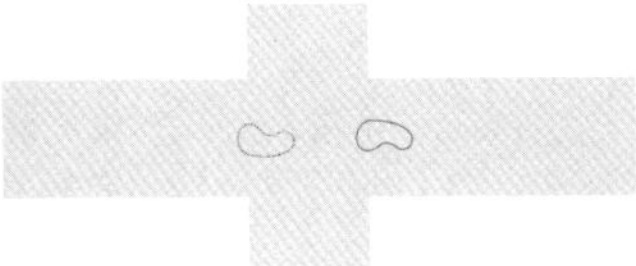

5-67 单背单坎

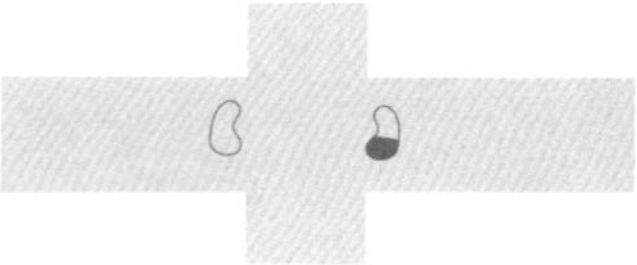

5-68 单背单坎

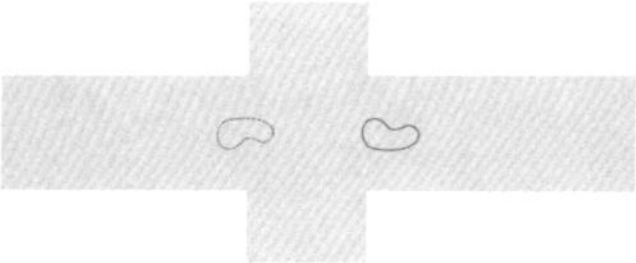

5-69 单背单坎

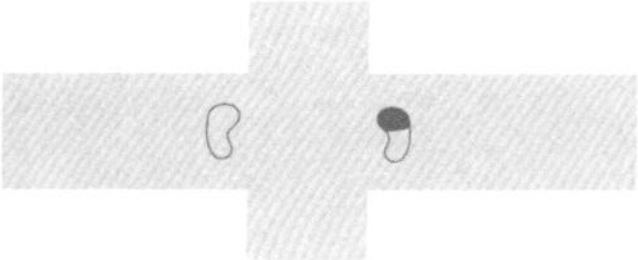

5-70 单背单坎

5-71 单背单坎

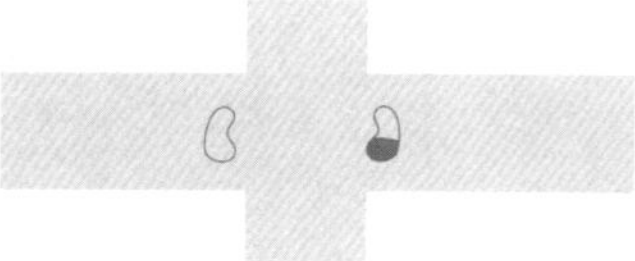

5-72 抽拔转身（指向中宫）

5-73 抽拔转身

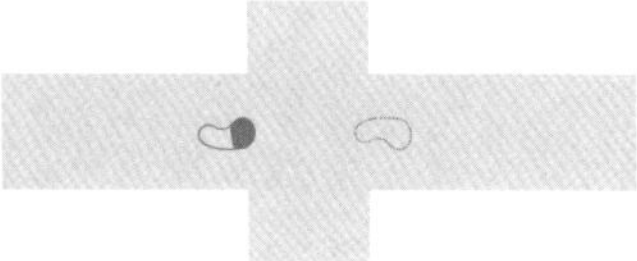

5-74 抽拔转身

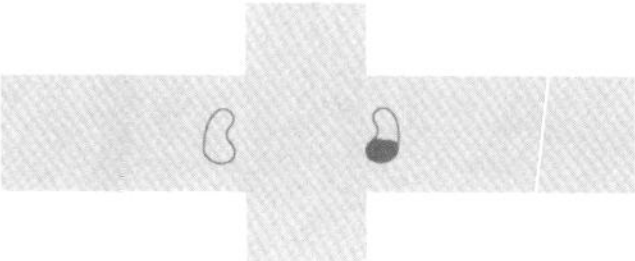

5-75 撩刀迹踪（进入中宫）

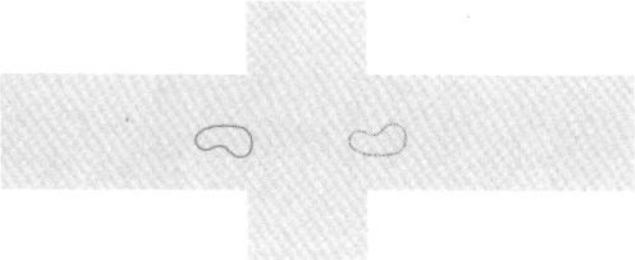

5-76 撩刀迹踪

5-77 撩刀迹踪

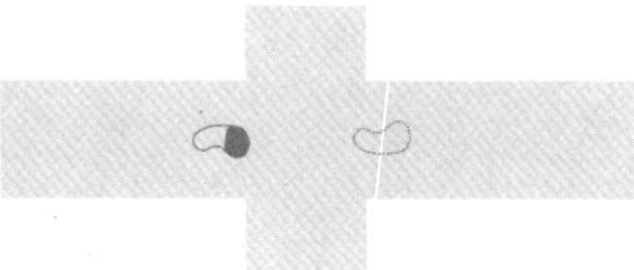

5-78 撩刀迹踪

5-79 抽拔回身（指向坎位）

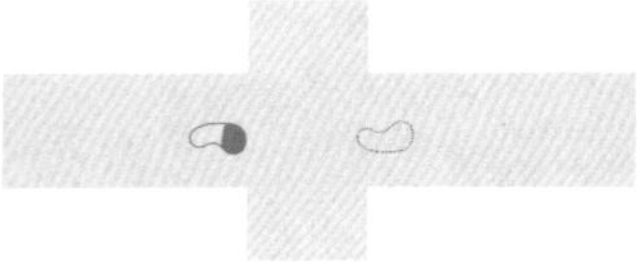

5-80 抽拔回身

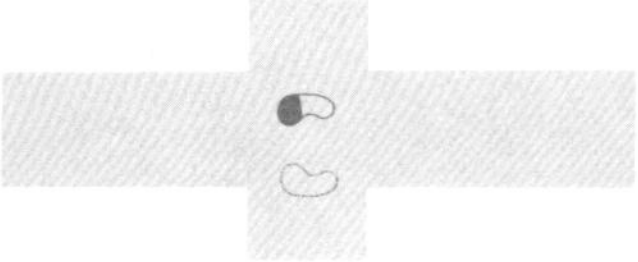

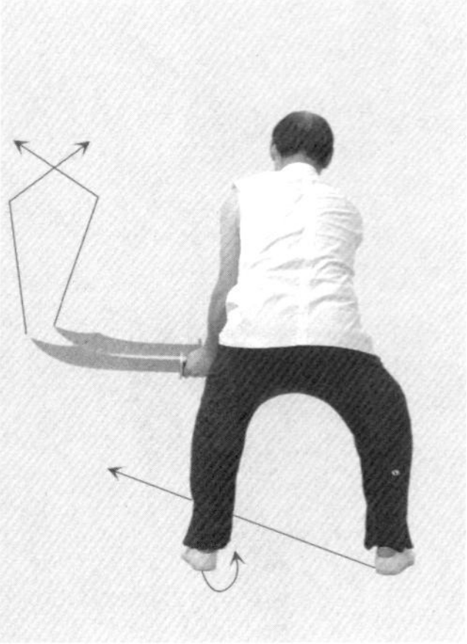

5-81 抽拔回身

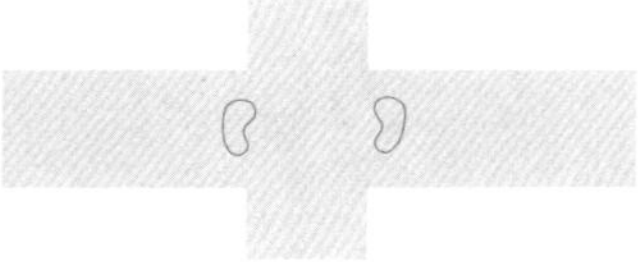

5-82 插挑七寸

5-83 插挑七寸

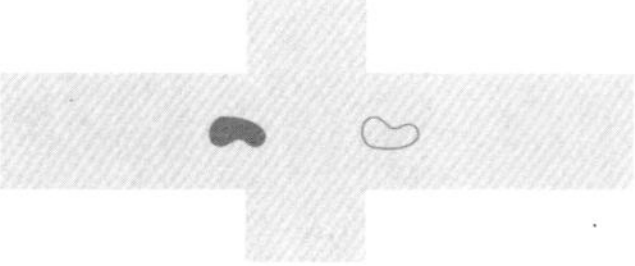

5-84 插挑七寸

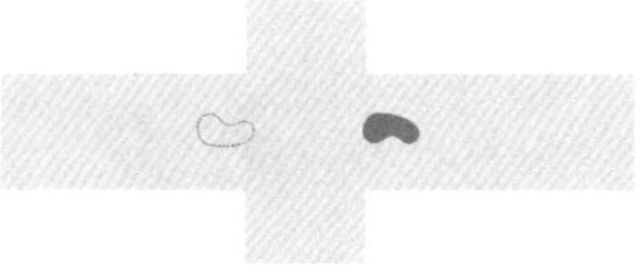

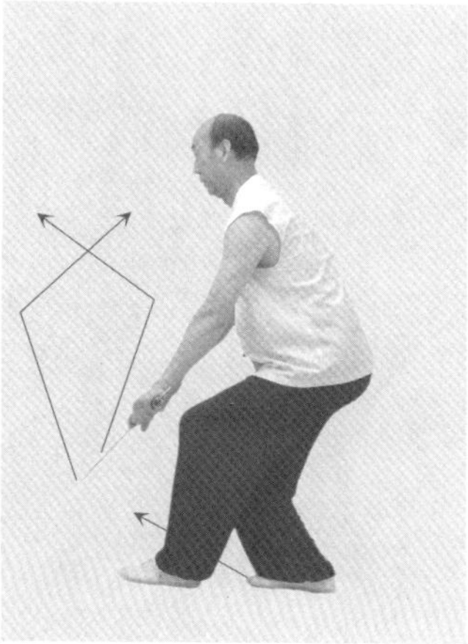

5-85　插挑七寸

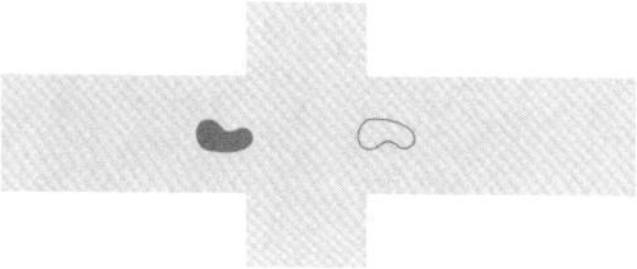

5-86　插挑七寸

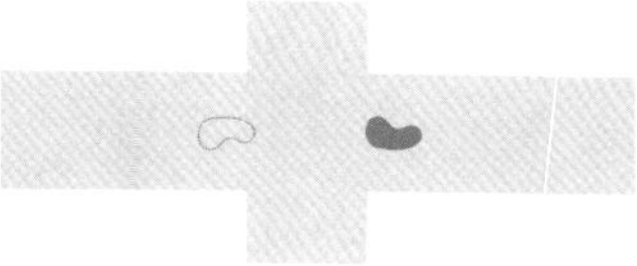

5-87　插挑七寸

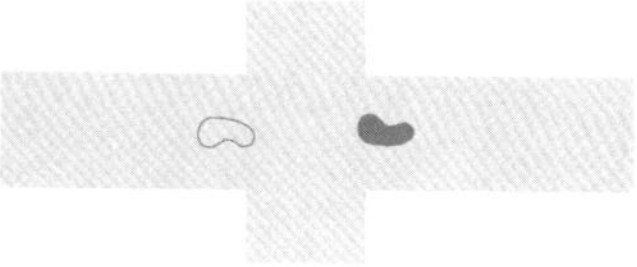

5-88　抽拔转身（指向中宫）

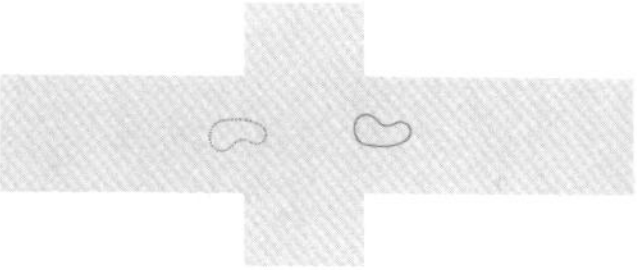

5-89　抽拔转身

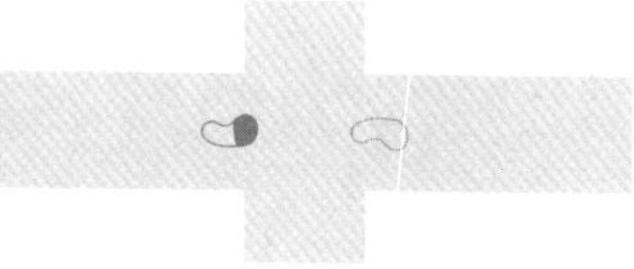

5-90　抽拔转身

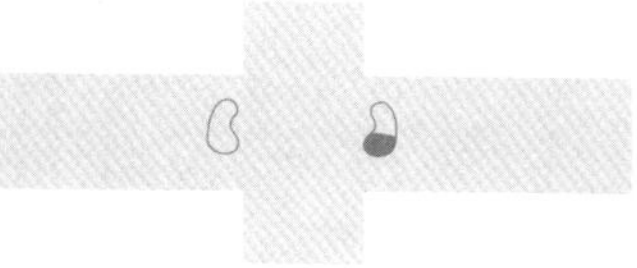

5-91 撩刀迹踪（进入中宫）

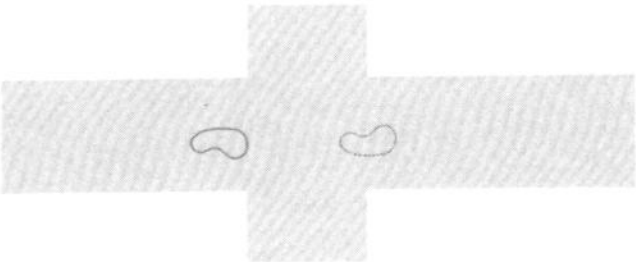

5-92 撩刀迹踪

5-93 撩刀迹踪

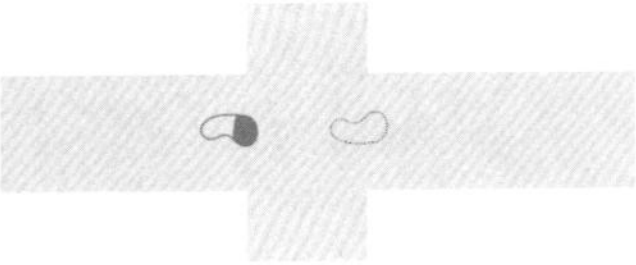

5-94 撩刀迹踪

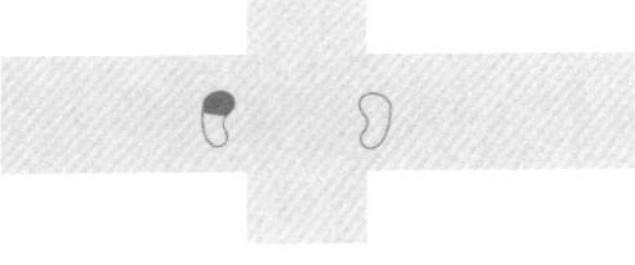

5-95 抽拔腿（指向离位）

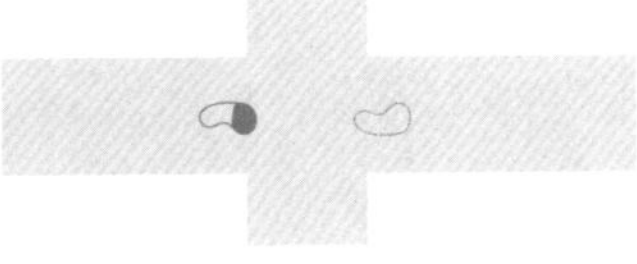

5-96 抽拔腿

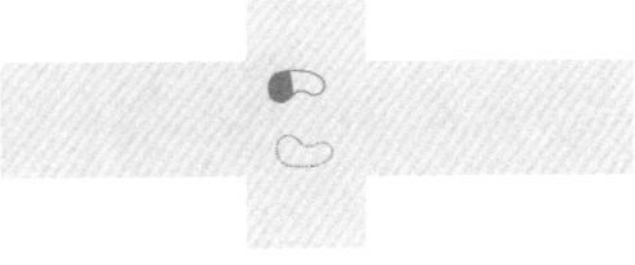

5-97　抽拔腿

5-98　迹踪绞刀（进入离位）

5-99　迹踪绞刀

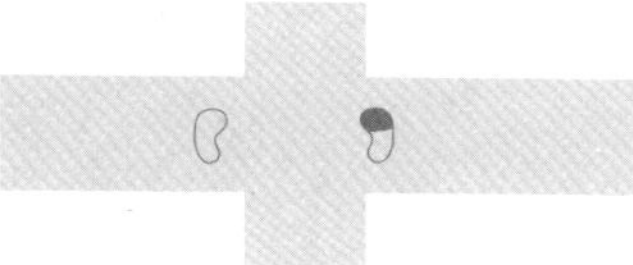

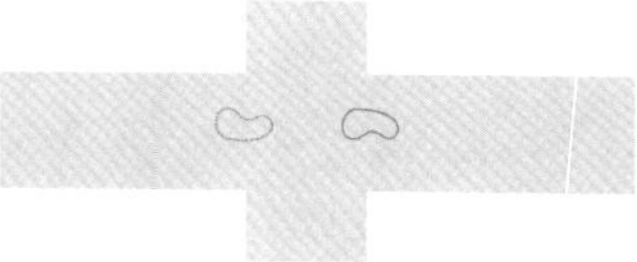

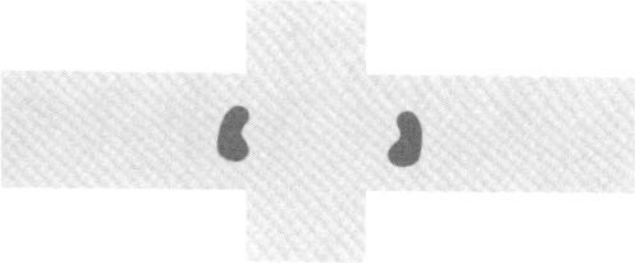

5-100　迹踪绞刀

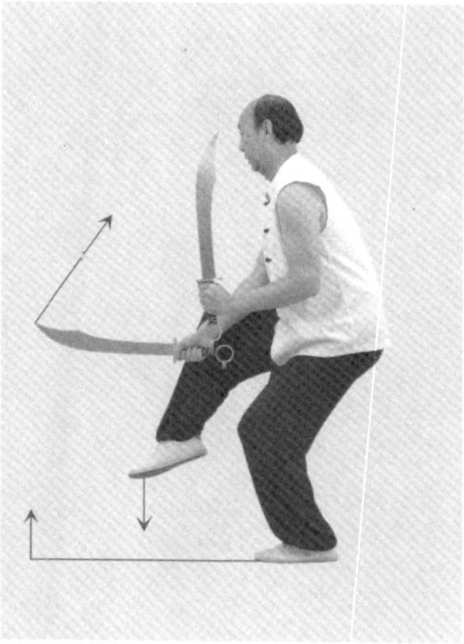

5-101　迹踪绞刀

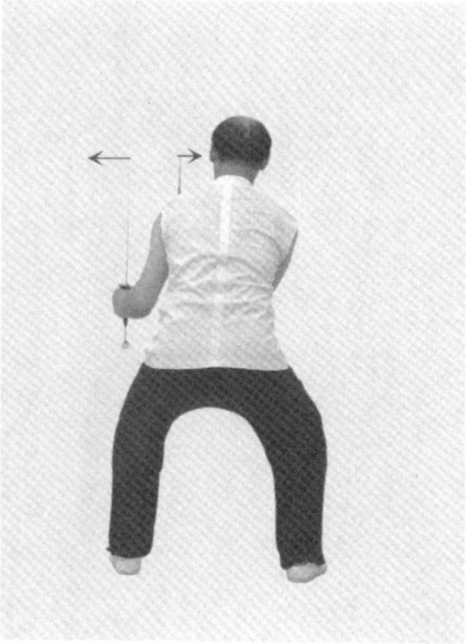

5-102　迹踪绞刀

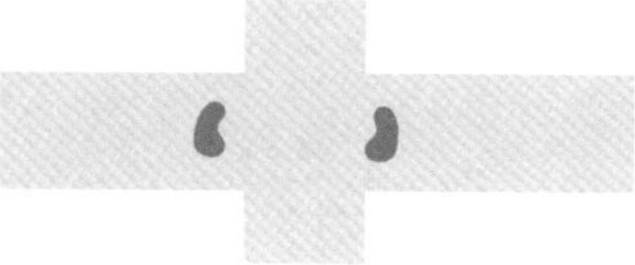

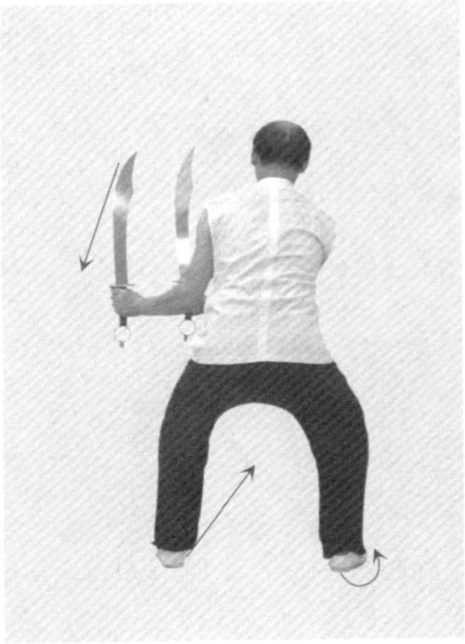

5-103　迹踪绞刀

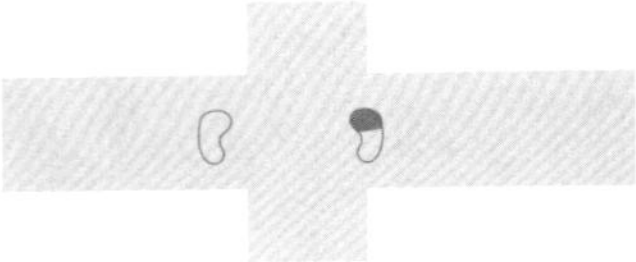

5-104　迹踪绞刀

5-105　迹踪绞刀

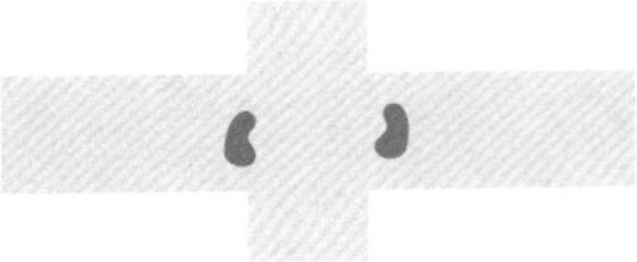

5-106　迹踪绞刀

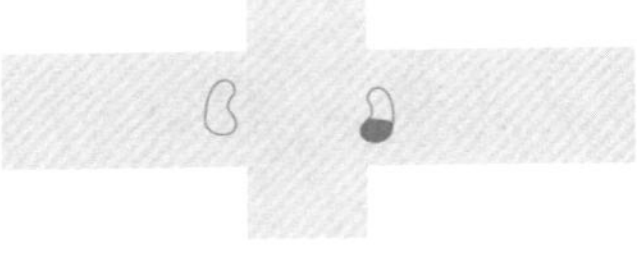

5-107　抽拔转身（指向中宫）

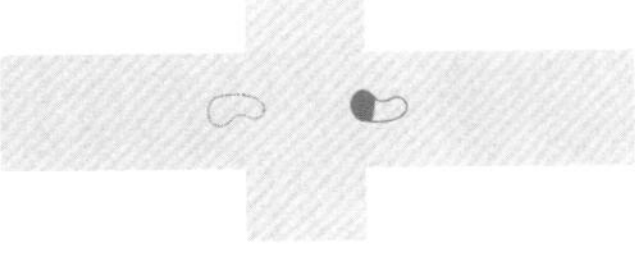

5-108抽拔转身

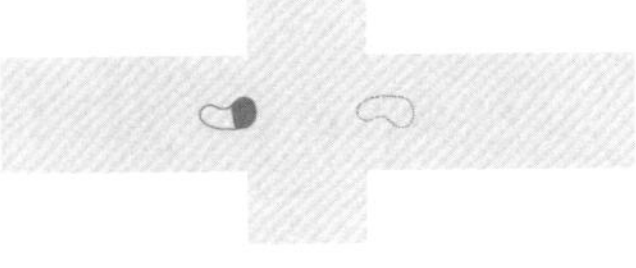

5-109 抽拔转身

5-110 撩刀迹踪（进入中宫）

5-111 撩刀迹踪

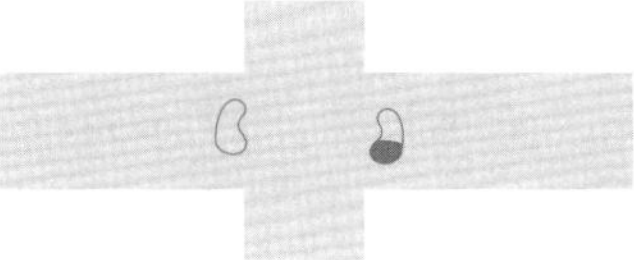

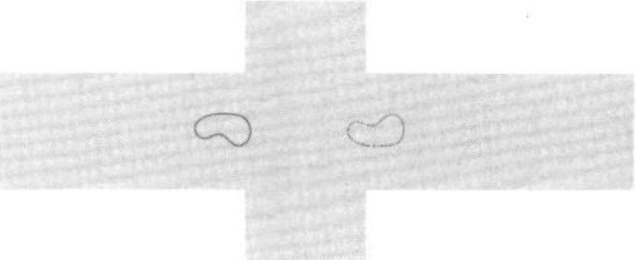

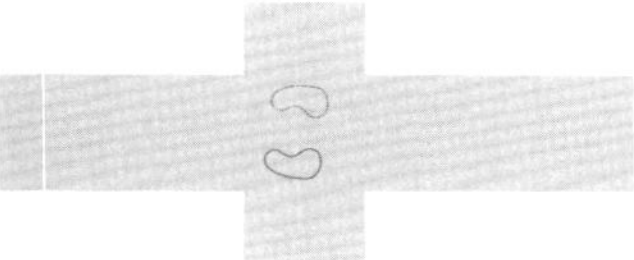

5-112 撩刀迹踪

5-113 撩刀迹踪

5-114 抽拔腿（指向巽位）

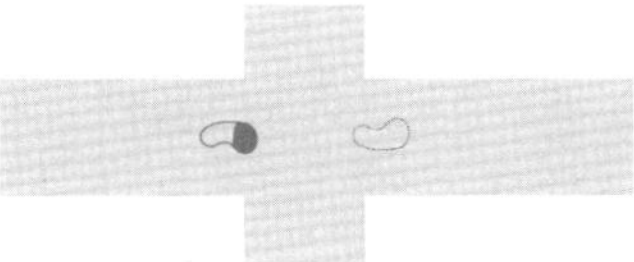

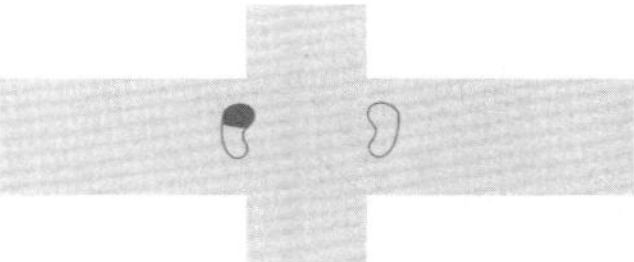

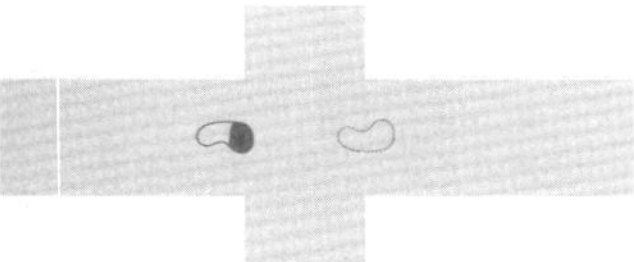

5-115　抽拔腿

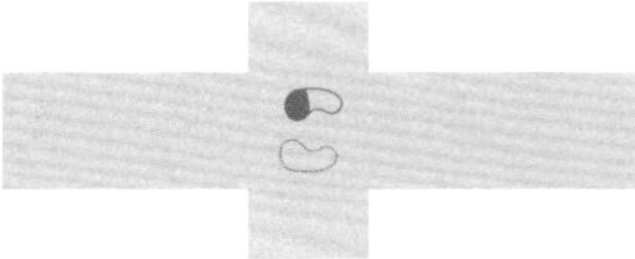

5-116　抽拔腿

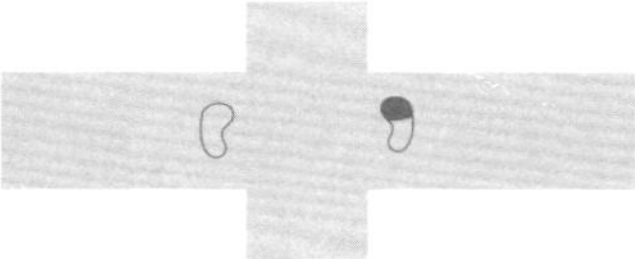

5-117　单背单抛（进入巽位）

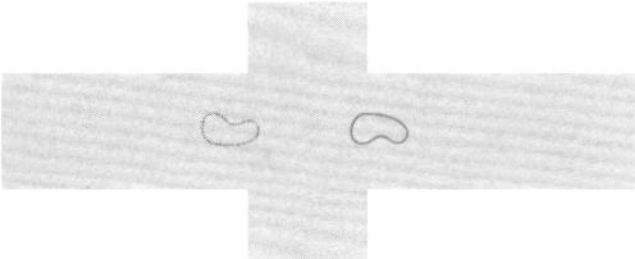

5-118　单背单抛

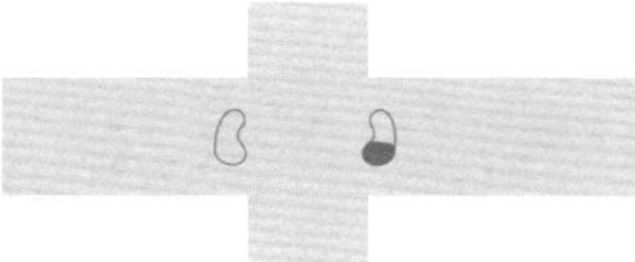

5-119　单背单抛

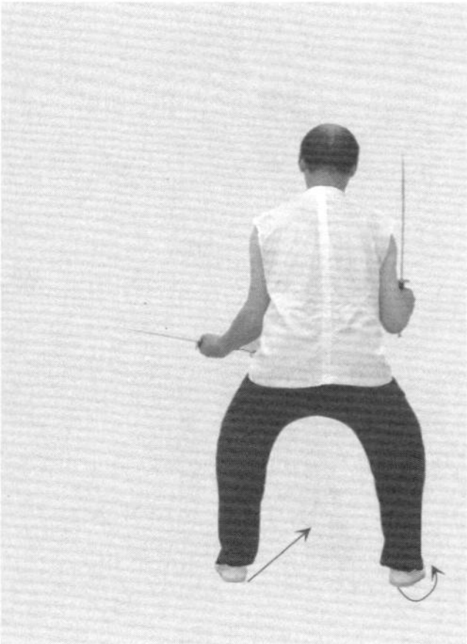

5-120　单背单抛

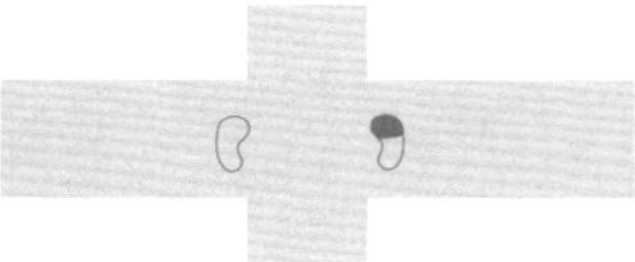

5-121　单背单抛

5-122　单背单抛

5-123　抽拔转身（指向中宫）

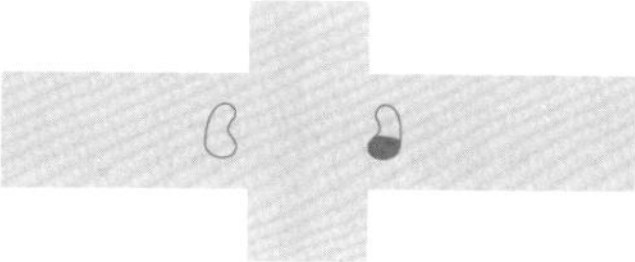

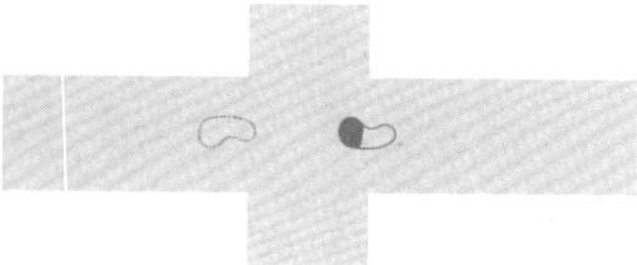

5-124　抽拔转身

5-125　抽拔转身

5-126　撩刀迹踪（进入中宫）

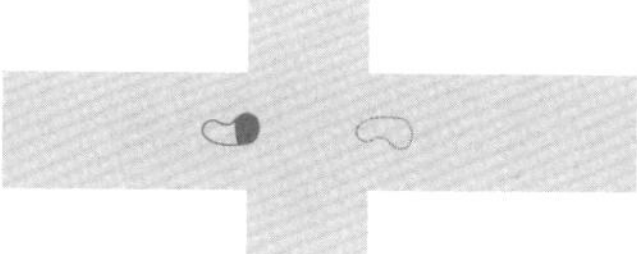

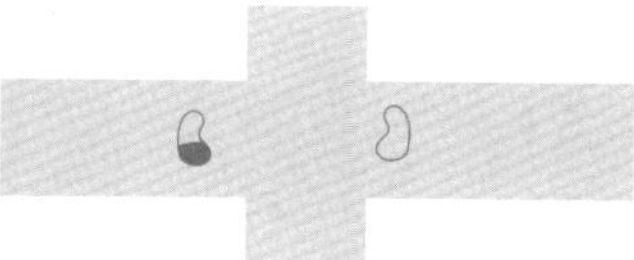

5-127　撩刀迹踪

5-128　撩刀迹踪

5-129　撩刀迹踪

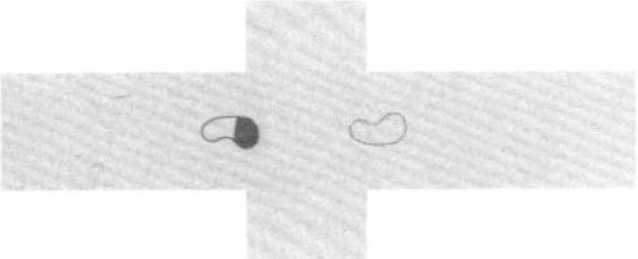

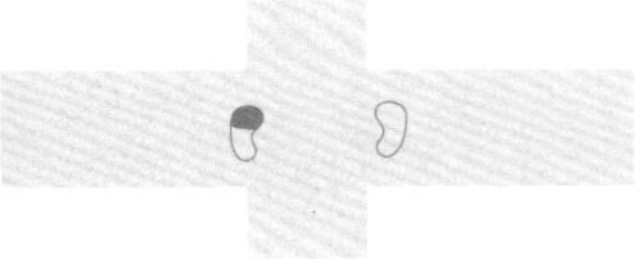

5-130　抽拔腿（指向震位）

5-131　抽拔腿

5-132　抽拔腿

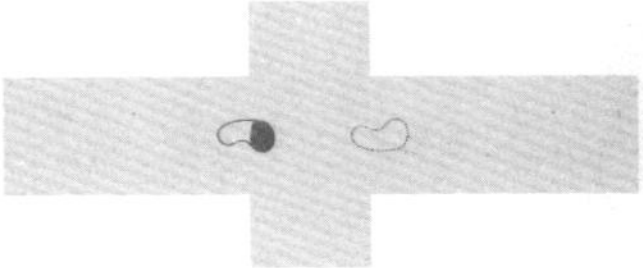

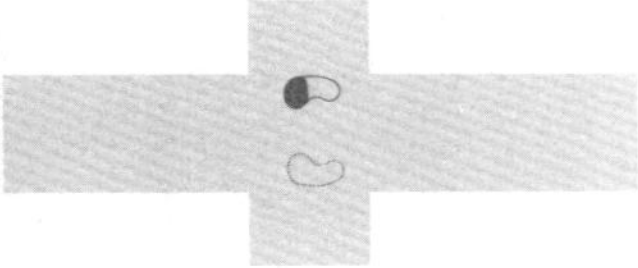

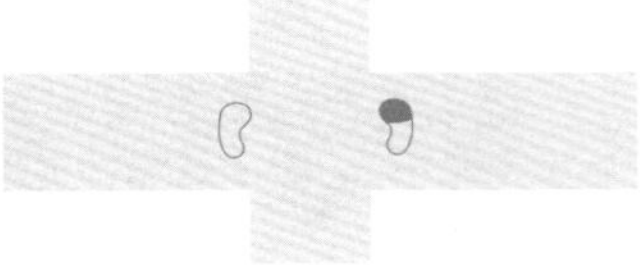

5-133 双背双抛（进入震位）

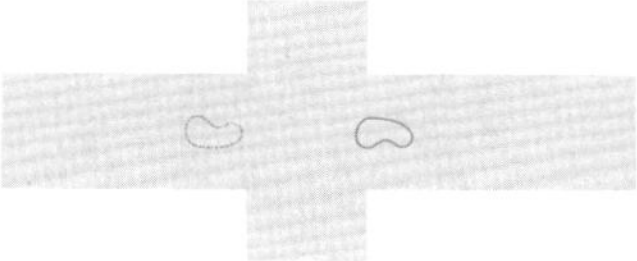

5-134 双背双抛

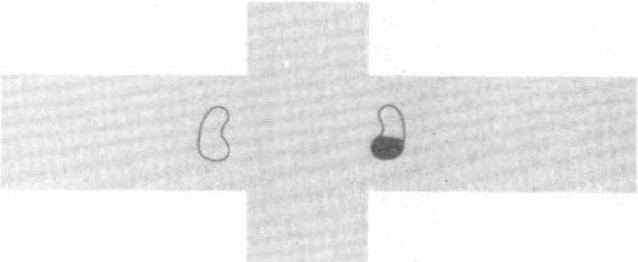

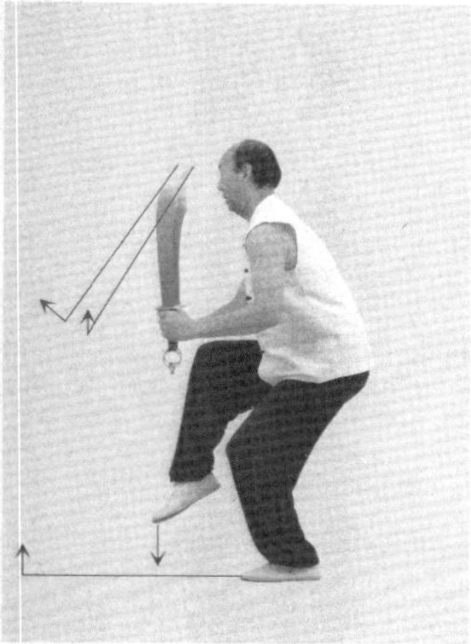

5-135 双背双坎

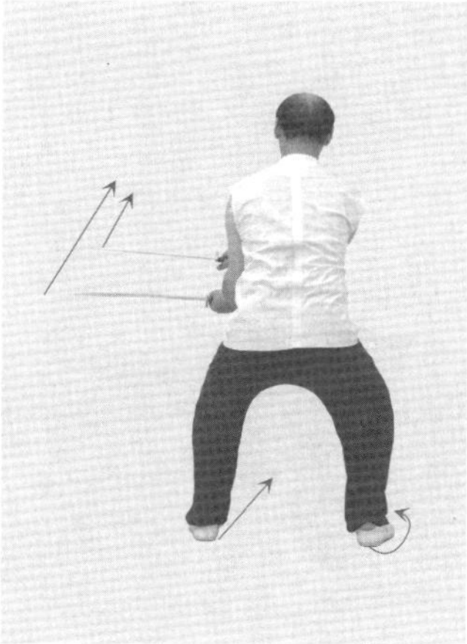

5-136 双背双坎

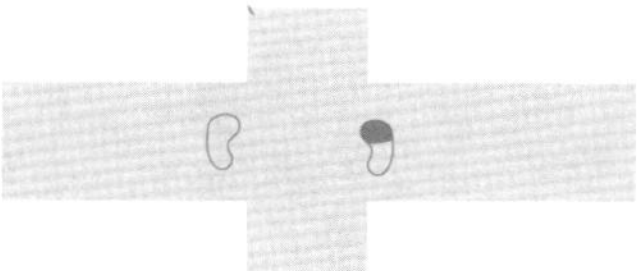

5-137 双背双抛

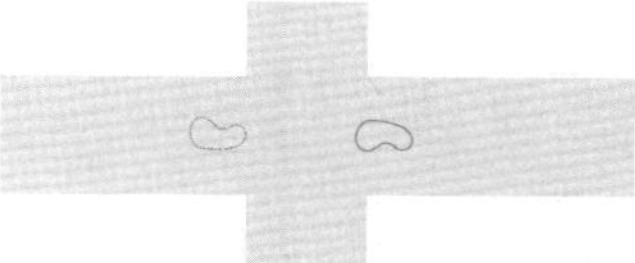

5-138 双背双抛

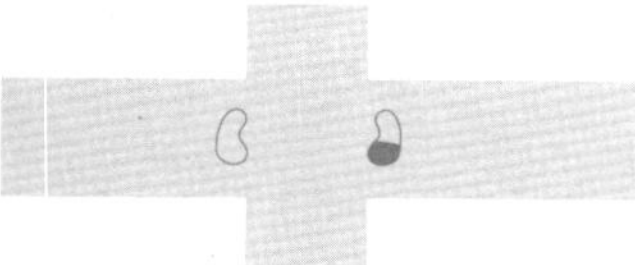

5-139 抽拔转身（指向中宫）

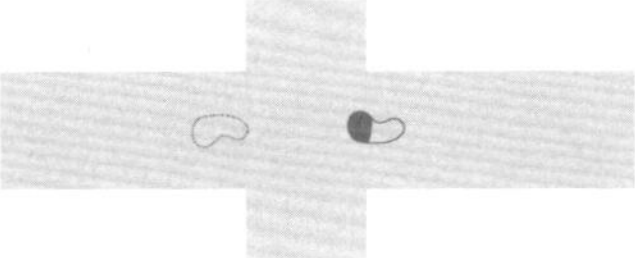

5-140 抽拔转身

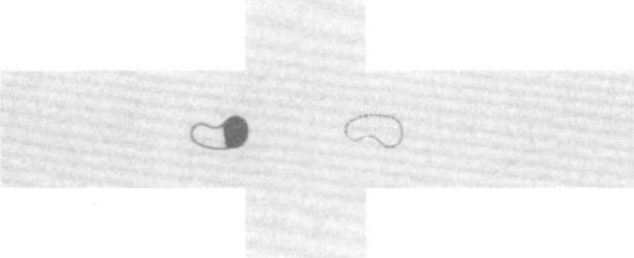

5-141 抽拔转身

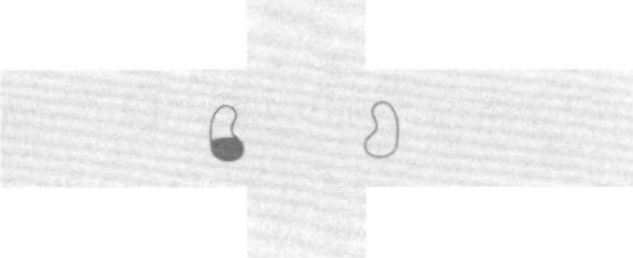

5-142 撩刀迹踪(进入中宫)

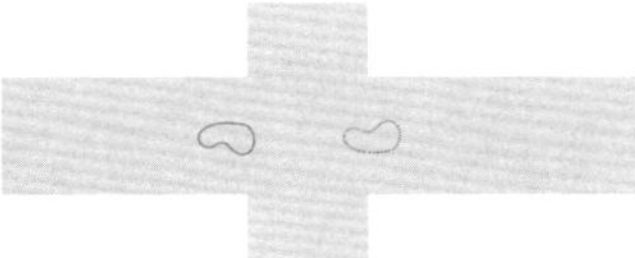

5-143 撩刀迹踪

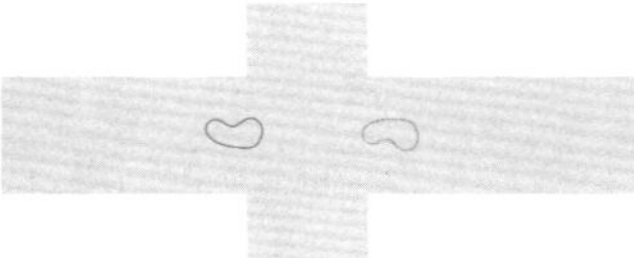

5-144 撩刀迹踪

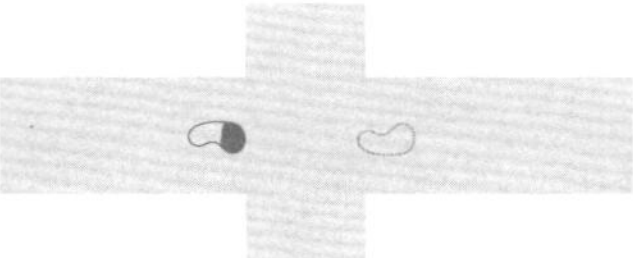

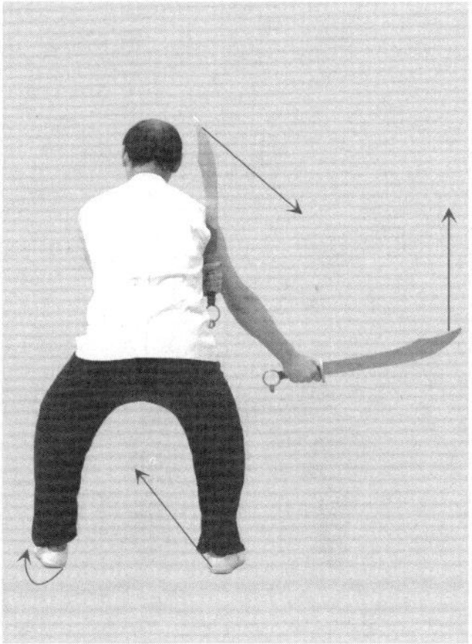

5-145　撩刀迹踪

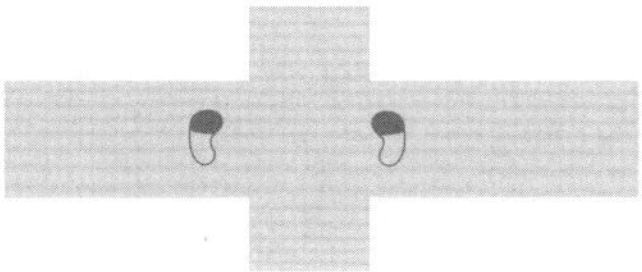

5-146　抽拔腿（指向乾位）

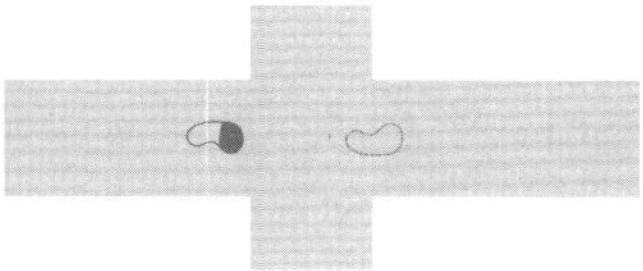

5-147　抽拔腿

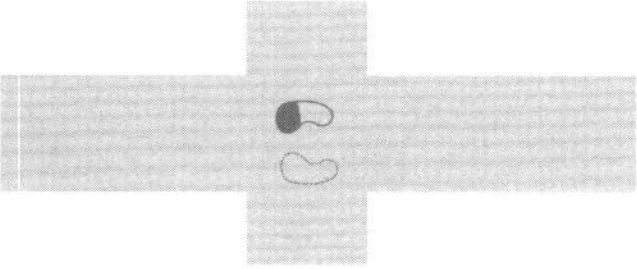

5-148　抽拔腿

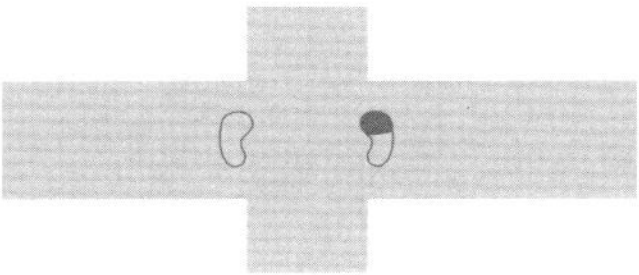

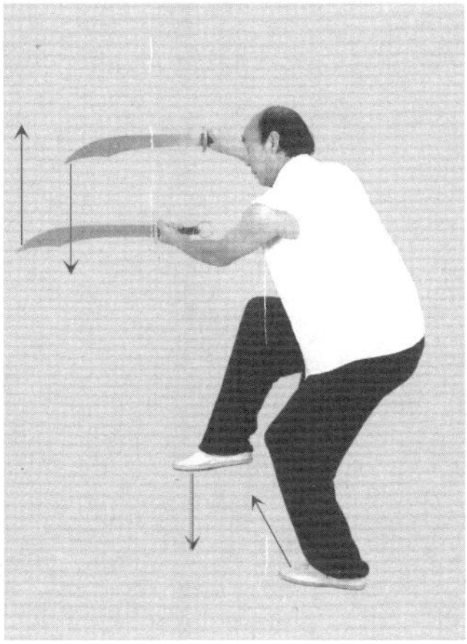

5-149　撩刀迹踪（进入乾位）

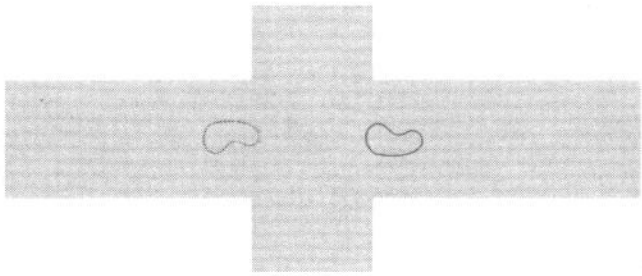

5-150　撩刀迹踪

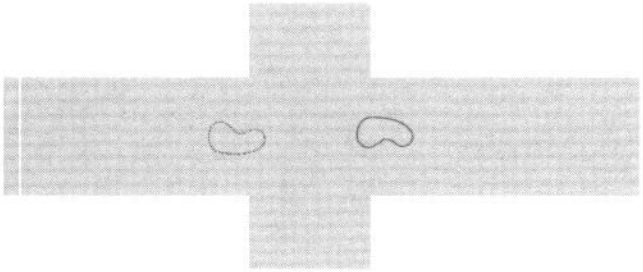

5-151　撩刀迹踪

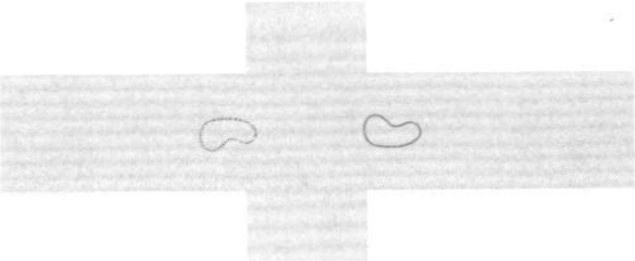

5-152　撩刀迹踪

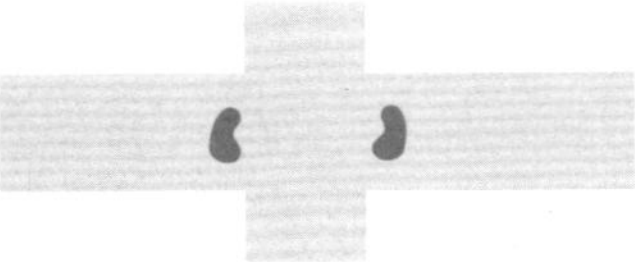

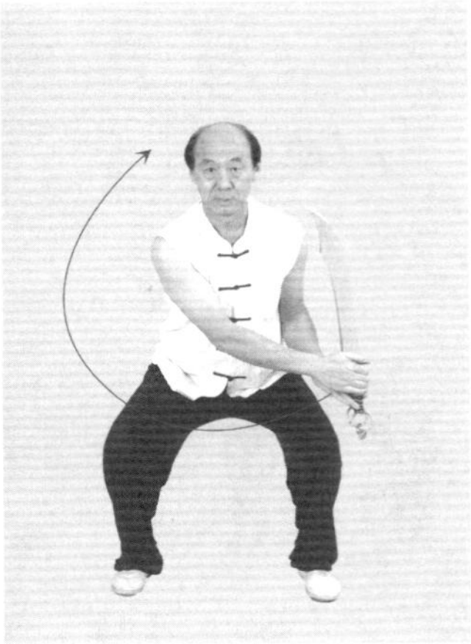

5-153　合刀收身

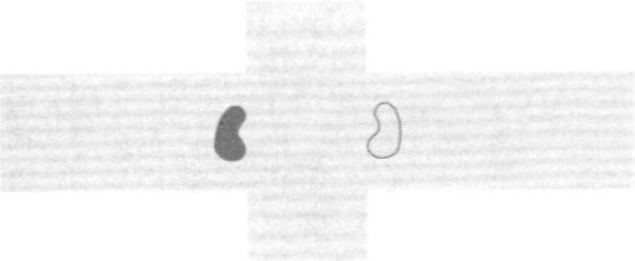

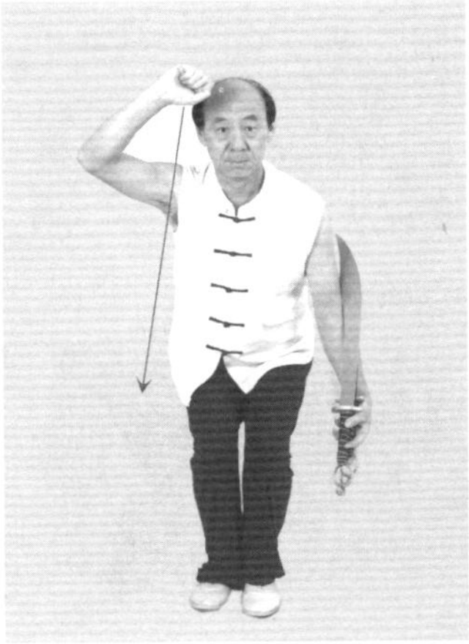

5-154　合刀收身

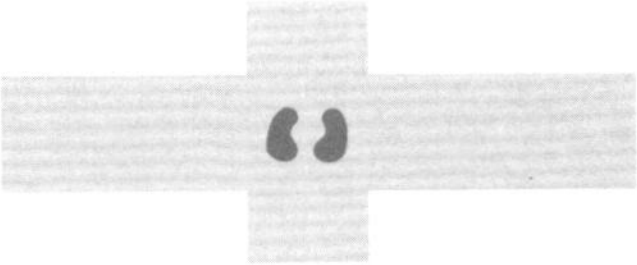

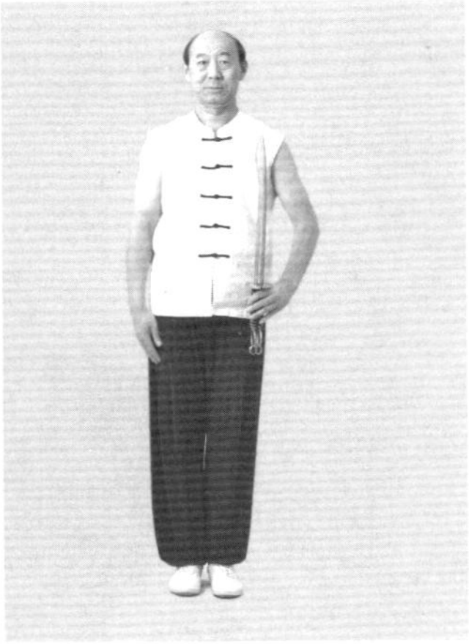

5-155　收式

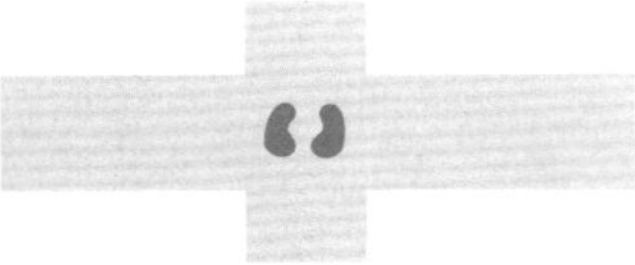

第六节　随手大枪

6-1　预备式

6-2　出身拾枪

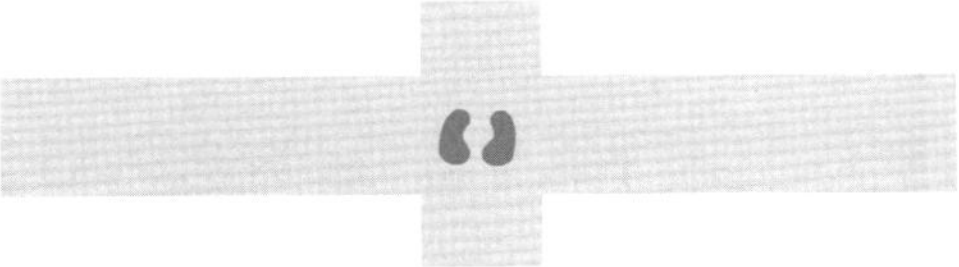

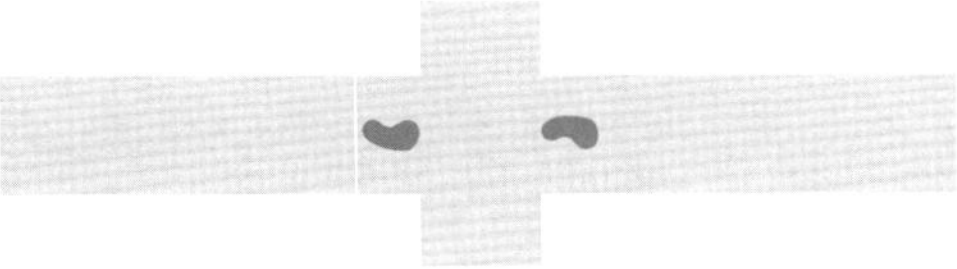

6-3　斜身端枪

6-4　盘云枪捋

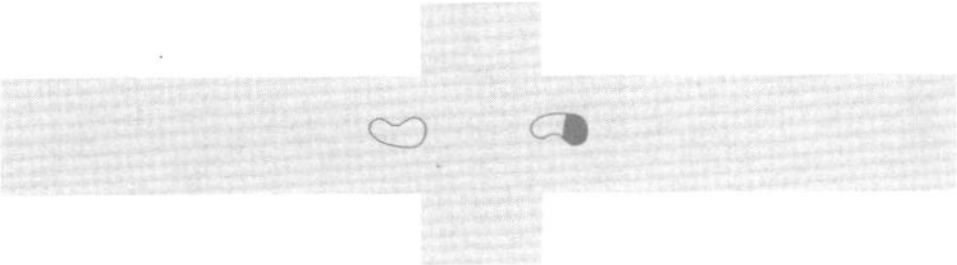

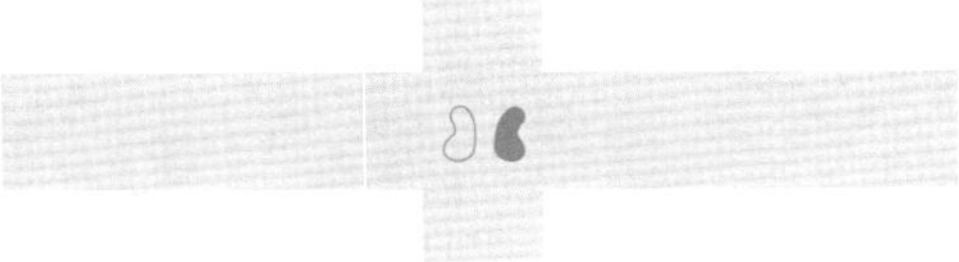

6-5 弓步出枪

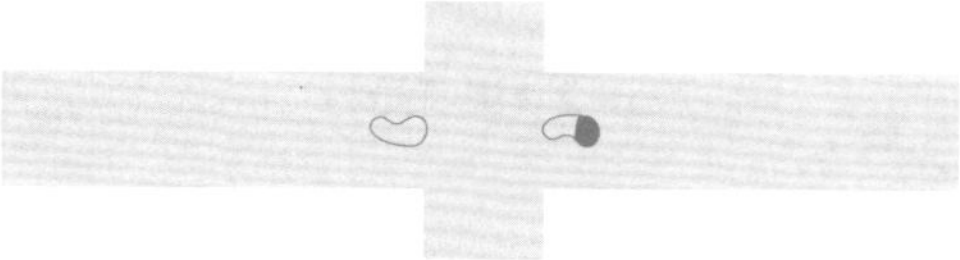

6-6 盘云枪捋

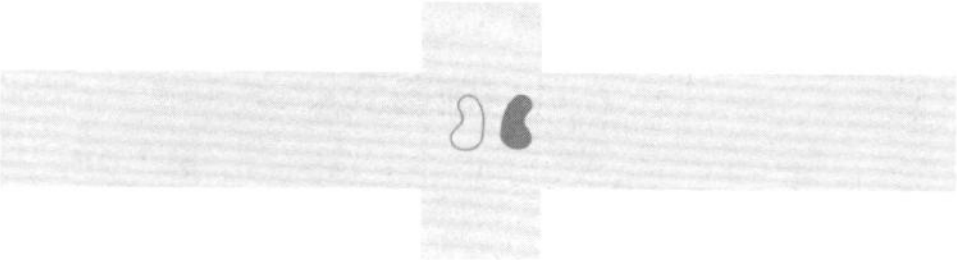

6-7 弓步出枪

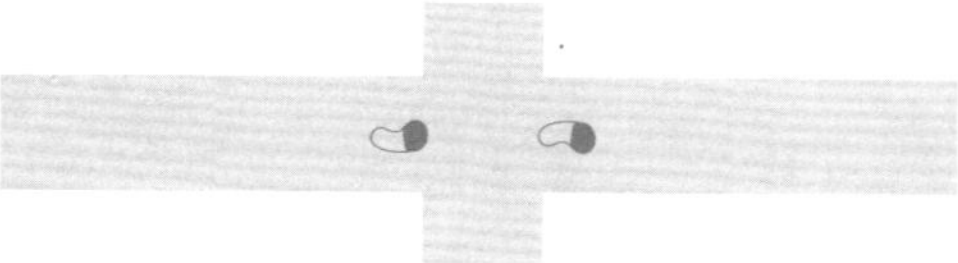

6-8 回身上步

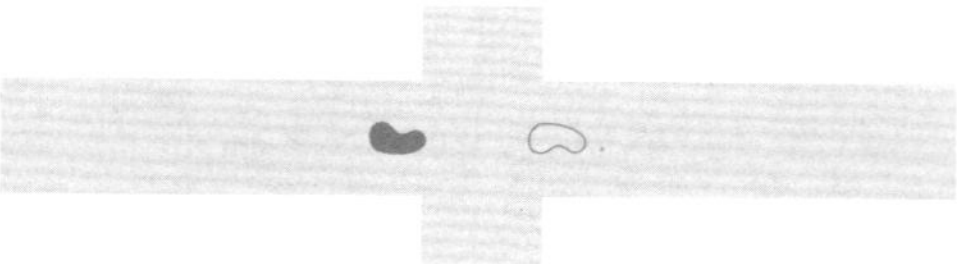

6-9　出步点枪

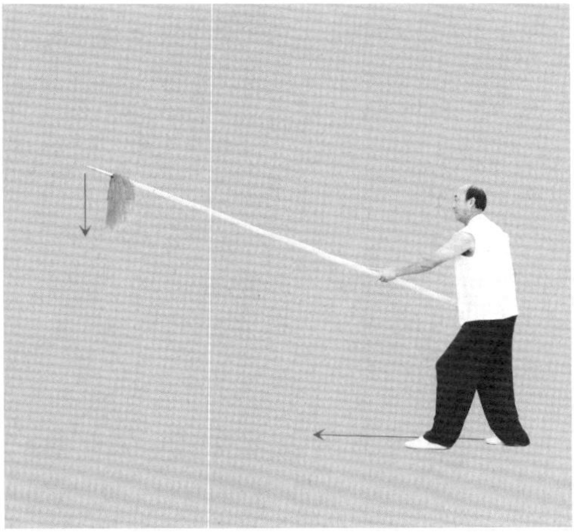

6-10　上步撩枪

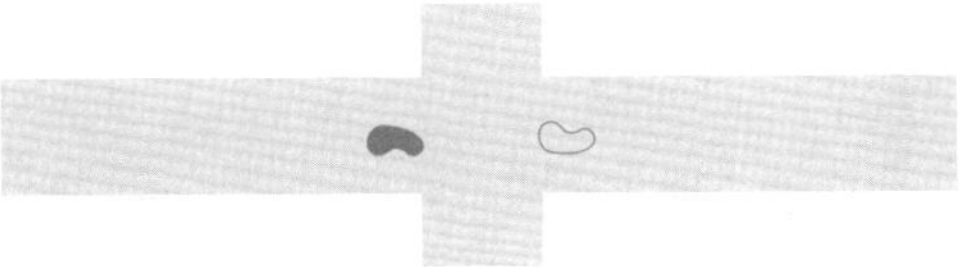

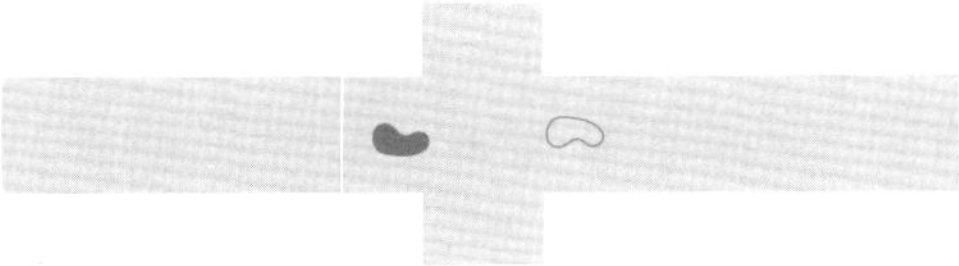

6-11　出步点枪

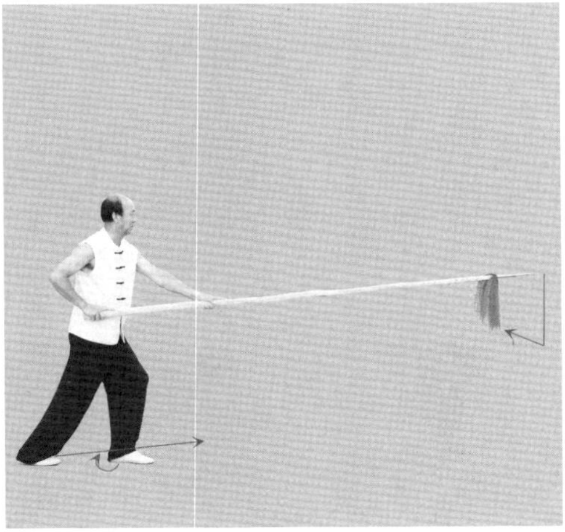

6-12　转身云枪

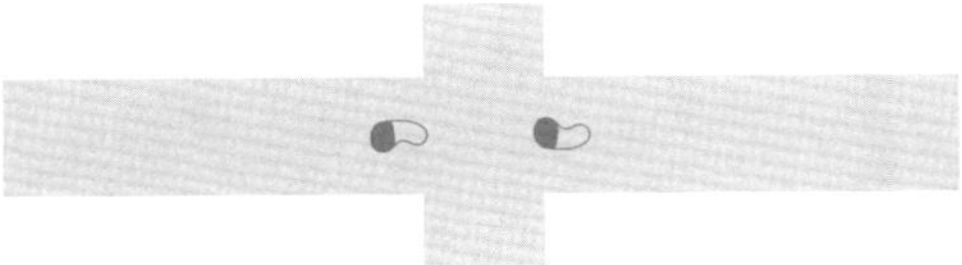

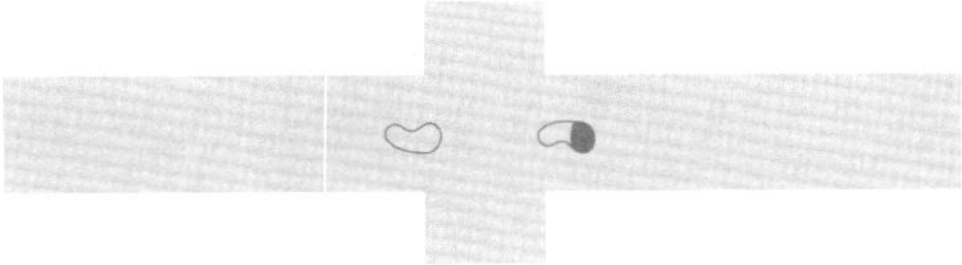

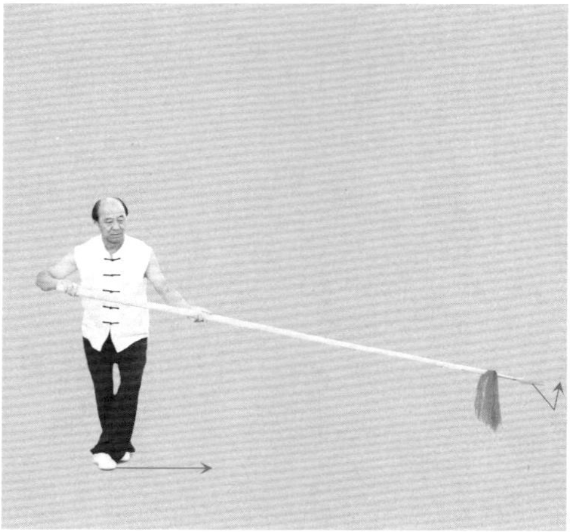

6-13 盘云搅枪

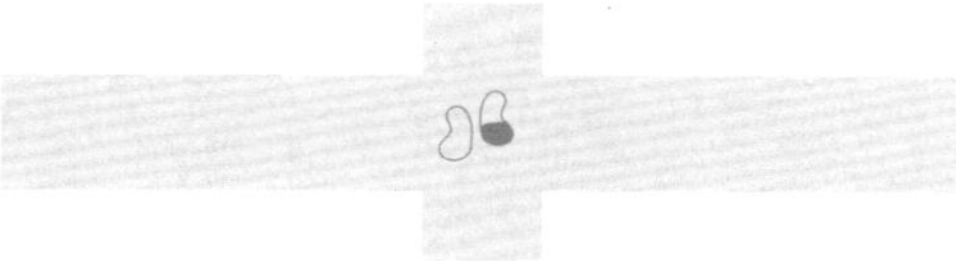

6-14 盘云搅枪

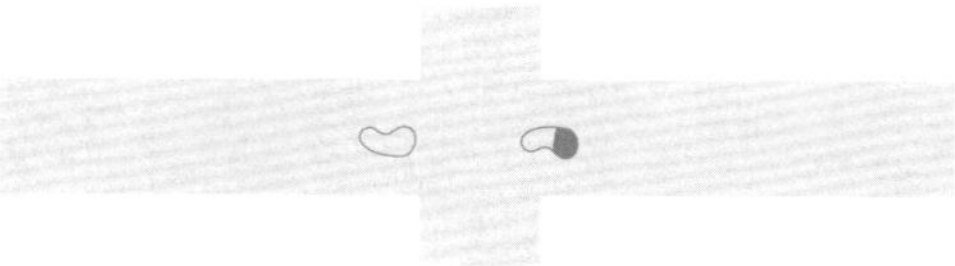

6-15 盘云搅枪

6-16 盘云搅枪

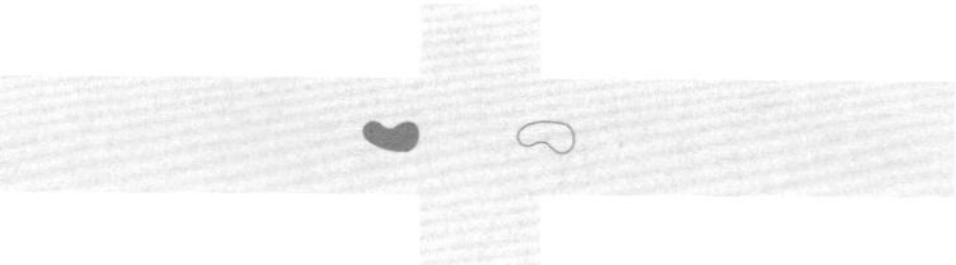

6-17　后踪托枪

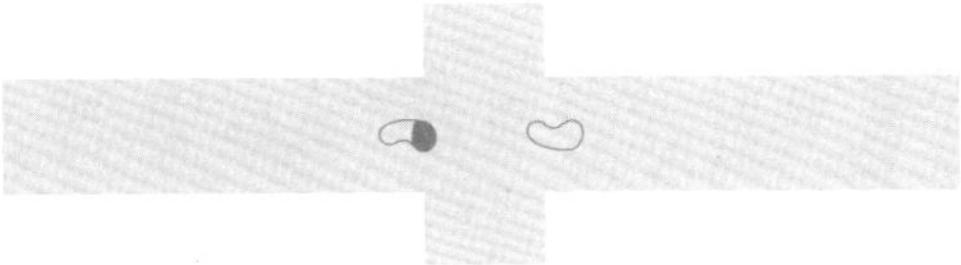

6-18　后踪托枪

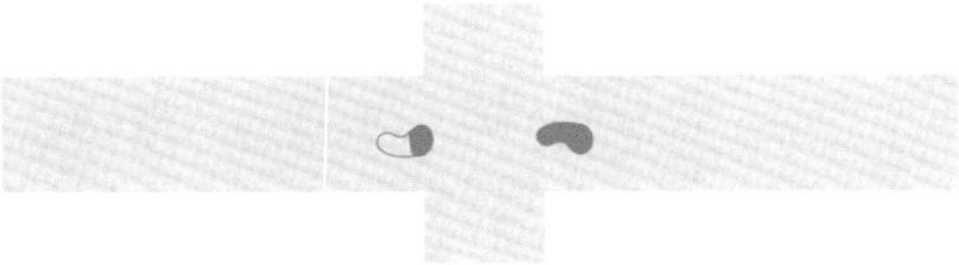

6-19　后踪托枪

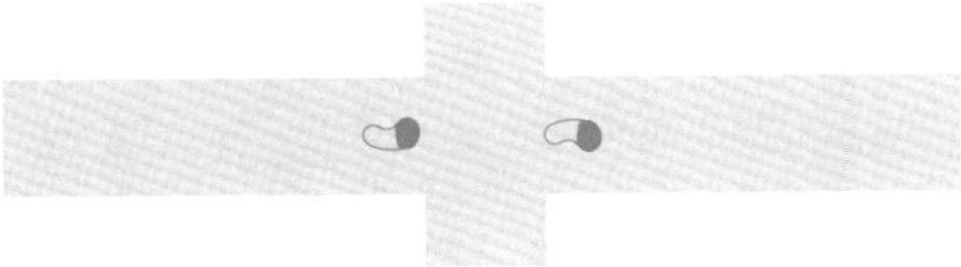

6-20　砸枪下坠

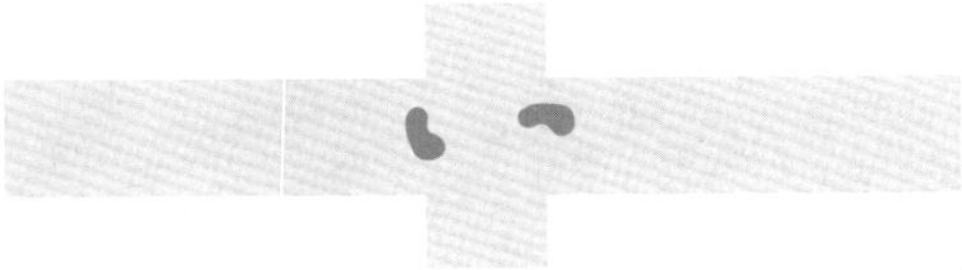

6-21 方裆起身

6-22 并足收式

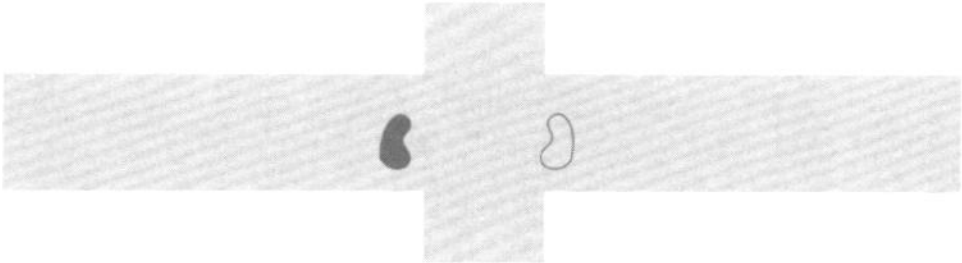

第七节 祖

7-1 预备式

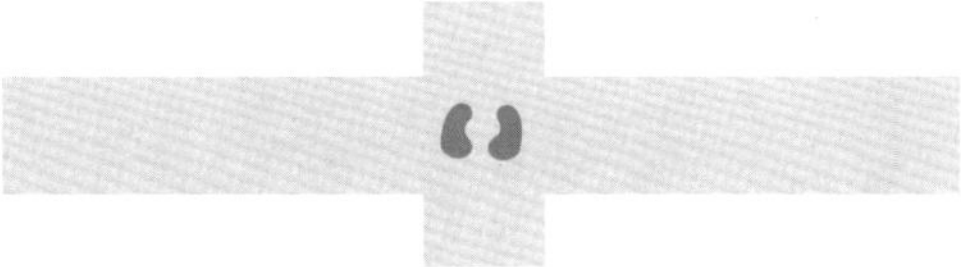

7-2 下坠拿祖

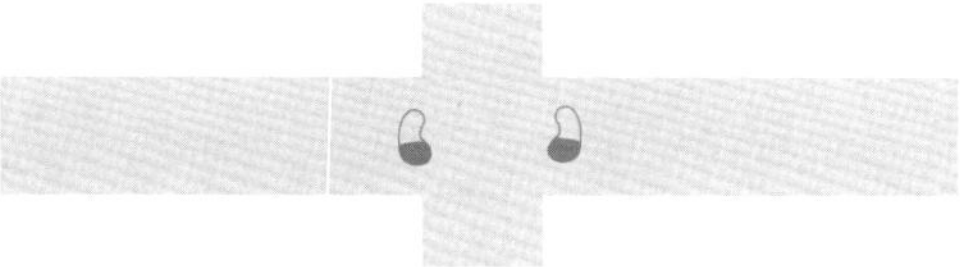

7-3 卧云练祖

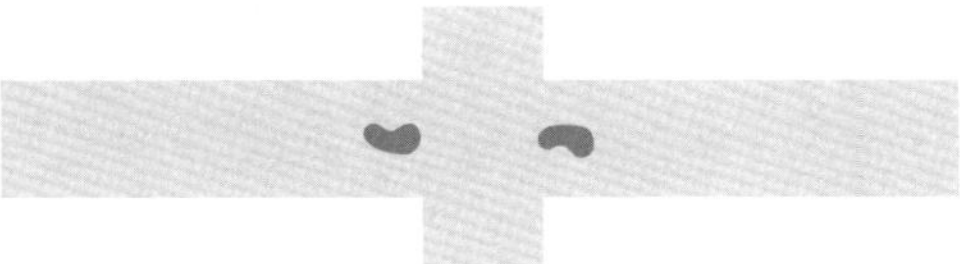

7-4 卧云练祖

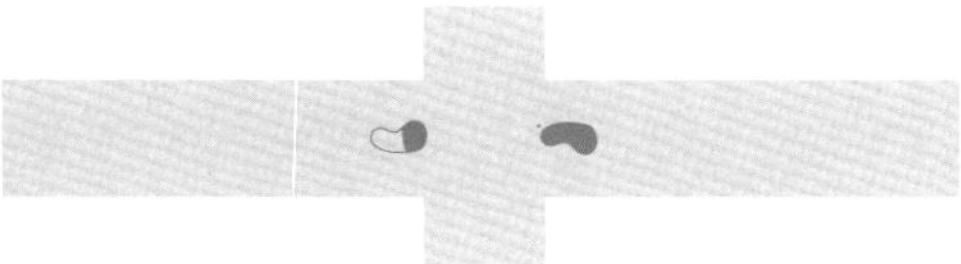

7-5 上步出祖

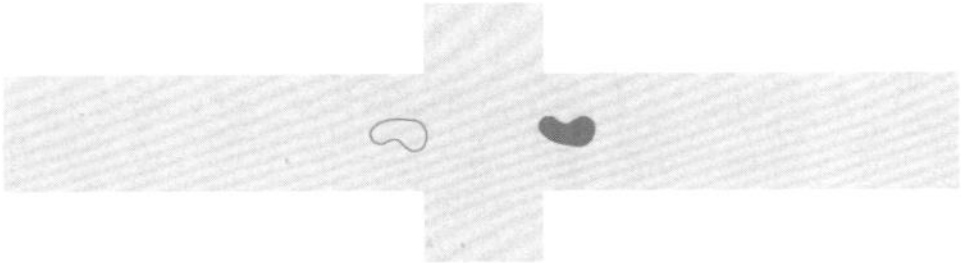

7-6 上步出祖

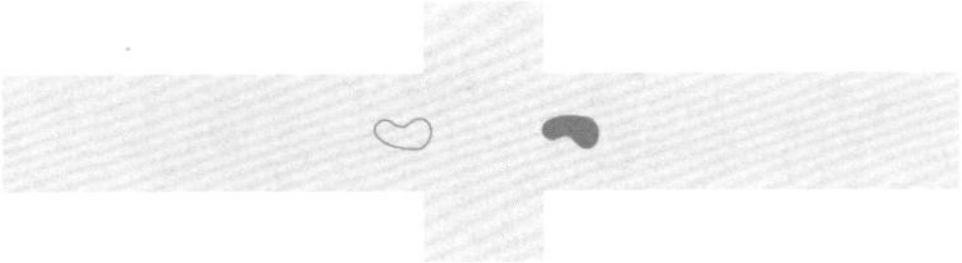

7-7 卧云练祖

7-8 卧云练祖

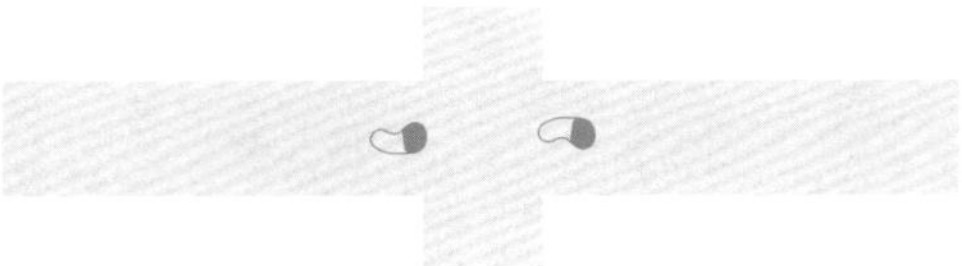

7-9　下代横身

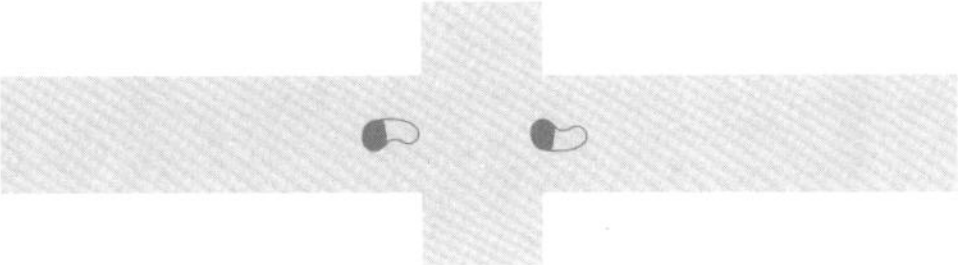

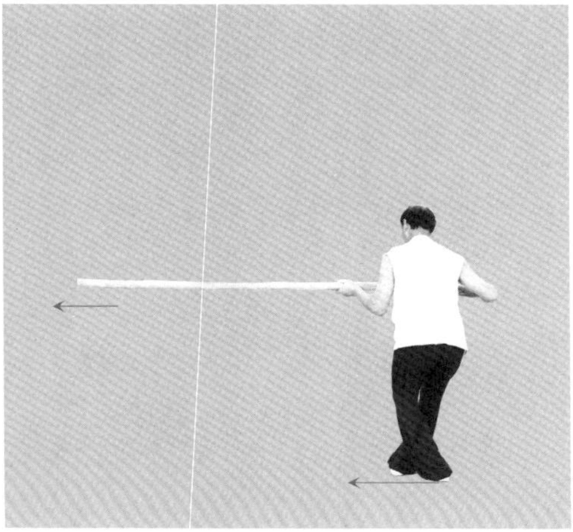

7-10　盘云坐祖

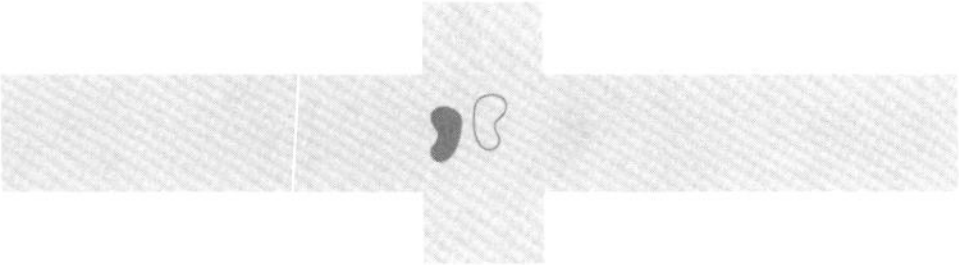

7-11　斜裆出祖

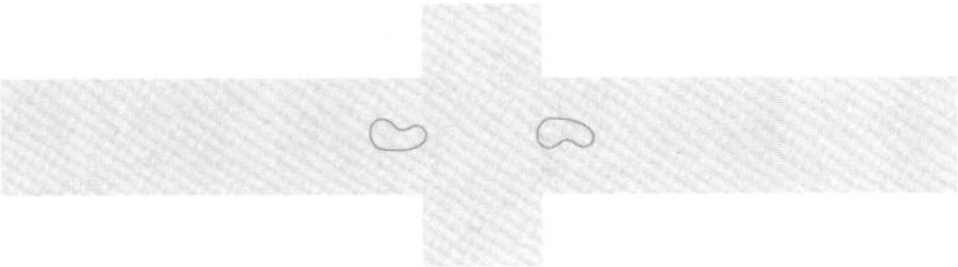

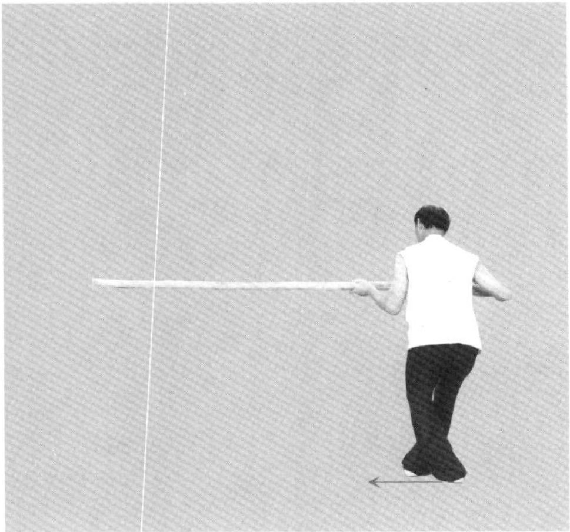

7-12　盘云坐祖

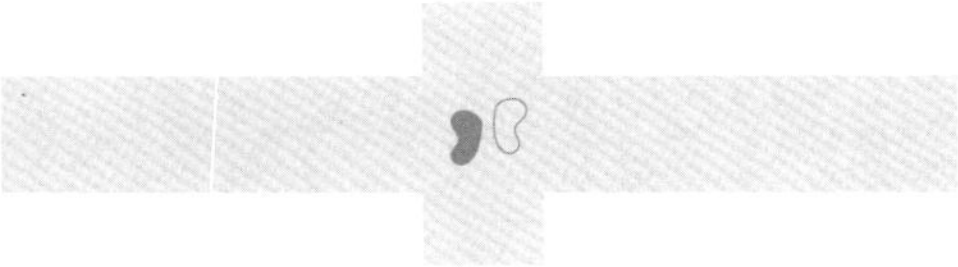

7-13 斜裆出祖

7-14 转身叠云

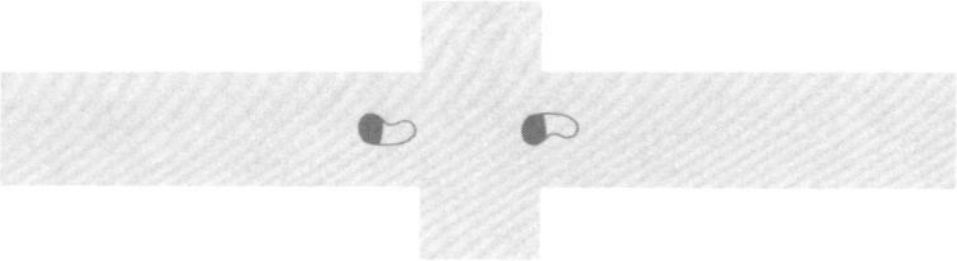

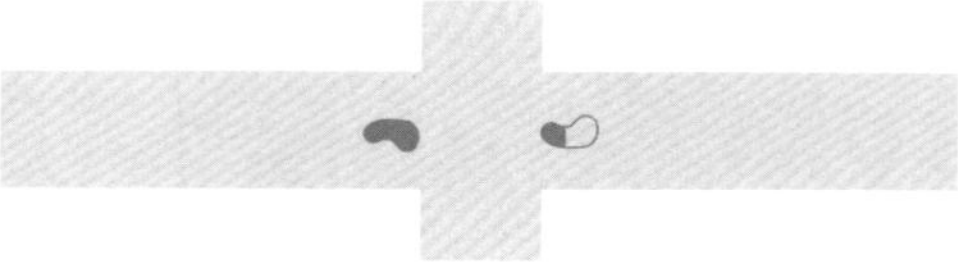

7-15 转身叠云

7-16 七寸挑祖

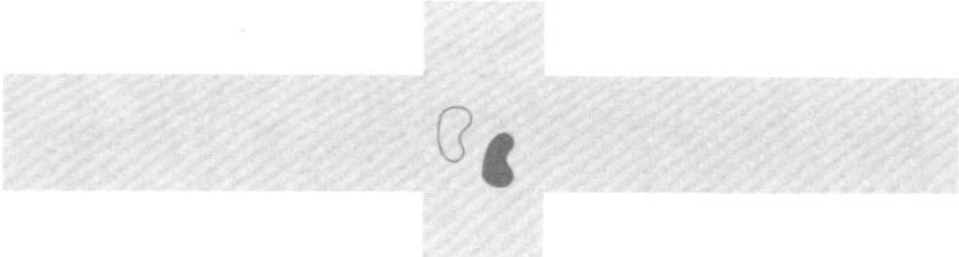

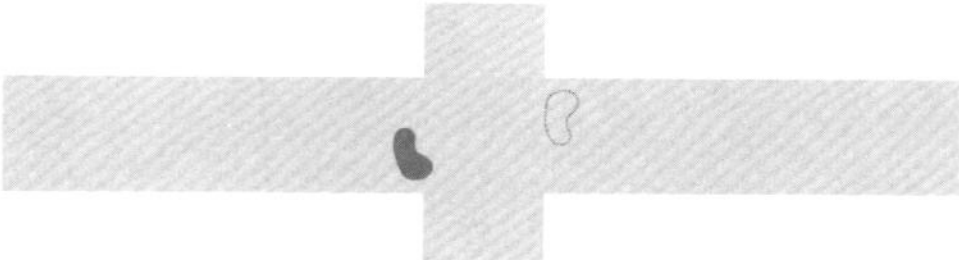

7-17 盖下绕砸

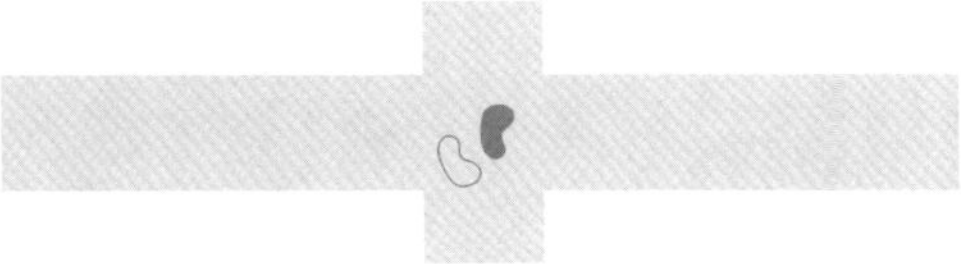

7-18 七寸挑祖

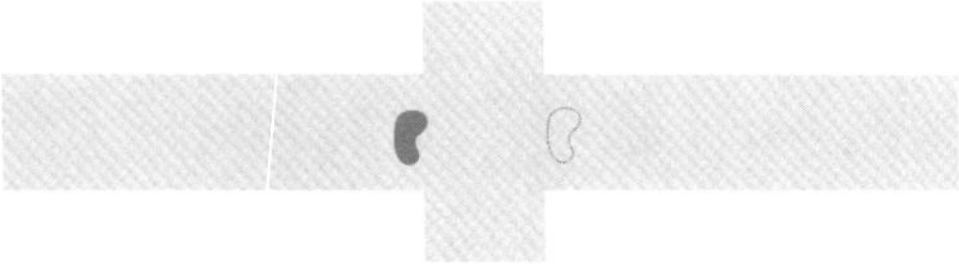

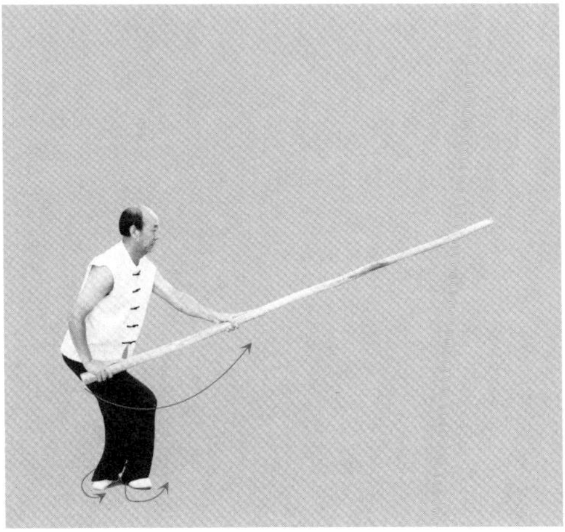

7-19 盖下绕砸

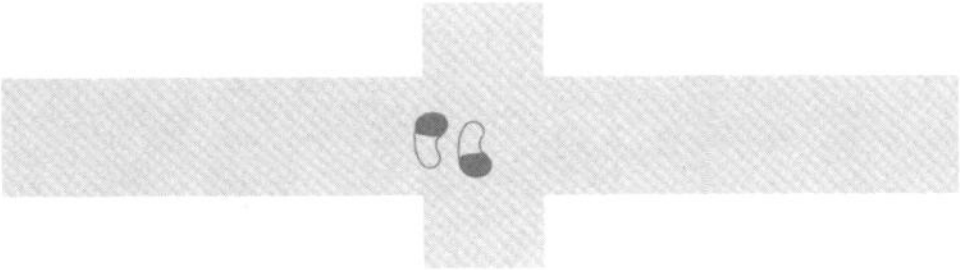

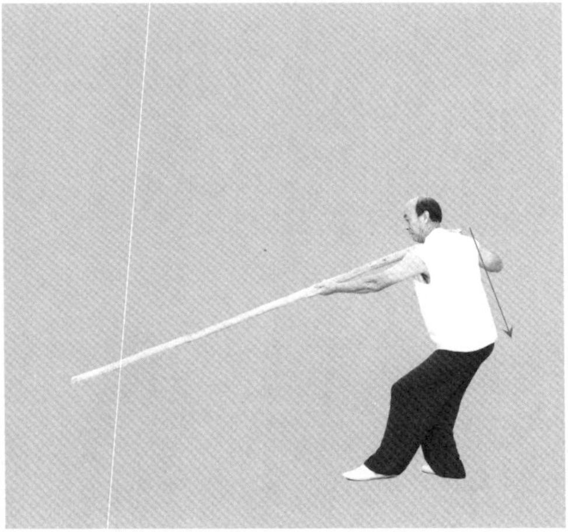

7-20 转身丁字

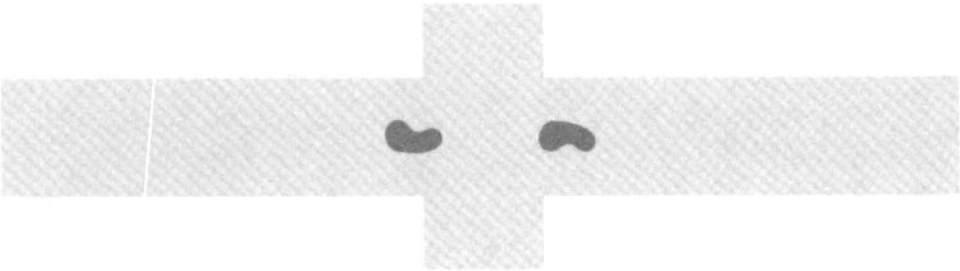

7-21 拨挑盖扎

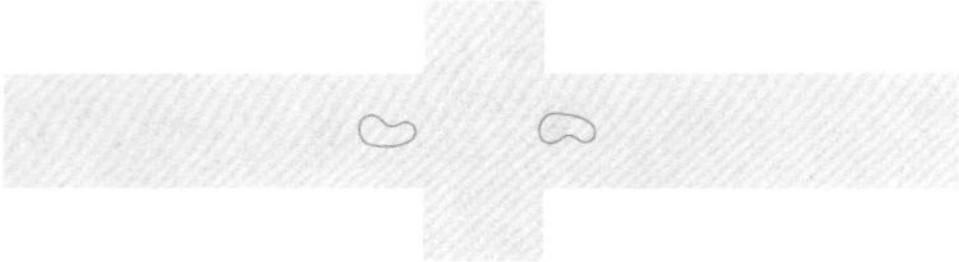

7-22 上步丁字

7-23 拨挑盖扎

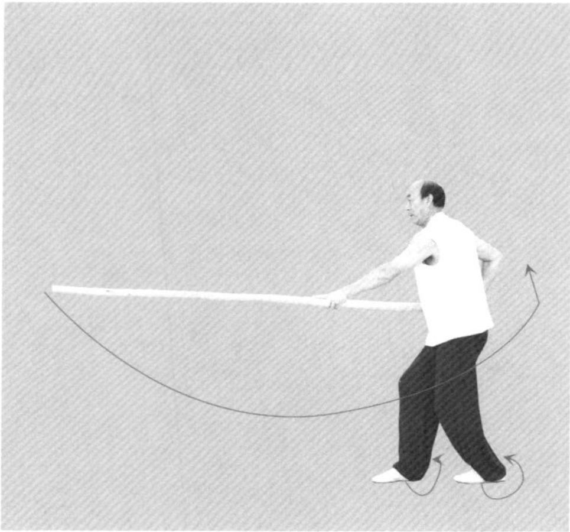

7-24 上步回身

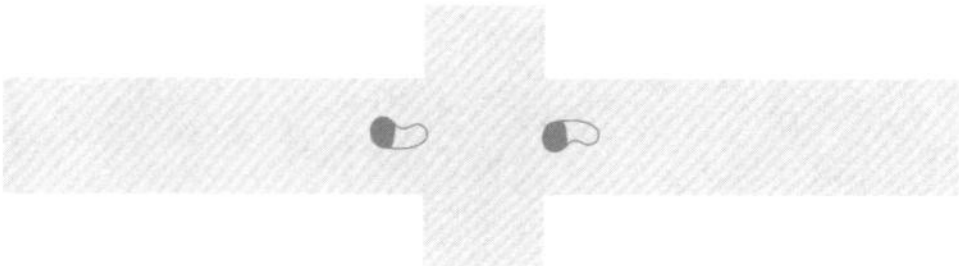

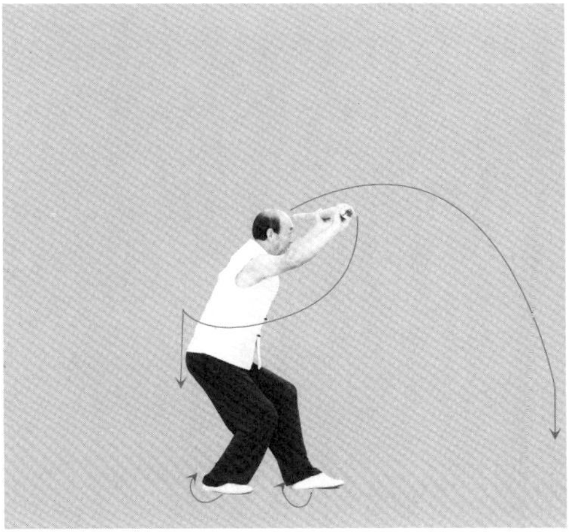

7-25　上步回身

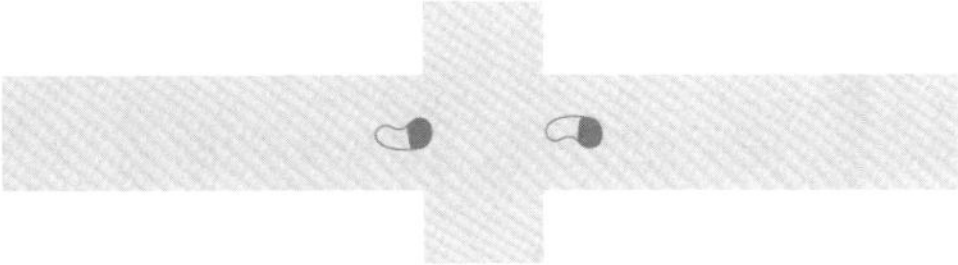

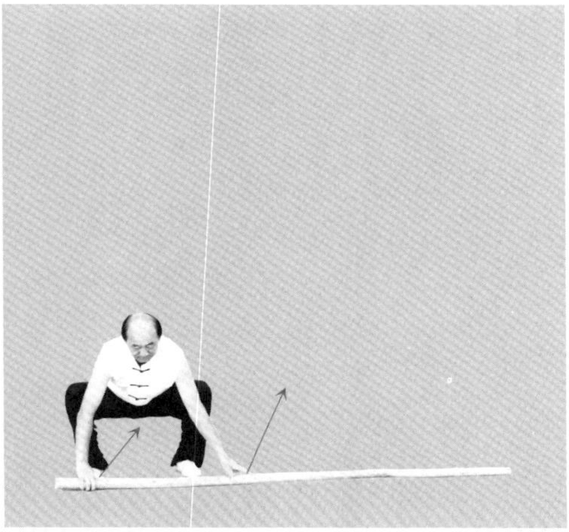

7-26　横身砸下

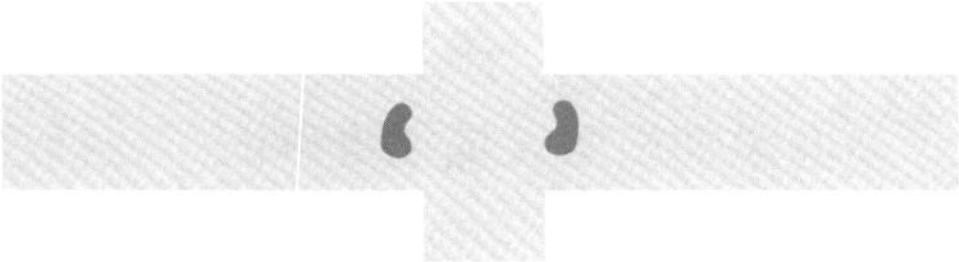

7-27　方裆刁手

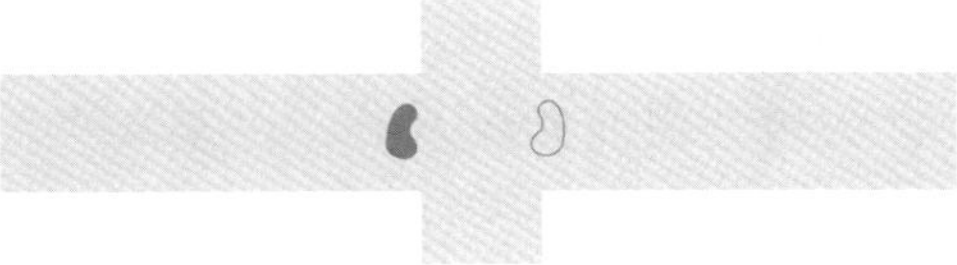

7-28　并齐收身

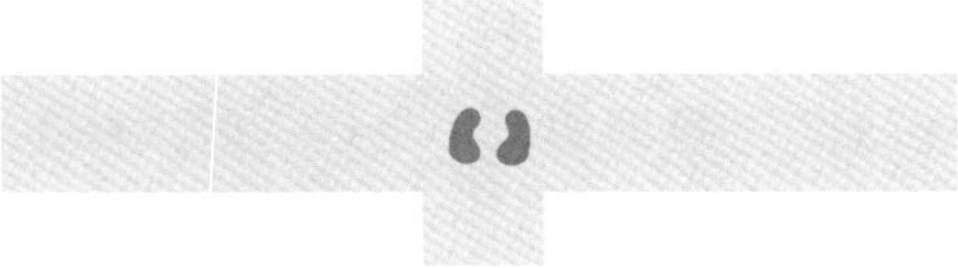

附　　录

一、《短拳谱》

（一）短拳拳歌

绵掌二人套，手眼身法到，扬打罗圈式，分清把月抱，提剪择挎打。

迎风铁扇照，擢挑批砸滚，三捅迹踪脚，虎架抽拔腿，拨身来回跳。

扨捋切代拙，捋骈挨肘靠，捋打千斤坠，里外乱肘搅。

挑捋批心掌，提代定心跃，鸳鸯上下拐，玉环步踪跳，勾挂连环腿。

删跨捷掘脚，出捶上下顾，回手抔抱好，阳出阴入清，八卦拳极妙。

（二）练武须知

武术一道门类甚多，就其体用而言之，无非软硬二功，刚柔相济方为武术之真髓也。刚柔乃初习之别，至其中造其极，以柔到刚，由刚达柔，刚亦刚，则无刚柔之今矣。俗云：长拳不长，短拳不短，亦此之谓也。近世练技击者日益众多，然各是其是，各非其非，诚以门户之见太深故耳，须知天下武术本为一家，毋庸尺量长短也。

盖武术易练，拳理难明，故有是非之致耳。夫拳术者，拳之法也。何谓法？练习姿势为法。何谓术？运着应敌为术。起势舌舐，以接任督二脉之气，心中空空洞洞，无形无象，此无极也；似动非动，此有极也；心机动，意亦生，身即前，手足运，此太极也。由太极两仪而四象八卦，以至八八六十四卦，即一端而千端万绪也。各种拳术鲜能出此范围，此即拳之法也，亦道也。

应敌时，动敌之将动，静敌之先静；彼上我下，彼刚我柔，谓之临机应变，此拳之术也。不明以逸待劳，不明临机应变，怎称明乎拳理？明乎拳理，则器械不难矣。

且拳术一道以掌法为难，而八卦一门皆系掌法，非有明师指导不能窥其玄妙。有因使浊力而伤及脏者，亦练武者之不可急也，凡初练时愈慢愈佳，由缓而急，久之则气沉丹田，手足相合，浊力已去，不滞不散，还迟不断，换势有如行云，迈步恰似流水。两脚虚实总要分明，抽身换影，翻若惊鸿，随机应变，奥妙无穷尽也。拳之出入皆出其自然，虚中实，实中虚，实是打手，虚是变手，出手如舌舐。能进须能退，能化尤能生，刚而不滞，柔而不散，劲劲层出不穷。

练武者外重手眼身法步，内修心神意气。足心为帅，眼是先锋，脚是战马，手是兵，故要眼锐、身随、心稳、手准。因眼具监察之明，心有领导之能，手有拨转之巧，脚有劲断意不断，意断神相连。拳之精妙取人根梢，即拳之理也。拳之练法，分上、中、下三盘，远、中、近三盘，盘即精，内劲自明。此后无论何种兵器，长短单双，亦皆由此化生，明乎此，信手粘来自不难矣。

（三）练武宗旨

无论何种拳术皆有高明之人，总要明师访高人，才能得巧技术。高明之人与通常之人不同，人格秉性，言谈话语，一举一动，面相神气，皆与普通人有异，高明之人不损人利己，不逞自能。练武之人多文化知识、境界觉悟使然，各有说法认识，久之习惯甚深，说话瞪眼，指手画脚，无话不谈，皆粗人也，吾辈学者戒之。

得明师后要诚心受教，往深处追求，对师要心地诚实，古来艺不轻传，何也？因恐误传匪人，玷辱本门名誉。故为师者，非端正之人必不倾囊相授，是练武者之必知耳。

艺成之后，不准藐视他人，强中自有强中手，能人背后有能人。以义气待人，不逞自能，若与有关系之人比较时点到为止，胜负自知，外人难分，以保对方之名誉。

练武之人最重道德，为国尽忠，为亲尽孝，对友要信，对师要恭，见义勇为，当仁不让，方不愧武术家之本旨也。

练终之后，切忌下列各项，犯者不得善终：奸淫妇女、欺压良善、劫夺财产、伤残人命、胡作非为、违拗师长、交结匪人、公报私仇、口造妄言，以上各项切宜戒之。

（四）裆诀

头劲顶破天，两手顺乳端，两眼观两手，膀肩双沉下，高低需有度，肘腿四指间，小腿需直立，腰直砥柱般，磕膝向里扣，里敛勿外翻，舌尖抵上腭，口吸鼻出气，提肛要牢记，引气下丹田，气血周身转，体健自延年。

（五）盘门八卦

（达摩老祖东迁，留下此拳）有徒弟二人，一人名绵，一人名掌，此拳门叫作盘，乃是八卦盘分，乾、坎、艮、震、巽、离、坤、兑，练习分成八字数，乾三连，坤六断，离中虚，坎中满，震仰盂，艮覆碗，兑上缺，巽下断。把阴阳分清，步走八方，八字是哪一套拳，是哪一字，名称八卦拳极妙。直趟学成按入门，练习如走直趟者，不为八卦拳所学者，不能一气打下，按直趟学择练。

（六）点穴秘法

点穴秘法古来秘传也，如传不正之人，或粗暴之人，得去随意玩戏，关系性命之危险，故不能轻传。然虽知穴窍，如无拳术根基不能用，人身穴窍甚多，点法不一，有死穴，或吐血，或百日内死者，或病咳嗽者，有点上不能动转者，有点上麻木者。最主要者一十二穴，按十二时点法，知者莫轻用，于道德甚有关系。练武者必须戒之肘肩胯膝全能点，师夏永发对于点穴甚有研究。子时人中穴，丑时天庭穴，寅时吞空穴，卯时牙腮穴，辰时太阴穴，巳时将台穴，午时腕穴，未时次穴，申时白池穴，酉时白海穴，戌时壶滴穴，亥时涌泉穴。

二、高阳短拳部分传承谱系（作者脉系）

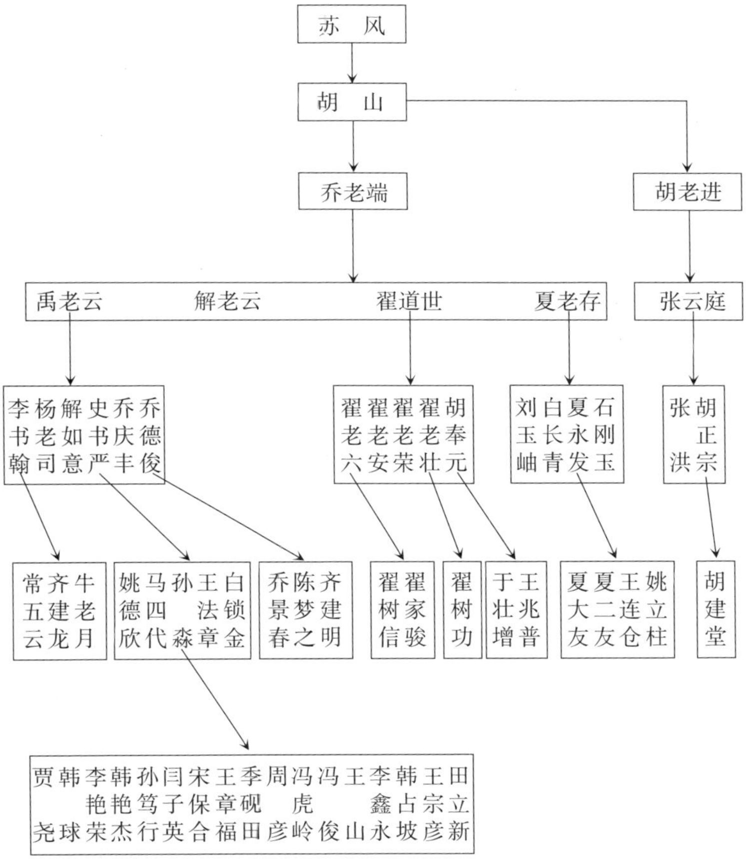

三、相关证书

市级非物质文化遗产证书

省级非物质文化遗产证书

市级非物质文化遗产
代表性传承人证书

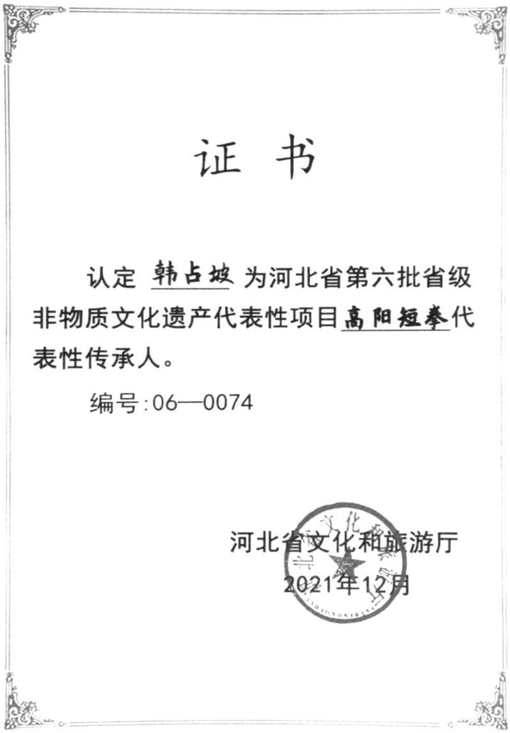

证 书

认定 韩占坡 为河北省第六批省级非物质文化遗产代表性项目高阳短拳代表性传承人。

编号：06—0074

河北省文化和旅游厅

2021年12月

省级非物质文化遗产代表性传承人证书

后　　记

编写这本书，可以说是我几十年来对高阳短拳的情感的一次总结。

自短拳传入高阳，一直处于口授身传的自然发展形态，由于不同习武者理解上的差异，时间久了不免产生误解，虽也有一些文字记载，但并不全面且不完整。

2010年初，我有了编写此书的想法，基于对高阳短拳较为深刻的认识和见解，我开始走访老拳师，与同门师兄弟进行交流，搜集整理手抄拳谱和传说轶闻，加之师父的言传身教，将这些信息和资料综合起来，再结合当时的社会背景、人文思想、生活习惯进行对比、分析、筛选和归纳，力图尽可能地还原高阳短拳的本来面目。

2014年，高阳短拳被列入市级非物质文化遗产名录。2016年，高阳短拳被列入省级非物质文化遗产名录。2021年12月，我被认定为省级非物质文化遗产代表性传承人。

编写书稿的工作千头万绪，常常纠结于心，不知从何下手。有幸结识了河北大学出版社的邓一鸣老师，顿有拨云见日、心结释然之感。邓老师为我理顺构思，提供参考材料，提出合理建议，解开了不少困惑。此书的出版，实赖于邓老师的关心和支持，得遇良师何其有幸！

本书的内容有两部分，一部分是文字，一部分是图片。图片大多是在高阳县文化馆的二楼拍摄的，这要感谢馆长王会臣、副馆长韩梅，以及史克己、张素丽、郭宁、李大龙等老师，他们给予了我许多便利和支持。

2018年6月，在史克己老师的推荐下，具有30多年摄影经验的臧哲辉先生百忙之中抽出时间，为我拍下了第一张照片，在此后长达两年多的时间里，臧先生为我拍摄了近3000张照片。其间，摄影师沈齐为我们提供了摄影器材，并在后期帮助补拍了部分照片。在此，我要特别躬身叩谢臧哲辉先生，他在经济上给予了我大力的帮助，并对出版事宜的谋划尽心竭力。

在拍摄照片的过程中，器械劈手杆的对练由短拳爱好者田海涛配合完成。此外，师兄弟和挚友们也都给予了我极大的关心和支持，在此一并表示最真诚的谢意！

尽管编写此书花费了十余年时间，但白天要养家糊口，写作的时间都是在百忙之中挤出来的，酸甜苦辣，个中滋味，无以言表。本想以浅显稚嫩之文字，书武术瑰宝不朽之传奇，但在编写过程中时时感到力不从心，加之拳脚功夫强过初学乍练者无多，理论知识上尤其欠缺，所以错漏之处在所难免，恳望界内行家不吝赐教。又因传承不完整和缺少更多的历史信息，此书未能把十二时辰点穴功法、水中击打术编入其中，甚是遗憾，俟深挖之后再奉献于读者。

再次感谢一直以来默默支持和鼓励我的亲人、老师和朋友，今日滴水恩，他日涌泉报。

作者

2022年10月28日